ガイ・オルトラーノ

# 「二つの文化」論争

## 戦後英国の科学・文学・文化政策

増田珠子訳

みすず書房

# THE TWO CULTURES CONTROVERSY

Science, Literature and Cultural Politics
in Postwar Britain

by

Guy Ortolano

First Published by Cambridge University Press, 2009

科学者から小説家に転じたC・P・スノーが一九六〇年代初頭に文芸批評家のF・R・リーヴィスと衝突して以来、知的生活は「二つの文化」、すなわち人文学と科学に分かれていると嘆くのが当たり前のこととなっている。だが、長きにわたって論じられてきた話題が、この特定の時期にそのような激しい論争を引き起こしたのは、どうしてなのだろうか。この本は、英国の過去、現在、未来をめぐる相対立するヴィジョン同士のイデオロギー上の衝突としてその論争を整理しなおすことで、その問いに答えるものである。そのため、論争を大学の使命、社会史の方法論、国家の「衰退」の意味、そしてかつての帝国の運命にかんする同時期の議論と結びつける。「二つの文化」論争の政治的利害関係を掘り起こすことによって、この本は一九六〇年代の文化政策の働きをより広い見地から説明し、一方で、今日まで引き合いに出されつづけてきた用語の意味を見直している。

ガイ・オルトラーノ
ニューヨーク大学歴史学担当准教授

「二つの文化――その後の考察」を発表した1963年のC・P・スノー［ジュリエット・パネットによる素描，デニス・パネットの許可を得て掲載］

退職した1961年初頭のF・R・リーヴィス［ピーター・グリーナムによる肖像画，ニューヨークのブリッジマン・アート・ライブラリとケンブリッジ大学ダウニング・カレッジの学寮長および特別研究員の許可を得て掲載］

# 目次

# 謝辞

知的な生活は折にふれて辛辣さをその特徴とするが、この本がそうした辛辣さに注目しているとしたら、人生を価値あるものにしてくれる友人、同僚、そして諸団体の重要性にもまた注目するものとなっていることを、私は願っている。私の仕事を支えてくださったノースウェスタン大学歴史学科、インペリアル・カレッジ・ロンドン科学・技術・医学史センター、ワシントン大学セントルイス校歴史学科、コーネル大学人文学会および科学技術学科、そしてヴァージニア大学コーコラン歴史学科に謝意を表したい。金銭的に惜しみなく援助してくださったのは、人間文化学プログラム、英国およびアイルランド研究調査基金、エヴァン・フランケル人文学奨学基金、プレジデンシャル奨学基金（以上すべてノースウェスタン大学）、および英語圏連合友好団体、ジョセフィーヌ・ドゥ・カルマン財団、テキサス大学英国研究プログラム、コーネル大学人文学会である。

私は、大西洋の両岸の文書館員および図書館員のご助力を得ており、ここでその方々――テキサス大学ハリー・ランサム人文科学研究センターのパット・フォックスおよび職員の皆様、レディング大学チャット・アンド・ウィンダス文書館のマイケル・ボット、カヴァシャムのBBC文書保管センターのスーザン・ノールズ、ケンブリッジ大学図書館のビル・ノブレット、ケンブリッジ大学出版局のテレサ・シェパード、およびハーヴァード大学ホートン図書館、ロンドン王立協会、ロンドンのグルベンキアン財団の職員の皆様――に感謝する機会を得られて嬉しく思っている。所蔵文書を見せてくださり、そうした文書から得られた研究成果を発表する許可を与えてくださったケンブリッジ大学チャーチル・カレッジの学寮長および特別研究員の皆様、ケンブリッジ大学ダウニング・カレッジの学寮長および特別研究員の皆様、そしてケンブリッジ大学エマニュエル・カレッジの学寮長および特別研究員の皆様に御礼申し上げる。これらのコレクションを調べるにあたってご助力くださった方々のなかでとくに、チャーチル・カレッジのジョウン・ブロック＝アンダーソン、（元）ダウニング・カレッジのジェンマ・ベントリー、そして二〇〇一年秋にエマニュエル・カレッジでの仕事を手伝ってくださった故ジャネット・モリスに感謝している。

　私はここで全員に謝意を述べられないほど多くの方々に、会話、指摘、洞察、歓待といったかたちで助けられ、励まされてきたが、私がいかに感謝しているかをその方々が分かってくださったらと願っている。この本の一章一章は、ときには論文というかたちで、友人、同僚、学識者に読んでいただき恩恵を受けたが、そのなかには私が考えをまとめるにあたって果たしてくださった役割に十分に気づいていらっしゃらない方もあるかもしれない――T・H・ブリーン、ジョン・ブルーアー、デイヴィッド・キャナダイン、ロレイン・ダストン、デニス・ドーキン、ジム・エプスタイン、マーク・ゴールディ、リチャード・グッダー、デレク・ハースト、ロブ・イリフエ、ウィリアム・ルーベナウ、マリーナ・マッカイ、ピーター・マンドラー、ジェニー・マン、アナ＝K・メイヤー、ティム・パーソンズ、ゲイル・ロジャーズ、そしてジェフ・ウォレスである。いくつかの章はまた、インペリアル・カレッジ・ロンドン科学・技術・医学史センター、ノースウェスタン大学パブリック・アフェアーズ・レジデンシャル・カレッジ、ノースウェスタン大学大学院セミナー、ノースウェスタン大学サイエンス・アンド・ヒューマン・センターのクロップステッグ講演シリーズ、テキサス大学英国研究セミナー、ワシントン大学セントルイス校歴史哲学セミナー、コーネル大学人文学会、コーネル大学ヨーロッパ史討論会、コーネル大学科学研究グループでの議論を通じて改良されている。ときには一回以上原稿全体を読んでくださった方々――ケン・アドラー、ハワード・ブリック、デイヴィッド・エジャートン、T・W・ヘイク、アフメット・カラムスタファ、カレン・マン、アレックス・オーエン、マーク・ペグ、カーク・ウィリス――にはとくに感謝申し上げる。事実、解釈、見解にかんする誤りはすべて私自身の責任であることを申し添える。

この本を生み出すにあたって思いがけず得た喜びは、版権をお持ちの画像にかんして画家や遺産相続人の皆様とやりとりをさせていただいたことである。ケンブリッジ大学チャーチル・カレッジのためにハウエル、キリク、およびパートリッジが提案した眺望の図*を掲載する許可をくださったジョン・パートリッジおよびチャーチル・アーカイブズ・センター、ジュリエット・パネットによるC・P・スノーの素描を掲載する許可をくださったご子息のデニス・パネット、ピーター・グリーナムによるF・R・リーヴィスの肖像画を掲載する許可をくださったブリッジマン・アート・ライブラリに御礼申し上げる。その肖像画の掲載にあたっては、ケンブリッジ大学ダウニング・カレッジの学寮長および特別研究員の許可もいただいている。また、これらの画像を捜し出すにあたってご助力くださったロンドン大学キングズ・カレッジのルドミラ・ジョルダノヴァ、ナショナル・ポートレート・ギャラリーのマシュー・ベイリー、そしてチャーチル・カレッジのバリー・フィリップスにも感謝を述べたい。そして最後に、ケンブリッジ大学出版局との作業は楽しいものだった。出版局の校閲者の精査のおかげで原稿が大いに改良された。出版局に私を向かわせてくれたイーサン・シャガン、重要な状況で激励してくれたリンダ・ブリー、生み出す過程で本を見てくれたポール・スティーヴンスとジェイミー・フッド、原稿を編集してくれたスー・ブラウニング、途中のあらゆる工程で助けてくれたマイケル・ワトソンにも謝意を表したい。

第四章の前身は『ジャーナル・オヴ・ブリティッシュ・スタディーズ』四三号（二〇〇四年一〇月）、四八四〜五〇五ページに「人間科学あるいは人間の顔？　社会史と「二つの文化」論争」として掲載された。再掲の許可をくださった編集者の方々とケンブリッジ大学出版局に感謝申し上げる。C・P・スノーの文書からの引用は、C・P・スノー・エステートの代理人であるロンドンのカーティス・ブラウン・グループ（有）の許可を得て掲載している。ジョージ・スタイナーの書簡からの引用は、ご本人の許可のもと掲載している。ホートン図書館の文書への言及は、ハーヴァード大学ホートン図書館の許可を得て引用している。ハリー・ランサム人文科学研究センターの文書への言及は、テキサス大学HRHRCの許可を得て引用している。ケンブリッジ大学図書館の文書への言及は、特別評議員の許可を得て引用している。

しめくくりに、この本を執筆するにあたってご助力くださり激励してくださった五人の学者たちにとくに感謝をささげたい。カーク・ウィリスは私を現代英国史へといざない、各章を何度も読んでくださった。デイヴィッド・エジャートンはこのプロジェクトの開始時に興味を示してくださったのだが、彼の因襲にとらわれることのない二〇世紀史の解釈は、なじみ深く見えるテーマにいかに革新的にアプローチできるかを、私に示してくれている。ケン・アドラーは私がまだ一本の論文を書いていたときに一冊の本を視野に入れるよう勧めてくれ、この本に出てくる見解のほとんどすべてと言ってもよいほどが、彼とのやりとりのなかで始動したものである。アレックス・オーエンは私の思考を決定的に形づくった歴史理論と実践についてのセミナーを指導し、それが私たち二人ともが予想しなかったあり方でこの本の各章を特徴づけている。そして私の指導教官のビル・ヘイクは、この本の解釈のすべてには必ずしも賛同していないだろうが、彼の度量の大きさと導きは最初から最後までこの本の発展に欠かせないものであった。

そして最後に、ジェニーに、この本のある部分——言い争いや敵意、非難の応酬を扱っていない部分——を愛と感謝を込めて捧げる。

＊　原書ジャケットにこの眺望の図が使用されているが、日本語版では使わなかった——訳者

# はじめに

## 内側から見た歴史

「歴史は……エピソードで成り立っている」と、E・P・トムスンはかつて記した。「そして、もしエピソードの内側に入り込めなかったとしたら、歴史の内側に入り込むことなどできるはずもない」[1]。トムスンは個別のエピソードに細心の注意を払うことを強調していたのだ。すなわち、次にはそのエピソードがはめ込まれるもっと大きな歴史への理解を修正する可能性を持つ注意である。この本は、トムスンの指示にしたがって、英国史のある「悪名高い」エピソード、すなわち一九六〇年代初頭の「二つの文化」論争の「内側に入り込む」ことを試みている。この論争の起源、内容、そして背景を検討することで、かつては人文学と科学についての学問上の議論として読まれてきたものが、実は英国の過去、現在、未来についての相反するヴィジョン間のイデオロギー的な対立であったことを論じるのだ。次にはこの解釈のおかげで、その論争と交わった他の討議に対する私たちの理解が修正される——そして、この点から考えると、「二つの文化」論争には、戦後の英国史におけるもっとも闘争的な問題のいくつかと関連しているという利点があった。大学の拡大、社会史の発展、国家の衰退への不安、かつての帝国についての論争、そして一九六〇年代の意味は、すべて、それらに付随する「科学」に対する賛否の主張が、英国の——そして人間の——社会の性質と動向についてのもっと野心的な議論の一部だと理解されると、違って見えてくる。もっとも包括的なレベルでは、「二つの文化」論争は、二つのより大きな歴史、すなわち、戦後の英国の比較的最近の歴史、および人文学と科学の関係を論じているより長い伝統という二つの内側に存在する、ある特定のエピソードである。これらの歴史は両方とも、実際には、C・P・スノーが『二つの文化』のなかで使った用語――衰退の物語としての戦後の英国の歴史、そして二つの文化の衝突としての人文学と科学についての論争――を使って説明されつづけている。この本は、これらの解釈を採用するよりも、むしろそれらを内側から見て修正する――両方の中心を占めた「二つの文化」論争からまず始めよう。

## 「非常に奇妙な嵐」

論争のあらましは複雑ではない。一九五九年五月七日、ケンブリッジ大学で、年に一度のリード講演を、科学者から小説家に転身したC・P・スノーが行なった。スノーは文学に造詣の深い知識人と科学に造詣の深い知識人の関係をテーマとし、「二つの文化と科学革命」というタイトルで講演した。[2] スノーは、文学に造詣の深い知識人は、科学、科学技術、産業、そして進歩に対して長年敵愾心を抱いており、その結果としてアジアとアフリカで経済発展を妨害しているのだと主張した。彼の講演が引き起こした議論は広い範囲に及び、そして一九六二年二月、文学者のF・R・リーヴィスが同じくケンブリッジ大学で「二つの文化？　C・P・スノーの重要性」というタイトルの別の講演を行ない、スノーのテーマに挑戦した。[3] リーヴィスはスノーのテーマと一戦交えたわけではなく、むしろ彼の名声に疑問を呈し、スノーが尊敬を得ているのは、社会が誤って導かれている明らかなしるしだと述べた。リーヴィスの猛攻撃は「二つの文化論争」を「スノー－リーヴィス論争」に変えたが、スノーは一年半のあいだ、応戦するのを控えた。彼がついに『タイムズ文芸付録』（*TLS*）で反応を示したのは一九六三年一〇月のことで、自分のテーマに改めてふれたものの、リーヴィスには間接的に呼びかけただけだった。[4] 次の数年間、リーヴィスは、一九六六年のハーヴァードとコーネル、一九六九年のウェールズ、一九七〇年のブリストル、一九七〇年と一九七一年のヨークといったさまざまな大学で一連の講演を行ない、自分の批判を強調した。[5] 一九七〇年、スノーはついに『タイムズ文芸付録』に別の論文を書いて応酬し、その後すぐに、スノーもリーヴィスも「二つの文化」論争をめぐる論文をまとめて出版した。[6]

このそっけないあらましからでは伝わってこないのが、論争にぎっしりと詰め込まれた議論の激烈さである。例えばスノーは最初の講演で、知識人同士のあいだに溝があることに遺憾を表明したあと、すぐに、モダニストをナチスと結びつけた。彼は「彼らが表象したすべてのものに影響されて、アウシュヴィッツがはるかに身近なものとなったのでは？」[7] という、科学者である同僚のことばを引用して、賛意を評した。リーヴィスのほうは、スノーの小説家としての地位を問うことから始めて、彼にはそもそも知性があるのかどうかと疑問を呈するにいたった。「知的な価値がないということこそが、スノーのパノラマ的なまがい物の説得力、彼のひけらかす主張を扱う際に生じるかもしれない困難さを、構成している。議論の際に必要な知性——それがそこには欠けているのだ」。[8] スノーとリーヴィスを越えて急上昇していく議論が闘争的なものであったことは言うまでもなく、『スペクテイター』は非難と反論であふれかえった。ある書き手は、「リーヴィスは文学のヒムラーである」と断言した。[9] 米国の文学者ライオネル・トリリングがその事件をニューヨークから暗澹たる気持ちで眺めて、その全体が「非常に奇妙な嵐」だと述べたのは、さして驚くには当たらないことである。[10] トリリングはとくに、リーヴィスが介入したことによって起こった騒動に言及していたのだが、「二つの文化」論争全体についてもたぶん同じことを言っただろう。

その日から今日にいたるまで、解説者や歴史家は論争を説明しようと模索している。あるアプローチは、スノー自身が使った用語を借用して、その議論は「二つの文化」、すなわち人文学と科学の衝突であると表現した。[11] スノーは、制度上の立場が文化的な偏見と結びついて、科学に造詣の深い知識人と文学に造詣の深い知識人が互いに意思疎通を図ろうとしない——そして、次第に図ることができなくなっていく——状況を創り出すのだ、と論じた。彼は小説家として語っていたものの、科学者としての訓練を受けたことがあり、彼が後者をひいきしていることは講演のなかで明らかになった。リーヴィスはこれを杜撰な公式化だと明言したが、彼の反論は、スノーの議論を打破するよりも、むしろ、その究極の裏づけと読めてしまうことになった。この解釈は、リーヴィスの文章が『スペクテイター』に発表されたあと、同誌上で大いに目立った。例えば、物理学者のJ・D・バナールは、「もしC・P・スノーの『二つの文化』の主張が真実であり時宜にかなったものであると人々に確信させるのに必要なものが何かあるとすれば、それはリーヴィス博士の講演である」[12]と指摘した。オールダス・ハクスリーは、スノーの「科学万能主義」とリーヴィスの「文学万能主義」は左右対称だと断定し、この特徴を明確に(優美にとは言えないとしても)言い表わした。[13]

しかしながら、さらに詳しく調べてみると、論争の主張と参加者は、学問分野のラインにそってならべられることを拒絶している。結局のところ、スノーは、四半世紀近くも科学に従事していなかったし、リード講演を行なったときの彼の名声は、小説家としての仕事によるものだった。彼は講演で、科学教育に革命——それ自体が目的というわけではなく、国内の近代化と海外での工業化を図る野心的なプログラムの一部としての革命——を起こそうと呼びかけた。リーヴィスのほうは、物理学者や生物学者ではなく、作家や批評家を攻撃することを仕事としてきたが、彼の一九六二年のリッチモンド講演は、科学をめぐるスノーの提案ではなく、小説家としての彼の名声に、その砲火を向けた。同様に、人文学対科学という二分法は、より広範囲にわたる討論での二人の立場を説明できていない。つまり、もっとも辛辣にスノーを批評した人物を二人挙げると、物理化学者のマイケル・ポランニーと生化学者のマイケル・ユドキンとなり、一方、彼を擁護したなかには小説家のウィリアム・ジャーハーディと詩人のイーディス・シットウェルが含まれていたのだ。[14] リーヴィスは、スノーと距離を置きたがっている科学者たちから支持されたが、文壇の主流派はたいていスノーの主張を歓迎した。『エンカウンター』

はリード講演を二号に分けて掲載し、その夏にはBBC版が放送され、『タイムズ文芸付録』はリーヴィスよりもスノーのほうを支持した。(15) 似たような例が何度も何度も生じ、それらが合わさって、これらの議論が学問的興味の陳腐な弁護以上のものとなったことを示している。すなわち、もっと論点をはっきりさせれば、人文学対科学という二分法は、自らに課された説明責任を負えそうもないのだ。

第二の、そしてより生産的なアプローチは、人文学と科学の関係を論じるというもっと長い伝統に、論争を位置づけている。(16) トマス・ハクスリーとマシュー・アーノルドの一八八〇年代のやりとりは、これらの説明の試金石として登場する。ハクスリーは一八八〇年のバーミンガムでの講演で科学教育を支持し、アーノルドは一八八二年のリード講演において人文学を擁護するという反応を示した。(17) 一八八二年のアーノルドのリード講演と一九五九年のスノーのリード講演のあいだの道筋は、一連のランドマークによって特徴づけられている。すなわち、一九二八年にケンブリッジ・ユニオンは「科学が人文学を破壊しつつある」という命題についての討論を行なった。一九四六年、BBCは科学的思考と人文主義思考の分離を「われらの時代の挑戦」と呼んだ。そして、一九五六年までには博識家のジェイコブ・ブロノフスキーが講演や著作でそのテーマにくりかえし取り組んでいた。(18) これらの卓越した議論は、さほど有名ではない解説によって結びつけられ、スノーのリード講演が行なわれる以前から、そのテーマはいたるところに存在していた。一九五三年から一九五九年のあいだの『リスナー』からの引用を寄せ集めてみよう。

もし科学と哲学のあいだに接点がほぼないとしたら、まして科学と他の教養学部のあいだには当然接点など存在しない。私たちはみな孤立して暮らしているのだ……私たちは手始めに、まず必要なこととして、一方から科学者、もう一方から非科学者という双方向の交流を成立させるためにできることをしなければならない……科学者は一般教養をもっと知らなければならないし、歴史家には科学の基礎知識がもっと必要である……しかし、科学と人文学という二分法は間違ったものである……さまざまな芸術、歴史、哲学等の知識を欠いた「科学者」は、科学の基本的な考えや概念、方法についての知識を欠いた「人文学者」と同じくらい不完全な存在である……科学者と人文学を学ぶ者が手を携えて人跡未踏の世界へ前進するのを引きとめている惰性を克服する力を与えるのを、私たちに手助けさせてほしい[19]。

この視点から眺めてみると、スノーとリーヴィスのやりとりは、長期にわたる会話に付け加えられたさらなる一言として、現われている。

だがこの説明にもまた限界がある。結局のところ、これほどまでになじみ深いテーマがこれほどまでに闘争的な議論をいかにして燃え上がらせることができたのかという問いを、この伝統の存在そのものがはぐらかしてしまうのだ。ステファン・コリーニはその問いに対して一つの答えを出している。彼の説明によれば、「文化的内乱においては、新しい戦いの一つ一つに過去の敗北、過去の蛮行の重みが負わされている。このため、つねに現在の論争の表面的な原因以上のものが議論されるべきなのだ[20]」。しかし、もし歴史家なり解説者なりが、この原動力に十分に注意を払えず、この伝統でくりかえしが起こるたびに生じる相違点や類似点に関心を向けられなければ、彼らは非常に異なるエピソードに共通する解釈を押しつけてしまう危険がある。つまり、ハクスリーとアーノルドが教育における科学と文学の相対的な地位をめぐって議論したのだから、スノーとリーヴィスは——スノーがモダニストとアウシュヴィッツを結びつけたときは気まずいものがあったが——教育における科学と文学の相対的な地位をめぐって議論したに違いない、ということになる[21]。さらに、ひとたびスノーとリーヴィスが先人のパフォーマンスを再演していたのだと理解されると、二人のやりとりは台本から不運にも外れてしまったにすぎないものとして片づけてしまえる。例えば、歴史家のドミニク・サンドブルックは、彼らの主張は「一八八〇年代にマシュー・アーノルドとT・H・ハクスリーが行なったはるかにずっと洗練された討論を、実は単に焼き直したものに等しいのだ」と示唆したし、一方、文学者のアルヴィン・カーナンは、「スノーもリーヴィスも……詩人と哲学者をめぐって長年にわたって頻繁にくりかえされてきた議論に対して、新しいことを提案してはいない」という結論を下した。[22] スノーとリーヴィスがはめ込まれている長い伝統を明らかにしようと努力すると、結果として、そうした説明は、彼らに特有のやりとりの内容や背景を無視してしまうのだ。したがって、論争を長い伝統のなかに位置づけるだけでなく、適切なところでその伝統の領域から追い立てることが必要である。[23]

だから論争には二分法の緊張感が充満していたのであり、何とかして長い伝統に適合しようとしているが、どの説明もこの特定のエピソードの主張やエネルギーを十分に説明してはいない。同様に、スノーとリーヴィスの個性が違うという事実は助けにならない。結局のところ、彼らは三〇年以上ものあいだ、ケンブリッジのなかで、そしてその周辺で、平和に共存していたのであり、のちに彼らはどちらも、その討論以前は自分たちのあいだに対立はなかった、と述べた。[24] それならば、なぜ、このなじみ深いテーマが一九六〇年代初頭にそのような猛烈な論争を生じさせたのだろうか？　その問いに対する答えは、個人的な嫌悪感や学問分野の対立関係を超えて、戦後の英国の文化政策へと通じている。

## 他人を演じて

この本は「二つの文化」論争の文化史を提供している。社会史家および思想史家の仕事に啓発されている一方で、社会史家に見られる、社会的階級もしくは組織の利益の衝突の表われとして討論を読み解く傾向や、思想史家に見られる、異なる時代や場所において関連する問題に取り組む思想家の系譜を明らかにしたいという欲望に、抵抗している。[25] その代わり、戦後の英国の社会および文化を探究するために論争を使うことで、この本は、今日では一風変わって見える側面を通して過去の文化に入り込もうとする文化史家の研究方法にならっている。古典的な説明の例を挙げれば、ロバート・ダーントンは、猫でいっぱいの家で起こったおそらくは「陽気な」大虐殺を、アンシャンレジーム下のフランスの職人文化の諸相を明るみに出す機会ととらえている。「その土地の人々にとってとくに意味深いもの——冗談、ことわざ、儀式——を学んでいるわけではないと気づくとき、それを解明するためには異国の意味の体系をどこで会得すべきかが分かるのだ[26]」と彼は説明した。ナタリー・ゼーモン・デーヴィスは「注目に値する論争は、時には、ごったがえした日常に埋もれてしまう動機づけや価値観を明らかにできることがあるのだ[27]」と指摘し、リストに「論争」を加えたが、ダーントンもそうしてよかっただろう。スノーとリーヴィスのやりとりはそのような論争の一つ、つまり、やりとりがなされた文脈や文化が詰め込まれた——そしてそうした文脈や文化を明らかにしている——一つなのである[28]。

ダーントンとデーヴィスは初期近代史家であるが、彼らがなじみのないものに重きを置いたことで、とくに近い過去を扱う歴史家が啓発されている。歴史を扱う方法は、テーマの問題であると同程度に研究方法の問題であり、その研究方法のカギは距離によってもたらされるバランスのとれた物の見方である。歴史家にとって、プロテスタントの宗教改革やフランス革命を解釈する際に距離を取ることは十分難しいことだが、その問題は、研究対象がそれほど古くはないときにはより困難なものとなる——戦後のイギリスの場合のように[29]。そこで、この時期を歴史的に分析するためには、現在とのあいだにあるその距離——つまり、現在とのその相違点——を記録することが欠かせない。スティーヴン・シェイピンとサイモン・シャッファーは、この難題は歴史家が「部外者に扮する」必要性なのだと述べ、論争が行なわれる時というのは、この物の見方を達成するための理想的な機会を与えてくれると示唆した。「歴史上の人物はよく、いわゆる部外者のふりをしている者の役割と似た役割を演じる」と彼らは説明している。「彼らは論争の最中に、自分たちの敵役が好む信念や活動に当然備わっている資質を脱構築しようと試みるからだ[30]」。つまり、公の場での討論の過程で、そうでなければ隠されたままであったかもしれない仮定や価値観が人目にさらされ明確に表現されて、論争の瞬間を、最初はなじみ深いものに見えた世界への新鮮な入口にしているのだ。

最近の歴史を書く際のもう一つの問題は、歴史家の解釈のカテゴリーが、まさに研究対象としている人物たちから受け継いだものであるときに生じる。ライオネル・トリリングが警告したように、「私たちは昔の言葉で近代的に考えることはできない。私たちはどちらの時代も裏切っているのだ」[31]。戦後の英国の歴史においては、そのような（たとえ昔のでなくても）受け継いだカテゴリーのなかに「衰退」と「二つの文化」がある。この状態は宗教改革や奴隷制度の歴史においては耐えがたいことだろうし、テーマがもっと直接になじみ深いものであるときにも（たとえたやすく理解できたとしても）同じように問題をはらんでいる。「二つの文化」論争を二つの学問分野の文化の衝突のせいにして説明することは、魔女は魔女であるがゆえに初期近代ヨーロッパにおいて迫害されたのだ、あるいは、逃亡奴隷は所有物であるがゆえにその所有者のもとに返されたのだ、という説明に似ているだろう。歴史的説明が必要なのはカテゴリーそのものの発展と展開であるにもかかわらず、こうしたカテゴリーを私たちが説明するための用語（「魔女」「所有物」「二つの文化」）として採用することは、その用語を過去において使用されたように現在においてくりかえしているにすぎない。このエピソードの意味と重要性を理解するために、研究対象としなければならないのは、二つの文化ではなく、「二つの文化」論争なのだ。

スノー、リーヴィス、そして「二つの文化」論争についての広範囲にわたる文献のなかでもっとも洞察力に富んだ説明では、「二つの文化」というカテゴリーに対するこの批判的な見方が採用されている。リーヴィスの伝記作家であるイアン・マッキロップは、スノーよりもむしろリーヴィスを話の中心に据えることでこの見方を達成した。その見方では、彼らの議論は科学と文学の競争という感じはさしてせず、過去に対する相反する解釈の衝突のようであった。「スノーとリーヴィスの衝突を科学的なことと文学的なこととの衝突として描くのは間違っていた」というのがマッキロップの結論だった。「それは歴史をめぐる衝突であり、リーヴィスは一九六〇年代にそれに対する興味を募らせていったのだ」[32]。同様に、『二つの文化』が再版された際のステファン・コリーニの序文は、学問分野にもとづくカテゴリーに圧力をかけた。「このテーマを論じるにあたって、時の流れのなかのある瞬間（たいていの場合、私たち自身の物の見方がはじめて形づくられた瞬間）に凍りついた、安定した存在物として、「科学」と「文学」を扱うことに走るのは、致命的なほど簡単なことだ[33]」と彼は警告している。コリーニは代わりにそれらの分野の移り変わりゆく関係を記録し、その一方で、この特定のエピソードに詰め込まれた現代の関心事――スプートニク、社会階級、能力主義、大学の拡大、そしてハロルド・ウィルソンの「白熱」などを含む――を確認している。そして、デイヴィッド・ホリンガーは、まったく別の伝統を取り上げているが、「科学的な」価値観――例えば、誠実、寛容、民主主義、世俗主義――を持つアメリカの自由主義者による展開を、一九四〇年代から一九六〇年代までの文化政策の話のなかで論じている。それからスノーが、どちらかと言えば予期せぬことにこの物語の終わりごろに登場し、「科学」と結びついたその価値観を、彼自身のライバルに対抗するために、操っている[34]。強調している部分は違うものの、これらのマッキロップ、コリーニ、そしてホリンガーによる説明は、それぞれ、「二つの文化」論争がもっと広範囲にわたる関心事のはけ口を提供するやり方に注目している。

歴史的な物の見方はまた、スノーのカテゴリーが解明されてもなお、彼の重要性が認められることを求めている。スノーの今の名声は彼の存命中のものとは異なっているので、この共感を勝ち得るのは難しかろう。だが、文化史家がスノーを研究するのは、今日における彼の小説家ないし思想家としての地位ゆえではなく、「存命中に大物であった男[35]」というキャナダインの言葉が示すように、彼の過去における重要性ゆえなのだ。キャナダインの説明によれば、「彼の小説はもはや幅広い読者もしくは目の高い読者を集めることはないが、一九二〇年代から一九六〇年代にかけての英国の生活のある側面に興味を持つ人々にとっては、つねに変わらず必読書であるだろう[36]」。つまり、スノーは、当時の同時代人にとって重要だったがゆえに今日の歴史家にとって重要なのであり、彼の名声の栄枯盛衰は、それが結びつけられていたもっと広範囲にわたる社会的態度をたどる一つの方法を提供しているのだ。デイヴィッド・エジャートンは、『二つの文化』とその歴史学的影響の批評的分析を行ない、同じようにスノーの歴史的重要性を強く主張した。科学とかかわりがある二〇世紀の英国の多くの作家のなかで、「スノーは過去においても現在においても、特定のイデオロギーの担い手として苦も無くもっとも有名になり、確かにもっとも影響力を及ぼしているのだ」[37]。エジャートンは、スノーの偉大さを否定もしくは非難するというよりも、むしろ、それが英国の社会と文化について明らかにするものを求めて、その偉大さを読み解いている。彼はスノーを、近代英国の技術家主義批評の典型的人物として描いている。その批評は、まさに科学、科学技術、そして専門的技術という三つのすべてに幅広くかかわることで、その三つの地位が（矛盾することに）隆盛をきわめつつも、建前としては過小評価されていることを嘆いた――リーヴィスの反論を歓迎した敵意あふれる対応が、ある程度は示しているように[38]。それからエジャートンは、スノーの偉大さに対するのと同じくらい真剣にリーヴィスの批評を取り上げ、討論、その文脈、そしてその遺産の再考を推し進めるために、その両方を読み解いた。このように、キャナダインはスノーの小説家としての名声が下がっていることを認め、一方、エジャートンは科学、文化、そして英国という国家についてのスノーの説明を論破したが、二人ともスノーの歴史的重要性を認めて強調している[39]。

この本は、「二つの文化」にかんする膨大なジャーナリスティックな文献にまた一つ論評を加える代わりに、このもっと厳選した歴史学の研究方法と洞察力を進展させる。このエピソードとその文脈がすでになじみ深いものであると仮定するよりも、むしろ、部外者のまなざしを持ってその世界に入り込む機会として、その騒動をとらえる。分析の際の用語として演者自身のカテゴリーを採用するよりも、むしろ、そうしたカテゴリーそのものの起源と内容を説明する。そして、嫌われてしまった人物たちの重要性を忘れてしまうよりも、むしろ、彼らの主張と名声が華々しかった文脈を明るみに出す。私たちはスノーとリーヴィスが「近代文明」として考えたものに対する評価をたがえていることを知るだろう。スノーにとって近代文明は産業による文明だった。その起源は一八世紀および一九世紀にあり、物質的繁栄と社会的機会を大半の人々にもたらした。対照的に、リーヴィスにとって近代文明とは大衆向けの文明だった。その起源は一七世紀にあり、かつて花開いていた統一的な文化に取って代わってしまった。[40] こうした展開に対する反応として、また左寄りでは社会主義と、右寄りでは保守主義と対照することで、スノーとリーヴィスはともに才能ある個人に信頼を寄せた。しかし、スノーが、個人は既存の制度を通して近代文明の恩恵を拡大するために働くべきだ（私はこの立場を「技術家主義のリベラリズム」と呼ぶ）と信じていた一方で、リーヴィスは、知力を有する個人が、近代文明に脅かされている創造的思考力を維持するとよい（私はこの立場を「急進主義のリベラリズム」と呼ぶ）と考えていた。[41]

これらの世界観は「二つの文化」論争において衝突したが、議論は彼らの講演の結末や彼らのカレッジの門前で終わりはしなかった。スノーとリーヴィスが演台を離れ、拡大しつつある討論のなかを進んでいくのを、ケンブリッジの学内の芝生での戦いから離れ、英国史をめぐる議論へと、かつての帝国についての討論へと進んでいくのを、もし私たちが追いかけなかったとしたら、私たちは何を学べるだろうか？　これらの事例の一つ一つにおいて、ほぼ同じ時期に、「科学」のための主張が前面に押し出されており、したがって――いかに本当らしくなかったとしても――これらの見たところ類似点のない議論はすべて、「二つの文化」論争という地点で交わった。その論争のように、それらもまた、手近な話題以上のものによって活気づけられたのであり、ゆえにスノーとリーヴィスのあいだの議論の利害関係を明るみに出すことは、一九六〇年代の英国の文化政策の働きをより一般的なかたちで説明するのに役立つのだ。

## 経済的「衰退」からポスト衰退主義へ

「二つの文化」論争に対する私たちの理解が改訂されると、今度はそれが適合する文脈に対する理解が改訂される。この本は、社会の停滞、文化の硬直化、経済の衰退に焦点を当てて、戦後の英国を説明することに挑戦している。これは確かに、戦後の英国史の読み解き方としては著名なものである——実際、スノーが『二つの文化』（一九五九年）で示し、アーサー・ケストラーが『国家の自殺？』（一九六三年）で是認し、マーティン・ウィーナが『英国産業精神の衰退——文化史的接近』（一九八一年）で広めた解釈である。[42] 脱植民地化を果たした英国を「衰退」する国家と見なすことがいかに常識的に思われるにせよ、戦後の英国史についてのこの影響力の大きな解釈は、実際のところ、経済的衰退を（帝国の後退よりもむしろ）強調し、（国際的発展というよりもむしろ）英国の行ないの結果として説明した。[43] スノーやケストラーらは、英国社会は専門家と熟練者を周辺に押しやり、能力主義よりもむしろ「凡人政治」を奨励し、そして科学と科学技術に対して広がる敵愾心を誇示している、と主張した。そういうわけで、これらの主張は、英国の経済的衰退と考えられているものについての歴史的説明を特徴づけたのだ。例えばウィーナは、近代英国史の中心的な問題は経済的衰退を説明することであると明言し、英国文化についてのこの説明を一九世紀までさかのぼって読み解くことによって、その現象を説明しようとした。[44] ウィーナの著作は、マーガレット・サッチャーの内閣の注意を引き、一九八〇年代以降に花開いた歴史記述の一部となった。[45] 今日では、解釈的な枠組みだとして「衰退」をあからさまに拒否する著作においてさえ、科学、科学技術そして専門的技術にかんするこれらの基本的な仮定が、戦後の英国史の説明のなかで異彩を放ちつづけている。[46]

　しかしながら、近年、歴史家たちは経済的衰退という概念に、その物質的な現実からその歴史記述の重要性にいたるまでの数多くの前線で立ち向かっている。[47] 英国の経済が戦後期に大きく成長したこと、そして検討中の現象が絶対的ではなく相対的な経済的衰退から成っていることを認識するところからスタートするのは重要である。しかし、たとえ英国の成長率が比較対象として選ばれた他の国々の成長率に必ずしも匹敵しなかったとしても、経済史家は、そのような差の原因は、一般的に言って、統計学上の偏差（例えば、比較対象される日付の選択）

とより重要な全ヨーロッパ的特徴（例えば、比較的あとになってから農業より転換したこと）の組み合わせに求められることを示してきた[48]。実際、相対的成長率をめぐるこうした主張を概観するなかで、ジム・トムリンソンは「経済活動についてのこれらのさまざまな再評価の結果、成長するのに失敗したという考えは、ヨーロッパの範囲に広がる風潮をめぐるせいぜい比較的小さな偏差として、十分に適格なものとなる[49]」という結論を下している。ヨーロッパという文脈はきわめて重大である。すなわち、国際的な枠組みにおいては、一九七〇年代の挑戦でさえも、英国の決定の結果としてではなく、ましてや英国「病」の証拠でもなく、インフレ、エネルギー危機、そして重工業からの転換にかんする一国の利益にとどまらない発展の、地域的な相違にしか見えない。そして、グローバルな物の見方をすれば、相対的な経済的衰退はどれも、せいぜい世界でもっとも裕福な国家間における小さな配置換えに等しいのだ——説明を正当化するかもしれないが、近代英国史のもっとも重要なテーマの一つを構成することなどほとんどない展開である[50]。今日、そうした批評から一世代が過ぎたのち、経済的衰退を戦後の英国史の枠組みとして維持することは、ほとんど天動説レベルの複雑さを必要とする。

だが、にもかかわらず、経済における事実として「衰退」を問題視することは、それが戦後の英国の文化と歴史記述においてこれほどまでに突出した地位をいかにして占めるようになったのかという問題をはぐらかしてしまう。結局のところ、多くの政治家や解説者が、英国は確かに痛ましい経済的衰退に耐えていると信じたのだ。右で論じた修正主義者の歴史記述の結論は、この信念を説明するためには、経済的衰退というあいまいな事柄から、文化的衰退主義という議論の余地のない現象へと——すなわち、衰退に対する不安の出現、作用、そして操作へと——関心を移すことが必要となるというものである。経済的経験を直接反映しているのでないとしたら、衰退主義はなぜ戦後、とくに一九五〇年代後半以降に、もてはやされたのだろうか？　実際のところ、衰退主義は経済的発展の持つ利害関係を越えた特徴としてではなく、むしろ社会と国家に対する技術家主義の批判の一部として出現した。つまり、イデオロギー的な主張であって、政治的目的を持って展開したのだ[51]。この洞察を受けて、私たちはもう一度、スノーやケストラーが書いたような重要な衰退主義の文章へと立ち戻るのだが、その際には彼らの主たる主張に対して歴史的視点を持つことになる。例えば、ケストラーは衰退主義に対する関心は帝国の終焉とは関係がないと主張したし、スノーは英国の社会は科学の専門家を周辺に追いやっていると嘆いた[52]。だがそうではなく、トムリンソンが示しているように、帝国の終焉は経済的衰退の主張が隆盛をきわめ得た風潮に寄与したのだ。そして、エジャートンが示しているように、スノーの主張に対する熱狂的な歓迎は、社会と文化が科学の専門的知識の重要性をすでに確信していたことをほのめかしているのだ[53]。

したがって、この本は、新興のポスト衰退主義者の歴史記述の一部をなすものとして読まれるべきである。すなわち、経済的衰退という仮定から外れるのみならず――もっと重要なことには――衰退主義を体系化した科学と科学技術、社会と文化、そして専門家と国家をめぐる根元的な前提からも外れる歴史記述である。成果として得られるのは、戦後の英国に対する大いに異なる見方である[54]。

## 能力主義期　一九四五年ごろ――一九七五年ごろ

第二次世界大戦後の三〇年間は、二〇世紀の歴史において首尾一貫した時期として出現している。一九四四年の教育法から一九七五年のマーガレット・サッチャーの保守党党首選出までの歳月は、国内的コンセンサスと国際的繁栄の四半世紀を含んでいる[55]。政治的および経済的に安定したこの状況の真っ只中で、そして福祉国家、防衛体制、混合経済のあいだで、英国社会はかつてないほど、専門家が管理運営する複雑な制度に支配されるようになった[56]。ハロルド・パーキンは、どちらの側にも長い歴史があるという事実を認める一方、この時期は専門家社会――すなわち、「優秀さゆえに選ばれ、訓練により得た専門的知識に基礎を置く、専門的職業のヒエラルキー[57]」を軸に作り上げられた社会――の「安定期」だと述べ、この歳月の特殊性を適切に伝えた。複雑な制度、専門的職業、知識を身につけた専門家。この本で検討している主張や展開の舞台を提供しているのは――スノーが激しく罵倒した「伝統的文化」、ケストラーが嘆き悲しんだ「素人らしさの礼賛」、あるいはウィーナが強調した「紳士にふさわしい理想」というよりもむしろ――この社会的背景である。[58] 結局のところ、スノーとリーヴィス――グラマー・スクールで教育を受け、博士号の学位を持ち、そして官庁と大学でそれぞれのキャリアを積んだ人物――は彼ら自身、つねにこのように論じられているわけではないものの、これらの広範囲にわたる展開の卓越した代表例だった。[59]

この期間は、近代英国史における「能力主義期」となった。パーキンが強調したように、家柄もしくは起業家であることに価値を置いた前の時代とは対比的な意味で、二〇世紀の第三の四半期は、「能力と専門的知識が、権威と責任のある地位に就く人材の募集にあたって、唯一のきちんとした根拠だった」。[60] 根拠という語が重要である。能力主義の理想は、実際問題として完全に実現されたことは一度もなかったが、原則としては広く受け入れられていた――上院が熟達者の宝庫として再形成されたときの説明の通りである。[61] 一九六二年、ジャーナリストのアンソニー・サンプソンは『英国の解剖』において、「変化しつつある人々」と「能力主義」の兆しを自分が感知したと考えた。そしてわずか三年後、その変化は完結したように思われた。「アマチュアとプロの、ないしは紳士と活動家のあいだの昔からの論争は、その意味の多くを失ってしまった」と、彼は一九六五年に書いた。「トップに立つわずかな人々だけが……今やアマチュアの姿勢をあえて認めるのだろうから」。[62] この新しい能力主義社会――その語自体が一九五八年に造り出されたもので、そうした社会が階層を生み出すかもしれないと警告していた――においては、財産や資本よりもむしろ専門的知識が法定貨幣であり、専門的知識は教育を通して能力ある個人へと伝えられた一連の技能であった。[63] 約束されたのは結果よりもむしろ機会の平等であり、協定が結ばれたのは、専門家が自らの才能と受けた訓練を駆使して国全体に益する点だった。この理想と現実のあいだの最大の亀裂は、この社会が女性に与えられる機会が相対的に欠けているところにあった――いずれ分かることだが、これは、能力主義社会にその約束を果たすよう要求している社会的および政治的運動を引き起こしたいくつかの矛盾のうちの一つである。

専門家は能力主義社会の理想の市民の代表だった。専門家は確かに一九四五年よりもはるかに前から存在していたが、能力主義の時期にはその数が増加し、その権威が拡大した。[64] ベッキー・コネキン、フランク・モート、クリス・ウォーターズは、「一九五〇年代までには、専門家の権威は経済運営や社会政策の中心となるばかりでなく、文化に起因する好悪や、都会と田舎の環境、消費者行動、そしてコミュニティの心理的健康といった領域の中心にもなっていた」と述べた。[65] そういうわけで、プロの政治家は経済を管理し完全雇用を維持するために経済学の大家を雇った。だが、専門家の権威は統轄の問題を越えて拡大した。建築家、デザイナー、科学者は大博覧会百周年記念祭であった一九五一年の英国祭において有能な専門家として描き出され、専門家による「計画立案」が経済以上に都市景観にも適用されるようになった。[66] 専門家の権威は文学批評の領域にさえも拡大された。例えば、『チャタレイ夫人の恋人』の出版をめぐって、一九六〇年に政府がペンギン社を相手取って猥褻裁判を起こしたとき、文芸批評家たちはロンドンの中央刑事裁判所であるオールドベイリーに乗り込み、小説の「文学的価値」——一九五九年の猥褻出版物法によって確立された基準——について証言することを申し出た。専門家は劇場においてもその権威を獲得していた。バズ・カーショウは、第二次世界大戦前は芝居の観客が美的感覚の裁決者として受け入れられていたが、一九五六年以降、ロイヤルコート劇場のイングリッシュ・ステージ・カンパニーの創設者は、その権威をアーティストの側へ移すために働いた——観客のプログラムに「裁くな」と記載しようという提案が示しているように——と主張した。[67] そして、一九五〇年代のフィクション、さらにそれに続く一〇年間の映画では、犯罪はドロシー・セイヤーズのアマチュアの貴族ピーター・ウィムジー（一九三七年に引退した）によってではなく、イアン・フレミングのジェイムズ・ボンド（一九五三年に登場した）によって解決されていた。フレミングの著者としての意図がどうであれ、諜報員００７は戦後のいくつかの理想を体現していると解釈できる。すなわち、専門的な訓練を受け、科学技術に熟達し、国家の命令で配置についているジェイムズ・ボンドは、福祉国家のスーパーヒーローだったのだ。[68]

科学と科学者以上に専門的知識の前途の有望さを表わすものはなかった。例えば、植民地問題において、ジョゼフ・モーガン・ホッジは戦後一五年間における「専門家の勝利」を認めた。その歳月に、権威は「「土地の人のことをよく分かっている」伝説的な地域の行政官から「科学のことをよく分かっている」専門家へと」移ったのだ。[69] 科学者たちは戦争から抜け出して自分たちの威信を利用するのに夢中であり、戦後の発展しつつある国家は喜んで期待に応えた。一九四六年、科学における人的資源にかんするバーロウ報告は、「科学の重要性はかつてないほど広く認識されており、将来の進歩と福祉に対する非常に多くの希望の根幹に、科学者が存在している」と宣言した。[70] これらの希望は、制度的な介入とポンドの投資によって資金を補助されていた。例えば、一九四五年以降、大学補助金委員会は、他のすべての分野の学生一名につき、科学と科学技術を専攻する学生二名に助成した。[71] 科学と科学技術へのこの傾倒は、『ニュース・クロニクル』のリッチー・コールダー、『デイリー・メイル』のジョン・ラングドン＝デーヴィス、『デイリー・エクスプレス』のチャップマン・ピンチャーのような新聞の「科学記者」によって公表された。政府の報告書や政府の委員会以上に、新聞報道やラジオ放送において、科学者は競争にさらされた世界における国家の一番の希望という役を割り当てられ、科学者に対するこの信念は「科学的近代化」という広汎な呼びかけをさらに一般的なものにするのに貢献した。一九五一年――ハロルド・ウィルソンが「白熱」に言及するのを人々が耳にする一〇年以上前――に、英国祭が科学と科学技術の未来を信奉している近代国家を描き出すにあたって、ノスタルジアが表に出ることはほとんどなかった。その五年後、アンソニー・クロスランドは『社会主義の将来』を通して労働党を近代化しようと試みた。[72] クロスランドの力強いマニフェストは、一九六〇年代初頭の労働党の政策を特徴づける科学および近代化の推進力を先取りするものだったが、同時期に保守党政府が自らの近代化プログラムを利用しようと試みたことにより、政界のいたるところでこの動きが魅力的だということが証明された。[73]

教育は、これらの進歩が保証され拡大されるべき領域だった。戦後の歳月、あらゆるレベルの教育が拡大され再構築された。一九四四年の教育法は、とくに一一歳での試験に続く中等教育段階を通して、すべての人に対し教育の機会を拡大した。その結果生まれた「一一歳試験」は生徒を能力に応じた教育に振り分けることを意図しており、首尾よく才能を識別して発展させようという革新的な野望だった（同時に、階級の垣根を取り去るというよりもむしろ補強するという予期せぬ結果をもたらした）。一一歳試験の欠点に対する革新的な対応が、すべてのレベルの生徒のための総合制中等学校だった。一九六四年には二〇〇校の総合制中等学校が存在しており、一九六四年から七〇年までの労働党政府はその数字を一〇倍にした。そして一九七〇年には、英国の子どもたちの三人に一人が総合制中等学校に通っていた。[74] 大学生の数も、戦後の国の大規模投資によって、増加しつつあった。こうした投資は科学と科学技術をターゲットにしていた。政府の大学への補助金は一九四五年から一九五二年のあいだに一〇倍に増えたが、これらの補助金の三分の二は科学や科学技術を学ぶ学生のところに行ったのだ。[75] 大学の拡大は、一九五〇年代中ずっと継続し、次の一〇年間はロビンズ報告が実行に移されるのにともなって加速した。

要するに、改革を妨げる障壁と伝統への固執にもかかわらず、一九四五年以降——そしてとくに一九五〇年代と一九六〇年代——「近代的であること」は過去からの解放と好ましい未来を約束するように思われたのだ。[76] 経済的繁栄、完全雇用、そして教育を受ける機会が、階級という障害物に圧力を加えて、才能ある人々に開かれた社会、科学者や他の専門家が国に利益をもたらすためにその訓練を展開する社会を創ろうとしていた。しかし、この素晴らしき新英国という理想像を批判する者もおり、懐疑論者は二つの敵対する陣営、すなわち、これらの発展はあまりにも急激に進展していると信じる陣営と、進展のスピードが不十分だと信じる陣営から、攻撃を開始した。これらの立場は、その時期の文化政策と衝突し、これらの主張において、「科学」「科学技術」「近代化」

は、洋々たる、もしくは脅威を与える未来を、「文学」「人文主義」、もしくは「人文学」とゆるやかに結びついた対立する価値観によって――良かれ悪しかれ――鍛えられるのかもしれない未来を暗示していた。[77] 英国の過去、現在、未来をめぐるもっと幅広い討論を行なうための格好の機会を「二つの文化」論争が提供したのは、これらの議論の真っ最中のことで、この文脈においてであった。

## 全体像と主張

この本はリード講演とリッチモンド講演を、より一般的に、スノーとリーヴィスの世界観という文脈に置くところから始まっている。最初の二章はこの男たちおよび彼らの考えを好意的に説明している。これは、彼らが継続的な問題に注意を向けているからではなく、「二つの文化」論争における彼らの主張とスタイルを明らかにしたいという歴史家の目的を達成するためである。これらの章のアプローチは、『リヴァイアサンと空気ポンプ』の例にならっているが、これは政治理論家の科学(ホッブズ)と科学者の政治理論(ボイル)を発掘したものである。そこで、科学についてのスノーの考えおよび文学についてのリーヴィスの考えを強調するよりも、むしろ第一章は作家としての、そして現代文学の批評家としてのスノーを提示し、第二章のほうは、科学に対するリーヴィスの態度に注目する。[78] 目的は、単に政治的かかわりに学問分野への献身的愛情の代わりをさせることによって、彼らの主張の学問分野としての重要性を否定することではなく、むしろ科学と文学、個人と社会、そして過去と現在をめぐる考えのすべてが置かれていた複雑な立場をよみがえらせることである。

次の四つの章は、スノーとリーヴィスがさまざまな文脈においてこれらの立場を推し進めようと活動したことをたどる。第三章は、自分たちの理想を自らの所属するケンブリッジのカレッジで実現しようとした彼らの努力に焦点を当て、まず新設のチャーチル・カレッジの人文学の側面を形成しようというスノーの努力を明るみに出し、次いでダウニング・カレッジでリーヴィスが自分の後任を得るのに失敗したことを検討する。この章は、脱線をしてカレッジという小さな政界に踏み込むなかで、スノーとリーヴィスの対照的なアプローチが彼らの「政界」そのものに対する相容れない着想によって形成されたと論じる。第四章は、「二つの文化」論争の役者たちと一九六〇年代初頭により科学的な歴史のスタイルを唱道した学者たちとのあいだの協力のネットワークを確認し、歴史記述の発展におけるこのなじみ深いエピソードが、根本においては政治的なものであったと主張する。そこでは、科学の言葉がイデオロギー的な目標を実現する（もしくは挫折させる）ことを願って採用された（もしくは阻止された）のだ。第五章は、スノーが彼のいわゆる「権力の回廊」に踏み入ったことを、英国の政治的ディスコースにおける新しい不安、すなわち経済的衰退という文脈に位置づける。この章は、「衰退」が戦後の英国史の一つの解釈として可能であるにすぎない――そして、決してもっともよい解釈ではない――こと、そして、それがこの時代に（経済的というよりもむしろ）政治的理由から出現したことを論じる。第六章は論争のグローバルな広がりに目を向ける。それは大英帝国が後退し冷戦がもっとも激しくなったのと同時期に起こった。この文脈では、「二つの文化」をめぐる討論はかつての帝国の将来をめぐる問題のありとあらゆる点に取り組む機会を提供し、これらの議論において「アジア」と「アフリカ」は、英国の過去と世界の将来が一か所で結びつく想像上の場所として機能しえた。だが、この章はまた、これらの議論が米国と英国のそれぞれで取ったかたちを比較することによって、これらがグローバルに見せかけている陰で、この国際的な広がりさえもがケンブリッジ内部の議論と同じくらいそれなりに局地的なのだと主張する。

スノー、リーヴィス、そしてそれぞれの支持者たちは、激しい議論に没頭した。それは根本的な相違点を指し示すものであるが、また、そのような二分法が、明晰であるという魅力的な感覚を複雑な立場に対して押しつける恐れがあるという事例でもある。こうして第七章は、スノーとリーヴィスのあいだの多くの類似点を検討し、彼らをともに包含する時期の特徴を述べる。例えば、彼らはともに才能豊かな女性であるパメラ・ハンズフォード・ジョンソンとクウィーニー・ドロシー・リーヴィスと結婚したが、彼女たちは専門家社会へのアクセスが限られてはいたものの、自分自身の知的キャリアを何とか追求しようとした。しかしながら、スノーとリーヴィスが自分たちの議論に没頭するにつれて、フェミニズムの第二の波などのさまざまな社会運動が、機会の平等を保証しようというその運動自体の約束を果たすために、能力主義に異議を申し立てた。相違点は数多くあったものの、スノーとリーヴィスはともにそのような平等主義の要求を不快に感じたことがあり、この不快感ゆえに一九七〇年代には自分の優先順位を組みかえることを余儀なくされていた。この過程を検証することで、第七章は、なぜ左翼の政策の特徴の一つがこの時期に物質主義的分析から文化批評に動いたのかについて説明する。そして最後に、結論で、英国史と学問分野の衝突をめぐるその他のエピソードがこの分析の結果として違って見えてくることを検討する。

この本のもっとも概括的な主張は、三つの研究テーマを扱っている。すなわち、「二つの文化」論争、戦後の英国の状況、そして人文学と科学を論じる歴史的伝統の三つである。第一に、一九五六年にスノーが初めて「二つの文化」に言及したことに始まり、一九七〇年に最後に不愉快なやりとりをしたことでしめくくられた「二つの文化」論争は、一九五六年から一九七〇年までの「長い」一九六〇年代と重なる。[79] 論争はこうして、表面的には穏やかな戦後のコンセンサスの陰でぐつぐつ煮え立っている――そしてときには表に噴きこぼれてくる――敵対関係を考える独特の観点を提供する。スノーとリーヴィスの主張が彼らのもっと一般的な世界観の内部に位置づけられるとき、政治的な討論のために、リード講演とリッチモンド講演がきっかけを、「人文学対科学」が言語を提供したことがはっきりしてくる。彼らの議論は、「近代文明」を擁護する者と批判する者の緊張関係、すなわち論争と重なり合った多くの討論のなかでくりかえし浮上してきた緊張関係を、明らかにする。そうであるならば、「二つの文化」論争の政治的位置づけを掘り起こすことは、スノーとリーヴィスのあいだの議論だけでなく、もっと一般的に一九六〇年代の英国の文化政策にも光を当てるのだ。

第二に、そして否定のしようのない相違点があるにもかかわらず、スノーとリーヴィスには共通の前提があった。彼らは社会階層は避けがたく、また望ましいものであると信じていたが、階層内で上昇するための資格は（例えば不動産や貯えというよりもむしろ）優秀さであると想定した点で、彼らよりも前の世代とは異なっていた。こうしてスノーとリーヴィスは流動的な社会階層にコミットし、ともに第二次世界大戦後の三〇年間の英国社会と文化における「能力主義期」を保証したのである。この用語は能力主義の理想が優位を占めた時期を指している。すなわち、英国社会が能力主義の方針にそって機能していたわけでは必ずしもないが、にもかかわらず能力主義の原則がさまざまな社会の慣例について考えや議論をまとめ上げていた時期である。能力主義の起源と意味はすでに論じられている。第一章と第二章はスノーとリーヴィスの立場に対するその重要性を説明する。第三章と第五章は教育と政策に対するその影響を検討する。そして第七章は、ついにその失墜の一因となった社会的および知的抑圧を確認する。能力主義を約束するとは、リベラリズムの考えにおける自由と平等のあいだの長きにわたる緊張関係を扱うことだった。[80] 継承される特権に対する敵意は、（例えば一一歳試験のような）社会の不平等に反対する政策へとつながっていったが、能力のヒエラルキーへの傾倒は、（例えば総合制中等学校のような）社会的平等を目指す政策への抵抗を生み出した。結果として生まれた政治プログラム——社会の不平等を受け入れるのと並行して平等な機会を追求するもの——は、能力主義が真に平等な機会を提供するという見込みを実現せよと迫られることがなければ、多少なりとも実行可能であった。

二〇世紀の第三の四半世紀の終わりごろ——すなわち、一九六〇年代後半から一九七〇年代にかけて——経済、教育、ジェンダーの平等を提唱する人々が、まさにこの点で能力主義のシステムに圧力を加えた。この要求に応えて、真の機会均等が始まるだろう（多額の金銭投資と広範囲にわたる社会工学が必要となる）。もしくは、社会的不平等の根強さを説明する新しい論理的根拠が必要となるだろう。世紀の最後の四半世紀には、そのような論理的根拠が市場の理想のなかに出現した。能力主義の理想とは対照的に、市場の考え方で、数え切れないほどの個人の選択の集合的結果としてのヒエラルキーの存在が説明できる。この説明は、構造的不平等の責任を（均等な機会を提供できていないとして）社会に負わせるのではなく、（不運な選択をしたとして）個人に帰している。市場の考え方が能力主義への傾倒に取って代わるにつれ、国の政策としてなすべきことが、制度的に平等を保証することから、個人の事業を自由化することへと移行した。そして、市場の理想が支配的勢力となるのにともない、能力主義の時期は輝きを失っていった（これは排除されたということではない。能力主義の理想は持続したし、今もなお存続しているが、文化的理想としての優位は減じてしまっている）。これは複雑な展開を説明するには抽象的なやり方であるし、スノーもリーヴィスもこうした用語で語ったことはなかった。だが、一九五〇年代の彼らの確固とした能力主義のヴィジョン、一九六〇年代の平等主義の要求に対する彼らの敵愾心、そして一九七〇年代に自分たちの前提が周縁に押しやられたことに対する彼らの不満に見られる彼らの個人的な旅路を通して、二〇世紀後半におけるこのイデオロギー的な変化を確認することが可能となる。

第三に、スノーとリーヴィスの出会いは、人文学と科学の関係を論じる長い伝統――一八八〇年代のアーノルドとハクスリーのやりとりや、一九九〇年代のいわゆる「科学戦争」をも含む伝統――の一部となっている[81]。「二つの文化」論争を学問分野という点から解釈するという私の挑戦は、それがこの伝統――疑いの余地なく周期的に起こり、それ自体研究の対象となる伝統――の内部に何とか位置づけられたということを否定しない。この伝統を構成するさまざまな部分をつないでいくというのは、同じ会話をさらに反復することで、しばしば目新しさと切迫感に満ちていて、その伝統が関係者の多くにとってさえも分かりにくいものでありつづけたことを示していた。スノーが達成したのは、この対話に「二つの文化」――スノーとリーヴィスの議論だけでなく、今日まで続く長い討論でも使われる用語を定義することになった言い回し――というレッテルを提供することだった。

その討論の用語のなかでは、「科学」はよく、より静的な古典的分野である文学ないしは芸術と相対する動的な力として登場する。例えば、ハクスリーは科学を注入することで教育を改革しようとし、そのために古典の地位に異議を申し立てた。一方、スノーは、科学者が文学に造詣の深い知識人に取って代わって政治的権威を持つ立場に立ちさえすれば、繁栄が発展途上国を待ちかまえているのだ、と想像した。どちらの場合も「科学」は、静的な——そして反動的でさえもある——文学的権力機構に対する進歩的な力として描かれていた。しかしながら、スノー－リーヴィス論争を詳しく検討してみると、この事態はいたるところで込み入っている。例えば、英文学という学問は、第一次世界大戦後にケンブリッジに出現したにすぎない。文学は第二次世界大戦後に、競争関係にある学派もしくはスタイルの争いの場として登場した。社会史は一九六〇年代初頭以降、歴史記述を変容させることを約束した。そして、科学史と科学社会学は一九七〇年以降、科学の出現および働きの概念を作り直している。その結果として、これらの例は、逆向きの公式化の影響力が大きいにもかかわらず、人文学の知識が科学の知識同様、ダイナミックな社会背景のなかで作り出され異論を唱えられた道筋を、明らかにしている。

だがこの本は、この論争だのあの論争だのにおける「科学」と「文学」のイメージを複雑化する以上のことを達成するのを目的としている。つまり、分析のカテゴリーとしての「二つの文化」を駆逐しようとしているのだ。もし「二つの文化」という二分法が、自らが出現するもととなった議論さえも説明しようと試みるにあたって誤解を招きかねないのだとしたら、それを別の時期に生じた別の主張に適用することは、まさしく問題をはらんでいる。実際、「二つの文化」というレンズを通して何らかのエピソードを分析することは、唯一無二の歴史的瞬間から誕生したカテゴリーを、大いに異なる状況に押しつけているのだ。そして、もしそうであれば、それらのカテゴリーは、そのエピソードを学問分野の対立の物語の内部に位置づけることによって、その解釈を形づくっている。そのような物語は、当事者たちが学問分野のラインにそって整列するのに失敗した可能性がある行程を、曖昧なものにし、その一方で、彼らの主張を構成した可能性があるその他の問題点や忠誠心から、注意をそらしている。したがって、スノーとリーヴィスの議論を理解する第一歩は、そのカテゴリーに対する批判的立場を受け入れることに違いない。

ならば、人文学と科学を論じる歴史的伝統に対する「二つの文化」論争の重要性とは何だろうか？ 私たちは、スノーとリーヴィスが創り上げなかった理由から、一九六〇年代の彼らの議論が二〇世紀後半のその伝統のイデオロギー的な領域の配置転換を明らかにしているのを、理解するだろう。一八八〇年代のハクスリーから一九六〇年代のスノーまで、科学と自分の立場を結びつけた人物は、しばしば左派のライバルに挑戦して、進歩と改革の途上に立ちはだかる保守派もしくは反動主義者という烙印を相手に押している。しかしながら、一九六〇年代の後半から、これらの立場は無効にされるようになり、続くポストモダンおよびポストコロニアルへの文学研究の方向転換が、科学の客観性と西欧のヘゲモニーとに対する左派からの批判を助長した。スノーとリーヴィスはこの変容を引き起こしはしなかったものの、彼らの敵と仲間が変化したことが、それを反映していた。そして、その視点から見れば、「二つの文化」論争は、人文学と科学を論じる歴史的伝統における変化の瞬間として登場したのだ。

# 1　C・P・スノーと技術家主義のリベラリズム

## 二つの文化の向こうに

C・P・スノーの一九五九年のリード講演『二つの文化と科学革命』は熱狂的な歓迎を受けた。講演原稿は『エンカウンター』誌に二号に分けて連載され、さらに次の号では著名な知識人たちを集めた討論会において称賛された。[1] 小説家で批評家のウォルター・アレンは、「C・P・スノーがこれほどまでに才気縦横に表現している」人文学と科学のあいだの区分に対し、全面的な賛意を表明した。科学者のA・C・B・ラヴェルは、スノーは「われわれという存在が抱える根本的な危機の正体を見事に明らかにしてくれた」と断言した。そしてバートランド・ラッセルでさえ、スノーに対する公開書状のなかで賛成の言葉を述べた――「あなたがなされるべきだと挙げているすべてのことに対し、私は同意します[2]」。

だが、公開討論会の寄稿者の一人は、大多数の意見にしたがわなかった。ケンブリッジの歴史学者であるJ・H・プラムは、『二つの文化』が前提にしていることを認めなかった。「私は文学的な文化と科学的な文化のあいだに区分があるのだとは思わない」というのが彼の説明だった。「そのような分析はあまりにも表面的なものであるし、またあまりにも史実に反している[3]」。プラムは、スノーが英国社会に存在する区分を偶然にも見つけ出したことは認めたが、その区分は実際には階級と階級――すなわち、定評ある上層中流階級と、自己主張のはっきりとした下層中流階級および上層労働者階級――の対立であるのに、スノーは文化と文化の対立だと誤解した、と論じた。スノーの反応は辛辣なもので、プラムの小論を「「心理学的に解釈した」……不可解な代物」であるとしてしりぞけ、文化と文化のあいだの溝についての自分の主張をくりかえした。[4] 表面だけを考えれば、彼らの論争は無理からぬことだと思えるかもしれない。つまり、スノーは科学者としての訓練を受け、もっと多くの科学者や技術者を要請することで人文学に挑んでいたのだから、人文学の専門家であるプラムは、スノーの主張に対し、その前提に反論することで反応した、と考えられるのだ。

だが、このやりとりを――そしてもっと一般的に言えば「二つの文化」論争を――そのように解釈しては、話の全体像をとらえられない。実際のところ、スノーとプラムは親しい友人で、ともにレスター州のオルダーマン・ニュートン・グラマー・スクールをへてケンブリッジ大学クライスツ・カレッジへと進んだ。半世紀近くのあいだ、彼らは頻繁に手紙のやりとりをし、美味しいワインへの愛情を分かち合い、文学、政治、そして学問の世界についての噂話をし合った。[5] 実は、プラムに公開討論会への寄稿をしてもらったらどうかと『エンカウンター』誌の編集者に勧めたのは、スノーだった。そして、プラムがスノーに自分の書いた批評を送ったとき、内容的には他の社会的区分を優先して学問分野の重要性を退けているものではあったが、スノーは感謝の意を表わした。[6] そして、これは単なる儀礼的な挨拶ではなかった。スノーの当時の手紙は、彼が反動的な体制だと考えたものに対する敵意に満ちあふれている。手短に言えば、プラムによる公的な主張は、スノーの個人的な立場とそれほど異なってはいなかった――学問分野との関係は少しばかりだが、政策とは全面的な関係があるという立場である。

この章では、スノーが『二つの文化』で提案したイデオロギー上の立場を検討する。手法としては、スノーが一九三〇年代に科学に携わっていた時期から、一九五〇年代に文学的成功を収めるまでの、その立場の推移をたどっていく。その目的はスノーの名誉を回復することでもなければ、彼の解釈を是認することでもなく、むしろ、一九五九年にあの壇上に上ったとき、なぜ彼は話していたのか、そして何を彼は述べていたのかを明白にすることである。レスターからロンドンへと上京したとき、スノーは自分と文学的モダニズムに対する敵意を自分と分かちあってくれる味方を集め、このグループは戦後一五年間にわたりロンドンの文学界において重要な地位を確保した。しかし、スノーは決して芸術的なことだけをターゲットにしていたわけではなかった。モダニズムに対して彼が翻した反旗は、現代社会に対する敵意と彼が見なしたものに向けられていたのだが、彼はその社会が進歩と機会をもたらすと信じて称賛したかったのである。このリベラリズムの世界観は、彼の『他人と同胞』シリーズ、すなわち、官僚機構と、官僚たちを働かせる人々について好意的に探究した作品において、この上なく完璧な表現にたどり着いた。一五年近くも苦しんだ挙句、ついに小説家兼評論家としての地位を確保したスノーは、ケンブリッジ大学のリード講演において、こうした物の見方のなかでもかつてないほど辛辣なものを語る地位に就いたのだった。

## この世の旅人

スノーが一九四〇年から一九七〇年にかけて出版した一一巻にわたる連作小説の最初の題名は、「この世の旅人」[7]だった。最終的な題名である『他人と同胞』は、人生における二元的な（そして衝突する）事実とスノーが見なしたものを表現している――彼の説明を借りれば、「その言い方は……私たちの人生のある部分においては、だれもが一人きりであり、また私たちの人生のある部分においては……私たちはお互いを同胞のように感じることができるし、また感じるべきなのだということを表わすと想定されている」[8]。もっと具体的に言うと、「この世の旅人」とは小説の語り手であるルイス・エリオットを指している。エリオットは薄いベールで身を隠したスノーの分身であり（「彼こそがルイス・エリオットです。それにかんして疑う余地はありません」とスノーの妻がはっきり言ったほどである)、彼を「旅人」と見なすことによって、スノーは自分たち二人の経験の中心に位置する社会的流動性を強調していたのだ[9]。スノーの人生はレスターからケンブリッジをへて行政の中心地ウェストミンスターへと曲がりくねった道を進んでいったのだが、そのような人生を二〇世紀の代表的な物語として提供することはできないにせよ、その経験、職業、そして出会いの幅という点では、大いに参考になる。

チャールズ・パーシー・スノー——「パーシー」「CP」、あるいはただ単に「スノー」であって、中年になるまでチャールズとしては知られていなかった——は、一九〇五年にレスターの下層中流階級の家庭に誕生した[10]。彼の父はブーツと靴の工場の事務員で、教会のオルガン奏者でもあり、母はのちに『希望の時代』(一九四九年)で描き出されるたくましい家庭的な人物だった。パーシーは気さくで野心的で、すばらしい記憶力と、厚い眼鏡と、クリケットほかあらゆる種類の競技への情熱の持ち主である天性のリーダーだった(彼の弟の概算によれば、彼らはケンブリッジの四年間で三四〇〇回近く卓球の試合を行なった[12])。オルダーマン・ニュートン・グラマー・スクールでは、彼は、ルイス・エリオットのシリーズの第一作目に出てくるジョージ・パサントのモデルとなった、因習の打破を唱える若い歴史教師ハーバート・エドマンド(「バート」)・ハワードのもとに身を寄せた[13]。オルダーマン・ニュートンの第六学年には文系コースがなかったので、スノーは——貪欲な読書家で才能ある生徒だった——科学を専攻した。彼はレスター・ユニヴァーシティ・カレッジへの奨学金を勝ち得て、化学で第一級の成績を取り、次いで理学修士号を取得したが、彼の地平はすでにレスターの彼方へと広がっていた。

スノーは一九二八年に奨学金を得てケンブリッジに到達した。二年後に化学で博士号を取得し、ただちにクライスツ・カレッジの専任教員に選ばれた——これは並々ならぬ業績である。というのも、自校の卒業生から専任教員を採用するというのは、大学にとって珍しいことだったからである[14]。スノーはクライスツ・カレッジで、最初ミルトンのものだった部屋を使い、それからダーウィンの部屋に移るというように、文学と科学のあいだを航行しはじめ、科学の仕事の合間に小説を書きはじめた[15]。だが、三〇歳を目前にしたころ、彼は自分のエネルギーの大半を科学研究に捧げた。彼の仕事の場は化学と物理学が重なり合う領域だった――スノーの博士論文は化学で取ったものだったが、彼は物理学に魅了されていた。一九二八年から一九三五年にかけて、彼は二二本の論文を発表したが、それらはすべて分子と放射線の相互作用を扱ったものだった。[16] この研究は際立ったものだった。ある科学史家の評価によれば、「難点はあるものの、［スノーの］分析は赤外線分光法の初期の発展において画期的なものであった。これらはだれであっても誇らしく思ったであろう論文だった」。[17] スノーの研究のスタートは順調だったが、彼の仕事は必ずしも皆それほど成功することにはならなかった。

スノーは次に友人のフィリップ・ボーデンとともに光化学の研究にとりかかった。一九三二年五月一三日金曜日、『タイムズ』紙は飛躍的な大発見のニュースを報道した。スノーとボーデンが照射によってビタミンAを作り出したように思われたのだ。[18] フレデリック・ガウランド・ホプキンス――ノーベル賞受賞者で、王立協会の会長で、ケンブリッジ大学教授――が、『タイムズ』紙に自ら知らせ、序論となる報告書が『ネイチャー』に掲載された。スノーとボーデンは次のように書いた。「もしこれらの実験の結果が光学的な証拠と調和すれば、光学作用によってカロチンのビタミンAへの変換が達成されたことが明らかとなるだろう」。[19] 故郷の新聞はもっと自由な表現を使った（そして、もっと正確さに欠けていた）。「若き科学者の勝利」と、『レスター・マーキュリー』は宣言した。「レスター出身者が新しいビタミンを単離する」。[20] しかしながら、スノーとボーデンの方法と解釈は『ネイチャー』において異議を唱えられ、彼らは数週間のうちに自分たちの結論を撤回せざるを得なかった。[21] 挫折は甚大な被害をもたらした。スノーがのちに思い起こしたように、「私はこの上なくみじめだった。個人的にも、創意工夫という点でも、何もかもがうまくいかないように思われた」。[22] そのエピソードはスノーの科学者としてのキャリアを終わらせはしなかった――彼はその先まだ三年間実り豊かな仕事をし、それまでとほぼ同じくらい数多くの論文を世に送り出した――が、それでも、彼の興味は彼が長く思い描いてきた文筆生活へと転じるのを、後押しした。

こうした文筆業への傾倒は、小説『ヨット船上の殺人』が一九三二年に出版されて好意的に受けとめられたことで、自信を与えられた。[23] 雑誌『ジョン・オ・ロンドンズ』の書評家は、「もし私が間違っていなければ（そして、もし彼が他の本を書く暇を見つけたら）、C・P・スノー博士は……現代の探偵小説作家のなかで高い地位を占めることだろう」[24] と予言した。さらに二冊の本がすぐ続いた。『老人のための新しい生活』（一九三三年）と『調査』（一九三四年）であり、後者はドロシー・セイヤーズの『大晩餐会の夜』に出てくる知的な会話で、話題として取り上げられた。[25] 一九三五年、スノーは研究からそれて執筆に焦点を当てたが、クライスツ・カレッジの個人指導教員の職にはとどまり、ケンブリッジ現代科学双書の編集者として働いた。一九三七年、彼は人気ある科学雑誌『ディスカヴァリー』の編集者となり、ケンブリッジ大学出版局が出版を引き継いだ翌年もその職にとどまった。[26] 一九四〇年には、スノーは、ノエル・カワード、ヴァージニア・ウルフ、ジークムント・フロイト、リットン・ストレイチーとともに、ナチスが英国を占領した暁に排除されるべき作家としてゲシュタポが作成したリストに載るほどの評判を獲得していた（ストレイチーとフロイトはすでに死亡していたので、その書類はナチスの諜報機関の最重要事項ではなかった[27]）。

一九四〇年、スノーは官僚および管理者としての、たとえよりはっきりしないものではあったとしても、長いキャリアを開始した。彼は労働省のレーダーを担当する科学者を採用することから始め、二年もたたないうちに技術人事課の長となった。この仕事のために彼は英国中の大学をめぐることになり、自分はこの時期に世界中のだれよりも多くの科学者と知り合いになったのではないかとのちに語っている。[28] スノーはこの仕事に長けており、一九四三年にその功績で大英帝国三等勲爵士に叙せられた――この後いくつかの勲章を与えられることになるが、その最初のものである。戦争の終わりごろ、彼はすべての時間を執筆活動にあてるためロンドンに引っ越したが、片足は（一九四五年から文官採用試験委員として）中央官庁のあるホワイトホールに、もう一方の足は（一九四七年からイングリッシュ・エレクトリック社の重役として）産業界に置いたままだった。実際、この時期、スノーは小説家であるのと同程度に官僚でもあり、それを念頭に置くと、官僚組織が現代の生活の中心に位置しており、重要な政治的変化は完全にその官僚組織の内部で起こっているのだという彼の信念の説明がつく。

一九五〇年、スノーは小説家で批評家のパメラ・ハンズフォード・ジョンソンと結婚した。ジョンソンの好みにしたがって「パーシー」がチャールズになったのはこの時期であり、夫婦はすぐにロンドンの文壇の作りつけの備品となった。スノーは同時に、政治問題や専門的意見に耳を傾けてくれる人々を見出していた。例えば、彼は一九五七年にナイト爵位を授けられ、一九五九年のリード講演に続き一九六〇年にはハーヴァード大学でゴドキン講演を行ない、一九六四年に労働党が選挙で勝利する前には党に対して個人的にアドバイスを行なった。その選挙は、上院における新しい科学技術省のスポークスマンとしてスノーを国政へと連れ出し、この地位のおかげで、このブーツと靴の工場の事務員の息子はレスターのスノー男爵となった。だが、政府におけるスノーの任期は困難に満ちており、彼は二年もしないうちに職を辞した。彼は一九七〇年に『他人と同胞』を完成させ、一九八〇年に亡くなるまで、執筆、批評、講演を続けた。

## 官僚主義のリアリズム

科学、文学、そして社会に対するスノーの意見は、一九三〇年代にケンブリッジで作り上げられた[29]。キャヴェンディッシュは物理学の国際的な中心地であり、所長のアーネスト・ラザフォードは賛美歌の「見よや、十字架の旗高し」を大声で歌いながら実験室を闊歩し、ホプキンズのダン・ラボラトリーは生化学を率いる中心地だった。スノーはラザフォードやホプキンズといった大物に加えて、J・D・バナール、P・M・S・ブラケット、J・B・S・ホールデン、そしてピーター・カピッツァといった科学者と知り合いになった。のちにラザフォードの熱狂的な決まり文句である「今こそが科学の英雄時代だ！　今こそがエリザベス朝だ！」を思い起こし、スノーは「彼はまったく正しかった」[30]とのみ付け加えた。スノーは、科学を実践することは真実を発見して語りたいという傾向を持つがゆえに本来的によい行ないであり、科学は理想の社会のモデルを提供してさえいる、と信じるようになった。新しい世代の科学者たちが第二次世界大戦後に政策や政治活動の世界に入ってきたとき、スノーは彼らが「新しい人間」として――本能と行動によって古い問題に対する新しい希望をもたらしながら――入ってきたのだと信じた[31]。

スノーにとっては、レスターから到着した彼を迎え入れたケンブリッジ以上に、こうした科学的本能と文学により重きをおく態度との対比がむき出しになっているところはなかった。一九三〇年代のケンブリッジは、ラザフォードやホプキンズに加えて、文芸評論家のF・R・リーヴィスにとっても本拠地だった。新しい分野（一九一七年に始まった英文学学位取得課程）で仕事をしたり、新しい雑誌（彼と彼の妻のQ・D・リーヴィスは、一九三二年に『スクルーティニー』の創刊に手を貸した）を編纂したりしながら、リーヴィスは英語圏全体の文学研究に影響を及ぼす着想を発展させつつあった。このように、一般的に言って文学批評は、そしてとくにケンブリッジの英文学は、受け継いだ思想から成るブランド品と化した変化に欠ける領域とは、とても言えなかった――結局のところ、リーヴィスと彼の同僚たちは、正統派の学説を擁護しているというよりも、挑戦していると言うほうが合っていた。だが、スノーにはそういうふうに見えてはいなかった。リーヴィスの批評のスタイルは強烈なまでに保守的で、反動的でさえあると彼には思われた。なぜなら、新しいよりよい未来をもたらすことよりも、過去の消失を嘆くことのほうに、より関心を向けているように見えたからである。彼は非公式にリーヴィスをあざけることに没頭し、リーヴィスがジョージ・スタートの『車大工の仕事場』を好意的に論じたのを受けて、「車輪商人」と彼のことを嘲笑した[32]。スノーにとって、そのようなノスタルジアは、過去において大半の人々の生活を特徴づけた窮乏を認識できておらず、文学に造詣の深い知識人のあいだで典型的なものだった。彼はこの態度がとくに英文学学位取得課程に深くしみ込んでいると考えた。そこでは、例えばH・G・ウェルズが排除されていたが、これはスノーには進歩そのものに対する敵愾心のしるしに見えた。[33] スノーがのちに「科学に造詣の深い」知識人と「文学に造詣の深い」知識人についての爆弾発言に詰め込むことになる広範囲に及ぶ連想を、私たちはすでに認めることができる。

一方でラザフォードに、もう一方でリーヴィスに支配されたこのケンブリッジにおいて、スノーは、来たるべき数十年のあいだ彼の考え方を特徴づけることになる態度を育て上げた。[34] 今日、その態度は風変わりに見えるかもしれないし、頑迷とさえ見えるかもしれないが、ここでの目的は、それを批判するというよりも、むしろ理解することである。スノーは文学が一九一四年から一九五〇年のあいだに悲惨な方向へ転じたと信じた（この危機の厳密な年代は、彼が執筆活動を行なっていた時期によって変化したが、概して前の世代の作家たちの時代に起こった）。その時期、ジェイムズ・ジョイス、ヴァージニア・ウルフ、ウィリアム・フォークナーのような作家たちが、社会についての物語――スノーの省略表現を借りれば「リアリズム」――を生み出す努力を放棄し、手法上の実験と社会的疎外感の称揚――スノーが「モダニズム」という言い方で意味したこと――に傾いたと、スノーは論じた。彼は、後者によって生み出された作品を「反小説」と呼んだが、その代表は何よりも『フィネガンズ・ウェイク』であった。スノーの考えでは、反小説は社交界を描いて幅広い読者に語りかける努力を拒絶するものであり、彼はそれがそういうものとして社会そのものを拒絶していると信じた。モダニストの作家たちは、代わりに疎外された個人を賛美しており、それゆえに彼らは反動的な態度を取るようになるのだ、とスノーは続けた――そして、ここでスノーは、ジョイス、ウィンダム・ルイス、エズラ・パウンド、T・E・ヒューム、そしてD・H・ロレンスといった人物を名指しした。この反動は、スノーが「科学革命」と呼んだものへの敵意、つまり、科学と科学技術を応用して生産能力を向上させるという工業化の、現在進行中の段階に対する敵意から、生じていた。[35] スノーの考えでは、この展開のせいで社会組織はますます複雑になってしまったのであり、しかも、かつては作家のものだった役割を社会科学が満たしはじめた瞬間に、そうなったのである。モダニストの世代は、これらの展開を受け入れて創作を通して探究するよりも、むしろ、自分たちが理解できもしなければ影響を与えられもしない社会から撤退するほうを選んだのだと、スノーは信じた。

しかし、一九四〇年代の末ごろ、スノーは文学に対する新しい期待を見出した。彼の注意を引いた作家に、パメラ・ハンズフォード・ジョンソン、ウィリアム・クーパー、ウィリアム・ジャーハーディらがいたが、彼らは皆スノー自身のように——個人と社会との変化しつつある関係を探究することに興味を持っていた。楽観的に歴史をとらえるスノーの考えでは、科学革命は、大勢の新しい官僚と、彼らのところに配置された専門家や管理者といった新しい階級を作り出していたのだった。その結果生じた社会は、以前よりも多くの人々に物質的な快適さ、教育の機会、そして社会的な地位を約束したが、この約束を実現するため、こうした専門家たち——管理者、専門技術者、科学者、公務員その他——は彼らの組織、彼らの社会、そして彼ら自身を理解する必要があった。スノーはこの難問と対決しようとする、そして新興の社会を（退けようとするよりもむしろ）説明しようと試みる作家たちに、引きつけられた。こうした作家たちは、最近の嘆かわしいモダニストの回り道を拒絶し、代わりに一九世紀のリアリズムから着想を得た——そして、スノーが自分の創作と批評を通して活性化しようと誓ったのが、その遺産であり、この運動だった。

この点におけるスノーのあらゆる努力は、政治はいかに機能すべきかという彼の考えに左右されていた。彼の政治感覚は官僚と管理者に対する信頼と両立していた。つまりスノーは、急進的な異議申し立てよりもむしろ既存の制度を通して変化が生み出されたと信じたのだ。彼はこのプロセスを「自己完結型政治」と呼び、バチカン、クレムリン、英国の内閣、中世の修道院、あるいは——彼のもっとも有名な小説『学寮長』においてのように——オックスフォード大学やケンブリッジ大学で、同じように機能しているととらえた。ここにはイデオロギーや反乱の余地はほとんどない。スノーの政治モデルはその代わりに、戦術的な同盟を促進して管理することを求めた。そのため、『学寮長』では、自分たちの推す候補者のキャンペーンを二人の特別研究員が計画した際、エリオットは「あいつらは大学人がどうふるまうのかを、それぞれが弱かったり、無知だったり、無関心だったり、意固地だったり、強かったりする場所を、分かっていた。あいつらが自分たちの手腕を過信することは決してなかったし、どうやって譲歩するかを分かっていた。［その結果として］あいつらが支援していない学寮では重要なことはほとんど起こらなかった」[36]と述べた。結果として生じた連携は、「左寄り」あるいは「右寄り」といったレッテルとはほとんど関係がなかった――エリオットが「大学の政治はよく国の政治と真っ向から対立する。だから、上流階級出身の急進主義者ウィンズロウは大学の中で極端な反動主義者になったのだし、フランシス・ゲットライフやぼくのような左寄りの男は、大学のなかで「政府」を支持している自分を発見したんだ」[37]と説明したように。そして、元来スノーは、政治とは思慮分別のある人々が行なう理性的な選択の問題だと考えていたにもかかわらず、それが心理の気まぐれな変化によって複雑になりうるのを容認した――クリスタルが自分でも理解していない方向へ歩み出すのに、エリオットが気づいたときのように。[38]増殖するもの、管理上のもの、戦術的なもの、そして内密のもの――これがスノーが信じた政治のあり方であり、一九四五年にロンドンに移った際に、文学に影響を及ぼそうという彼の努力を導いたのは、政治に対するこの考え方だった。

## キャンペーン

一九四七年の一一月から一二月にかけて、クライスツ・カレッジ時代からの旧友ゴーリー・プットに宛てたスノーの手紙は、絶望感でいっぱいだった。ルイス・エリオットを主人公とする連作の二つ目の小説『光と闇』が出版されたばかりで、初期の書評は気のめいるようなものだった。「これまでのところ、失敗だ」と、スノーは書いた。「そして『ニュー・ステイツマン』と『リスナー』からののしり以外、何も期待していない」。スノーは自分が「逆風のなかで執筆している」と感じ、文壇の主流派が自分に同調する見込みはほとんどないと思った。[39]

彼は、自分たちが主導権を握る必要があると決心した。「私たちはもっと行動的になってプライドを捨てなくては」と、彼はプットに対して熱心に主張した。(40) プットはケンブリッジでリーヴィスのもとで英文学を学んでおり、スノーは彼が文学をめぐる討論を調停できるようになる地位を得ることを望んだ。(41) 彼らが続いて起こした「キャンペーン」（彼らの呼び方によれば）は、文学史の流れを変えなかったかもしれないが、スノーの歴史、小説、そして政治についての考えのあいだに密接なつながりがあることを明らかにしている。(42)

スノーはまず、世間からは一線を画している作家のウィリアム・ジャーハーディの支持をとりつけることに取りかかった。(43) 一八九五年にサンクトペテルブルクで英国民として生まれたジャーハーディは、ロンドンで教育を受けた。その後、十月革命で父親が破産してしまうまで、ペトログラードの英国大使館に勤めた。彼は一九一八年から一九二〇年にかけての反ボリシェヴィキ運動において近衛歩兵第三連隊の一員となり、英国に戻ってオックスフォードでロシア語を専攻した。ロンドンに落ち着いて、一連の芝居、物語、批評、小説を書きはじめ、キャサリン・マンスフィールド、イーディス・ウォートン、イーヴリン・ウォーらから皮肉に満ちた感受性をほめたたえられた。その後、一九三〇年代になると、左寄りの文学者の寵愛を失った。彼らは、ロシア革命について書くときにマルクス主義にしたがっていないとして、彼を批判したのだ。だが、一九四八年のジャーハーディは、スノーの運動の「大御所」にうってつけの人物だった。つまり、彼のチェーホフに対する興味は、彼をリアリズムを復活させようという運動における盟友にしたし、彼の明晰な散文は、実験的なモダニズムに代わる選択肢を提供したし、彼の皮肉に満ちた政治的喜劇は、政治をイデオロギー的というよりはむしろ管理的なものととらえる見方と合致していたのだ。(44)

スノーは、ジャーハーディの作品を近々放送されるラジオ番組で論じるつもりだと知らせる手紙を、彼に送った。「場としては滑稽で、思うにあなたはおもしろがってくださるかもしれません」とスノーは述べたが、自分には別の野心があるのだと付け加えた。「それは、運動の最初の一撃でもあるのです。大勢の文学者仲間と私は、三〇歳前後の世代の批評家たちからあなたが受けた低能扱いに、怒りを覚えています」[45]。スノーは、批評家のデズモンド・マッカーシーを説き伏せて、ジャーハーディの全集の書評を書かせたいと願った。マッカーシーは一九四〇年に『他人と同胞』を推薦してくれた人物である。「私は彼のことはよく知りませんが、彼の価値観は私たちのものです」と、スノーはジャーハーディに伝えた。「文学戦争をどのように始めるかという点で、彼の助言はしたがうに値すると思います」[46]。だが、スノーは夕食の席上でマッカーシーの同意を取りつけようという作戦に失敗し、自分で書評を書くことを決意した。『サンデー・タイムズ』においてスノーは、ジャーハーディが一九三〇年ごろに英文学界に訪れた「文学の氷河時代」を逃れたことを称えた[47]。その間に、プットがエクセターから、『タイム・アンド・タイド』がジャーハーディについての文章を書こうという自分の提案を受け入れたと言ってよこした[48]。それから、一九四八年の最初の五か月間だけで、スノーの運動はいくつかの勝利を収めた。すなわち、彼はジャーハーディとの友情を築き上げ、彼のために好意的な書評を二本発表し、そして――もっとも重要なことには――自分自身の文学史批判を公刊したのである。

スノーがジャーハーディとの関係を築き上げていったころ、彼の運動には最初の運が向いてきた。パメラ・ジョンソンが新しい雑誌を出版しようという申し出を受けたと言ってよこした。雑誌『地平』および『風車』の奮闘のおかげで、生き生きとした新しい雑誌を出す余地があるように思われたのだ。「私の考えでは、ついにこれこそ、探し求めていたものです」と彼女は書いた。「あなたとハリーと私で、できるだけ早い機会に会って企画を立てたいと思っています」[49]。ジャック・プラム（第四章で検討するが、当時、ケンブリッジで彼自身の闘争に従事していた）に加えて、パメラ・ジョンソンとハリー・ホフの二人が、スノーのもっとも親しい友人だった。

ジョンソンは、一九四〇年に『他人と同胞』を好意的に評した際に、スノーの目に留まった[50]。彼女は、西アフリカの植民地行政官の娘で、一九一二年にロンドンに生まれ、クラパムで教育を受けた[51]。一六歳で学校を卒業したあと銀行に勤めたが、読書を続け、また執筆を始めた。一九三四年に詩で賞を取り、同じころ、ディラン・トマスとの関係が始まった。[52] 二年後、彼らは結婚しないことを決意し、一九三六年の末、彼女はオーストラリア人ジャーナリストのゴードン・ニール・スチュアートと結婚した。彼女の最初の小説『汝が中心に据えたこのベッド』（一九三五年）はかなりの成功を収め、そして——キャリル・コノリーに勧められて——ジョンソンは執筆に専念するために仕事を辞めた。[53] 彼女は小説家そして批評家として世に認められ、のちにプルーストの権威となりBBC放送のレギュラーとなった。『他人と同胞』を書評したのがきっかけとなってスノーとの文通が始まり、翌年二人はロンドンで会った。[54] ピカデリーでお茶を飲みながら、二人は自分たちが書くことにかんして同じ態度をとっていること、とくに物語の復活を二人とも願っていることを知った。[55] ジョンソンとスチュアートの結婚は一九四九年に終止符が打たれ、彼女とスノーは翌年クライスツ・カレッジで結婚式を挙げた。だが、新しい雑誌を計画しようというこの会合が一九四八年に招集されたときには、式はまだ二年も先のことだった。

ハリー・ホフは、スノーやプラムのように田舎で生まれ、ケンブリッジ大学クライスツ・カレッジに進んだ。彼が一九三一年に自然科学を学ぶためにクライスツ・カレッジにやってきたとき、スノーが彼の個人指導教師となった。[56] とくに自分たちがともに手法的な実験を控えた小説を書きたいと思っていることに気づいたとき、二人のあいだに友情が芽生えた。ホフはモダニズムと反動的な政治を結びつけるという点で、スノーをおうむ返しにくりかえしており、のちに——スノー自身のものと言ってもよいような表現を使って——実験的な小説家は産業社会に対する強い反感に駆り立てられていると、力説した。[57] ウィリアム・クーパーという筆名で執筆活動を行なっていたホフは、一九五〇年の『田舎の生活の風景』に始まる「生活の風景」小説で称賛されるようになった。[58] これらの小説は、ホフの分身であるジョー・ランを扱うなかで生じる控え目な機知を特徴としていた。ホフはのちに「私は写実主義の小説家です」と語った。「私の目的は、笑いながら真実を語ることなのです」。[59]

ホフ、ジョンソン、そしてスノーは「軍事会議」と自ら名づけたもののために集まり、刊行予定の雑誌『マーメイド』について話し合った。[60] スノーは、マッカーシーとジャーハーディが著名な看板として現われる予定だということ、プットがワーキング・グループの中心として参加するだろうということ、そしてジョンソンが「新しい運動の女性指導者」であるということを、報告した。[61] 運動は順調な滑り出しを見せたが、彼らは大義に共感してくれるかもしれない作家たちをさらに見出す必要があった。スノーは若き小説家のフランシス・キングと連絡を取り、自分がキングを三〇歳以下の男性作家のなかでもっとも有望だと考えていると告げた。キングは最近の文学や批評に不満を抱いている人をほかにもっと知らないだろうか？「ちょっと楽しくなりそうです」と彼は約束した。「今や、最近の英文学の氷河時代（一九三〇―一九四七年）は過ぎ去りつつあるのです[62]」。

「英文学の氷河時代」はそのグループが行なった小説に対する診断の結果を特徴づける概念であり、彼らは論争の呼び水となるようなマニフェストのなかで、それをくわしく発表した。[63] そのマニフェストは、文学史に対するスノー特有の解釈にしたがっていて、自分たち自身を（かなり仰々しく）以下のように想像するのが写実主義の伝統であり、モダニズムはそこからの迂回である、と表現している。

私たちは自分たちの信念を、人間の真実の文学において表現してきた。すなわち、ホメロス、ペトロニウス、そして古代ローマの小説家たち、北欧の英雄伝説、紫式部、チョーサー、偉大な一九世紀の小説家まで時代を下ればドストエフスキー、トルストイ、ディケンズ、そしてバルザックという流れにおいてである。今日にいたるまで継承が行なわれているということは、フランス人小説家たち、例えばロジェ・マルタン・デュ・ガールやモーリヤックの、主流ではないかもしれないが良質の潮流において明らかである。私たちはこの信念に対して『マーメイド』を捧げるのだ。[64]

ジョンソンはその信条を、熱を入れてマイケル・ジョゼフの出版社に持ち込んだ。計画の立案は四月中は進んだが、五月に障害物に突き当たった。「唯一の進展も見るに堪えないもので、明らかにおしまいだという感じです」と、彼女は意気消沈してプラムに語った。「さしあたり」、彼らは計画全体を棚上げしてしまいました」[65]。『マーメイド』は紙不足を理由に取りやめとなっていた。しかし、遅れは生じたものの、断固として、運動は続けられた。

スノーは、新しい雑誌を始めるよりも、むしろ定評ある出版物における地位の確保に努力を傾けることに切り替えた。戦争中、彼はジョンソンが『ニュー・ステイツマン』あるいは『トリビューン』に雇われるのを見たいと願っていたが、彼女は一九四八年についにその前線で成功を収めていた[66]。プットは引きつづきエクセター周辺で自分たちの信条を広めており、若い詩人のネヴィル・ブレイブルックの編集する『風と雨』という季刊誌から興味を示されたと報告した。彼は同時に、フェニックス・プレスの取締役の地位を狙っており、スノーを部内者として引き入れたいと願っていた。すなわち「定評ある季刊誌の砦の内側にひとたび入ったら、あなた方皆のために門を開くつもりです。あなた方は個人的に身を安全な場所に置いたら、適当な段階で財務の水門を開いて、雑誌の分量や発行部数や権力を拡大することができます」[67]。彼は『風と雨』に、顧問としての地位を確立するのに十分な一〇〇ポンドを寄付した[68]。スノーはエクセターのサマースクールで講演をという申し出を受け、そこでお気に入りのテーマのうちの二つ、すなわち「小説家の信条」と「小説の最近の傾向」について、新しい世代に語りかけた[69]。プットはのちに「スノーの想像力の謀議的な部分」を思い起こして、それを、彼の「自分の小説の受容に好意的な批評運動を始めることに対する異常な熱意」と結びつけた[70]。しかしながら、プットは同時に、その行動を楽しんでいた。「おお、スノーよ、きみはある目的を持って年老いたエクセターの亀を刺激してしまったね！」と彼は書いた。「自分がどんなに喜んでこの運動に積極的にかかわっているのか、とても言えないよ！」[71]ジャーハーディもまた事態に身を投じており、女性の名前を使って自分自身の作品についての卑屈な手紙を発表していた[72]。

その間スノーは、『タイムズ文芸付録』の編集者のアラン・プライス＝ジョーンズを動かして、プットを書評家として雇わせた[73]。彼はまた『サンデー・タイムズ』のレナード・ラッセルと親しくなり、そこへ招き寄せられる機会を大いに意識していた。「もし私が本当にこれを獲得したら」と、彼は自分の編集者に語った。「私はかなり短期間で変化を起こすことを請け合わなくてはなりません[74]」。スノーとラッセルは古いビリヤード・ホールで折にふれて会ったが、そこでラッセルは、この小説を書く科学者が驚くべきことに侮りがたい批評家であると知った。スノーはモダニストの小説の完全な失敗について語り、その消滅をたくらんで、ついにある晩ラッセルに自分の信条の写しを握らせた。ラッセルはその晩それを読み、たちどころにスノーに電報を打って、コラムを書くよう依頼した[75]。『マーメイド』の計画が頓挫してからわずか八か月後、スノーが『サンデー・タイムズ』、ジョンソンが『オブザーヴァー』、そしてプットが『タイムズ文芸付録』および『タイム・アンド・タイド』というように、スノーとその盟友は首都の書評の最先端の地位を占めた。「もし私たちが一〇年のあいだ生き延びたら、ちょっとした文学的権力を握ることだろう」と彼は予言した[76]。

スノーは自分の考えを発表するのに理想的な地位を見出していた。「ぼくは作家人生でいちばんきつい戦いに挑んでいる」と彼は弟に語った。「[『サンデー・タイムズ』は]もちろん、戦略上何より貴重なポジションだし、ぼくはいちばん大きな目標を達成するまでは、あきらめたくない[77]」。隔週で新しい作品を書評する際、スノーは実験を拒絶しているもの、幅広い読者に向けて書かれたもの、もしくは尊敬に値する階級（あるいは少なくともその地位を求めて奮闘している人物）を中心としているものを称賛した。彼は推薦できる作家を探したが、これこそ、彼とリーヴィスおよび『スクルーティニー』との違いを明らかにした目標である。「褒められるところで褒めるというのが本当に大事なのだ」とスノーはプットに語った。「思い出してほしい、ヴィクトリア朝の批評家リーヴィスが、今愛情あふれるまなざしで研究している本を、ほぼ間違いなく見下しているだろうということと、君やぼくがそうした本を救わなければならなかったのだということを[78]」。しかし、彼の机に到着した本がより暗いテーマを扱っていると——例えば、あるときは、レイプ、殺人、病、リンチ、そして自殺だった——スノーは落胆の表情を浮かべた。例えば、彼は、テーマが残酷で、文体が読みづらく、句読法に反しているとして、ウィリアム・フォークナーを非難した。スノーの判定は、「天才だが、創意がまったく乏しい芸術家だ。そして、彼のような芸術家がこの二〇年間にかなり過度な称賛を受けてきたのだ」[79]というものだった。『サンデー・タイムズ』において、スノーは自分の地位を利用して、こうした傾向から注意をそらし、代わりにもっと理解しやすく楽天的な文体の文学に注意を向けた。

四年間書評を行なって、スノーは満足すべき理由を感じた。「本を読む人々の意見と「文学的」な意見との溝は、広がりつつあるだろうか、それとも狭まりつつあるだろうか?」彼はお別れのコラムのなかで問いかけた。「私の考えでは、その答えは、どちらかと言えば、ほんのわずか狭まったと言える」[80]。意識の流れ(あるいはスノーの言い方を借りれば「刻一刻」)のテクニックは行くところまで行きついたようであり、彼は、来たるべき一〇年間は「形式はもっと伝統的で、内容はそれほど専門的でなく、意図はもっと幅広く、全体的な効果としてはもっと研究熱心で、かつもっと人間的な小説[81]」への転換が起こるだろうと予言した。彼は文学の傾向に対する自分の批評的分析が強い影響力を及ぼしたと考え、別の戦線で運動を推し進めるのにふさわしい時期だと考えた。一九五二年、スノーは『サンデー・タイムズ』との提携を終え、自分自身の創作へと注意を本格的に向けた。

## 他人と同胞

スノーは一九三〇年代は科学者として屈辱感に耐え、一九四〇年代は小説家として酷評に直面したが、一九五〇年代は自分自身でも驚きを隠せないほどたちどころに成功を収めた。その一〇年間は、英国の文芸年鑑が『希望の時代』を一九四九年の最優秀小説に選んだ時点で早めのスタートを切っていた[82]。スノーはすぐに自分が(たとえ好んで否定するとしても)厳選されたグループに入っていることに気づいた。すなわち、ある批評家は彼のことをスタンダールと比較し、別の批評家はトロロープを取り上げ、そしてさらに別の批評家はプルーストのことを考えたのである[83]。「私たちは「プルーストの経験」を語ることができるのと同じく、「スノーの状況」を語ることができる」と、ヘレン・ガードナーは『ニュー・ステイツマン』に書いた。「私には、その企画全体が、創作を通じて人間の徳性を探究する、私たちの世代でもっとも印象的な試みに思われる[84]」。『学寮長』と『新しい人間』は一九五四年のジェイムズ・テイト・ブラック記念賞を受賞し、リーダーズ・サブスクリプション・ブック・クラブのW・H・オーデン、ジャック・バルザン、そしてライオネル・トリリングからなる委員会は、『新しい人間』を一九五五年二月の本として選んだ。トリリングは、小説に対する希望をスノーがよみがえらせてくれたと記し、とくに『学寮長』を「政治的な生活の典型[85]」であると称賛した。一九五八年はとくに興奮に満ちた一年だった。スノーはハーヴァード大学を訪問した際、賓客として丁重に迎えられ、カリフォルニア大学バークレー校の客員教授に推され、そしてトリリング、アルフレッド・ケージン、そしてノーマン・ポドレッツが彼をほめたたえているというニュースをアメリカから持ち帰った[86]。彼は自分がノーベル賞候補であると考えはじめた[87]。

『他人と同胞』が文学史上ゆるぎない地位を勝ち取ったと確信したスノーは、それがどのように始まったかを好んで語るようになった。その物語によれば、一九三五年一月一日に彼がマルセイユでひとりぼっちで落胆していたときに着想が浮かんだのだ。「私は突然『他人と同胞』連作全体のあらすじとその内部の構成の両方を目にした、いや感じた、いや経験した、いや何でも好きな呼び方をしてかまわない[88]」。彼がその晩シリーズの計画を練ったということを疑う理由はないが、その構成は実際のところは時がたつにつれて発展していった。すなわち、一九三五年九月には、スノーは三巻の小説から成るものにしようと考えていた。一九三九年までには四巻に数が増えていた。そして終戦時になってはじめて最終的に一一巻構成となることになった[89]。第一作の『他人と同胞』は一九四〇年に出版され、のちに「他人と同胞」が連作全体の題名となった際に『ジョージ・パサント』と改題された。

『他人と同胞』は官僚主義英国の労働者と働き方を考察している。[90] 語り手のルイス・エリオットは田舎の町の下層中流階級の出身で、小説は社会と国家という迷宮のような体制を行くルイスの旅路をたどっている。読者たちは道すがら、貴族、官僚、法廷弁護士や大学教師、作家や科学者、そして聖職者や公務員と知り合いになる。こうした人々が現代の英国の能力主義社会および官僚主義社会のなかで相交わる。つまり、ケンブリッジの学寮や科学研究機関のような官僚主義的能力主義社会、そして国会や中央官庁のような能力主義的官僚社会である。一つ一つの話が独立した作品として読めるものの、作品をひとまとまりのものとして判断してほしいというのが、スノーの意図だった。

シリーズは『ジョージ・パサント』で幕を開けるが、これは、一九二〇年代の田舎の町を舞台に、カリスマ性を持つものの欠点だらけの理想主義者が与える影響力を描いている。『光と闇』(一九四七年)がそれに続くが、異彩を放つ主人公のロイ・カルヴァートは、第二次世界大戦のもっとも危険な任務へと追いやられる瀬戸際で、憂鬱な気分でもがいている。『希望の時代』(一九四九年)はエリオットの個人的な物語、すなわち彼が父親の破産を乗り越えて法曹界で成功を収めるまでをたどる野心と自己発見の話を、くわしく語っている。『学寮長』(一九五一年)は、スノーを成功に導き、政治解説者として世間に認めさせた本だが、戦後の大学を舞台とする創作ジャンルの初期の作品である。スノーは『新しい人間』(一九五四年)で科学者の視点から政治というテーマを掘り下げたが、これは原子爆弾を作り、そしてその使用を阻止しようとする英国の原子科学者の仕事をたどったものである。

スノーの帆は、一九五〇年代半ばまでには風をつかまえていた。『ニュー・ステイツマン』は『新しい人間』を「非常に優れた小説」と呼び、『スペクテイター』はスノーをスタンダールになぞらえた。[91]『帰宅』(一九五六年)は再びエリオットの個人的な物語で、彼が大学、産業、そして公務を通して成長していくのをたどっている。『富める者の良心』(一九五八年)は大戦間期に戻り、エリオットが裕福なユダヤ人家庭における特権と義務のぶつかり合いを目のあたりにしている。このあと別のケンブリッジ・スリラーである『事件』（一九六〇年）が続くが、ここでは人望のない特別研究員――そして共産党のシンパ――が、科学上の詐欺的行為によって濡れ衣を着せられる。『権力の回廊』（一九六四年）は、スノーの政治に対する興味が直接国会に向けられたもので、エリオットが英国から原子爆弾を奪おうという保守党の大臣の企みを目撃する。『理性の眠り』（一九六八年）は殺人を犯したレズビアンのカップルの裁判の物語を通して、寛容な社会を批判している。そして最後に、『最後のもの』（一九七〇年）が来るが、これはエリオットが次の世代に向ける希望に満ちたまなざしであり、過激な反抗をよりロマンティックに説明することに対するスノーの回答である。

　これらの小説は独特の雰囲気をたたえている――「夢のような」[92]とうまい呼ばれ方をされてきた控え目で重苦しいまじめさである。それらの魅力は、一つには、それらが通常は閉じられた扉の向こうに広がっている発言や行為にふれさせてくれるという感覚を伝えている点にある。しかし、私たちの目的のためには、それらは別のものにふれさせてくれる――世界が機能する方法ではなく、世界が機能するとスノーが考えている方法である。スノーは、フィクションにせよノンフィクションにせよ、彼の著作のすべてが一つのテーマの変奏曲であるという事実にかんしては、率直だった。例えば彼は、自分はゴドキン講演の『科学と政府』や政治的小説である『権力の回廊』の主張を故意にからみ合わせたと説明している[93]。実際、スノーは、社会についての自分の考えを相互に発展させているからという理由で、自分の小説と『二つの文化』を一緒に読んでほしがった。「リード講演で私の社会的な思考がどんなものかはっきりと説明しました。理想的には、手近に置かれたある種の明白な注解もしくは社会時評として、私の小説を一緒に読んでもらいたいのです」[94]。スノーの小説は、英国社会を直接反映したものとして読まれるべきではないものの、確かに、彼が社会はどう機能すると信じていたのかを示す一連の豊かな証拠となっている。

　スノーが創作した世界はまったく男性の世界だった。社会経験全体を描き出したいという彼の野心にもかかわらず、役者は（これは言うまでもなく登場人物のことである）圧倒的に男性だった——実際、連作が『他人と同胞』——「同胞」は原題では「兄弟」を意味する“Brothers”である——という題名になっているのには、それなりの理由があった。トリリングは、シリル・コノリーがイギリス小説は女性化していると言及したのと対比する意味で、スノーの作品は男らしさを断然強調していると述べた。「[スノー]とその登場人物は、ときには称賛の念を持って、たいていの場合思いやりを持って、女性を非常に公平に扱う」と、彼は説明した。「だが、女性は男性の世界における賓客である——コミュニケーションはすべて男性同士のものである」[95]。この力点は、知的職業階級の公的な生活に対するスノーの興味から生じたものだった。彼の見方では、一般の人々も知的職業に就いている人々も男性の領域に居つづけていたからだ（男性科学者がよき「夫であり父親である」のは珍しいと彼がほのめかしたときに明らかとなったように[96]）。確かに、スノーは、もっと多くの女性を科学者として訓練しないせいで人材を半分に減らしてしまっていることを惜しみ、いつも国の復活という名のもとに女性の教育を奨励していた[97]。だが、スノーの作品では、ジェンダーにかんする言語は、社会の現実についての主張ないしその反映という以上のものだった。つまり、それはまた「科学的」（進歩的で、男性的で、一般的に言って肯定的な）文化および「文学的」（反動的で、女々しくて、一般的に言って否定的な）文化についての彼の描写に見られるように、より広範囲に及ぶ連想を伝えてもいるのだ。

　スノーはとくに、個人と制度の関係を探究することに興味を抱いていた。連作をはじめて着想したときに出版社に対して彼がした説明を借りれば、「今の私たちのどのくらいが、私たちの階級と時代のめぐりあわせによるものなのだろう？　そしてどのくらいが、私たちの内部にある生まれながらのもの、変えられないものによるのだろうか？[98]」ということに、である。彼は前の世代よりももっと好意的な観点から、その問題に取り組みたかった。彼は、自分の登場人物たちを、彼らに努力を強いもするし、また可能にもしてくれる組織の内部に据えた。すなわち、強いるのは彼らがつねに既存の制度の内部にいるためであるが、努力できるようにもしてくれるのはそれらの組織が意味ある変化の起こりうるところだからである。小説家の義務は、社会が依存している組織を探究することであり、その組織の内部にいる人々に対して自分たちの暮らしている世界について教育することだと、スノーは信じていた。その努力の過程において、彼の最終的なテーマである権力が浮上してくる。「私の小説はすべて、一つの複雑なテーマの一部分なのですが、そのテーマとは現代の国家における権力です」と彼は説明した。「そして、権力について書くことを通して、私はそれが英国において本当はどのように行使されているのかを示そうとしてきたのです」[99]。アンソニー・サンプソンは一九六二年に『英国の解剖』を出版したが、このことをこれ以上うまく語ることはできなかった[100]。

『他人と同胞』は、文体も内容も、『マーメイド』以前に始まり、『サンデー・タイムズ』を通して続けられた運動を拡大したものだった。その運動は、モダニストによる現代社会蔑視だとスノーが理解したものを拒絶し、代わりに個人と制度の関係をもっと好意的に考察しようと主張した。後世の人々がどう判断するにせよ、スノーの小説は、最盛期には彼が設定した目標の多くを達成した。つまり、それらの小説は、個人が楽観的で、社会がきちんと機能し、政治が実務的であるという世界を作り上げたのである。言いかえれば、『他人と同胞』は、スノーが人生を通して練り上げ、擁護した世界観を、具現的に表象していたのだ。

## 技術家主義のリベラリズム

スノーの世界観は「技術家主義のリベラリズム」と理解できるかもしれない。社会主義の平等主義も保守主義の固定された階級制度も受け入れずに基礎を個人に置いているために、リベラルであり、その個人が管理という技術を必要とする組織と官僚政治と制度のなかにつねに埋め込まれているために、技術家主義なのである。スノーは、現代社会が生活水準を向上させ、人口の大半の社会的流動性を上昇させたと確信したため、現代社会を是認した。彼は、今手がけている仕事が、これらの恩恵をさらに拡大して、学究的世界、産業界、そして国家という制度を国内の才能ある個人に開放し、一方で海外の工業化を促進することになる、と信じた。この仕事は抗議や革命によってではなく、政治の衝突を専門家の管理で置きかえることによって達成されるだろう――すなわち、技術家主義を通して、である。要するに、スノーは、ますますの繁栄と機会の拡大を願って、既存の組織を通して漸増的にではあるが継続して働くことを奨励したのだ。(101)

「社会主義」への執着を表わすことで折にふれて当時の言い方にしたがってはいるものの、スノーは社会主義者ではなく、かかわったのは平等ということではなかった。しかしながら、彼は自分の政治活動においては実際的であり、自分の理想を実現するにあたっては労働党が最善の機関であると考えた。プットが一九四五年に自由党から国会議員に立候補した際、スノーは彼の努力を誉めはしたが、その馬鹿正直さを軽蔑した。「君は労働党の候補者として立候補するべきだったよ」。(102) プットは、スノーが自由主義者だと考えていたので、この忠告を奇妙に思ったが、スノーはどんな政党も幅広い社会的基盤を必要としていると説明した。彼の政治活動への取り組みの背景を考えると、この立場には意味があった。つまり、スノーはリベラリズムを信奉しつづけているのかもしれないし、一人の自由主義者であるのかもしれないが、政治的には実際的で、つねに労働党に投票したのである。

スノーの立場は、進歩するものとして歴史をとらえる点を基盤としていた。彼は、農業革命、産業革命、そして科学革命から成る一続きの出来事として歴史をとらえた。この直線的なとらえ方は、「時間」軸と「発展」軸にそって展開しており、国際政治に対するスノーの解釈を形成した。すなわち、英国と西側諸国がもっとも進んでおり、一世紀前に西側諸国がいたところにソ連がおり、そしてアジアとアフリカの国々はその後ろにならんでいたのである。スノーは、英国は思いがけない幸運によって最初に産業化を果たし、結果として富と権力を蓄えたのだが、そのエリートたちはもっと初期の段階にふさわしい経済的構造および教育的構造に傾倒しつづけたのだ、と信じていた。こうした時代遅れの構造は、英国が科学革命を受け入れるのを妨害したが、科学革命においては、科学と科学技術がさらなる進歩を約束していた。幸運なことに、産業社会のこの上ない複雑さが、それを管理するうえで絶対に必要な制度を生み出していたので、必要な構造はすでにあるべき場所にあった。こうした構造は必要悪ではなく歴史的成果だった——本質的に、そしておのずから、よいものだった。つまり、「労働組合、集団交渉、近代産業の全機構——それらは貧困を経験したことのない者にとっては腹立たしいものかもしれないが、個人の意志を直接的に主張しようとすると、そこに有刺鉄線の柵のように立ちはだかるのだ」[103]。英国のエリートたちは、ただこの歴史を理解し、これらの制度を受け入れ、発展という道にそって国家を前進させていきさえすればよいのだ。

スノーは恐れを知らぬ官僚主義の探究者であり、組織人間の民族誌学者だった。彼がつきとめた問題は複雑だったが、新しい管理者という階級がその仕事に取り組んだ。「これらの男たちは、訓練されていて、自己顕示欲が強すぎることはなく、自我を抑止することができ……社会的要求に応えるべくあらゆるところに進み出てきている」と彼は述べた。「彼らは私たちの時代の「新しい人間」である」[104]。政治活動を偉人の行為であるととらえる一般的な見方では、近代社会で仕事に従事している複雑な力——よく仮定されているのとは違って、それほどロマンティックでもなければそれほど不気味でもない力——を認識することはできない。スノーは、英国の権力の実像は、ブリーフケースを抱えてオフィスを足早に闊歩している男性だと示唆した。「政府高官、工場の管理者、上級公務員、原価計算係、人事幹部、チーフデザイナー、私たちの社会が彼らなしではやっていけないために現われた人々」と、彼は説明した。「現代の世界で権力を握っている人について言えば、こうした人々が握っているのだ」[105]。スノーの説明では、こうした男たちは活力にあふれ、強靭で、たくましく、そして行動的だというのは言うにおよばず、能力があり、実際に役立ち、分別があり、忠実である（たとえまた、少々へつらって「背が低くがっしりしている」と言ったとしても）[106]。もしだれかが権力を握らねばならないとしたら、かつてのどんな支配階級よりも、こうした管理者たちのほうがよかった。「長い目で見れば、社会の希望にかんして人間の持つ最良の源が管理社会であるのは、こうした理由によるのです」[107]。管理者に対するスノーの信頼は、世間一般に共有されはしなかった。例えば、『プライベート・アイ』が一九六三年に述べたように、「権力の顔とは、「のちほど我々が決定します」とささやきながら灰色の回廊を歩いていく灰色の男である」[108]。だが、スノーの自信はぐらつかず、彼の観点では、英国の前に現われている問題は、困窮と戦っているこうした称賛すべき歩兵たちが、よい仕事をできると信頼されるべきかどうかということだった。

そのような有能な管理者たちは、能力主義社会の前途有望さを表わしていた。能力主義は中産階級の特徴を示す理想として理解されるかもしれない。すなわち、自分たちよりも上の階級の人々の特権に反対し、自分たちよりも下の階級の人々と自分たちとのあいだに距離を取りたがるのだ。原則として、それは平等主義を主張するわけでもなければ、特権を与えられているわけでもなく、その代わりに勤勉と才能のヒエラルキーであった。実際のところ(神への言及は別として)、「万人を今日平等にせよ。だが神は明日は不平等となるよう彼らをお造りになられたのだ」[109]と言ったトロロープに、スノーが同意するというのは、ありそうなことだ――スノーはしばしば彼と比較され、またのちに彼の伝記を著わしている。不平等というのは生まれつきのものであり、したがって避けがたいものであるので、社会は才能ある個人を発見し、教育し、戦略的に配置して、経済、政府、国家に立ちはだかる問題に取り組ませるよう、組織化されるべきである。能力主義社会の理想にはいろいろあるが、一九六〇年代のはじめ、スノーが生み出した多くの作品はその一つの中心であり、それについてはハロルド・パーキンが『専門家社会の興隆』[110]でより幅広く語っている。

この能力主義へのかかわりは、スノー自身の生い立ちとつながっていた。スノーは社会的移動は可能だと信じていた。なぜならレスターからケンブリッジへ、行政事務、民間産業、ロンドンの文壇へ、そして(最終的には)はるばる上院へという旅路において、それを実践したからである。もちろん、理想と実際のあいだには溝があるのがふつうであり、能力主義の理想は、五六歳当時、スノーは生涯でたった一度しか仕事に応募したことがなかった（その職とはバークベック・カレッジの学寮長であり、スノーは不採用だった）という事実によって、いくぶんかすんでいた。[111] それにもかかわらず、スノーは、スノー男爵になる直前に紋章を授与する機関を訪れた際に、自らの銘として「われ道を見つけざれば道を作るなり」を選ぶほどに、能力主義を、その崇高さとその存在を、信じていた。[112] それは、個人の能力と組織が完全である可能性を等しく確信している、非の打ちどころのないリベラルな銘だった。

スノーの能力主義のリベラリズムは、逆の立場と対比するとより際立つ。私たちはすでに、現代社会に対する敵意、大衆の好みに対するさげすみ、そして下層中流階級の野心に対する抵抗と考えたものを根拠にスノーがモダニズムに反対したことを論じた。彼はまた、国家に対する敵意と社会的抵抗の容認ゆえに、政治的急進主義に警戒心を抱いていた（この立場については第四章で検討するが、彼のニューレフトへの敵意を説明している）。歴史は連続体であるという解釈、官僚政治は機能という点では似たり寄ったりであるという分析、そしてイデオロギーを主張することに対する警戒心――要するに、彼のイデオロギー――ゆえに、スノーはイデオロギー上の違いは重要でないと考えるにいたった。だからスノーは、左翼の急進主義を公然と非難したように、右翼の冷戦の戦士たちと敵対した。隠れ共産主義者というレッテルは、彼が現代の官僚主義国家の別バージョンにすぎないものを理解するのに適切だとは単に考えなかったイデオロギーへの共感をにおわせていたが、そのことが示しているように、彼は隠れ共産主義者ではなかった。[113] スノーは、ソヴィエトの組織がいくつかの点で西側の組織と異なっていることは認めたが、西側の指導者は、これらの相違点を不合理にも発作的に退けるよりも、むしろ評価し、適切なところで検討するべきだと考えた。したがって、ボリス・パステルナークやアレクサンドル・ソルジェニーツィンのような抵抗作家に西側が魅了されているせいで、彼は際限なく欲求不満を抱いていた。スノーにとって、彼らは西側の急進主義者に等しい傍流の作家だったのである。[114] 代わりに、スノーは、ボリシェヴィキ革命についての著作でマルクス主義論を割愛したジャーハーディや、ソヴィエトの英雄でノーベル賞受賞者で社会主義リアリズムの擁護者であり、パステルナークやソルジェニーツィンを非難することで国際的な憤怒を引き寄せたミハイル・ショーロホフをほめたたえた。

スノーは国内でも同様に、反体制派の作家を即座に非難し、一九五〇年代が進むにつれ、次第に度を増して、「怒れる若者たち」に反対の立場を取った。スノーは最初はこの新しい世代の作家たちに、とくに彼らが伝統的形式を好んで技術革新を拒絶したために、理解を示しており、キングズリー・エイミスの『ラッキー・ジム』（一九五四年）の最初期の推薦文の一つを提供したほどである。[115] 彼はまたジョン・ウェイン、ジョン・ブレイン、アンガス・ウィルソンに感銘を受け、彼らの作品を『サンデー・タイムズ』で推薦した。[116] しかしながら、まもなくスノーの態度は辛辣になり、彼は政治用語を使ってこの高まりゆく敵意について説明した。例えば、彼は一九六〇年にホフに、エイミスは「ささいな抵抗――不参加表明――最終的でもっとも手の込んだ反動的ごまかし」[117]を表現していると語った。翌月、スノーはこの点をさらに発展させ、うわべは政治に無関係なふうを装う姿勢は実際のところは反動的であると主張し、「下層階級の作法」と「上流階級の政治」を対比しながら「上流階級の作法」および「進歩的な政治」を好む姿勢を明らかにした。[118] その後、彼はこの問題を公に取り上げ、インタビューのなかで怒れる若者たちを退けた。「無礼な態度を取ったり、ネクタイを外したりしても、反抗者にはなりません。自分の暮らしている社会に対して真摯に抵抗するために何かをなすことによって、反抗者となるのです。怒れる若者たちはそうしたことを行なったことがありません」[119]。そこでのキーワードは「真摯に」であり、この言葉は、スノー自身の政治活動についての考えとは相入れない人物をすべて排除するために機能した。

モダニズム、急進主義、冷戦の戦士たち、そして怒れる若者たちに対するスノーの敵意は、すべて一つのものだった。彼の世界観は現代社会とその能力主義の約束を受け入れることに基礎を置いており、彼の政治学は双方の繁栄を推し進める実践的な努力から成っていた。これらの教義が合わさって、専門家の能力主義、管理上の個人主義、技術家主義のリベラリズム——スノーが具現化し、かつ擁護した世界観——となった。この立場が、大戦間期のケンブリッジにおける彼の科学への称賛、そして彼の批評への敵意に浸透していたのである。それが戦後のロンドンで文学と批評を実現しようと彼を奮闘させ、そして『他人と同胞』において権力の回廊を満たしたのだ。一九五〇年代の半ばまでには、スノーの小説は大成功を収めており、今度はその成功が、それらの背後にある立場を振興する機会をより多くもたらしていた。[120]

## 『二つの文化』を作る

スノーは一九五六年に『ニュー・ステイツマン』において「二つの文化」という考えをはじめて提案した。第三者的立場に立つ民族誌学者の口調で、スノーは科学者と文学に造詣の深い知識人との一連の違いの概要を述べた。一方にあるのが自信に満ちた科学者の文化で、未来の先端にあるフロンティアの町のように感じられる大学や研究機関がそのありかだった。彼らの文化は楽天的で、偽りがなく、精密で、そして——退廃的な文学的文化と対照してみると——ヘテロセクシュアルだった。[121] 政治的に一律に左寄りであるとは必ずしも限らなかったが(技師、医師、薬剤師は右寄りの傾向があると言われた)、将来に対する態度という点では、科学者は直観的に改革志向だった。彼らは「伝統的」文化にはほとんど興味を示さなかった。例えば、彼らは音楽と社会史にもっとも興味を抱いたが、彼ら好みの文学は、技師から小説家に転じたネヴィル・シュートの作品だった。シュートはニュークリティシズムの批評家には注目されなかったが、これらの科学者たちは近視眼的なニュークリティシズムには我慢ならなかった、つまり、彼らの文化はその時代の叙事詩を生活のなかに具現化しているのだ、とスノーは強調した。対照的に、伝統的文化(「主として文学的なもの」とスノーは説明した)は、地位や意義に陰りが見えつつあった。ここにはフロンティアの町はなく、自分たちの全盛期が過ぎたことに痛ましくも気づいている包囲された野営地があるのみだ。ドストエフスキーとパウンドとフォークナーは、科学が可能にした進歩を認める代わりに反動的な態度を受け入れたのだ、とスノーは力説した。科学的文化はこうした態度とは縁がないが、こうした態度のせいで、文学に造詣の深い知識人にとってだけでなく——彼らが権力のある地位を独占していることを考えれば——社会にとっても、文化と文化を隔てる溝が損失になったのだ。

スノーはこのように自分の議論の概略を打ち立てたが、このバージョンにもまた注目すべき欠落が存在した。この見取り図はこののちくりかえされるもっとも野心的な主張を欠いていたのだ。すなわち、ラッダイト文学に造詣の深い知識人についての説明、世界が富める者と貧しい者で二分されているという観察、そして教育改革によってこれらの危機に立ち向かおうという呼びかけである。[122] スノーが次に注目を集めた発言でこの最後の点を話題にするのに、六か月もかからなかった。その発言は『サンデー・タイムズ』に二回に分けて発表された。[123] 彼が力点を変えたことは、「科学の時代の教育の研究」および「教育革命」という見出しから明らかだった。賭け金は今や以前のものよりも高額になっていた。「二つの文化」が英国は「近代国家として歩みつづける」かどうかという問題を浮上させたと、スノーが示唆したからである。彼はソ連（科学者を驚異的に生み出している）およびスペイン帝国（痛ましい没落の歴史を持つ）という二つの妖怪を持ち出しているが、取りうる道ははっきりしている。つまり、英国はその教育を改革する勇気を集めるか、かつてのスペイン帝国と同じ運命をたどるかなのだ。そして、きわめて重大な改訂版において、スノーはあらかじめ瀕死の役を割りふっておいた伝統的文化をよみがえらせ、代わりに「支配的な」文化としてここでテコ入れをした。これらの変化には、文学的文化を自信たっぷりに却下することから、それがもたらした危機について緊急に判断を下すことへと、彼の議論を変容させる効果があった。

スノーは翌年、一連の並はずれた発言を行なって議論に磨きをかけた。『探究』が一九五八年に再発行された際、彼は初期の小説を「二つの文化」という点から位置づける機会を得た。[124] 四月に彼は、「核分裂の男たち」、つまりその手に英国の将来を握っている科学者たちについて、敬服の念に満ちた記事を書いた。人種や階級といったささいなことは眼中になく、党派政治は超越していて、金融動向には無関心なこうした中産階級の科学者たちは、グラマー・スクールから地方の大学へと奨学金を得て進学し、今やハーウェルにある核施設のようなフロンティアの町に住みついていた。彼らは、教育システムのせいで衰えが差し迫っているにもかかわらず、英国が競争相手と互角でいられるよう、そこで精力的に働いた。「知的な創造性、精神力、社会の希望を体現しているのは、ブラッドリー博士であって」とスノーは自分が人物像を描き出している科学者に言及しながら、次のように述べた。「伝統的文化のなかにいる人々ではないのです[125]」。三か月後、彼は個人の状態（悲劇的である、なぜなら人は皆一人で死ぬ運命にあるからである）と社会の状態（これにかんしては物質的条件が改善される希望がある）の相違点について提唱した――リード講演の中心を占め、リーヴィスとの論争において突出した特色となった差異である[126]。その夏の終わりごろ、『タイムズ文芸付録』に寄稿したスノーは、文学的感受性を「極端な社会的反応」と結びつけた――彼が将来さらに述べたいと考えていた現象である[127]。

チャンスは『アトランティック・マンスリー』の一一月号でやってきた。スノーは、ラザフォードのような科学者たちは本能的に仲間の人間の側に立っている、と主張した。有名となる別の言い回しでは、彼は、ラザフォードは「骨の髄まで未来志向[128]」だと宣言した。科学者の社会には人種、階級、国家といった偏見がなく、「イェイツやT・S・エリオットが自分が入り込んでいると気づいたファシズムとの曖昧な関係[129]」とは見事な対比をなしている。実際のところ、科学者はそれらのつながりに十分気づいており、それが文化と文化のあいだの溝を広げていると、スノーは述べた。そして、同じ月のJ・D・バナールの『戦争のない世界』の書評において、スノーはリード講演の中心をなすことになる発展途上の世界への関心を話題にした。彼は「工業化は今や、かつてつねにそうであったように、貧しい者にとって一つの希望である」と書き、レイモンド・ウィリアムズやリチャード・ホガートに、その事実に照らして文化についての意見を再考するよう懇願した[130]。失われた黄金時代という妄想は、影響力を持った知識人によって、すべての事実をものともせず支持されたが、アジアやアフリカが必死に必要としている――そして、どうにかして得ることを確信している――工業化を西欧が拡大するのを妨げていたのだ。

したがって、スノーが一九五九年に行なった講演は、青天の霹靂のように姿を現わしたのではなく、むしろ彼が何年もかけて発展させてきた立場を推し進めたものだったのだ。一九五六年のぼんやりとした社会学的説明は、一九五七年には教育と国家の生き残りの問題を含むように発展し、翌年、英国の未来を預かる科学者たちについての意見、文学に携わるそのライバルたちの曖昧な政治的意見、そして工業化の恩恵を組み入れた。次いで、この発展自体が、スノーがこれらの立場を作り上げる場としてきたもっと長い歴史の内部に位置づけられた。科学革命を受け入れるよう読者を駆りたてているかつての化学者で役人はまた、モダニズムを打倒しようとたくらんでいる文芸批評家でもあり、官僚制を探究している小説家でもあり、また管理者を称揚している学識者でもあった。これらはそれぞれ異なる立場ではあるが、関連していないわけでもなく、「科学」の是認に集約していくよりも、むしろもっと一般的にスノーの世界観をなす構成要素としてそれらを眺めるほうが理解が可能となる。

スノーが自分に有利な証拠集めにいそしんでいる一方で、他の人々はもう十分と感じていた。『ネイチャー』は一九五八年の末近くになると、「科学者と人文学専攻の学生のあいだの溝はなくさなければならない[131]」と主張した。しかし、スノーは、その区分の橋渡しをする代わりに、別のことを考えていた。彼は英国の知識人の奇妙な自己満足について意見を述べたが、彼の怪しんだところでは、それはその国が社会的断絶なしに福祉国家へ移行したために生じたことだった。スノーとしては、社会と文化がまだこれから大再編されることが望ましかった。「私は健康が回復しつつあることを示すもっとありのままの兆しを求めているのです」と彼は書いた。「私がもっとも歓迎するのは、まじめで知的な活発な議論です[132]」。それに続く討論で、スノーはたびたび改善を志向する態度を取った――だが、そのことは、彼が何十年もかけて鋭くとぎ上げてきた反論を浴びせかけているという事実をぼかしはしない。

## リード講演

一九五九年五月七日、C・P・スノーはケンブリッジ大学でリード講演を行なった。彼はテーマとして、科学に造詣の深い知識人と文学に造詣の深い知識人の関係を取り上げた――すでに長い歴史を持っている話題だが、科学者および作家としての二重の職歴のおかげで、スノーは新たに発言する資格を得ていた。彼の講演のテーマは、彼が以前に発表した意見をよく知っている人にとっては、なじみ深いものだったろう。すなわち、歴史の流れに憤る作家たち、貧しい者の側に本能的に立つ科学者たち、そしてあらゆる人々に損害を与えながらも文学に造詣の深い知識人をひいきにする権力機構である。彼はこれらのテーマを、教育改革、国家の衰退、冷戦の緊張関係、そして滅びゆく帝国といったその当時のもっとも緊急の問題点のうちのいくつかの中心に据えた。スノーは三〇年近くかけて、これらのさまざまな考えを発展させてきたが、リード講演ではひとつの論争へとそれらを縫い合わせた。彼は、産業社会は物質的繁栄と社会的機会を生み出すのだ、そして英国と西側諸国が直面している課題は、国内においてはその社会を守り、海外においてはそれを拡張することなのだ、と主張した。リード講演の策略は、この激しい論争を巻き起こしそうなイデオロギー的ヴィジョンを、学問分野の専門化にかんするおなじみの報告に差し挟むことだった。

『二つの文化』は、しばしば、二つのグループの知識人についての講演であると記憶されているが、それはスノーの議論にとって、単なるスタート地点にすぎなかった。彼の主張は、産業革命についてのその楽天的解釈にかかっていた。「不思議なことに」と彼は宣言した。「どこの国でもまったく同じく、貧しい人々は機会さえあれば、工場が受け入れ可能なスピードで土地を離れて工場へと移っていくのだ[133]」。文学に造詣の深い知識人は、過去の産業化の恩恵を認識しそこなって、現在の科学革命に対し敵意を持ったままだった。だが、これらのラッダイト（スノーは彼らにこのレッテルを貼った）は、英国において権力の座を占めつづけ、経済的発展のノウハウを持つ唯一の存在である科学者と技術者を閉め出していた。そこでスノーはさらに掛け金をつり上げ、議論を地球規模にした。すなわち、産業の発展の秘密は明らかとなり、世界の貧しい国々はあまり長く貧しいままではいないだろう。その国々は何とかして経済を発展させ、もし英国と西側がうまく行動できなかったとしても、そのときはソ連が役割を果たすだろう。スノーの結論は、英国が、そのもっとも有力な文学的文化が生じさせている障害を克服し、その教育制度を整備してより多くの科学者と技術者を生み出し――そして輸出する――ことが、絶対に必要だ、というものだった。

スノーは自分の主張に一触即発の要求を交えたが、そのなかでもっとも際立っていたのが、政治にかんする説明と二つの文化の道徳性だった。一九世紀には、文学的文化――そしてスノーはこの表現を使って、創造力に富んだ作家たち、文学に造詣の深い知識人、そして政治的エリートについてさまざまに（そして問題をはらみつつ）言及した――は、産業革命に対し、たとえその地位を保つのにその富の上澄みをすくい取っていたとしても、恐怖にかられるという反応を示した。その後、二〇世紀初頭、文学的感受性を支配していた作家たち――例えば、イェイツ、パウンド、ルイス――は現代世界に対するこの敵意を受け継ぎ、社会から引きこもって代わりに疎外された個人を称賛した。この態度はその時代の最悪の犯罪と共謀しているとスノーは主張した――実際、彼は、モダニストの作家たちについて、「彼らが表象したすべてのものに影響されて、アウシュヴィッツがはるかに身近なものとなったのでは？」と問いかけた科学者に異議を唱えられなかったと、告白した。(134) だが、今日、伝統的文化そのものが、自らの余命がいくばくもないことに感づいた――スノーが述べたように、『ラッキー・ジム』の愛想尽かしは、部分的には周縁に追いやられた文学部の卒業生の不安だったのだ。

対照的に、科学に造詣の深い知識人――スノーはその代表として物理学者を取り上げた――は将来についても、その将来における自分たちの居場所についても、楽観的だった。文学に造詣の深い知識人とは違って、科学者は産業革命の結果として生じた物質的進歩を認知し、その進歩を世界中に広める役に立ちたいと切に願っていた。人種と国家という偏見に反感を持つ科学者は、自分たちのことを、何百万という人々を解放するための因子と見なした。スノーは、科学者たちの社会的出自や宗教的信条、政治的立場が共通しているとは主張しなかった。彼は、大多数が貧しいほうの家柄の出身で、宗教を拒絶し、左派に投票していると報告したが、そうした特色は化学者や技術者には必ずしも当てはまらないと認めた。重要な点は科学者が労働党に投票していることではなく、保守的な科学者でさえも将来に対する心の持ちようや人類の信奉という点では進歩的だということだった。二人のうちで通常、道徳主義者の役を割りふられるのはリーヴィスだが、スノーは科学の実践そのものが高潔な道徳性を育むのだと主張した。「道徳的［生活］という点では、彼らは一般的に言って、われわれの周りの知識人グループのなかでもっとも健全である」と彼は言った。「科学という粒子そのもののなかに、まさに十分な特性があるのだ[135]」。

スノーは科学者の読書習慣および作家たちのカクテル・パーティでの会話を観察し、そこから国際的発展、冷戦、国家の衰退の問題へと大胆に移動した。彼は国際的発展という課題に必要な資本、人的資源、そして教育がどこかから来なければならないと主張した——西側は共産主義の国々を先頭に立たせるのだろうか？　彼は英国、米国、そしてソ連の教育制度、とくにそれぞれの科学者と技術者の輩出数を比較し、違いが生じているところで、どこかの国が誤りを犯したのだと結論づけた。その「どこかの国」とはたいてい英国だということが分かり、そしてここでスノーは国家の衰退にかんする不安に訴えることで、切り札を出した。彼は自分がヴェネツィア共和国の最後の日々について考えているのによく気づく、と告白した。つまり、ヴェネツィアは英国のように主として幸運によって富を築き、かなりの政治手法を開発し、自分たちを愛国主義者で現実主義者だと考えていた。彼らは歴史が自分たちに不利であることに気づいていたが、習慣を変えて衰えを食い止める意志がなかった、もしくはそれが不可能だったと判明した。暗黙のうちの問いかけが残存した。すなわち、英国は同じ運命をたどるのだろうか？　あるいはその地位を保つのに必要な改革をその指導者はまだ受け入れるのだろうか？

スノーは自分が疑いを抱いていることを告白した。彼は、英国の構造には「結晶化する」――つまり、改革が不可能になる点において硬化する――傾向があると説明した。英国の教育制度の結晶化は一九世紀にさかのぼり、その経済的基盤は現在結晶化しつつある。スノーは、二つの文化の分離が同様に恒久的なものとなる寸前にあると、危惧の念を抱いた。この学問分野の危機が増大しているせいで、リード講演のレトリックは奇妙な側面を持つにいたっている。すなわち、文学に造詣の深い知識人と科学に造詣の深い知識人の分離は最近の現象だ、という論点である。スノーは聴衆に、世紀転換期の首相たちは科学にまじめな興味を抱いていたこと、そして、戦時の大臣のジョン・アンダーソンでさえ化学の研究を行なっていたのだということを思い起こさせた。「今や、権力機構の頂点においてその程度の交換もありそうになく、また考えられもしない[136]」。二つの文化の相互作用は、スノーの説明によれば、ほんの最近不可能になったばかりだが、新しくできたばかりの亀裂が、その方向に進むと脅かしていた。スノーは人文学と科学の区分を嘆く長い伝統に足を踏み入れ、たちどころにその歴史を消してしまい、それによってそのテーマのなじみ深さを利用し、ありそうにもないほどの切迫感をそれに何とか付与していたのだ。

## 二つの文化論争

『二つの文化』は瞬く間に大評判となった。初期の議論は雑誌上で行なわれたが、そこでは専門的な知識と学問分野の区別が、それほど抑制されていない知的反論にあって退けられる傾向が見られる[137]。スノーはすでに自分の講演を『エンカウンター』に掲載する手配をしており、講演の翌日、編集者がスノーに、次の号で話を続けてくれる科学者と人文学者の名前を挙げるよう求める手紙を送った。[138] 称賛が続々と登場した。例えば、『ニュー・ステイツマン』は「スノーの主張に論駁することはたやすくないだろう」と宣言し、ジョン・ビアは『ケンブリッジ・レヴュー』に「サー・チャールズ・スノーのリード講演は寄付講座の存在を正当化してくれるような講演である」と書き、『リスナー』はスノーが論じた溝は「我々の時代の中心的問題である」と述べた。[139] エイサ・ブリッグズは学校教育における人文学と科学にかんするＢＢＣの討論番組の司会を務め、その秋には、『二つの文化』は英国の中等学校に浸透していた。[140] 一九六〇年、ジェイコブ・ブロノフスキーとブルース・マズリッシュは大きな影響力を持つことになる『西欧の知的伝統』の冒頭でスノーを引用し、人文学と科学の関係が現代の文化の中心をなす問題を生み出していると説明した。[141]『二つの文化』はまた国際的な注目も集めていた。例えば、物理学者のアブダス・サラムは一九六一年にパキスタン全国科学会議でその議論を提示したし、スノーの二分法はソヴィエトの知識人のあいだで「抒情詩《リリックス》」と「物理学《フィジックス》」の討論が起こるきっかけとなった。[142] アメリカの反応はとくに熱狂的だった。例えば、スノーの講演は一九六〇年にコロンビア大学の全新入生が読むべき課題となった。ベイシック・ブックスの編集者たちは自分たちのブック・クラブのノンフィクション部門にこの本を含めることにした。そして、ジョン・Ｆ・ケネディ上院議員は、『二つの文化』は「この知的ジレンマについて私がこれまでに読んだなかで、もっとも刺激的な議論の一つだ」と断言した。[143]

『二つの文化』はまた、批判にも直面した。[144] ケンブリッジ大学の生化学者マイケル・ヤドキンは、こうした批判のなかでもっとも徹底的なものの一つを『ケンブリッジ・レヴュー』に投稿した。[145] ヤドキンは、その前提から主張をへて結論にいたるまでのスノーの議論の要素の一つ一つに疑いをさしはさみ、とくにその実用性を重んじる攻撃に異議を申し立てた。科学と科学技術が英国で周辺に追いやられているとスノーがほのめかしているところが、ヤドキンを抵抗へといざなった。「政治家や産業資本家や大学教員が、より多くの技術者や技術研究のための大金や大学の拡大を求めている訴えを見ずして新聞を読むなど、ほとんどありえない[146]」。スノーが科学と科学技術になり代わり、敵対する体制に対する必死の嘆願として、自分の訴えを著わしている一方、ヤドキンは自分の議論が双方の重要性についての一般的な合意の真っ只中に位置していると指摘した。科学者のマイケル・ポランニーは同様の異議を『エンカウンター』のページに登記したが、こうした路線にそったもっとも突出した批評家としてついに姿を現わしたのが、リーヴィスだった――彼の議論を不可解にしたのは、彼の講演の口調だけだった。(147)

だが、一般的には、スノーは討論を概観して、自分の論点が受け入れられたと結論づけた――そして、その主張にさらに磨きをかけた。(148) 一九五九年夏の放送で、彼は改善に役立つ導入部を割愛して、文学に造詣の深い知識人はラッダイトだという非難に直接乗り出した。(149) 翌年、彼は行動を呼び起こすような講演をしようと考えていることを明らかにした。すなわち、最低でも英国とアメリカの教育を改善するため、そしてさらには世界中の産業化に拍車をかけるためである。(150) それから彼は、二〇世紀の文学的感受性を支配している作家たちは反動主義者だと考えなければならない、なぜなら彼らは産業化がもたらしうる進歩を受け入れないからだ、という自分の主張をくりかえした。こうした傾向を説明するため、彼はD・H・ロレンスの『恋する女たち』(「人間愛なんてぞっとする、一掃されてしまえばいいのに」)や『海とサルディニア』(「もし私が独裁者だったら、たちどころに年寄りを絞首刑にするよう命じねば」)から芳しくない台詞をひとつかみ引用したが、そこからロレンスをヒトラーと融合するまであとほんの一歩だった(スノーはその一歩をきびきびとふみだした)。(151) スノーは、一九六一年にバークベック・カレッジで、自分の論点に対する三つの非難を認め、そのうちの二つは進んで受け入れた。すなわち、彼はひょっとすると、少数の有力者でもって文学に造詣の深い知識人のすべてをまとめてしまうことによりあまりに網を広く打ちすぎていたのだろうし、社会科学の役割を十分に認めていなかったのだ。しかしながら、彼は産業化に対する自分の楽観的な解釈については、どんな批判も許そうとしなかった。「これは私にとって、知性の点でも感情の点でも、狂気の沙汰としか思えないほど浅薄に思われる(152)」。その問題に立ち返るたびに、スノーは自分がモダニストを政治的に非難したこと、そして産業化に対して楽観的な評価を下したことは、『二つの文化』にとって副次的なものではないのだ——実際のところ、それらはそのまさに中心なのだ——ということを明らかにした。[153]

スノーは自分の主張が呼び起こした反応に驚いたり喜んだりしつづけた。彼は、ネルーと一杯やるようにという招待、および彼が将来労働党政府からポストを提供される（そして断る）だろうという期待に言及し、「すべてがきわめて非現実的だ」と述べた。[154] この反応にはいくつか理由があった。第一に、スノーの名声という事実がある。当時、彼は作家および評論家としての名声の頂点に達しつつあった。第二に、彼の珍しい略歴、とくに科学者から小説家へという経歴が、科学と文学両方の権威をもって発言するよう、彼を位置づけた。スノーはこの権威に慎重に磨きをかけ、日中は科学者にインタビューして過ごし、続いて夜は文学者のパーティに出席した日々に言及した。第三に、『二つの文化』は多くの点で素晴らしい講演だった。つまり、引用に適していて、秘話がちりばめられており、その場にふさわしい口調を自由に使っており、一方でなじみぶかく、かつ野心的な主張を提議していた。第四に、あまり明らかではないが、スノーは積極果敢な市場取引の販売促進運動のおかげで得をした。講演の前の月、彼は主要な日曜新聞から大いに興味を示されたと報告し、ケンブリッジ大学出版局は、しかるべき時期に、『タイムズ』『サンデー・タイムズ』『オブザーヴァー』『ニュー・ステイツマン』『ニュー・サイエンティスト』『ネイチャー』『エコノミスト』に、予定稿を送った。[155] その年の後半に米国版が出版されたとき、出版局は一六〇〇人の大学長に注意を喚起し、また五〇以上の雑誌や機関誌、新聞に書評用の献本を郵送した。[156] 外国語への翻訳の要請が営業所に殺到し、ケンブリッジ大学出版局はスノーによる同じテーマを探求したもっと大部の本への興味を表明するにいたった。[157] 要するに、『二つの文化』は熱烈な支持を得たが、炎をかきたてるにあたってスノーはかなりの援助を受けたのだ。

第五の説明——その当時から今日にいたるまで、疑いもなくもっとも重要なもの——は、リード講演に先立つ伝統とそれが始まりとなった論争との関係にかかわるものである。スノー自身は、この要素の重要性を認識していた。つまり、彼がその大評判の理由として引き合いに出した二つの理由のうちの一つは、その考えはすでに「大気中に」[158]あったというものだった。評論家たちはもちろん、ときには協力して、だがしばしば単独で、人文学と科学の関係のさまざまな側面について長いあいだ論じてきた。スノーのリード講演は、その事実を永遠に変えてしまい、無数の本質的に異なる討論を、共通の評価基準を持った単一の話し合いへと転じた。すなわち、一九五九年五月以降、人文学と科学について「二つの文化」という媒体を通さずに論じるのは不可能となった――そして、不可能になったばかりでなく、望ましくないことにもなってしまった。というのは、「二つの文化」という角度から問題を考えるということは、たちどころにより大きな話の輪に入るということであり、その人が言いたかったことが何であったにせよ、より広く注目を集めたからである。

だから話は、「二つの文化」という一般的な表題、すなわち人文学と科学と教育のみならず、英国史と国家の衰退と冷戦と西欧以外の経済――そして、ほとんど何でも加えたくなってしまう――についての討論を含むようになった題目のもとで、増殖した。評論家は自分たち自身の関心を前面に押し出す機会をつかんだが、これが『エンカウンター』の最初の討論ですでに明らかとなったパターンだった。フォーラムへの寄稿者は、二つの文化の分離や、教育の重要性、それに世界規模の産業化など、スノーが提起した問題の多くを検討したが、そうしたおなじみの試金石から自分自身の心情にもっと近い事柄へと移動した――例えば、大学内での科学への妨害に対する大学所属の科学者の不満や、ケンブリッジの教授の給料を上げようという将来のチャーチル・カレッジ学寮長の呼びかけなどである。その後討論はさらにずっと広がっていき、造形芸術の危機を警告する声や、家父長制に対する非難、そして宇宙開発競争に参戦すべきだという訴えを含むようになった。[159]

同じ原動力が、批判的な反応の特徴ともなった。スノーを批判する人々は、彼の歴史解釈、作家の道徳性についての彼の主張、発展途上国に対する彼の処方箋、教育についての彼の提案――要するに、彼の主張のほとんどあらゆる面――を標的にした。こうした批評は二つの一般的な（だが、互いに排他的というわけではない）部門に分けられるかもしれない。すなわち、その前提に異議を唱えるものと、その提案に異議を唱えるものである。最初の部門には、プラムが「二つの文化」を二つの階級に置き換えるほうがよりよく理解できると主張したこと、G・H・バントックがスノーの誹謗から作家たちを擁護したこと、ポランニーが現代社会において科学が周辺に追いやられているという意見に反対したこと、そしてヤドキンがスノーの前提のすべてに異を唱えたことが属する。[160] 第二の部門には、ハーバート・リードが「科学技術主義」は人間の感受性を脅かすと非難したことや、スノーが文化と道徳性より物質的進歩を明らかに評価していることに対するキャスリーン・ノットの不快感が属する。[161] こうしたさまざまな議論をこのように囲いに入れることは、それらの複雑さを伝えるのには適していない。だが、一つ一つを省略せずに論じるのはまったく実際的ではないということそれ自体が、『二つの文化』が、それを批判する者にとっても称賛する者にとっても同じように、驚異的な数の事柄を前進させるための口火を切ったのだということを、強調している。

## 結　論

この章は、友人のJ・H・プラムによる『二つの文化』批判をスノーが礼儀正しく受け入れたところから始まった。プラムは、文学に造詣の深い知識人と科学に造詣の深い知識人とのあいだの溝が持つ意義を却下した。そして、スノーの反応は、もし彼が自分の講演は主として学問分野あるいは文化についての主張だと考えていたのだとすれば、困惑を招くものだった。実際のところ、スノーは科学者と作家のあいだには違いがあると信じていたが、それは彼が戦後に評論家兼作家として練り上げたもっと野心的な主張の一部に過ぎなかった。この主張は一九五九年のリード講演『二つの文化と科学革命』において、もっとも多くの聴衆を見出した。

スノーは、英国に存在しているような現代社会が人口の大多数にとって富と機会を生み出していると信じ、その社会が国内では称賛され、海外では拡張されるのを見たいと願った。彼はこのプログラムが、能力主義社会の流動性のあるヒエラルキーを通してもっともよく実現されると考え、その邪魔をするグループに挑んだ。すなわち、彼の背後にいるモダニストの作家たち、彼の右側にいる偏狭な権力機構、そして彼の左側にいる急進的な批評家たちである。対照的に、スノーのイデオロギーは、技術家主義のリベラリズムだった。つまり、進歩と改革に対する楽観的な信仰心であり、そこでは、才能ある個人は社会に貢献するため既存の制度を通して働くのだ。

スノーは『二つの文化』において、この主張を、表面的には異議を唱えがたい学問分野の専門化についての嘆きで包み込みながら、同時に、大胆にも全世界という垂れ幕に投影した。その結果、講演は相当なことを成し遂げた。すなわち、それはなじみ深い会話に彼のイデオロギー上の立場を与え、彼が確立した領域において、過去、現在、未来についての議論を扇動し、さらに続いて起こる討論において試金石としてすぐに登場する用語を普及させた。一時間かそこらの仕事で、スノーはたちまちのうちに人文学と科学についての長年続いている議論に加わり、それを有効活用し、そして変貌させたのである。

この時点でのスノーの姿勢は、両方の文化に片足ずつ置いている男のものままだった。彼は自分自身に、昼間は科学者、夜は小説家という、両方の特質を査定する無比の権限を持った役を割りふった――ジョン・ビアが『ケンブリッジ・レヴュー』で述べたように、「サー・チャールズ・スノーは、際立った芸術的傾向をそなえた科学者として執筆している。彼が自らのテーマを定義するとき……それは、両方の文化について多くを見、それぞれの支持者によって利用される主張をよく知っている人物としてである」[162]。しかしながら、文学に造詣の深いライバルの介入が、スノーの立場を一変させ、彼が明らかに好んだ二分法の一方の側に彼をはっきりと組み入れた。一九六二年、まさにそのようなライバルが、F・R・リーヴィスという姿をとって現われたのだ。

## 2 F・R・リーヴィスと急進主義のリベラリズム

### 反科学？

一九六二年二月二八日、F・R・リーヴィスは、自分の所属するダウニング・カレッジのリッチモンド講演で、これを最後に『二つの文化』を粉砕しつくしてしまおうと乗り出した。(1) 彼は、もう二度とC・P・スノーにそのような注意を払う必要はないだろうという期待を表明して、自分の講演をしめくくった。その後リーヴィスは、自分の反論が文学に造詣の深い知識人の科学に対する敵意の一つの例であると——したがって、スノーが認定した「二つの文化」という二分法を確立するさらなる証拠であると——解釈されるようになったとき、すっかり気落ちした。この意味においては、そして第三者的な態度を取ったにもかかわらず、リード講演におけるスノーの最大の成功は、彼らの議論が理解されるのに使われる用語を確立したことだった。つまり、スノーは科学支持者として、リーヴィスは文学擁護者として理解され、見たところおなじみの会話のなかに二人は一緒に位置を占めていたのだ。(2)

だが、スノーが厳密には「文学」の敵と理解されえないのとちょうど同じく、リーヴィスの主張は正確な意味での「科学」に向けられていたのではなかった。彼はのちに「「英文学」に対する私の心配は、科学を軽蔑することなど含意していない(3)」と言い張った。リーヴィスは自分が科学および科学者に敬意を払っているという態度を崩さず、その論争は「文学本位」と「科学本位」との衝突だとするオールダス・ハクスリーの説明をはねつけた。[4] 確かに科学は、現代世界の典型的な特質として、リーヴィスの歴史観の中心で異彩を放っていたが、それを自分が「賛成」ないし「反対」しうるものに格下げしたいと衝動的に思うということは、「二つの文化」という枠組みを暗黙のうちに受け入れてしまっているのだ。この章では、スノーの用語をそのように受け入れる代わりに、リーヴィスの科学についての考えを、もっと一般的に彼の世界観への入口としてとらえる。その目的は彼の解釈を支持することでもなければ、彼の非難を大目に見ることでもなく、むしろ、知的な地位、批評の実践、そしてその当時から今日にいたるまで傍観者たちを仰天させつづけてきた反論の強烈さを、説明することである。

リーヴィスは、現代の英国は恐るべき危機に直面していると信じていた。その危機の起源は一七世紀で、一連の発展——清教徒革命と王政復古、資本主義の発展、そして科学の出現を含むが、それに限られるわけではない——が合わさって新しい文明の到来の前兆となったのである。右寄りなら保守主義、左寄りならマルクス主義を含め、その危機に直面するのに役立つ代案のうち、リーヴィスは大胆な個人主義——私が急進主義のリベラリズムと言い表わしているイデオロギー上の立場——を選び取った。この立場はスノーが支持したリベラリズムと関連していたが、現代文明を批判的に評価するという点で、スノーの立場とは異なっていた。この態度はリーヴィスの生涯にわたってその批評の特徴となり、また、一九三〇年代の文学批評は一九六〇年代の社会批評と矛盾するものではなかった。だが、リーヴィスは、客観的な批評家でもなければ昔気質の大学教師でもなかった。つまり、彼はこの危機に反応して、積極的な計画およびそれを達成するための政治活動を奨励し、そしてこの主張が、一九六二年のリッチモンド講演において、これまでのところ最大数の聴衆を見出したのである。

キャリアと背景

英文学の学位取得課程は、ケンブリッジでは比較的新しく導入されたものである。[5] 英文学は、英国の大学において一九世紀末ごろにどんどん優勢になってきたが、その理由は（リーヴィスのその後の計画を考えれば）皮肉なことに、広く大衆を教育するのに有益だということだった。つまり、英文学は、高等教育の分野にますます増えてくる成人、女性、そして未来の公務員にとって、古典よりも排他的でない選択肢だったのだ。[6] 第一次世界大戦中、プロパガンダにかかわる人々や教育の専門家が、社会を統合する力という役を国民文学の勉強に割り当てた際、この実用的な機能がイデオロギー的な側面によって強化された。[7]

ケンブリッジ大学では、三人の教員——エドワード七世英文学教授のアーサー・クウィラー゠クーチ（「Q」）、アングロサクソン語が専門のH・M・チャドウィック、そしてロマン主義が専門のマンスフィールド・フォーブズ——が一九一七年に英文学学位取得課程を分離するまでずっと、英文学は現代言語学位取得課程の一部だった。[8] 彼らは教員をさまざまな学問分野から採用し、一九一九年に最初の試験を行なった。戦争から復員して新しい課程に入学してきた学生たちは、過去から脱したいという欲望と元気を出させる目的意識とを結びつけた——バジル・ウィリィがのちに思い起こしたように、「私たちの多くが一九一四年から一八年にかけての戦争から復員してきたばかりで、一般に認められている批評の学派による、不鮮明な一般論や曖昧な神秘主義には、満足していなかった」のである。[9] ケンブリッジの英文学は他所でこの科目を特徴づけていた歴史の学識や言語的な必要条件を免れていたものの、こうした新方式のせいで、この課程の研究方法や資格を確立することをなおさら急がねばならなくなった。

I・A・リチャーズがそのプロジェクトの鍵を握る人物として登場した。[10] リチャーズは一九一五年に道徳学で学士号をとり、四年後、フォーブズとチャドウィックは、英文学学位取得課程で講義を行なうよう彼を説得した。その後二〇年間、リチャーズはケンブリッジに居住し、現代小説、現代詩、そして批評理論といったテーマで講義を行なった。彼は精読と批評を強調することで題材に厳密さをもたらし、文学的反応の心理的（したがって科学的）な基盤に興味を示すことによって、知的な尊敬に値することをそれに吹き込んだ。リチャーズは、こうした考えを『文学批評の原則』（一九二四年）において展開したのだが、この著作は文学を評価する際の立脚点を確立するために心理学を使っており、彼は自分の主張を『科学と詩』（一九二六年）において拡大した。[11] 彼はまた「実践的批評」についての有名な一連の講義となるものを開始し、そのなかで、作者の伝記や歴史的文脈についての情報をまったく抜きにして詩に対してコメントするよう、聴き手をうながした。彼が収集した反応は、批評の問題を彼が分析する際の基盤として役立ち、それが大きな影響力を持った著作『実践的批評——文学的判断の研究』（一九二九年）の核を提供した。[12] こうした実習に参加していた聴き手の一人が、人気者の若い講師フランク・レイモンド・リーヴィスだった。リチャーズの注意およびその身体が他の方向に引きつけられた一九三〇年代、リーヴィスは一丸となってケンブリッジの英文学を発展させた教員と批評家の第二世代の一人であった。[13]

　リーヴィスは一八九五年にケンブリッジに生まれ、そして——第一次世界大戦中にフランスに従軍していた期間を除けば——一九七八年に亡くなるまでそこで暮らした。彼の記憶では、父親は「ヴィクトリア朝の急進派」で、「荒々しいプロテスタントの意識を持って……あらゆる宗教的表現手段と絶縁していた」[14]。ハリー・リーヴィスは、リージェント通り沿いのダウニング・カレッジ——彼の息子が英語圏の代表的批評の学派を築き上げることになるカレッジ——の真向かいにピアノ店をかまえていた。リーヴィスのピアノは、リーヴィス・ピアノ店よりも長持ちした。リーヴィスのピアノのうちの一台を、近い過去と言ってよい一九七九年から思想史家のクウェンティン・スキナーが所有しているが、リーヴィス・ピアノ店が占めていた場所には、今日ピザ・ハットの店が入っている。[15] F・R・リーヴィスは公立学校に通い、一六歳で奨学金を得て、近くのパース・グラマー・スクールに入学することができた。戦争中フランスで担架を運ぶ任務に就いたのち、一九一九年に歴史を学ぶためにエマニュエル・カレッジに入った。翌年、彼は新しくできた英文学学位取得課程に移り、一九二一年に第一級学位を得て、一九二四年に博士号を取得した。[16] 一九二〇年代の残りの期間、リーヴィスはケンブリッジで講義やその他の授業を行ない、見習いのポストを次々とこなしながら、定職を確保しようと努めていた。

一九二九年、彼はクウィーニー・ドロシー・ロスと結婚した。ロスは一九二五年に奨学金を得て、ガートン・カレッジにやって来ていた。[17] 彼女はロンドン北部のユダヤ教を遵守する家庭に生まれ、家族は父親の靴下店の上階で暮らしていた。ロスは熱心で博識で目を見張るほどの成功を収めた学生で、英文学で第一級学位を取得し、博士号取得を目指すのに足りるだけのたくさんの賞も得た。一九二九年二月にリーヴィスと婚約したとき、彼女の正統派ユダヤ教徒の両親は、娘との縁をほとんど切ってしまった。それは痛烈な経験だったが、二人は一九二九年九月一六日に結婚した。リチャーズが指導し、E・M・フォースターが審査した彼女の博士論文は、『フィクションと一般読者』（一九三二年）として出版された——文学とその環境の関係を分析する際に社会学的方法を用いた影響力の大きい著作である。[18] 続く一〇年間、Q・D・リーヴィスは夫の仕事を支え、三人の子どもを育て、病と闘い、一方で自らの目覚ましい仕事を追求することを成し遂げもした。すなわち、彼女は『スクルーティニー』を共同編集し、学部生を指導し、小説の権威として自らを確立したのである。リーヴィス夫妻はケンブリッジの驚嘆すべきデュオとなり、チェスタートン・ホール・クレセントにある彼らの家は、毎週金曜日の午後、研究にいそしむ学生たちのたまり場となった。彼らはそこでお茶とケーキと固ゆで卵を楽しみながら、文学および学問の世界のしきたりを根本からひっくり返そうという決意を話し合った。[19]

ケンブリッジでのこの初期の年月以来ずっと、リーヴィスは自らを学問の権力機構の真っ只中にいる部外者と考えていた。彼のキャリアは、ケンブリッジの何世代にもわたる批評家たちと重なり合っていたが、彼は自分の考えとスタイルを彼らと対照して定義した。こうしたライバルのなかにE・M・W・ティリヤード、そしてのちにはグレアム・ハフがいたが、リーヴィスは追加の引き立て役を同定するのにとまどったことなど一度もなかった。彼の手紙における「ティリヤード」と「ハフ」は、出版された文章で「ウェルズ」と「スノー」が表わしていたことを表現していた。つまり、現実の人間というよりは象徴的な脅威として、表わされていたのだ。彼のアイデンティティのこの側面を心に留めておくことは重要である。というのも、少なくともある世代——とくに米国における——にとっては、リーヴィスの名前は伝統的批評および時代遅れの正統派的学説に結びつけられているからである。だが、彼は伝統的でもなければ正統派でもなかった——彼が禁書の『ユリシーズ』を輸入しようとした際に英国内務省が行なった調査が、このことを証明している。[20] 結局のところ、リーヴィスは、ケンブリッジで英文学を学んだ学生の最初の世代の一人であり、博士論文を書くという異例の選択をしたのだ。博士号そのものは最近の発明品であり、ある程度までは科学者たちの証明書発行の必要性を満たすために導入されたもので、リーヴィスはケンブリッジにおいてそれを追求した最初の大学院生の一人だった——実際、大学図書館に収められた何千もの博士論文のうち、彼のものは第六六番である。彼は学者として教師として革新的で、はじめて出版した著作は現代史にかんするものであり、講義では学部生のウィリアム・エンプソンの韻文を分析した。[21] 要するに、リーヴィスは継承した正統派的学説と学問の権力機構に反抗する勢力として通っており、その直接の結果として、自分は認識されていないといつも確信していた。

こうした障害物があったものの、リーヴィスは一九三〇年代にケンブリッジで就職口を得た。彼は一九三二年にエマニュエルを離れて、ダウニングで英文学研究の指導教員となり、その同じ年に、協力者とともに『スクルーティニー』を発刊した。『スクルーティニー』はその時代のもっとも影響力を持つ文学雑誌の一つとなり、リーヴィス夫妻はその一九三二年の創刊から一九五三年の終刊まで、出版に携わった。戦時中でさえ、この季刊誌は一号も欠かさず出版され、教育における徹底的な改革を主張する一方で、因習を打破して文学史を解釈する先鞭をつけた。[22] 一九三五年、リーヴィスはダウニングの講師となり、翌年——四一歳にして——ダウニングの助講師および特別研究員として、ついにケンブリッジで定職を得た。しかしながら、英文学の教授会のメンバーになったのはやっと一九五四年のことで、一九五九年——退職のわずか三年前——になってはじめて、上級講師に指名された。一九六二年の退職の際、リーヴィスはダウニング・カレッジの名誉特別研究員に任命され、二年間その地位にあったが、後継者をめぐる激しい口論の末に退職した。一九六五年からは講演や執筆活動を続け、一方で一連の名誉職や客員の職を得て他大学に通った。リーヴィスは一九七八年に亡くなった――その年、彼は「英文学研究に対する貢献により」名誉勲位を授与された。[23]

リーヴィスが世に送り出した多くの著作は、五つの（互いに重なり合う）領域に分けて整理できるかもしれない。彼は最初、詩の批評家として地歩を固め、『現代詩の革新』（一九三二年）において現代詩を、『再評価』（一九三六年）において詩の伝統を、分析した。『スクルーティニー』の創刊一〇年目から二〇年目にかけて、彼の興味は小説へと移り、『偉大な伝統』（一九四八年）、『小説家D・H・ロレンス』（一九五五年）、『小説家ディケンズ』（Q・D・リーヴィスとの共著、一九七〇年）、そして『思想、言葉、創造性――ロレンスの芸術と思想』（一九七六年）へとつながっていった。彼の文学批評は彼の社会批評とつねにつながっていたが、その社会批評は、『大衆文明と少数派の文化』（一九三〇年）、『文化と環境』（デニス・トムスンとの共著、一九三三年）に始まり、のちには『二つの文化？　C・P・スノーの重要性』（一九六二年）、『わが剣もまた――二元論、同情、社会の希望をめぐる論考』（一九七二年）がある。人生の終盤、リーヴィスは『現代の原則――思考の訓練としての「英文学」』（一九七五年）において、批判的な仮定をより哲学的に述べることにあえて挑んだ。そして、これらの局面のそれぞれにおいて、彼はつねに、『文化と環境』（一九三三年）、『教育と大学――「英文学講座」点描』（一九四三年）、そして『われらの時代の英文学と大学』（一九六七年講演、一九六九年出版）のテーマである教育と大学へのかかわりを持ちつづけていた。[24]

この作品群は、テーマも書かれた時期も広範囲に及んでいるが、全体としては、文学のキャノンから市場経済にいたるまでのあらゆることを明らかにできる世界観を表明している。この世界観は仮定、見通し、そして解釈が複雑に絡まり合ったものでできており、それを通してリーヴィスは、自分の前に置かれたどんな証拠をも理解した――つまり、それが彼のイデオロギーだった。この世界観を政治的な領域に位置づけることは、欲求不満を引き起こしがちな任務だが、それは疑問の余地なく、強烈な保守主義によって構築されていた。つまり、これから見ていくように、リーヴィスの批評は結局のところ決して存在したことのない理想化された過去、すなわち政治的反動の定義そのものに基礎を置いたものであったのだ。しかし、彼の世界観は、「位置づけ」られる以前に、まず意味を解明されなければならず、その目的に絶対に必要な出発点を、彼の文学批評が与えてくれる。

## 生《ライフ》、言語、思想

リーヴィスは、先行研究からほとんどあるいはまったく説明なしで概念を持ち込む傾向があり、それらを一連の批評に決着をつけるために——もしくは、彼を批判する者たちの目からすれば議論をまったく避けるために——導入していた。[25] その結果は、単に名前（バビット、ウェルズ、スノー）や用語（創造、尺度、生）に言及することが、反駁不可能な議論として機能することを言明したという点で、いらだたしいものとなりえた。さらに、リーヴィスの作家や批評家に対する酷評は悪名高く、それらはしばしば、書き手自身のあざけりに読み手を巻き込むかのようなスタイルで表現されていた——彼が「［アーノルド・ベネット］が物笑いの種やお笑い草にならずに、こんなふうに隠すべきところを露出しつづけられるのは、どうしてなのだろう？」と問いかけたときのように。[26] 三〇年後、スノーについて本質的に同じことを問いかけた講演において、リーヴィスは、残忍な告発をアップロードする前に、「［スノー］について私が述べなくてはならない意見は、必然的に徹底的で軽蔑的なものである」と認めるところから始めた。[27] ここで肝心な点は、こうした傾向を大目に見るということではなく、そうした傾向がまさにリーヴィスの活動の中心をなしていたと認めることである。しかし、リーヴィスの立場を理解するためには、反論せずに相手の言いなりの条件でその批評に取り組んでみる必要がある。

リーヴィスの思想の主要概念は、「生《ライフ》」であった。理論上の略号は皆そうだが、「生」は混乱させることではなく明確にすることを意図する用語だった——そして、文学理論のその後の発展に照らしてみると、興味深いことに、「生」がかつてジャーゴンとしてあざ笑われていたことが思い出される。リーヴィスにとって、生は人間であることの意味の中核をなす創造的行為だった。彼は意味を明確にせずにその用語を多用したが、後期の仕事においては——スノーに干渉するようになったのちは——ときおり説明を試みるようになった。例えば、「自然発生的であること、そして、その自然発生的行為において創造的であることが、生の中核をなす」と彼は一九七二年に書いた[28]。三年後、彼はもう一つ、「生は状況の変化に応じた成長および変化である」という、若干異なる定義を提示した[29]。リーヴィスがよく学生に向かって引用した、詩人のルーパート・ブルックの死についてのD・H・ロレンスの手紙からの一節が、これが意味したことの感覚を表わしている。

> ルーパート・ブルックの死は、そのすべてが愚かしいという感覚でますます私を満たす。彼は太陽神アポロの矢によって殺害された——それは彼の全体的な明るさと調和していた——それは彼のポーズの真のクライマックスだった。はじめて彼のことを耳にしたとき、グランチスターで——グランチスターの川沿いの芝生で——日本の日傘の下でパジャマ姿で詩を読むギリシャの神だと聞いた。まばゆい太陽神は彼をたたきのめした。それはすべて英雄伝説に収められている。
> 
> 　ああ神よ、ああ神よ、それではあまりにも行きすぎです。まるで狂気ではありませんか。

リーヴィスは、「この文章は、その手紙の文脈に本当にふさわしい——あらかじめ考えておいたものとは違う自発性をもって発されている。だが、受け止め方の繊細な複雑さ、すなわちロレンス特有の反応の総体をもって伝えられている生き生きとした正確さが、なんと素晴らしいことか！」と述べ、高く評価した[30]。リーヴィスにとって、ブルックの死を知った際のロレンスの反応は、自然発生的で偽りのないものだった。彼は自分の感情をーー単に「表現する」というよりもむしろーー伝達するために、言語という富を当てにしており、この文章はそのようなものとして、生と共感する心の働きを証言しているのだ[31]。

この生という感覚は、リーヴィスが日曜新聞から人間の歴史にいたるまでのあらゆるものを評価する際に用いる概念として、役目を果たした。変化は不可避なのだから、阻むのではなく、むしろ反応することが絶対に必要だと、彼は主張した。理想的な反応は創造という形式をとり、人間が成し遂げうる最高に創造的な行為とは、思考であった。そこから推論は、文学理論をまさにきわめて重要な研究として確立した道筋にそって、滑るように進んでいった。つまり、思考は言語を通じてのみ可能となり、もっとも進んだ言語の使い方は、偉大な作家たちのそれだというのだった。したがって、文学的創造物を評価する文芸批評家の専門的知識は、過去あるいは現在の文化の健康状態を診断するもっとも確かな方法となり、この理由により、批評家は大学の外および一般の社会において、きわめて重要な役割を果たすことになったのだ[32]。

批評家の注目をとくにひきつけたのは、言語だった。リーヴィスにとって言語は、コミュニケーションの手段以上のものだった。すなわち、それは文化全体をつなぐ織物であり、それ自体が何世代にもわたる判断と調整によって織り上げられたものだった。「［言語は］集合的な英知と基本的な仮定の媒体である」と、彼は説明した。「共同作業によって確定された評価基準と評価額の流通貨幣である[33]」。思考とは言語によって可能となるもので、リーヴィスの理解によれば、継承した仮定と評価の修正であり拡張であった。この意味では、思考とはすでに存在している考えを伝達するために言葉を探すという問題ではなく、むしろまったく新しい考えを案出するために言語と折り合いをつけることだった。別の言い方をすれば、リーヴィスにとって思考とは、発見するというよりもむしろ創造するという行為だった。つまり、言語を通じて人々のあいだで共有される意識を広げていくことだったのだ。

言語、思考、そして現実の関係についてのリーヴィスの感覚をいちばんうまく説明してくれるのは、文学的意味の創造についての彼の考えである。リーヴィスにとって意味とは、言語から隔たったもの——したがって、言語によって伝えられるもの——ではなかった。むしろ、意味は、言語を通して創造されるものだった。例えば、詩は何かすでに存在しているものを描写することによってではなく、読者の心のなかにある経験を生じさせることによって、成就するものだった。「詩のなかの言葉は、何か「について考え」たり判断したりするのではなく、何か「について感じる」もしくは何か「になる」こと、いわば言葉のなかに示されている複雑な経験を実感することへと、私たちを誘う」[34]。リーヴィスがロレンスの小説をめぐる議論のあとで「小説の長さを持つ話の背後にある思想を定義しようなどと申し出ているのではない。物語そのものが思想なのだ」と説明したように、同じことが散文にも当てはまった[35]。したがって、批評家の務めは、手近にある作品をできるだけ完全に「実感する」（もしくは再創造する）ことであり、その過程においてその創造的成功もしくは失敗を評価することなのだ——独立した基準にそれがいかに達するかという観点からではなく、それが読者の心のなかに経験を創造する程度によって。したがって、リーヴィスの批評はその核心においては解釈的というよりはむしろ評価的であり、文学作品が何を語っているのかもしくは意味しているのかというよりも、むしろ、いかにして、そして何故に、成功あるいは失敗するのかについての議論をともなっていた。リーヴィスが詩および散文の批評家としてこの課題に取りかかったとき、一七世紀以降の言語の運命——したがって生の運命——について明らかになったことのおかげで、その成果は驚くべきものとなりつつあった。

## 失楽園

リーヴィスと科学との初期の戦いは、一七世紀以降の言語と生の運命についての考えを体系化した歴史の語りを彼が展開した一九三〇年代に勃発した。この語りは、かつては活気に満ちていた文化への容赦ない攻撃を描き出していたが、リーヴィスのヴィジョンは、つねに非常に暗かったというわけではなかった。例えば、彼の一九二四年の博士論文「ジャーナリズムの文学との関係」(今日の読者を、その内容を否定している作者からの注釈をもって迎えるもの)は、書き手と大衆のあいだのコミュニケーションの軌跡を維持しているのを理由に、ジャーナリズムの役割を称えた[36]。だが、一九二〇年代が進んでいくにつれ、ジャーナリズムが演じる役割に対する彼の評価は、相当に楽観性を失い、その結果、彼の予測は一九三〇年までには不吉なものとなった[37]。そして、特定の作者についての彼の判断が時とともに変化する一方で、ジャーナリズムと文学の関係についてのこの悲観的な評価は、リーヴィスの生涯を通じてその批評を特徴づけた。

第一章で論じたように、ケンブリッジにおける一九三〇年代は、科学にとって刺激的な時代であり、その研究所が物理学と生化学の発展の中心にあった時期だった。その一〇年間はまた、大学の数が増大していくという長期にわたる趨勢が短期間途切れた時期でもあり、その制度上の立場が比較的安定していたために、人文学と科学についての討論が花盛りであった[38]。この文脈では、リーヴィスは(『スクルーティニー』創刊号におけるH・G・ウェルズについての批評においてのように)ナイーヴな科学的ユートピア思想に見えるものを嬉々として非難する一方で、自分自身の研究領域、すなわち、一七世紀以降の言語と感受性の運命に、注意を集中させた[39]。リーヴィスは学部生のときに歴史学から英文学へ専攻を変えているが、こうした問題についての考え方は、徹底的に歴史的なもののままだった。実際、彼の文学批評を特徴づけた歴史の語りは、彼の科学に対する意見だけでなく、それ自体風変わりに見えうる数えきれないほどの他の見解をも理解する役に立つ。すなわち、ミルトンを切り捨て、ジェラルド・マンリー・ホプキンズを高く持ち上げ、ロレンスを強情に擁護するという見解である。これらの見解はいずれも、あのおなじみの叙事詩へと転化した堕罪から始まるドラマに含まれていた。

リーヴィスの歴史の語りは、生であふれんばかりの時代、すなわちシェイクスピアの時期から開始された。シェイクスピアは確かに天才だったが、彼の才能は彼が継承した言語を通じてのみ表出可能であった。すなわち、

「シェイクスピアが自らの才能を発見しつつあった時期にはすでに、驚くほど受容力があって大胆で順応性のあるお国言葉が身近に存在していた」[40]。この言語は、共通の文化の構成要素として仕事と余暇、歌とダンス、社会の慣習と個人の慣習が結びつけられているコミュニティ――有機的コミュニティ――の一部分だった[41]。そのようなコミュニティおよび文化において、人気の高い娯楽であり同時に最高の創造的表現である芝居をシェイクスピアは書くことができたのであり、そしてシェイクスピアの作品はこのようにチューダー朝イングランドにおける活力と生の産物――および証――だったのだ[42]。

その後、一七世紀に天災がやってきた。リーヴィスは、T・S・エリオットの一九二〇年代の批評の仕事に影響を受け、一七世紀が新しい文明の出現にとってきわめて重要であると信じた。その時期は、よく知られているように、エリオットが「感受性の分裂」というレッテルをはった思考と感情の変化を特徴としていた。エリオットの説明によれば、「それは、ダンもしくはチャーベリーのハーバート卿の時代と、テニスンおよびブラウニングの時代とのあいだのイングランドの精神に起こったことである」。「それは、知的な詩人と内省的な詩人の違いなのだ」[43]。リーヴィスは、この時期の裂け目を確認するにあたってエリオットにならい、それを生じさせた原因にとくに注意を払った[44]。一七世紀は清教徒革命と共和国、ピューリタニズムと非国教主義、資本主義の台頭と科学の出現の時代だった。リーヴィスの説明によれば、これらの発展が一丸となって、以前は統一されていた文化の内部にあるつながりを断ち、まったく新しい文明――彼の見方によれば、現在に持ち込まれているもの――の案内役を務めたのである。王政復古の時期までに、シェイクスピアの仕事を可能にした統一されたコミュニティは、ロンドンおよび宮廷にある流行を追い求める社会によって、周縁に追いやられていた。「清教徒革命によって加速化された社会的経済的変化の結果、密集していて政治的に優位に立っていた首都の流行を追い求める社会は、自らが基準を定める立場にあることを発見した」と、リーヴィスは説明した[45]。この一派は故意に社会全般から自らを区別し、裂け目を広げるような嗜好、洗練された態度、そして礼儀正しさを是としていた[46]。

新しい文明の勝利は、その時代の感受性のいたるところに記録された。リーヴィスの見方によれば、言語においては感受性が一目瞭然であるため、詩や散文がこうしたより幅広い発展へのもっとも確かな道筋を提供してくれるのだ。言語は、意識が創造される共通のメディアとして認識される代わりに、独立して存在する現実を描写するための道具として再度理解されたのである。言いかえれば、シェイクスピアの時代がニュートンの時代に道を譲ったように、言語は創造というよりはむしろ描写に関連づけられるようになった。確かに、言語は実は観察するものとされるものとのあいだの壁として表現されるようになったのだ、とリーヴィスは続けた。すなわち、言語――リーヴィスの見方では思考を可能とするもの――は、思考を妨害するもの、抽象概念や数学や平明な散文を通じてできるかぎり回避されるべきものと考えられるようになったのである。[47] 宮廷は、一六六〇年にロンドンに戻った際、王立協会を後援することによって「論理」と「明快」という新しい理想を是認した。王立協会は、リーヴィスの考える歴史において重要な位置を占めたが、それは、これまでのものとは違う新しい文明の精神をそれが証明したからである。一六六七年、スプラット主教はその「親密で、赤裸々な、自然な話し方――すなわち、あらゆるものに可能な限り数学的な明白さをもたらし、才人や学者の言語よりも職人、農夫、商人の言語を好んでいる、肯定的な表現、明瞭な意味、天賦の平明さ[48]」を是認した。言語と思考のあいだの何より重要な統一性は、思考の障害になると言語を捨て去った哲学によって引き裂かれ、その哲学の勝利があまりにも決定的なものだったために、「数学的な明白さ」をそなえた無味乾燥な言語が、不可解にも「職人、農夫、商人」の活気に満ちたおしゃべりと同等だと見なされていたのだ。

だがリーヴィスが科学そのものに敵意を抱いていると解釈する以前に、彼による王立協会の分析が、彼によるジョン・ミルトンの批評とまったく同傾向を持つと認めることが、絶対に必要である。しかも、ミルトンについてのリーヴィスの考えは、「感受性の分裂」の場合と同様、エリオットの批評に彼が関与したことで練り上げられたものだった。[49] ミルトンの韻文はリーヴィスにとって、王立協会が是認した平易な散文と同様、日常生活の言語の排除を象徴するものだった。[50] しかし、王立協会が平明な文体を奨励する一方で、ミルトンの言語はそれ自体の独創性や抒情性に注意を喚起した。リーヴィスにとって、この言語は、「言葉を通して考える能力というよりも、むしろ言葉に対する感情[51]」を表わしていた。その結果が、知識人を仰天させはするものの、類似の感情を生み出すことはできないと判明した詩だった。すなわち、「ミルトンは……知覚や感覚、あるいは物体よりも、むしろ言葉に焦点を当てているようだ[52]」。ミルトンが天才作家であるという点については、リーヴィスの心に疑いはわき起こらなかったが、シェイクスピアと比べてみると、この天才は活気にあふれる英国人特有の言い回しを利用することがなかった――そして、それを使って描写されることがなかった。リーヴィスの説明によれば、「彼の文体上の工夫の才の特性は、生きた言語に対するシェイクスピア的な関係のようなものを、彼の詩にまったく与えていない[53]」。確かに、実はミルトンの詩は、ミルトンがそのラテン語の詩において「英語を忘れてしまった」かのように思われるほど、「英国人特有の言い回しに対する首尾一貫した拒絶」を示していた。[54] その言語を拒絶することによって、ミルトンは自らを生きた言語から切り離し、その結果、彼の詩は「話し言葉から遠く隔たったもの[55]」でありつづけた。リーヴィスにとって、ミルトンはその社会の典型的な所産だったが、その否定のしようのない文学上の成果はもっとも典型から外れていた――そして、その成果は、彼の不運な迂回路をたどったマイナーな詩人たちに影響を及ぼした。

ミルトンと王立協会をこうして並列させた批評は、一七世紀についてのリーヴィスの解釈に、よりはっきりとした焦点をもたらしている。第一に、文学者ミルトンと科学的王立協会に対する彼の批判は、「科学」に対する反感と「文学」に対する共感を、彼の考えにおける敵意の主軸として融合させている――つまり、似たような理由から、リーヴィスが双方を批判しているせいで、学問分野とは別の解釈上の枠組みが彼の立場を理解するために必要とされた。第二に、革命的ミルトンと王室の庇護のもとにある新しい科学との双方に対する彼の批判ゆえに、軍事や外交は敵意の主軸にはならない――つまり、これらの立場を急進主義者に対する保守派の敵愾心（したがって、ミルトンに対する非難）および宮廷に対する急進主義者の敵愾心（したがって、王立協会に対する非難）として同時に説明することはできないのだ。実際、ミルトン、もしくは王立協会に批判の矛先を向けているとリーヴィスを解釈することは、完全な誤解である。ミルトンの天賦の才と科学の力は、明らかに状況を悪化させたが、リーヴィスにしてみれば、どちらも基本的に、そしておのずから、まったく問題ではなかった。すなわちそれらは、ともにさらにもっと包括的なものの一部であり、そのようなものとして、リーヴィスの批判の真のターゲットである全面的な変化を示していた。リーヴィスにとって、一七世紀は近代の文明化という恐ろしい行程の始まりであった——あれやこれやの発展のせいで恐ろしいというわけではなく、かつて生活を支えていた統一された文化をそれが襲撃してしまったがゆえに、恐ろしいのである。

リーヴィスは文学の伝統を修正主義の立場から解釈することによって、この歴史の帰結を追求した。ジョン・バニヤンが一六八八年に亡くなったころまでに、シェイクスピアの時代は、科学におけるニュートン（人知を超えたところに存在すると考えられていた自然の法則を研究することで）、哲学におけるロック（精神は外因的な感覚印象を受け入れられるという信念において）、そして詩におけるドライデン（生きた言語と何ら関係を持たないブランク・ヴァースと気取った文体によって）に、道を譲っていた。[56] 続く新古典主義の時代は、社会および文学における新しい特性を証明するものとなった。すなわち、これは上品さと礼儀作法、正しさと的確さ、秩序と一貫性の時代だったのである。[57] ウィリアム・ブレイクは新しい言い回しの限界に気づいており、必死に逃れようとするなかで、自分自身の言葉と技巧を練り上げた。ブレイクはこのようにして、自分の時代と正反対のものの役割を演じ——ニュートンとロックの世界に対するその攻撃に見られるように（リーヴィスがそのリッチモンド講演後の時期に是とした攻撃である）——王政復古から得られた理想を逆転させるのに多少なりとも役立ちさえしたのだ。だが、ブレイクは自分の時代のなかで孤高を保っていた。つまり、リーヴィスによれば、彼は大衆に向けて執筆したわけではなく、その結果、彼は後期の予言的な作品において、無頓着になってしまったのだ。[58]

ワーズワースが一八五〇年に亡くなったころまでには、近代文明の進行が産業革命によって取り返しのつかないほど速度を増していたと、リーヴィスは信じていた。[59] 攻撃にさらされた文化の名残は、言語のなかのみに存続していた——そして、リーヴィスの主著のうちの二冊『現代詩の革新』と『偉大な伝統』は、生きている伝統のうちで残っているものを維持するためにその言語を介して仕事をした作家たちを、認定したのだ。

リーヴィスの歴史解釈と文学批評は密接に結びついており、どちらも一七世紀以来の言語と生の運命に対する彼の悲観的な評価に由来していた。それは、人間の心においては言語と思想のあいだに、人間同士の関係においては大衆文化と上流社会のあいだに、そして人間の文明においては古いものと新しいもののあいだに亀裂が生じた世紀であり、それ以降の歴史の流れは、文明の進歩によって支配されてきた。リーヴィスのヴィジョンは暗かったが、全面的に真っ暗だったというわけではない——結局のところ、歴史の猛襲に対して決然と抵抗する可能性を肯定してもいるのだ。それは文芸批評家が非常に重要な役割を担うというヴィジョンだった。

## 危機と批評家

一九三〇年代の国際情勢を見渡したリーヴィスは、絶望的な状況を描いてみせた。彼はニューヨークで株式市場が暴落した翌年、「通貨は価値が下がり、インフレが起こった」[60] と述べた。貨幣はもはやその価値を保証してくれる少量の金に相応せず、その結果起こったインフレは上質の生活の実現性を脅かした。アメリカ合衆国もソヴィエト連邦も危機に対して解答を準備することはなく、実際、両者の関係はそれを引き起こした情勢を強固なものにするばかりだった。リーヴィスは国際財政の危機について論じていたのかもしれないが、『大衆文明と少数派の文化』は、現実には言語と批評の状況を述べたものだった。「膨張通貨」とは人文学と文学への賛意に対する反乱のことであり、現実にはそうした賛意がほとんど関係を持たない少量の「金」とは、現実には美的な識別能力のある少数派の判断のことだった。こうした新情勢をもたらした究極的な原因は、物質的繁栄を最大の関心事に押し上げたことであり、その結果、アメリカ合衆国との均衡を達成しようと決意したソヴィエト連邦は、まさにその危機を創り上げた偶像を崇拝している真っ最中なのだ、とリーヴィスは主張した。

一九三〇年代の「危機」に対する、見た目には特異に思われるこの診断は、二〇世紀の最初の三分の一の期間に出版と放送において起こった、広範囲にわたる転換という文脈に、置かれなければならない。ＢＢＣは一九二二年に設立され、一九三八年までにラジオの台数は三万六千台から九〇〇万台近くにまで増えた。一九〇七年から一九三五年までのあいだに、新聞の発行部数は一六二・六パーセント上昇した。一八九一年から一九三一年までに、著者、編集者、ジャーナリストの人数は三倍となった。そして、同じ時期に、広告が新聞産業の財政的基盤として登場した。[61] リーヴィスの見通しでは、これらの転換が協同して、文化的権威を批評家から市場へと移しつつあった。この展開に対する彼の不安を、彼自身の専門的知識が周辺的な地位に追いやられることにかんする料簡の狭い愚痴と貶めてとらえる必要はない。つまり、リーヴィスの見方では、三世紀にわたって困難な期間があったあと、批評家の権威が排除されたせいで、生きた言語を維持する可能性が脅かされているのだった。しかし、文芸批評家だけがその言語を見分けるのに必要な感性をそなえ、そのための訓練を受けているのであり、その言語だけが、生である絶えざる創造の可能性を与えてくれるのだ。

この見方では、批評家が、一七世紀以来進軍を続けている軍隊に対する最後の砦の役を演じていた。「人間の過去の最上の経験から恩恵を得るという私たちの力は、この少数派に依存している」と、リーヴィスは主張した。「彼らは伝統のもっとも微妙で、もっとも壊れやすい部分を生かしつづけているのだ」。[62] 判断力のある人のほうが少数派だという事態が長く続いてきたが、最近まではその少数派の権威は少なくとも認められてはいた、と彼は論じた。近年、出版、放送、そしてマーケティングが発達したため、批評家の権威が市場の需要に取って代わられつつあるのだ。売り上げを追求することで質が低下し、基準の存在を大いに脅かす持続的な下降線が生み出されていた。リーヴィスは、これらの発達に抵抗する者はだれでも、「インテリであることを鼻にかけている」――基準を維持する仕事に従事している少数派に対して使われるあざけりの言葉――というレッテルをはられてしまうという観察結果を、気づかわしげに口にした。基準に対する敵愾心は、新聞や雑誌に掲載される忌まわしい批評のなかに明らかに存在しており、そうした新聞や雑誌は、『近代文学要覧』のような堅い内容の出版物の入り込む余地をほとんど残していなかった。だが、『要覧』のような出版物がなければ、創造力にあふれた作品を維持する公開討論の場はなくなるだろう。そして、創造するという行為が継続的に行なわれなければ、三世紀にわたる奮闘の末に、言語は干上がってしまうことだろう。

言うまでもないことだが、リーヴィスは不安を感じていた。彼は「大衆文明」と「少数派の文化」のあいだの対立を確認することによって、危機を要約してみせた。すなわち、マーケティング、規格統一、そしてレベルダウンという大衆文明に対して、これらの発達に直面しながら文学、言語、そして生を維持するという責任を認識している少数派の文化の擁護者、という要約である。しかし、ひとたび少数派が危機を自覚するようになったならば、彼らはどういう反応を示すべきなのだろうか？　その問いかけが、リーヴィスを診断から処方へと導いたのだ。

## イデオロギー上の代案

リーヴィスのイデオロギーは、直線状のスペクトル上に置かれるのに抵抗する。彼の書いた手紙は大量に残っているが、その手紙でも政治問題はめったに取り上げられなかった。同時代の人々は、彼をナチズム信奉者からスターリン主義者にいたるまでのありとあらゆるものに分類し、学究的な評価は、彼がそのキャリアを通じて右寄りになっていったと指摘するものから、彼の批評にとっての政治の重要性を軽視するもの、そして彼の批評を政治から手を引いていると解釈するものまで、多岐にわたっていた。[63] だが、リーヴィスの知的な立場は、そのさまざまな要素——認識論、歴史、文学批評、そして社会分析——を関連させて考えるならば、首尾一貫したイデオロギーとして理解できるかもしれない。議論はこの点で彼の世界観の働きからそれて、もっと一般的に英国の政治思想におけるその位置を検討することへと向かう——そして、よくあることだが、その位置はリーヴィスが敵対した立場と対照させてみることによって、明らかとなる。

『スクルーティニー』の最初の一〇年間、つまり一九三〇年代を特徴づけたのは、英国のマルクス主義との交戦だった。[64] リーヴィスはその戦いにおける勝利を宣言し、一世代後、ペリー・アンダーソンが、当時の英国における「流行の文学的左翼主義」に対する『スクルーティニー』の勝利を断言した。[65]「これはマルクスに傾倒した知識人の全盛期だった」と、リーヴィスは『スクルーティニー』時代をふりかえった。「われわれは反マルクス主義者だった——必然的にそうだったのだ」。[66]「反マルクス主義者」という表現で、リーヴィスは三つのことを意味していた。すなわち、『スクルーティニー』が、文学の自律を否定するであろう還元主義に反対していること、「思考」を体系化しようと試みるであろう抽象化に向かう傾向に反対していること、そしてマルクス主義と近代性に共通する特徴であるとリーヴィスが信じた物質主義に反対していること、の三つである。この最後の点がとくに重要だった。つまり、リーヴィスは、マルクス主義を近代文明の産物として扱えば、立場上、自分はその両方を批判することになる、と信じたのだ。すなわち、資本主義や科学や広告のように、マルクス主義もまた、一七世紀を起点とするプロセス——それ自体リーヴィスの批判の対象であるプロセス——の産物の一つだった。マルクス主義は、それが批判しようとしている文明の産物であったので、その短所は、それがあまりにも革命的だということではなく、十分に革命的になれなかったということだった。[67] もちろん、リーヴィスと『スクルーティニー』が支持した類の革命は、マルクス主義者の支持した革命とは異なっていた。つまり、リーヴィスは社会ではなく精神の革命を追求したのであり、その戦いの場は街路ではなく、カリキュラムのなかであった。

この革命を達成したいと願うなかで、リーヴィスは、左寄りの社会主義者に対しても右寄りの保守主義者に対しても、懐疑的だった。彼は社会的平等と物質的向上を目標とするがゆえに本能的にも知的にも社会主義を忌み嫌っていた、と述べても、決して大げさにはあたらない。彼は、平等の追求は文化的リーダーシップの必要性を否定し、繁栄の探求は病んだ文明の見当違いの優先事項である、と信じていた。リーヴィスは、一九五〇年代と一九六〇年代のあいだ、保守党の原点のほうにより同調していた。言いかえれば、彼は社会主義とプランニングに対する敵意、そして、「社会」のような抽象概念よりもむしろ個人への傾倒を、彼らと共有していたのだ。[68]しかし、にもかかわらず、彼は保守党とは距離を置き、自分がほとんど共感することのない保守主義と彼らを結びつけていた。彼は、文学はその時代への反応なのだという自分の考えは、「伝統的英知」あるいは「文学的価値観」といった概念とは対照をなしているのだ、と言い張った――リッチモンド講演で述べたように、「私は、人類はその伝統的英知のすべてを必要とするだろう、と言うために選ばれたのではない。それは、私にとっては敵である一種の保守主義を示唆しているのかもしれないのだ」。[69]リーヴィスは、過去にかんするもっとも顕著な事実は、それが元には戻せないということだ、と主張し、変化は不可避なのだから阻むのではなく応じようと模索した。リーヴィスが思い描いた実利的な反応には、教育の大胆な精査が含まれていた。彼はそれが、つい最近ケンブリッジに出現したばかりで、古典研究のような確立した分野に対する戦いを現代化するのにかかわっていた学問分野をめぐるものになることを、望んでいた。

リーヴィスが伝統的な保守主義者ではないというさらなる証拠は、彼の宗教に対する態度にあった。ピューリタンであるというリーヴィスのおなじみのイメージは、彼の批評の激しい口調、俗事に対する彼のあからさまな無関心、そして彼に対する学生たちの傾倒に由来するものだった――だが、彼の側の宗教的な関心に由来するものではなかった。『スクルーティニー』をマルクス主義から遠ざけることになった画期的な論文において、エリオットの保守主義と宗教性もまた手荒な扱いを受けた。「アングロカトリック主義と王制主義について言えば、これらが……納得できるものだと考える人々は、それらが問題に対して効果的な態度を取っていることを私たちに納得させてはいないのだ」(70)。彼の父親の場合がそうであったように、宗教がリーヴィスに合わせて歌うということはなく、この立場がエリオットの『四つの四重奏』に対する彼の一貫した解釈を特徴づけた。(71) 彼は『四つの四重奏』を、超越的な現実に達しようと努力しているものの失敗に終わっている詩人の一連の瞑想と解釈した——この努力を、リーヴィスは宗教的衝動であると取り扱った。彼は、エリオットの韻文は並はずれた功績を示すものであり、過去のどんな神聖なもの、あるいは超越的なものよりも、はるかにずっと真であると信じていたが、エリオットの宗教心のせいでその創造力の功績を認識することができなかった。リーヴィスは、その衝動を是認するにはあまりにも人間至上主義だったし、共感するにはあまりにも世俗的だったのだ。

リーヴィスは戦後、ますます時代とそりが合わなくなっていると感じるようになった。体制のスローガン——プランニング、進歩、近代化、生活水準など——は、爪を黒板に立てたときのひどく耳障りな音のようになって、どこから来たのか、あるいはどこへ向かうのかについて何も考えることなく、意味なくくりかえされるようになった。その感情は相互的なものだった。例えば、ノエル・アナンは、リーヴィスは同世代から「逸脱」していて、「同世代の敬虔さを軽蔑していることを誇らしく思っている」人物だと見なした。(72) リーヴィスはその軽蔑を、リッチモンド講演を収録した著作の題名において表現した。すなわち、『わが剣もまた——多元論、同情、社会の希望をめぐる論考』である。「わが剣もまた」はもちろんブレイクからの引用であり、リーヴィスは、自分が攻撃的なまでに彼の理想に傾倒していることと、自分の時代とあまりにもそりが合わなかった孤高の天才に共感していることの、両方を示すつもりだった。副題はさらにもっと意味深く、「多元論、同情、社会の希望」へのその皮肉たっぷりの言及は、リーヴィスが悪質な常套句と見なした主張を鋭く批判することを意図していた。

## 急進主義のリベラリズム

だが、リーヴィス流の定式化を受け入れるためには「何のために——究極的には何のために？」[73]という問いと向き合わねばならない。私たちは、リーヴィスが英国の体制が優先する事項を拒絶するのを、そして彼が英国、米国、そしてソヴィエト連邦の特徴を等しく示していると考えている物質主義を糾弾するのを見てきた。彼は左寄りの社会主義および右寄りの保守主義を拒絶し、それらをより厳密に具現化したマルクス主義と宗教に反対した。こうした対をなすライバルを背景にして、彼の前向きな姿勢が浮上しはじめる。前者の立場は、紋切り型のディスコースという特性を徹底的に拒絶するという点において、急進主義と考えるといちばんよく理解できる。後者は、マルクス主義と保守主義に対して共通の敵意を抱くという点において、リベラリズムと考えるといちばんよく理解できる。このように、リーヴィスのイデオロギーは「急進主義のリベラリズム」であると理解できるかもしれない。つまり、現代社会に対するその敵愾心という点では急進主義であり、個人への強い関心という点ではリベラルなのだ[74]。

リーヴィスは返答を迫られると、自分はリベラルだと称した。Q・D・リーヴィスは、政治的理由で四面楚歌に遭った講師を支援するのを拒絶したときのように、左翼に対する敵愾心を率直に口にできた[75]。彼女はまた、保守派であるという考え、そして保守党に投票するという考えに、夫よりも満足していることを示唆した。例えば、自分は民主主義擁護者というよりもむしろ父親的温情主義者だと彼女が言うのを、ある学部生がのちに思い起こしている。そして、早くも一九七四年に、彼女はマーガレット・サッチャーがよい首相になるだろうという確信を表明している[76]。リーヴィスがそのようなあからさまな宣言を口にするのはまれだったが、一九六四年の選挙が近づくにつれ、彼は自由党に投票するという意図を確かに表明した。「労働党政府は致命的で冷淡な敵となるだろう」と彼は説明した。「そして、保守党政府のほうがましだと仮定するに足るきちんとした理由を、だれが見出せようか？　自由党員の一人か二人が正しい物事を……語る洞察力と勇気と無私無欲な気持ちを持っていると望むほうが、まだ可能だ」[77]。彼はケンブリッジの自由党候補者の後援者にまでなったのだが、その候補者が総合教育を是認したとき、愕然とすることになってしまった——それは平等主義の推進に意気地なく屈服したということであり、リーヴィスの考えでは、基準というものに対する一般的な攻撃と密接に結びついていた。

リーヴィスは軍事や外交といったハイ・ポリティクスに対しては気が短かったが、自分は知的にはリベラリズムの伝統に連なっていると位置づけていた。チャット・アンド・ウィンダス社がジェレミー・ベンサムとサミュエル・テイラー・コールリッジについてのジョン・スチュアート・ミルの論文を出版することに同意したとき、彼は自ら序文の執筆を引き受けた[78]。ヴィクトリア朝の知性を代表する二人を分析するにあたり、彼はミルにしたがって、ベンサムの功利主義——つまり、彼が一九六〇年代中ずっとののしっていた「技術的ベンサム主義」の半分——とは距離を置いた。リーヴィスは、人間社会を体系化しようというベンサムの野心とは、ニュートンが天文学において達成したことを継承するものだと考えた（この説にベンサムは同意したことだろう）。そして、その衝動が、ニュートンからアダム・スミス、そしてベンサムへと、またベンサムからハーバート・スペンサー、そしてI・A・リチャーズ（リーヴィス夫妻はこの人物と不和であった）へと流れていることをつきとめた。その伝統に対して敵意を抱いているにもかかわらず、リーヴィスの世界観の中心で個人が重要な役を演じていたことは、言うまでもない。つまり、彼は、ミルが「権利のみならず個人の利益をも保護することの必要性」を認識していたこと、言いかえれば、「民主主義の文明の圧力に対抗する個人」を認識していたことを称賛し、「現代世界において、個人に大変な心細さを感じさせる国家組織および官僚支配の範囲と複雑さが、絶え間なく増大していくこと」から、個人を守る必要があると信じていた[79]。官僚政治と国家に対するこの疑念は、「試練にさらされたことのない個人主義」——リーヴィスはこれについて、ディケンズが『辛い世』のジョサイア・バウンダービーという人物を通して適切に茶化していたと考えた――を是認するものと解釈すべきではない。[80]それどころか、個人と社会のあいだの関係についてのリーヴィスの意識は、「人間の顔をもったリベラリズム」と理解できるかもしれない。すなわち、社会の内部で（社会主義においてのように）崩壊してもいなければ、社会から（ベンサム主義においてのように）完全に分離したものでもないのだ。

リーヴィスのはまり込んだ伝統をさらに指し示すものが、ほかに彼が支持を表明したものを通して浮かび上がってくる。彼は「柔軟性、敏感さ、このうえなく複雑な具象的概念に対する筆致の繊細さ、警戒態勢と極上の価値観をそなえて分かちがたく一体化した知性」を表わしているとして、マシュー・アーノルドを称賛し、ライオネル・トリリングによる『マシュー・アーノルド』（一九三九年）を関心のある学生に勧めた。[81]トリリングは大成功を収めたアメリカのリベラリズムの大御所で、「現時点のアメリカ合衆国において、リベラリズムは支配的であるというばかりでなく、唯一の知的な伝統でさえもあるのだ[82]」と、最近宣言したばかりだった。リーヴィスは一九五一年、『ジョン・スチュアート・ミルとハリエット・テイラー――その友情とのちの結婚』に対して、好意的な書評を書いた。書評はミルに対する彼の深い敬意を断固主張するもので、とくにミルが因襲にとらわれていないことを称賛していた。すなわち、ミルは「偉大なヴィクトリア朝の人々が、礼儀正しさ、因襲的な道徳、そして一般に認められている基準をいかに無視しえたのかを、私たちに思い起こさせてくれる[83]」と、リーヴィスは述べたのだ。その本の著者はフリードリヒ・フォン・ハイエクで、社会主義者に厳しく、個人を擁護していた。リーヴィスはハイエクの政策にかんしては何も言わなかったし、彼の経済主義は受け入れていなかっただろうが、にもかかわらず彼に共鳴したことは、示唆に富んでいる。リーヴィスは別の機会に、物質的に豊かな状況の只中における精神的貧しさに注意を促した自由主義経済学者のジョン・ケネス・ガルブレイスと、ハンガリー出身で科学者から哲学者に転じ、冷戦期にマルクス主義に反対して個人主義を擁護したマイケル・ポランニーを支持した。[84]ミル、アーノルド、トリリング、ハイエク、ガルブレイス、そしてポランニー――彼らにはそれぞれ違いがあるものの、リーヴィス——自分の反感を述べるのをためらったことは一度もなかった——がその一人一人に賛辞を表わしたことは、間違いなく軽視できることではない。彼が世紀、大陸、そして学問分野の枠を超えて多岐多様なこれらの人物を尊敬しているという事実は、彼が一般には認められていない共感の念を彼らと分かち合っていたことを示している。知的共感は、イデオロギー的に調和する可能性を示しており、その調和の可能性が、リーヴィスの世界観をリベラルの伝統の内側に位置づける役に立っている。

こうしたリベラルを好む気持ちがあればこそ、リーヴィスは能力主義の社会に賛同するようになったのだ。彼は愛情を込めてチューダー朝イングランドについての文章を書いたのかもしれないが、そのときの状況では、リーヴィスの理想の社会は、個人が自分の居場所をわきまえているというものではなく、むしろ個人が自分の居場所を勝ち取るというものだった——そしてひとたび居場所を見出すと、その個人は自らの役割を果たした。彼はその語は使わなかった（一九五八年以前はだれも使わなかった）ものの、この責任が能力主義のヴィジョンの本質である。前に論じたように、能力主義は、野心的な中流階級——下の者の要求と上の者の特権とに等しく敵意を抱く社会階層——の理想である。リーヴィスの父は店主であり、一方、スノーの父は工場の事務員だったが、リーヴィスもスノーもともにグラマー・スクールの産物であり、専門職に就いた知識人だった。彼らは、平等主義の階級打破運動に対する敵意に劣らず、代々受け継がれる特権に対する敵意にも、あふれていた。そして、彼らは才能を磨くために、社会が改革されるのを目にしたいと願った。リーヴィスにとって、才能とは——あるいは、彼の言い方を使えば、知性とは——伝統的なエリートの領分ではなかった。つまり、結局のところ、ニール・ロバーツが述べているように、リーヴィスが称賛する伝統には、「『天路歴程』を書いた鋳掛屋の息子、『大いなる遺産』を書いた事務員の息子、『ミドルマーチ』を書いた執事の娘、そしてとりわけ、『虹』を書き、もう一つのケンブリッジが自分に甲虫の夢を見させると述べた炭鉱夫の息子が含まれていた」[85]。その「もう一つの」ケンブリッジとは、パブリック・スクールの卒業生、ブルームズベリーの知識人、そしてエリートの有閑階級のケンブリッジであり、一方、リーヴィスは、ダウニング・カレッジで非体制的なエートスの中心として機能する英文学部を指導していた。能力主義とは、すなわち、リベラルな改革プログラムで、特権に対抗して才能を支持するものだった。だが、スノーが能力主義は既存の制度を通して物質的繁栄を拡大するのに役立つだろうと考えたのに対し、リーヴィスは、まさにそうしたゴールに埋め込まれた価値観を露わにできる――そして逆らえる――批評力のある少数派を育てることを、能力主義で表わそうとしたのである。

## 「周りから浮いてしまって孤立する」

リーヴィスはそのキャリアを通して、この世界観をさまざまなかたち――すなわち、必読書リスト、カリキュラム、試験、学問分野、単科大学、そして総合大学――に転換しようと取り組んだ。ひとたび制度化されれば、こうした考えは、学生や教師、個人的な読書や公の討論、大学の内部の思想や大学についての思想に影響を与える地位を、獲得することになる。リーヴィス自身は、これが政治活動の一つのかたちであることを理解しており、それゆえに、一九三〇年代には、自分のプログラムはマルクス主義者が思いつくどんなものよりももっと革命的なのだと主張し、一九四〇年代には、全学生が立ち寄るようにするため英文学講座は大学の中心に位置しなければならないと論じ、そして一九六〇年代には、基準への攻撃であるとして大学の民主化に反対したのである。

このプロジェクトの用語を使えば、文学批評は政治活動からの撤退ではなく、そのきわめて重要な前線だった。当面の危機が基準への攻撃であったこと、基準がなければ言語の創造的な使用を認識する方法がないこと、そして認識されなければ言語を支持できないのだということを、思い出してみよう。言語に対するこの脅威は、一七世紀の爆発的な発展、つまり一丸となって現代文明の出現へと達した発展に、起因していた。この文明の典型的な特性は、感じることは考えることとは違うものだと受け止められたこと、そして言葉は思考の障害となると受け止められたことだった。失われたのは、言語が思考を可能にするのだということ、そして思考が生とイコールである創造的行為だという認識だった。論証の複雑な過程、すなわち、特定の歴史観や言語観をともなう過程を通して、知的な基準への攻撃は人間性を脅かすものとなった。それゆえ、文芸批評家は基準を維持して大衆を育てるという二重の重荷を負い、創造が継続される可能性を支えようとしたのである。三世紀にわたる歴史を敵に回し、非友好的な体制によって四方から攻撃されていたこの努力において、失敗の対価は静観しがたいほど悲惨なものだった。

こうした奮闘を構成する日々の出来事――委員会、投書、講演など――におけるリーヴィスの戦術は、政治活動がいかに機能するかをめぐる彼の概念によって形成されていた。スノーの考えた政治活動とは、外交上の駆け引きや連携の樹立といった、イデオロギーというよりもむしろ気性によって構成され、意図せぬ軽視や予期せぬ共感が局面を決定づけるかもしれないものをともなっていたことを、思い出してみよう。リーヴィスの政治活動に対する感覚は、まったく異なっていた。つまり、彼は、自分自身、自分の大義、そして自分の価値観が攻撃されていると見なしたので、既存の体制の内部で積極的に活動するというのは、現実味のある選択肢ではなかった。リーヴィスはその代わり、果敢に抵抗するという政治活動、そうでなければ夢遊している同僚や批評家や政治家を驚愕させ挑発するかもしれない劇的なジェスチャーをするという政治活動を、続行した。彼は、難しい人物だという自分の評判も、自分が威嚇するような存在だということも、奨学金や優等学位によって伝えられる名声のことも、よく分かっていて、自分が戦う際、これらの特性の一つ一つを武器として用いた。この点で、彼は自分の手腕を過信していたのかもしれない。クライヴ・ジェイムズは、リーヴィスの攻撃の残忍さは、自分の同僚とヒトラーとを区別する余地をほとんど残さなかったと示唆しており、他の人々は、リーヴィス夫妻の知的議論は彼らが残した友情に本当に値しうるのかと思いめぐらしてきた。[86] だが、もしそれが問題であるのなら、他の人々の評決がどうであれ、リーヴィス夫妻には答えが分かっていた。すなわち、そのとおり、彼らはそれほどまでに重要なのだ、である。

レイモンド・ウィリアムズの回想は、政治活動に対するリーヴィスの考えの意味深い一面を垣間見せてくれる。ウィリアムズは一九六一年にケンブリッジ大学英文学部の一員となっており、小説にかんするある論文が提出されたとき、学部主事の役に就いていた。彼は委員会を招集し、のちにリーヴィスの貢献が役立ったと思い起こした。しかし、あるとき、リーヴィスは、英語以外の言語による小説が論文に含まれるべきかどうかについて、多数派と意見を異にした。彼は自分の見解を強硬に主張したが、皆を説得することはできず、その時点で彼はまっすぐウィリアムズの方を向いた。「主事殿に直接申し上げます。ディケンズからロレンスまでのイギリス小説というのが、まとまりのある科目でしょう」。それは抜け目ない動きだった。というのも、これがウィリアムズの開講している科目であることを、リーヴィスは知っていたからである。だが、ウィリアムズは多数派にしたがった。リーヴィスはもう一度言い張った。「違います、私はあなたに直接申し上げているんです」。ウィリアムズはもう一度多数派にしたがい、リーヴィスはもう一度くりかえした。「あなたにです」。リーヴィスは皆を説得することはできなかったが、どうやったら多数派を作り出すことができると考えたのかを、のちに明らかにした。「もしあなたがディケンズからロレンスに票を投じていたら」と、彼はウィリアムズに断言した。「それで委員会の意見はひっくり返っただろうに」。ウィリアムズは、大多数がリーヴィスと自分に賛成しないと述べたが、リーヴィスは、断固とした態度を取ればバランスは変わっただろうと主張した。「あなたはひっくり返せただろう」と彼は言った。「あなたは周りから浮いてしまって孤立する覚悟ができていなかったんだ」。周りから浮いてしまって孤立する――リーヴィスの考えでは、大多数と異なる意見を持つことそのものが、政治活動の一つのかたちだったのである。[87]

リーヴィスは相当な自己認識をもって、こうした論争に取り組んだ。右の例が示しているように、彼は自分はアウトサイダーであるという態度を取っており、自分が戦略上の利点を得るまで喜んで衝突に耐え抜いた。[88] この駆け引きの感覚が、大学外での彼の行動をもまた形成した。例えば、一九七〇年代のはじめ、彼と近隣の人々は、地元のパブが原因で生じる人通り、騒音、そしてゴミに関心を持った。地域集会が開かれ、手紙の下書きが書かれたが、リーヴィスは近隣の人々に対しては無愛想な態度を、パブに対しては対決姿勢を取った。彼はのちに、近隣の人々に自分の態度を説明する手紙を書き、ビール醸造業者かパブの主人のどちらかとの友好関係を模索しても何も得られないと主張して、自分の対決姿勢の正当性を主張した。(89) 対決という策略は、単に腹立たしい教授会の際にリーヴィスを駆りたてたものというだけではない。それは、彼特有の問題への取り組み方、そしてもっと一般的には目標の達成の仕方であった。

リーヴィスの政治スタイルがこのように説明されたことで、彼は難しくて、大学人らしくなく、変質的であるというとらえ方がより一層後押しされている（彼がこの三つのすべてになりえなかったと言っているのではない）。目指しているのは、彼の戦略を是認することや彼の論争術を大目に見ることではなく、スノーに対する彼の議論の口調の謎を解くことである。リーヴィスの思考において、文学についての判断は生についての判断であり、そうした判断を支持するには、しばしば好戦的であることが必要だった。批評家という役割に取り組む際のリーヴィスの真剣さと、政治活動についての彼の考えの激しさを、スノーはリッチモンド講演を通して知ることになった。

## リッチモンド講演

ケンブリッジに長年いるあいだに、スノーとリーヴィスは折にふれて顔を合わせた。例えば、一九三五年のある晩、リーヴィスはクライスツ・カレッジで夕食を取り、スノーの隣に座った。その晩の滑り出しは、スノーがかつての学生のS・ゴーリー・プットに悪影響を与えているとリーヴィスが非難するという、前途多難なものだった。スノーは話題を変え、読者がプルーストの物語を読み通せるのは、彼の散文というよりもむしろ彼の完全無欠さゆえだという、自分のお気に入りの議論を試してみた。策略はうまく行った。リーヴィスが異を唱えると、スノーはリーヴィスの妻のQ・D・リーヴィスと彼の共同研究者のデニス・ハーディングが自分の側についていることを指摘した。リーヴィスは態度を軟化させ、自分は仕事に忙殺されていて敵に攻め立てられているという、スノーのいわゆる「このうえなく迫害されたスタイル」で、不平をもらしはじめた。スノーは授業の負担をいくぶんか減らせるであろう補助金を勧めたが、リーヴィスが自分のアドバイスにしたがうことは決してないだろうと、前と同じく分かっていた。(90) のちに敵愾心を燃え立たせることになる特徴は、スノーもリーヴィスもキャリアの終盤よりも序盤に近い若者だったこの早い段階の出会いにおいてさえ、明らかだった。スノーは理系の学生の個別指導教師かつ三冊の小説の著者として、二つの分野に軸足を置いていた。彼は有能な話し上手で、自信たっぷりにフランス文学についての意見を述べていた。そして彼は熟達した大学教師で、基金についてのアドバイスを与えていた。リーヴィスのほうは人の気に障ることをいとわず、他の人々が誤った判断を口にしていると、黙って座っていることができなかった。彼はさばききれないほどの仕事を抱えて攻撃にさらされている気がしたが、自分の天職の重要性ゆえに頑張りつづけた。

続く数十年間、スノーはリーヴィスに対し、尊敬と軽蔑が用心深く組み合わさったまなざしを向けた。彼は、批評家としてこれほどまでに著名な人物とよい関係を保つことの重要性を分かっていた。「たとえ相手があなたに悪しかれと思ったとしても、付き合いがあれば、その相手があなたに危害を及ぼす可能性は薄いというのが、私の信念です」と、スノーはある友人に忠告した。(91) 彼は一九五〇年代に二度リーヴィスを支持する手紙を書き、その都度丁重な返事を受け取った。(92) 好意的な書評のせいで、スノーが書評家とリーヴィスのつながりを期待するということはあったかもしれないが、たいていの場合、彼はリーヴィスの側からは悪意を予想した。(93) リーヴィスの批評は、書くことや歴史、政治に対する自分自身の考え方とは対照的だと、彼は考えた――リーヴィスは政治に無関心だというふりをしているが、実はそれは反動なのだと、スノーはひそかに主張した。[94] 一九五〇年代に自分の立ち位置を確立する際、スノーはますますこの意見をはっきりと述べたいと思うようになった。彼は一九五八年に、一九三〇年代のラザフォードの楽観主義を、エリオットおよびリーヴィスの暗うつな口調と対比した。そして一九六〇年には、リーヴィスを通して社会主義にたどりついたことを理由に、レイモンド・ウィリアムズとリチャード・ホガートには政治性がない、と説明した。[95] だがスノーは、例えば、アメリカの知識人のノーマン・ポドレッツによる書評を喜んだときなど、「トリリングのまじめな優等生であり、またリーヴィスによる教育を受けている。仮に免れるとすれば、非常によい環境だ」[96]と、しぶしぶ称賛することをまったくやめてしまうことはできなかった。実際、リッチモンド講演のほんの数週間前、スノーはある人物をあるポジションに推薦する際、リーヴィスのもとで学んだことにふれた。[97] その教育に欠点がないわけではないとスノーは主張したが、すべてを考慮すると、リーヴィスとのつながりは、スノーが（他のどんな書き手とも同じく）歓迎してきた裏書きであった。

リーヴィスの心のなかでは、スノーはそれほど異彩を放っていたわけではない。少なくともあるときリーヴィスは、自分とスノーは、スノーの小説について話し合うことを避けていさえすれば、うまくやっていけると述べ、またのちに、一九六〇年代以前は自分たちのあいだに対立はなかったと主張した。[98] ケンブリッジでもっとも認められている批評家は、だいたいにおいてスノーにほとんど注意を払わず、『二つの文化』を論じたのはほぼ三年後のことだった。だが、イアン・マッキロップが示したように、一九六〇年代の早い段階で、リーヴィスはスノーについてメモを取る理由が増大しつつあった。この時期ダウニング・カレッジの学部生だったマッキロップは、学部の雑誌である『デルタ』に掲載されていたやりとりを思い出した。そのなかで、ダウニング・カレッジにおけるリーヴィスの「副官」であったモリス・シャピラは、リーヴィスが称賛したリアリズムとスノーが実践したリアリズムとの関係に挑戦していた。[99] 他の批評家たちは、リーヴィスの容赦ない批判とスノーの簡素な散文を結びつけるのに没頭した。例えば、プットは英語協会に対し、「スノーのなかの科学者とリーヴィスのなかの批評家は……私たちに同じことを教えてくれるのです」と述べ、アンガス・ウィルソンは、フィクションにおけるリアリズムの擁護者として二人を結びつけた。[100] リーヴィス自身は、奨学金応募論文で『二つの文化』が言及されていることに気づきはじめていたが、それは、その文章が中等教育に入り込んでいるということを示していた。彼はついに一九六一年の夏に『二つの文化』を一冊購入し、同じ時期、肖像画を描いてもらっている際に、スノーについてぶつぶつ文句を言っているのを聞かれた。[101] リーヴィスの学生たちは、彼がスノーの小説について何か一癖ありげに言及しているのに気づいたが、その傾向は、彼の手紙にもいつの間にか入り込んでいた。[102]

そして、一九六一年の秋、ダウニング・カレッジの学部生たちは、年に一度のリッチモンド講演を行なうのにリーヴィスを選んだ。[103] リーヴィスはその年度末で退職することになっており、その名が厳しい批評と同義語であった時代に終止符を打とうとしていた。そして彼は、スノーと『二つの文化』を批判的に評価することに自分のリッチモンド講演を捧げようと決意した。彼は以前に執筆したどんなものにも勝るとも劣らぬ時間と思考とエネルギーをその講演につぎ込んでいると述べ、原稿は一月までに速やかに出来上がった。[104] リーヴィスは論客として名を馳せており、リッチモンド講演はすぐにケンブリッジの枠さえも超えて、楽しみに待たれるようになった。BBCは録音の許可を求め、『イヴニング・スタンダード』は、題名のなかにある疑問符――「二つの文化？C・P・スノーの重要性」――が「批評による手術という［リーヴィスの］もっとも技巧的で挑発的な行為」[105]を期待させる、と強調した。一九六二年二月二八日にダウニング・カレッジの講堂でリーヴィスが話を始めようと立ち上がったとき、彼の前にはスノーの友人のJ・H・プラムおよびジョージ・スタイナーを含めた大入りの聴衆がいた。席はすべて埋まっており、多くのものが立ったままで、講堂の厚い壁にうがたれた窓の枠に腰を下ろしてドンが始めるのを待っている者もいた。[106]

リーヴィスは侮蔑をほとばしらせようと前へ進み出た。彼はスノーが「知性という点でどうしようもなく平凡」で、「驚くほど物を知らず」、その無知は、スノーが「自分が何を意味しているかを知らず、自分が知らないことを知らない」という事実を見れば、一目瞭然である、と断言した。[107] リード講演は「文体の恥ずべき下品さ」を露呈し、批評家にとって好奇心をそそられる問題を提起していた。「知的な価値のないものとは、スノーのパノラマ的なまがい物の説得力に、すなわち彼の主張のひけらかしに対処する際に存在する可能性があるどんな困難をも生ぜしめるものであり、言いかえれば、議論すべき知性――それがそこにはないのだ」。[108] リーヴィスはそれから、小説家としてのスノーの名声にねらいを定めた。「スノーはもちろん一人の――いや、私にはそうは言えない。そうではないからだ。つまり、スノーは自分のことを小説家だと思っている」。[109] だが、実際は、「小説家としては彼は存在していない。存在しはじめてもいない。彼が小説の何たるかを知っているとは言えない」。[110] 彼はスノーの最新の小説である『事件』――英国、ソヴィエト連邦、そして米国でベストセラーとなり、ロンドンで舞台化されてヒットした――を、「説得力のない習作」だと退け、再び『二つの文化』に攻撃の矛先を向けた。「スノーの議論は、あまりにはなはだしく無意識かつ無責任に単純素朴に進むので、それを思考活動と呼ぶのは、お世辞を言うことと同じである」。[111] わずか五分後、チャーチル・カレッジからの一団が出ていった。彼らのあとにはジャック・プラムが続き、後ろ手で扉をたたきつけるように閉めた。[112]

講演がスノーに対する悪意に満ちた攻撃も同然と見なされたのは、驚くべきことではない。これが、『スペクテイター』に講演が掲載されたあとの同誌におけるリーヴィスへの主な批判であり、スノーは確かにそのようにこの出来事を解釈した。「もっとも苛立たしいのは、テクストが……ほとんど全面的に根拠を欠いた人身攻撃から成っていることである」。[113] ライオネル・トリリングは普通リーヴィスを批判するのを好まなかったが、その彼でさえ、リーヴィスの「許しがたい口調」[114] を激しく非難した。リッチモンド講演をスノーに対する単なる攻撃と解釈するのは、その議論を誤解することであるが、リーヴィスはその誤解に対し責任を負うべきである。その行事が公的なものであったこと、したがって、教えることと同時に関心を引くことも意図していたことは事実である。そして、リッチモンド講演は、とくにダウニング・カレッジの学部生からの招待によって行なわれるものであって、その学部生のあいだでは権威ありと認められた人物たちおよび偶像視されている同時代人たちに対するリーヴィスの酷評は、伝説的だった。さらに、知的だというスノーの自負とその公的な地位に対する批判がリーヴィスの議論の中心だったが、それはスノーの重要性そのものが説明を必要としているということだった。だが、とはいうもののリーヴィスは、自分の主張が聴衆を驚かせる派手な表現にまぎれてしまうということを許したのである——ありていに言えば、奨励したのである。彼はのちに、自分のパフォーマンスは「一流」であったと主張したが、スノーに対する攻撃のせいで自分のさらに大きな目的がかすんでしまったことも分かっていた[115]。次の一〇年間、リーヴィスは、スノーがその代表だと見なした権威を糾弾しつづけたが、自分の主張が再びそのように誤解されてしまわないような言葉づかいをするべく気を配った[116]。

その主張は次のように展開した。すなわち、スノーはものを知らないが、賢人ととらえられている。彼の小説は精彩を欠いているが、深遠な文学として絶賛されている。『二つの文化』には中身がないが、広く影響力を及ぼしている。C・P・スノーの重要性は、彼の思想にあるのではなく、彼には思想などないにもかかわらず絶賛され賛美されているという事実にあった——彼は、彼を生み出した文明の状態を示す証拠として、重要であるのだ。「社会的希望」、「工場が受け入れ可能なスピードで」工場へと移っていく貧しい人々、そして、発展途上の世界にとっての「明日の幸せ」の展望といった決まり文句に安易に頼るなかで、スノーは、物質的な進歩を重んじはするが、その空虚さを認識できない文明が前提とするものを表現した。その空虚さは、今日のアメリカの科学技術上の驚異の傍らに存在する倦怠とアルコール依存症にはっきりと表われており、それは明日のアジアやアフリカに約束されている文明そのものであった。ジョゼフ・コンラッドやD・H・ロレンスといった偉大な作家たちは、そのような自己満足を敵視し、文明を考えなしに必然的な犠牲にいたるまで前進させていく前提に疑問を投げかけた。しかしながら、その発展は避けがたいものであったため、変化に対する創造的な反応——リーヴィスの用語を使えば生──が守られることが不可欠だった。その反応は言語を通して実現され、文学を通して広められた。そして、それを支える可能性のある場所が、大学だった。思考に対して言語が中心的役割を果たすため、英文学講座は理想の大学の中心に位置し、創造的思考の他の前線（科学を含む）と密接なつながりを持つことだろう。そのような大学においては、日曜版の新聞の場当たり的な言葉は、考えられて口に出される最善のものとはとらえられないだろう。そして、そのような大学においては、スノーに対しこうした注意を払う必要はなかったことだろう。

## スノー－リーヴィス論争

翌日、ＢＢＣは、「ケンブリッジの男たちが言い争うとき、オックスフォードの男たちがリングの外に出ているのは、一般的に言っていちばんよいことだ」と伝えたが、続いて報道されたことは乱闘にほかならなかった。[117]『タイムズ』があまりに潤色されて不完全な話を掲載したため、リーヴィスは原稿全体の出版許可を出すことを決意した。[118]『スペクテイター』は、話を進める前に誹毀文書を求めることを決め、その慎重さには十分な根拠があった。文書は「その作品にはサー・チャールズ・スノーに対する深刻で専門的な誹謗が含まれています」と結ばれており、そのテクストがスノーの許可なく出版されえないことを意味していた。[119]シリル・レイ──同誌の編集助手で、文芸クラブのアシニーアムの会員になるにあたってスノーに保証人になってもらっていた人物──が、ロンドンにあるスノー家を訪れ、夫妻の許可を求めた。スノーは網膜剝離を患っていたため、妻が講演を読み上げた。彼女は激怒したが、スノーは出版を許可した。[120]

とくに美化することなくスノーを描き出した風刺漫画を表紙にあしらった『スペクテイター』は、三月九日にリーヴィスの講演の全文を掲載した。その次の号は投書に特化したセクションを呼び物としており、ウィリアム・ジャーハーディからのリーヴィスに対する猛烈な攻撃が、その冒頭を飾っていた。「こみ上げる怒りで顔を真っ赤にし、早口でまくしたてながら、博士は責任感や思慮分別を失う」とジャーハーディは非難した。「七×七〇四の悪魔たちが一つの大きな口から癇癪をまきちらすのだ」[121]。その後の論争をトリリングが「人格売買の毒気」と表現したのは言い得て妙であったが、スノーもリーヴィスもその論争のなかで自分の支持者を見出した[122]。物理学者のJ・D・バナールは、スノーの科学面での信用を擁護し、一方、リーヴィスの著作の出版を手がけていたイアン・パーソンズは、ケンブリッジは『スクルーティニー』の全号を再版するだろうと強調した[123]。また、彼らを誹謗中傷する人物もそれぞれにいた。詩人のイーディス・シットウェルは、リーヴィスがスノーの名声に嫉妬していると憶測し、一方、ロバート・コンクェストは、スノーの主張の「ジャーナリスティックな生硬さ」を非難した[124]。四週間のあいだに『スペクテイター』は全部で四二通の投書を掲載した――これらの大半はスノーを支持していたが、その優位は『スペクテイター』そのものが『二つの文化』に異議を申し立てたとき、ある程度相殺された[125]。

この議論がまわりで激しくなっていたあいだに、スノーは二種類の反応を示した。公的には、彼はリーヴィスとの討論に引きずり込まれることを拒絶した。彼は、まるで職探しをしているかのように自分の信用証明書を誇示しながら、そのような攻撃に対する筋の通った反応など思いつけない、と述べた[126]。その代わりの行動は二種類しかない、と彼は説明した。すなわち、リーヴィスを名誉棄損で訴えるか、何もしないか、である。自分は前者を意図しえないので、口論には加わらないままでいるつもりだ[127]。スノーの次の公の場での発言は、四月のセントアンドルーズでのレクター講演だったが、彼はリーヴィスについてまったく触れなかった――とはいえ、その必要はなかった。つまり、講演のタイトルが「寛大について」だったのだ[128]。寛大は話題に出てきたが、スノーはやり返すことが重要だと分かっていたので、ひそかに精力的な反撃を開始していた。プラムは正確にねらいを定めた当てこすりを提案し、リーヴィスの私生活から何か素材が得られないものかと考えた[129]。スノーは進行中の議論に細心の注意を払い、どんな機会であっても恵まれさえすれば必ず利用しようとした。リーヴィスの支持者の一人が、実際にスノーの小説を読んだことがないと告白したとき、彼は教師としてのリーヴィスの資質をこき下ろすチャンスを見出した。スノーはリーズ大学の英文学教授A・ノーマン・ジェファーズに連絡し、自分の読んだことのない小説についてコメントするようリーヴィスが学生を指導していることを述べた手紙を書いてはどうか、と提案した。(130) 第三章で見るように、スノーは同様に他分野の友人に頼って、自分の主張を擁護してもらったり、自分の信用を保証してもらったりしていた。

一方、ダウニングでは、リーヴィスが意気揚々としていた。彼の確信は、スノーに対してどんな擁護をしようともすべて文明の退化を示すさらなる証拠になってしまうような、また彼自身へのすべての攻撃が彼は状況を正確に分析しているという断言になってしまうような主張の持つ、有無を言わせぬ論理に、負うところが大きかった。アンソニー・ストーはその状況に対して鋭い判断を下し、『スペクテイター』への投書でスノーを擁護して、「リーヴィス博士の激しい言葉づかいは……彼を満足させるに足るのと同じ数だけの彼に対する反撃を、呼び起こすことだろう」と推量して見せた。(131) 反撃が続くあいだ、リーヴィスは軟化することを拒み、『スクルーティニー』が再版された際、スノーに反対する主張を巻頭の文章に盛り込んだ。(132) リッチモンド講演のおかげで、リーヴィスは以前に知っていたよりも大勢の大衆と出会うことになったが、それは「啓蒙の正統性」に対して来たるべき一〇年間に彼が展開することになる反対運動の第一段にすぎなかった。

スノーの側では、返答を控えるという決定を考えなおしはじめた。(133) スタイナーは、ロンドンにあるスノー家を訪れた際、自分をもてなしてくれる人々がリーヴィスに取りつかれていることに気づいた。(134) リーヴィスの講演が『スペクテイター』に掲載されてから四か月以上もたったのち、チャット・アンド・ウィンダスでリーヴィスの本を手がけている編集者が原稿を本として出版する許可を求める手紙を送った際、スノーとジョンソンは彼を恥じ入らせてその要件を休眠させてしまおうとした。(135) そうしたアピールが失敗に終わると、スノーは、自分にはどんな変更や追加にかんする動きも追求する権利があることを、彼に思い出させた——暗黙のうちに脅しをかけたのだが、それでは出版をやめさせることはできなかった。[136] スノーは、ノーベル賞受賞のチャンスを必ずや危うくするであろうと思われる損害を最低限に食い止めるための方法を、つかもうとしていた。[137] その後毎年、彼は賞の発表を期待し、それをリーヴィスがもたらした損害を修復する唯一の方法と見なすようになった。スノーは来る年も来る年もそれが他の人物に授与されると失望したが、同時に彼は、リーヴィスおよび彼が象徴しているものを傷つけるため、別の方法に取り組んでいた。[138]

## 結論

リーヴィスは、リッチモンド講演がスノーに対する攻撃である、もしくは科学に対する攻撃であると解釈されるたびに、欲求不満を覚えた。この章では、そうした解釈を採用する代わりに、もっと一般的にリーヴィスの世界観という文脈に議論を位置づけている。リーヴィスは、新しい文明が一七世紀に出現した際、歴史は誤った方向へと大いにそれてしまったのであり、そのためかつて活気にあふれていた文化の名残りはすべて偉大な小説家と詩人の言語を通して伝えられたのだ、と信じていた。しかし、二〇世紀には、その言語を認識する批評家の権威が、市場の嗜好からの挑戦を受け、この展開が生とイコールである絶えざる創造の可能性を脅かした。この危機に対応するため、そしてスノーの技術家主義の楽観主義とは対照的に、リーヴィスは急進主義のリベラリズムを信奉した。すなわち、歴史的な力や社会的慣習、そして大衆文明が容赦なく提示する制度上の制約に対抗するような、特定の個人の能力が存在する、という信念のことである。この立場が、彼の一九六二年のリッチモンド講演を特徴づけたのだが、講演の冒頭では、スノーの名声が表わす危機に、聴衆の注意が引きつけられた。スノーとリーヴィスは一九六〇年代の始まりの時点で、そのリード講演とリッチモンド講演において、相反する過去の解釈と未来への展望を提示し、続く歳月、公にまた私的に、自分たちの展望を制度上の現実に移し替えようと努力したのである。

## 3　二つのカレッジの物語

### 大学の観念

スノーとリーヴィス、リードとリッチモンド、技術家主義と急進主義――すなわち「二つの文化」論争は、単に個性や学問分野の対立から発したというのではなく、対照的な世界観から生じた。スノーもリーヴィスも、左ではマルクス、右では保守党と敵対し、代わりに流動性のある社会のヒエラルキーが存在すると信じ、リベラルな伝統のなかに自らを位置づけた。だが、彼らのリベラリズムはお互いに食い違っていて、「現代文明」に対する対照的な態度によって区別されていた。彼らの不一致のもっとも重要な点は、文明が個人の能力の実現を可能にするか、あるいは抑圧するかということだった。

理想が実行に移される場所として、教育が対立の中心に浮上してきた。実際、スノーのリード講演もリーヴィスのリッチモンド講演も、英国の教育の改革を主張した。スノーは、英国の大学はもっと多くの科学者と技術者を生み出して、閣僚や企業が現代文明に安心感を抱き、その官僚政治に精通するようにしなければならない、と主張した。『二つの文化』のしめくくりで訴えたように、「知的生活のために、この国の独自の危機のために、貧しい人々に囲まれて不安定ななかで豊かに暮らしている西欧社会のために、世のなかに知性があふれれば貧乏でいる必要がなくなる貧しい人々のために、われわれの教育に新鮮なまなざしを向けることは、われわれ、アメリカ人、そして西欧中の人々にとって、義務なのだ」[1]。教育はリーヴィスの主張にとっても中心をなすものだったが、その主張は、創造的思考力を支えるエリート組織という、スノーが自分好みのヴィジョンをもって提示した、科学および技術的訓練の場としての大学というモデルとは、対照をなしていた。「スノーと同じく、私は大学になじんでいる」と、リーヴィスはその講演の終わり近くで強調した。「スノーと違って、私はそれを本当に大学にすることに関心がある。何か……専門家部門が連なっている以上のもの――人間の意識の中心をなすものにすることに」[2]。リーヴィスにとっては、『二つの文化』が示した教育に対する処方箋に盛んに耳を傾けている人間の意識そのものが、文明に脅かされていたのだ。

スノーとリーヴィスは、大学の使命を定義しようと騒ぎ立てている一九六〇年代初頭の不協和の大合唱のなかの二つの声だった。英国の大学制度は、二つの起源から発する圧力にさらされていた。すなわち、戦後の出生率上昇によって始まった人口統計上の変化と、一九四四年の教育法によって始まった政治的変化である。こうした新しい情勢が合わさって空前の人数の大学入学年齢の学生を生み出し、そのなかのかなりのパーセンテージが高等教育のもたらす恩恵を受けようとしていた。こうした圧力を予期した戦後の政府は、大学の発展を監督しようと一連の委員会を設置した。これらの委員会のなかでもっとも重要だったのが一九六一年にハロルド・マクミランによって設置されたもので、二年後、ロビンズ報告が英国の大学制度の劇的な拡大を求めた。高等教育にかんするこれらの報告書は、合理的な計画と専門的知識にゆだねられた国家が生み出したものだった。これらの報告に共通する前提は――確かに、これらの報告書を委託するにあたってその前提は必須のものだった――しかるべき人々により、しかるべき目標に向かって、その変化は統御されうるということだった。しかし、戦後の歳月、「しかるべき」目標を見きわめられる「しかるべき」人々が存在するという、これまで受け継がれてきた前提が、そうした人々とはだれなのだろうか、そしてそうした目標とは何であるのだろうか、にかんする概念と重なり合った。つまり、社会的および知的ヒエラルキーが実在するという観念が存在しつづけるなかで、そうしたヒエラルキーの内部で上昇するのに必要な資格をめぐって、相反する主張が浮かび上がってきたのだ。[3] 大学は、既存の制度の置かれている場、かつその制度を永続させるための場として、受け継いできた階級というヒエラルキーを流動性のある能力主義として作り直そうという奮闘のなかで、重要な領域を占めた。

スノーおよびリーヴィスの講演は、この議論に寄せられた二篇の論文だった。だが、大学の機能、そして社会における大学の持ち場は、結局はものものしい公の席ではなく、もっと日常的な大学の委員会、教授会、執行部の仕事のなかで決定される。リード講演とリッチモンド講演は優先事項や野心を公に表現する機会を与えたものの、リーヴィスとスノーが社会的優先事項を制度的現実に転換しようとしたのは、演台のうえではなく、彼ら自身のカレッジにおいてであった。

## 大学の拡大

英国の大学制度は第二次世界大戦以前からゆっくりと拡大しており、その拡張の大部分は一九一四年よりも前に起こっていた。一九〇〇年から一九一〇年のあいだに地方の五つの赤レンガ機関が大学となり、イングランドの大学の数は一挙に二倍になった。[4] 同じ時期、オックスフォードとケンブリッジは少しずつ拡張し、一九〇〇年には学生数六千人だったのが、一九一四年には七千人になった。[5] 大学入学年齢に達して入学した人の率は、一九一〇年には〇・八三パーセントだったが、一九二一年には一・一パーセントに上昇した。[6] こうした増加は第一次世界大戦後加速し、国家によって新しい大学補助金委員会（一九一九年設置）を通して奨励され、管理された。全体的に見ると、イングランドの市民大学（中産階級の若者の教育のために設立された大学）の学生数は、一九一〇年には一万人だったのが、一九三九年には二万二千人に上昇した。[7] 第二次世界大戦前夜までに、オックスブリッジと赤レンガ市民大学を含み、ロンドンとスコットランドの機関も加えて、英国の二一の大学に六万三四二〇人の学生が在学していた。[8] この増大の多くは一九二〇年代に起こったものであり、一九三〇年代の不況が原因で、ヴィクトリア時代末期に始まった大学の拡大の時期は終焉を迎えた。

第二次世界大戦の終結は、拡大の第二期をもたらした。一九四六年のバーロウ報告ほど、この増大の背景にあった推進力をうまく示してくれるものはない。[9] 一九四五年、政府は英国の科学に携わる人材の育成にかんする政策を推奨する委員会を任命した。委員会を率いたのは大蔵省の役人のアラン・バーロウであり、労働省の戦時の技術職員の管理者であったC・P・スノーもまた委員の一人だった。バーロウは、高等教育を受ける能力のある学生の五人に一人しか大学に行っておらず、また、この有効活用されていない才能を伸ばすにあたっては科学が最高の機会を与えてくれる、という結論に達した。報告書が提示した拡大および民主化にかんする野心的なプログラムは、国家が資金を提供し、科学を対象とするもので、その主たる長所は太字で印刷されていた。「われわれは、現在の輩出人数を二倍にし、できるだけ早い時点で年間おおよそ五千人が新規に科学者としての資格を得るという当面の目標に、満足している」。[10] 著名な科学者で科学者協会の長のP・M・S・ブラケットは、バーロウを熱烈に歓迎し、「労働党政権の主たる功績の一つ」であり、「英国の高等教育をわれわれの将来の国家的任務に適合させる任務へと踏み出す決定的な一歩」であると、絶賛した。[11] ブラケットにとって、そして同じ意見を持つ人々にとって、大学の拡大は科学の勝利と進歩を等しく表わしていた。

次の一五年間に、大学入学者数、財源、そして設備が劇的に増大した。学部入学者数は一九四五年から一九六三年のあいだに一四四パーセント増えた。[12] 市民大学がその増加の半数をひきうけており、五つの地方のカレッジが大学という地位を得た。すなわち、ノッティンガム（一九四八年）、サウサンプトン（一九五二年）、ハル（一九五四年）、エクセター（一九五五年）、そしてレスター（一九五七年）である。[13] オックスフォードとケンブリッジへの入学者数は一九五〇年代の大部分を通して上昇し、その年代の終わりが近づくほど、大学の拡大はますます加速していった。[14] 一九五〇年代の末、大学補助金委員会（UGC）は、七つの新しい大学を設立することを決定したが、その最初のもの――サセックス――は一九六一年に開学した。[15] これらの増大の大半は、財源や人材という点で、科学と科学技術に向けられた。UGCは、他のすべての分野を合わせて一名につき、二名の科学技術分野の学生を支援した。[16] その結果、一九三八年から一九六三年のあいだに科学専攻の学部生の数は三三一パーセント、技術分野では二六七パーセント増加した。[17] ケンブリッジでは自然科学の学生の人数が英文学を学ぶ学生の人数に三対一の割合で勝っており、これらの結果に忠実にしたがっていた。[18]『ケンブリッジ・レヴュー』は、大学の将来にかんする問題についての論評であふれていた。例えば、カレッジと大学の関係にかんする近刊のブリッジズ報告、UGCの基金管理を増大させる必要性、文系大学院の提案などである。結局のところ、高等教育の改革は、新しい機関の設立だけを意味しているのではなく、既存のものの総点検をも意味していたのだ。

女性の学部生の数の増加は戦後の時代のもっとも重要な社会変化の一つだったが、終戦直後の女性たちの運命の物語はあまり知られていない。その制度下で女性の数が増えたというのは、学生数の増大の重要な一部分であるが、その一方で、大学における女性の割合は、一九三八年から一九六一年にかけて変わらないままだった（およそ二五パーセント）。[19] 実際、一九五四年から一九五九年にかけて――これまでのなかでもっとも拡大が劇的だった期間――大学生における女性の割合は現実には減少していた。[20] この減少は、文系を犠牲にして科学と科学技術に力点を置いた結果だった。すなわち、学生人口の四分の一を占める女性は、文系分野に大きな比率を占めたが（一九六一年の学生の四二パーセント）、理系分野では比率が低かった（二二パーセント）。応用科学分野の人数はさらにもっと劇的である。一九六一年、応用科学分野の学生に占める女性の割合は三パーセントだったが、この分野は一九三八年以来二六七パーセントも数字を増やしていた。[21] 言いかえれば、発展してはいるものの、それは女性の占める比率が少ない領域で起こっており、したがって、女子学生の数が増えたにもかかわらず、学生人口におけるその率は変わらないままだったのだ。階級別の人数はさらにもっと排他的な物語を語っている。[22] だから、スノーは英国の教育において科学は見捨てられる傾向にあり、社会的地位が高いのは相変わらず文系分野であると断言したが、その一方で、彼の主張は、政策立案者が科学と科学技術に力点を置いたことにより誤りとなってしまった。

大学の拡大と、科学と科学技術へというその新たな方向づけは、民主的な理想の実現によってではなく、拡大しつつある国家の必要によって推進されていた。デイヴィッド・エジャートンは、この時期の科学と科学技術、大学と産業、そして政府と軍の密接な関係に注意を向けるため、「福祉国家」に注目した。エジャートンは、一九四五年以降の福祉国家を歴史的に重要視する見方に異議を申し立て、国家の発展は福祉事業ではなく軍需にかかわる省庁で起こったのだと示している。[23] これらの拡大しつつある省庁は、大学で教育を受け、新しい科学行政庁――いたるところで重用されたアラン・バーロウの勧めで一九四五年に設立された政府官庁の一部門――の監督下に置かれる、科学と科学技術の専門家の増加を求めた。[24] 実際、バーロウが省庁再編と大学拡大の双方の中心になったことは、この時期の国家と大学の利害が一致していたことを示している。大蔵省が大学の基金の半額を供給するようになったのは一九四五年以降と遅かったが、その時点以降、その投資金額は劇的に増加した。例えば、一九五六年にUGCは三八〇万ポンドを主要プロジェクトに供給したが、そのわずか七年後、その金額は一〇倍近くに跳ね上がっていた。[25]

一九五〇年代には、英国が国際的競争力を保つためには科学、科学技術そして産業に力点を置かなければならないと主張するのが当たり前となり、スノーのリード講演はそのようなテクノナショナリズムの信奉者の前提をとくに印象的に表現したものだった。スノーは、国家が現実には科学者、研究者、技術者を求めているのに、あり余るほどの人数の文系の卒業生と視野の狭い専門家を生み出すよう整えられている教育制度を描き出してみせた。このように優先順位が見当はずれなせいで、英国は国際的地位の失墜の瀬戸際にあり、ソヴィエト連邦が発展途上国を工業化する競争に勝ち抜く一方で、西側はぼんやりと傍観するという見通しに直面している、と彼は論じた。リード講演においてスノーは、英国は科学的な訓練を受けた四段階に分類できる専門家を生み出すため、大学を作り直すべきだ、と強い口調で求めた。すなわち、(一)できるだけ大勢の一流の科学者、(二)研究開発に従事するもっと多人数の層、(三)さらにもっと大人数――何千人という数――で行政、管理、技術の職に就くグループ、そして、(四)科学者の忠告を理解できるだけの能力を持つ政治家や行政官である。[26] 彼は、競争の激しい世界のなかで英国が沈んでしまわないようにするためには――そしてソ連を寄せつけないためには――最低限これらの人員が必要だ、と論じた。彼は聴衆に対し、もし英国がこうした方針にそってその教育を改革するのに失敗したならば、その結果は「悲惨」で「致命的」でさえあると断言した。[27] リード講演が成功したのは、経済、社会、そして教育の改革にかんするこの野心的なプログラムを、学問分野の専門化についての表面的にはあたりさわりのない不満に詰め込んだためである。

## ロビンズ報告

『二つの文化と科学革命』は、最高レベルの政策立案に、とくにライオネル・ロビンズの高等教育にかんする委員会の審議に、影響力を及ぼした。首相は委員を務めるよう個人的にスノーを招聘したが、スノーは丁重に断った(その時点で――彼の名声の頂点で――彼のもとにはバークレーからモスクワまでいたるところからの招待が押し寄せていた)。[28] ロビンズはそのニュースを聞くと、スノーに手紙を送り、非公式な指導を要請した――結局のところ、自分はそもそも「二つの文化」問題を正したいという願いからその任命を受けることにしたのだと、ロビンズは説明した。[29] インタビュー、分析、専門家との相談で二年間を費やすあいだに「二つの文化」問題は頻繁に発生したのだが、その二年間をへたのち、ロビンズ委員会は一九六三年一〇月に報告書を提出した。[30] 委員会は入学者数および設備の劇的な拡大を推奨し、とくに科学技術への出資を強く求めた。理想像は、より包括的で広範囲にわたる高等教育制度、つまり工業的な必要と結びついて国益をもたらすものだった。一九九〇年までに大学生数を三倍以上にし（一二万人から三七万人）、一九八〇年までに一般的な高等教育を受ける学生の数を二倍にする（二一万六千人から五六万人）ことが、目標だった。[31] 理系の学生が新しく過半数を占めることになった——これは、上級技術カレッジが大学の資格を与えられた際に、視野に入ってきた目標である。同時に、入りやすくする一方で水準は維持するという相反する目標の折り合いをつけようとして、ロビンズは、大学と並存するもっと包括的な「ポリテクニック」を設立し、物議をかもす「二元」システムを制度化した。

ロビンズ報告は「二〇世紀の重要公文書の一つ」と呼ばれている。[32] 政府は数日のうちに、大学の拡大の加速、資格をそなえた学生全員を受け入れられるだけの入学定員の設置、そして上級技術カレッジの大学への転換など、そのもっとも野心的な勧告の多くを快諾した。大法官は次の一〇年間に追加の三五億ポンドを投入することで、これらの約束に資金補助をし、国家からの出資額を一挙に倍増した。[33] 英国の大学の数は五年間で五六校に達し、三〇校の新しいポリテクニックが認可された。[34] しかし、ロビンズ報告は、二〇世紀の教育史の中心を占めたにもかかわらず、その究極的な意味についての歴史家の意見は一致しなかった。結局のところ、大学は一九世紀から拡大しつづけてきたのであり、自然科学は一九四五年以降どんどん発展してきたのだ。こういう見方をすれば、大学の発展についての独創性に富んだ声明は、すでに進行中の趨勢の確認に見える。つまり、シェルドン・ロスブラットが説明したように、「ロビンズは……新しい時代を照らす松明のたきつけである、あるいは古い時代の消えかけている残り火であるなど、さまざまに解釈されている。なるほどと思わせるのは後者である。というのも、ロビンズ報告は大学についての由緒ある前提にしたがったからである」。[35] 実際、同僚たちの承認を得ようと模索する大学教員以上に、伝統を覆すことの危険性に気づいた者はいなかった。したがって報告は、自律性を約束しつつ拡大の道案内をし、水準を維持しつつ門戸を開き、国家を寄せつけないでおきつつ資金は増やすことを模索した。[36] その結果生まれたのが、一九世紀後半の伝統をふりかえりつつ二〇世紀後半の必要性に目を向けるという、相反する顔を持つ報告書だった。歴史家たちは適宜それを解釈した。つまり、ロビンズ報告は、ある者にとっては「ヴィクトリア朝の拡大主義の最後の表出」を表わしており、またある者にとっては「英国の大学が一九六〇年代に決定的な変化を遂げた根本的理由」を表わしていたのである[37]。

どれほど矛盾したものに見えたとしても、そうした分析には一つの要素が共通していた。すなわち、ロビンズ報告はどちらにおいても、きわめて重要な瞬間として異彩を放っていたのだ。一九世紀の理想の最後のあえぎであろうと、大学が経済的進歩のエンジンとして思い描かれるようになった瞬間であろうと、ロビンズはある優先事項から他の優先事項への移行——そして黙りこくった他者の排除——を表わしていたのだ。目的論という誘惑の言葉によって、拡大、科学的原理の適用、民主化が、戦後の市場民主主義における大学の発展の自明の成り行きとなる一方で、一九六〇年代はじめの改革者たちが得られた可能性の多様性を念頭に置いておくことは、絶対に必要である。これは「ロビンズを待ちながら」という時代、つまり、大学の機能そのものの再定義が解禁となったように思われる、そして可能性が伝統と想像力が交差することによってのみ制限されるように思われる、まれな好機だった。スノーとリーヴィスが自分たちの相対立するヴィジョンを提示したのは、この状況下であり、この点から考えると、彼らはどちらも近代化推進論者だった。結局のところ、彼らは地元のグラマー・スクール経由でケンブリッジに到着したのであり、古典からの方向転換という起こって間もない出来事の恩恵を受けた科目を学び、そして博士号という発明されて間もないものを追求することを選択した[38]。生涯を通じて大学の内部およびその周辺で仕事をして過ごしたのち、そのキャリアの終わりごろ、スノーとリーヴィスは大学の使命および社会におけるその位置づけを提案した。彼らの処方箋の違いは、「進歩」対「反動」といった単純なものではなかった。むしろ、流動と可能性によって特徴づけられる重大な局面において、スノーとリーヴィスは「進歩」そのものについて、相反する概念を提示したのである。

## チャーチル・カレッジ

ウィリアム・クーパーは、『新しい男の思い出』(一九六六年)という小説のなかで、オックスフォード大学の架空のカレッジにおける職員数をめぐる争いを描いている。[39] 科学に捧げられたカレッジとして設立されたクラレンドンは、ケンブリッジにおける新設のチャーチル・カレッジに対する、オックスフォードの回答である。クラレンドンの近ごろの使命はその建築様式に反映されている——クーパーの言葉を借りれば、「ケンブリッジ大学キングズ・カレッジのギブズによる建物は、したがうべき優雅で折り目正しい様式をもって、人々の精神を向上させた。クラレンドン・カレッジの第一中庭は、人々の精神には干渉しない傾向があった」。[40] クラレンドンの学部生は科学者であるが、理事会には他の分野出身の理事も含まれているため、学生たちは「二つの文化」を隅々までよく知るようになるだろう。[41] クラレンドンには社会学者、政治学者、哲学者、そして小説家さえもいた——この最後の人物は、英文学の特別研究員、言いかえれば救いようのない同僚、悲惨な人間、そしてリーヴィスの明らかなパロディを雇うことを未然に防ごうという試みが失敗に終わった結果だった。ある時点で、特別研究員たちは、新しい特別研究員の雇用にかんして、「二つの文化」の考えにそって二手に分かれて対立するが、そのとき社会学者がそこでさらに起こっていることに気づく。「「結局のところ」と彼は付け加えた。その鋭い小さな目は皮肉な輝きを放っていた。「大学というのは縮図なんだ。われわれはここで、一般的な社会を埋め尽くしている大問題のいくつかに決着がつけられるのを見るのだ」[42]」。クーパーは、友人のC・P・スノーの物の見方を探りだしたのかもしれない。スノーは一九六〇年代はじめ、まさにそのような戦いに、チャーチル・カレッジの設立メンバーとして没頭していたのだ。

首相を辞任して二週間後の一九五五年のある晩、ウィンストン・チャーチルはシチリアでブランデーを飲みながら、科学、科学技術、そして工学を英国でもっと推進しなかったことを悔やんでいた。彼は長年にわたって科学にかんするアドバイザーを務めてくれたチャーウェル卿の意向を吐露していたのだ。チャーチルもチャーウェルも、そろってマサチューセッツ工科大学（ＭＩＴ）を称賛し、英国にはそれに匹敵するものがないことを残念がった。その晩チャーチルが夕食をともにしていた人物の一人が、戦時中に彼の秘書だったジョン・コルヴィルで、彼はそうした機関のために募金を募ろうと買って出た。チャーチルは同意し、コルヴィルは驚異的な評議会に協力を求めた。その評議会のメンバーには、トリニティ・カレッジの学寮長エイドリアン卿、キングズ・カレッジの学長ノエル・アナン、才能あふれる化学者アレックス・トッド、英国の原子核研究機関の所長ジョン・コッククロフト、そしてケンブリッジの副総長ブライアン・ダウンズがいた。そこにシェル、インペリアル・ケミカル・インダストリーズ、ヴィッカーズ、アソシエイティッド・エレクトリカル・インダストリーズの社長たちが加わって、評議会はチャーチルのロンドンの家で定期的に会合を開きはじめた。英国の産業やアメリカの篤志家からの募金が押し寄せたが、ＭＩＴ規模の大学を設立するのは不可能だということがすぐに明らかになった。

ケンブリッジの男たちは、科学と科学技術に特化し、チャーチルにちなんだ名を持つ新しいカレッジを、代わりにケンブリッジに設立してはどうか、と提案した。チャーチルはためらったが、了承した。「結局のところ」と彼は満足げに語った。「それで私はトリニティと肩をならべることになるな」[43]。慌ただしい資金集め、定款、出だしのつまずき、そして取り決めのあと、彼らは一九五八年にチャーチル・カレッジの計画を開始した。そのことは一九五八年五月一五日に報道され、一〇月にコッククロフトが最初の学寮長に選出された。二年後、二六人の大学院生に門戸が開かれ、一九六一年に学部生の最初の一団が到着した。チャーチルは、ケンブリッジにとって一八八〇年代以降初のまったく新しいカレッジであり、その建物と同じくらい革新的な学則が自慢だった。すなわち、その学生とスタッフの七〇パーセントが科学者と技術者で、三分の一が大学院生で、その特別研究員には大勢の海外からの客員研究員が含まれることになっていたのだ。だが、どれほど意識的に近代的なものとなっていても、チャーチル・カレッジはその時代——その時代に先んじているというよりもむしろ——の申し子だった。例えば、歴史家（でありかつチャーチルの特別研究員）のマーク・ゴールディは、女性を最初に受け入れたケンブリッジの男性用カレッジは男性のために設立された最後のカレッジでもあったことを指摘し、学寮長の公舎は使用人を呼ぶためのベルがついたイングランド最後の住居だったのかもしれないと推測した。[44]

英国の戦時の偉大な首相であるウィンストン・チャーチルを記念して設立されたチャーチル・カレッジは、戦後のテクノナショナリズムを思い起こさせるものとなっている。もくろまれたのは産業と政府と大学の共同事業であり、英国が列強でありつづけるために必要な科学者と技術者が不足していることに応えるために立案された。チャーチルはこうした野望を明らかにし、寄付をしてくれそうな人々に、「英国の未来は技能と熟練にかかっており、われわれはそれでもって新しい科学技術の時代の要求に応じられるのだ」[45]と告げた。未来は——ほとんど文字通り——科学技術者の軍団を求めた。「というのも、われわれの国は、将来の歳月のため、その第一の、かつ主たる防御線として、彼らを必要としている」[46]。コルヴィルはさらにもっと先を行き、チャーチル・カレッジを国家の存亡をかけたもう一つの戦いの場面に放り込んだ。すなわち、「われわれの実習室や研究室で、新しいバトル・オヴ・ブリテンを戦い、勝たなければならない」[47]。新聞はその台詞を適宜取り入れた。『デイリー・ヘラルド』は、チャーチルが「英国の偉大さを維持するため」そのカレッジを計画したのだということに注目し、賛意を表した。『リヴァプール・デイリー・ポスト』は、「もし英国が世界のなかで自己の地位を保つつもりなら、その科学と科学技術を通してそれを可能にできるに違いない」という点に同意した。そして、『バーミンガム・ポスト・アンド・ガゼット』は、その計画を「この国が偉大で自律した大国として生き残るのに不可欠なもの」と呼んだ。[48] 英国教会ですらその祝福を与え、ヨーク大主教はキリスト教文化は科学を受け入れねばならないと主張した。[49] チャーチル・カレッジ——政治家にちなんで名づけられ、学者と産業資本家のチームによって設立され、全国紙に歓迎され、英国教会に祝福された——は、国家と文化が科学と科学技術と産業を国家の前進に利用することにすっかり傾倒したことの証拠である。[50]

新しいカレッジの計画は批判にさらされた。ケンブリッジの評議会は一九五七年一二月にその案を承認したが、ひとたび計画が公表されると反対の声が上がった。[51]Ｅ・Ｍ・Ｗ・ティリヤード——シェイクスピア学者で、ジーザス・カレッジの学寮長で、英文学部にかんしてリーヴィスの大敵——は、大学が新しいカレッジの設立のような重要な問題にかんして既成事実を提示されたことに憤慨した。[52]評議会は一一月にその問題を話し合った。批判的だったり懐疑的だったりした人物のなかには、古英語の教授や歴史学の教授、そして直後にイートンの校長に就任することになる古典学の大物がいた。論点の中心となったのは、チャーチルの学生とスタッフの七〇パーセントが科学の出身であるという、法令で定められた要件だった。すなわち、そのような条件は、一般教養教育の理想に反するものという印象を計画に反対する者たちに与えてしまったのだ。[53]しかしながら、チャーチルには大きな影響力を持つ熱心な支持者たちがおり、彼らは精力的に反応した。ノエル・アナンは『ケンブリッジ・レヴュー』でティリヤードに回答し、「既成事実」に代わる選択肢は不完全な計画であると指摘した。[54]評議会では、アレックス・トッドとブライアン・ダウンズが文系分野もチャーチルにおいて十分に柱となるだろうと主張したし、アナンが伝統の真の中断とは大学がカレッジに対しその構成員の専門分野を押しつけることだと力強く論じた。[55]異議が唱えられたのち、最後には、チャーチル・カレッジが勝利を収めた。評議会は全会一致で計画を承認した。[56]

ケンブリッジからの制度上の支援、産業界からの金銭的な支援、主要政党からの政治的な支援、そして報道機関による熱狂的な歓迎があったにもかかわらず、チャーチルは恩知らずの機関にとっての必要悪なのだという神話がすぐに浮上してきた。『イヴニング・ニュース』は「科学のシンデレラが舞踏会に行く……ついに」と強調し、ついにチャンスを与えられた望まれぬ継子として科学を描き出した。[57]別の新聞は、ＵＧＣの方針では、他のすべての分野を合わせて一人のところ、科学と科学技術の分野では二人の学生に助成しているにもかかわらず、英国の高等教育における理系の学生の比率は、他学科の学生に対して六分の一であると主張した。その同じ記事で、文系の学生よりも理系の学生の多いカレッジは「野蛮」だという考えに異議が唱えられたが、そのような立場をこれまでに表明したものが仮にいるとして、それがだれなのかについては、明らかではない。[58] だが、これらの怪しげな解釈は広まり、そのため、チャーチルが二年後に大喝采されて門戸を開いたとき、ニューヨークのある人物が「その計画に対する初期の強い反感を思い出した……キングズ・カレッジとトリニティがその学寮長を新しいカレッジの評議会へと送り出し、［一方］両カレッジの残りのメンバーはそれに対抗するための攻撃の手段を提供した」。[59] これまで見てきたように、計画に対して何らかの反対はあったが、その反対はそれが受けた支援に比べれば些細なものだった。実際のところ、チャーチル・カレッジの計画、設立、そして受容は、すべて戦後の英国が技術家主義に深入りしたことの証拠である。

そのような誤解を招く説明が蔓延していたので、より印象的な批判が影響力を持ちそこなった。「もくろまれているのがエリートの憩いの場となるべきカレッジだということは、明白である」と、評議会のある特別研究員は反対したが、この人物は「結果として予想できるのは……科学と科学技術の学部生が他のカレッジの同類の者たちよりも自分たちのほうが上だと感じるようなカレッジを設立するということだ」と心配した。[60] 彼は、新しいカレッジの計画にエリート主義の匂い以上のものを正しく感じ取っていたのだ。実際、チャーチル・カレッジが最初に募金協力を要請した際には、科学技術の「エリートのクーデター」を奨励するという野心が公然と表明されていた。[61] その野心は単により多くの科学者と技術者を生み出すことではなかった——結局のところ、上級技術カレッジでその目標は達成できたし、比較的大きなオックスフォードのカレッジでさえ、人数という点ではさして引けを取らなかったろう。しかし、ケンブリッジと英国のもっとも偉大な政治家との両方から強力なお墨付きを得ていたチャーチル・カレッジは、科学と科学技術の分野の指導者を生み出すよう立案されていた。設立者たちは、この目標を隠すよりもむしろ宣伝した——そして、新聞報道がこれに続いた。[62] 一方、評議会では、アナンが自信たっぷりにエリート主義という非難を退けていた。「このカレッジが望ましくないエリートを生み出すだろうという質問については、私は……エリートはそれほど邪悪で望ましくないものなのかどうかといぶかしく思っている」[63]。チャーチル・カレッジは、技術家主義――民主主義ではない――のコンセンサスの建造物であり、そのパトロンの「人類の戦いにおいて、かくも多数の人々が、かくも少数の人々から、かくも多くの恩恵を受けたことはかつてない」という刺激的な言葉に、新しい意味を与えるものだったのだ。

## チャーチルにおけるスノー

スノーは長年、英国の大学制度に関心を抱いてきた。戦時中、労働省のために科学者を採用していた際、彼はアバディーンからエクセターにいたるまでの大学を比較する機会を享受した[64]。すでに見たように、彼は戦後、学生数の拡大および科学の重要視を勧告したバーロウ委員会の委員を務めた。個人的には、彼は自分の考えを説きつづけていた。例えば、彼は一九五五年にある友人に、「それぞれ約四千から五千人の学生がいる科学重視の大学が三つか四つあれば、私たちがすでに生み出した科学者の数をほぼ二倍にできるだろう」と語った[65]。スノーは終始一貫して、学生数の拡大、女性にとっての機会の増大、そして科学と科学技術に財源を振り向けることに、賛成した[66]。

スノーはこれらの目標を唱道するにあたって、しばしば民主主義の用語を引き合いに出したが、彼の本当の動機はそれよりももっと複雑だった[67]。一世紀前のジョン・スチュアート・ミルのように、国家の進歩は才能ある役立つ人材をすべてつきとめ、育成することにかかっていると、スノーは信じていた[68]。彼は一九六一年に、「われわれの最高の仕事はあまりにも少数の人々にかかっていると思う」と説明した。「有効な目標を求められていないだけという人々のなかにすばらしい能力の蓄積があるのだが、われわれはこの人々を少しも深く調べたりしてはいないのだ」[69]。こうした考えは、部分的には、レスター出身の奨学生であるというスノー自身の生い立ちに起因しており、また、英国を代表する大勢の科学者（例えば、チャーチルそのものの学寮長であるJ・D・コッククロフトなど）は社会的背景を考えると無名の人々だということを彼がよく分かっていたために、形成された。そのような観点は民主主義の推進と提携していると判明したが、スノーの実際の野望は、国家の行政上、政治上、そして産業上の組織に有能な労働者および知的な管理職を配属することだった。こうした人々――彼の信じるところでは社会を機能させる人々――は科学と科学技術を熟知していなければならなかった。ある意味では、それゆえに彼らは現代の世界のこうした重要な様相を理解できたのだが、彼らはまたそれゆえに、科学と科学者を特徴づけている楽観主義と進歩主義を自己の一部としていたのだった。スノーにとって、大学改革は社会改革のより野心的なプログラムの一要素であった。

スノーは、オックスブリッジのカレッジ内の発展は、社会の広範囲にわたる動向を反映していると、信じていた。これらの動向の起源と効果は、大学を舞台とする彼の二冊の小説、『学寮長』（一九三七年に設定）および『事件』（一九五三年から五四年に設定）の特徴となっている[70]。どちらの物語もケンブリッジの同じカレッジの内部で展開するが、二〇年近くのあいだに、そのカレッジは根本的に変化している。『学寮長』は、狭苦しい場所に暮らしている一三人の特別研究員グループが感じる息の詰まるような閉所恐怖を伝えている。カレッジそのものは、別の時代、つまりカレッジというものがもっと小さくて、浮かれ騒ぎが好まれ、研究がうさんくさいものだった時代の遺物に思われ、「過去の時代との身体的接触」、言いかえれば「一六世紀のカレッジの一員が今、第一中庭に立ち寄り、たちどころにくつろいでしまう」といった驚くべき連続性を与えてくれる[71]。過去とこうしたつながりがあるにもかかわらず、カレッジは実際には時間の経過にともなって絶えず改鋳されており、目下の姿は一八八〇年代にさかのぼるが、それは科学と産業の二つの革命が大学に科学および中流階級を組み入れるよう強いた時期である。『学寮長』においては、本物のケンブリッジと同じく、単一のカレッジが提供するには大きすぎる設備を実験科学が要求し、結果として、権力がカレッジから大学に移りつつあった。ルイス・エリオットは、約二〇年後に戻って来たとき、自分のカレッジがまったく変わってしまっていることを発見する。「ぼくはそこにいることに喜びを見出したけれど、昔の感じはなかった」と彼は思いにふけった。「ぼくはチャーラス男爵が自分の友人たちを点呼しているのを思い浮かべることさえでき、「デスパード-スミス、死亡、ユースタス・ピルブラウ、死亡、クリスタル、死亡、ロイ・カルヴァート、死亡」とひとりごとを言えた」[72]。風変わりなゲイはまだいたが——彼がエリオットのことを何度も忘れてしまうせいで——その存在ですら、過去とのつながりが断絶されていることの証拠となっている。カレッジのメンバーは若がえり、数も増え、特別研究員のあいだの友情あふれる絆は、同僚間の職業上の関係に取って代わられている。『学寮長』がジェントルマンのクラブを舞台としているかのような感じがするのに対し、『事件』は研究機関において展開しているように思われる。

スノーは、オックスブリッジのカレッジは、社会のより広範囲に及ぶ変化を象徴している場所だと信じて、チャーチル・カレッジの創設に助力する機会をつかんだ。革新を抑制してしまう歴史にとらわれることはなく、しかも大昔の大学との関係からの恩恵は受けられるチャーチルは、新たなスタートとすぐ利用できる名門という無敵の組み合わせを与えてくれた。一九五八年から一九六〇年にかけて、カレッジが定款から現実へと進化していった時期、スノーは執行委員会、任用委員会、教育方針小委員会に名を連ね、一九六〇年に任用委員会が特別研究員選出委員会におきかえられた後は、その一員として残った[73]。一九六〇年、彼は「特命特別研究員」に選出されたが、その肩書は非常に優れた特性を持つ人物がたとえケンブリッジの常勤でないときにも提携を維持できるようにするため作られたものだった。現にチャーチルの三番目の特別研究員となったスノーは、生涯にわたって再選出されつづけた[74]。『ケンブリッジ・レヴュー』は、彼のリード講演を「チャーチル・カレッジの推進者たちにとって好都合なマニフェスト」と呼んでいたが、スノーは「信託証書に定められたようにカレッジの目的を具体化して実践的なかたちにする」ために指令を遂行し、その始まりから、カレッジの設立、構成、人員配置に従

事した。(75)

これらの委員会に対するスノーの尽力は、二つの重要な優先事項を反映していた。彼の経験は、職業上の成功には名声が大切だということを彼に教えていた。そこで、彼は、たとえカレッジでの生活への関与が最低限であったとしても、チャーチルと名だたる名士たちを結びつけたいと願った。高名なアメリカ人の学者たちと政府機関のあいだで彼が交渉担当役を務めていた際、これらの学者たちがカレッジに滞在するべき期間は、一学期間から、三週間、二週間へと次第に減っていき――ある時点で、著名人が訪問するといううわさですらカレッジの地位を高めるだろうと、スノーがほのめかすまでにいたった。(76) そうした駆け引きはまったく表面的なものというわけではなかった。つまり、結局のところ、個人的なつながりは組織の名声を高められるし、ライオネル・トリリングのような批評家がほんの短期間、訪問しただけであっても、学生にも特別研究員にも同じように得るところがあるだろう。しかしながら、有名人の短期間の訪問は、学部生の教育の細部にはほとんどかかわらなかったし、スノーが教師の職務の問題に関心を向けたとき、彼の努力は第二の優先事項を反映していた。現代の経済にとっては、大きな組織が不可欠であり必要である、そして、これらの機関が人口の大部分に対して社会生活における機会と物質的繁栄を保証してくれる、とスノーが信じていたことを思い出してみよう。しかし、スノーは人文学という学問分野――とくに文学批評――は、そのような社会で成功するために若者を訓練するよりも、むしろ、それに対する蔑みを教え込むと信じていた。したがって、彼はチャーチル内に、退職した公務員、軍人、そして他の分野の専門家のための場所を確保して、彼らの実例と経験をカレッジの学部生のためのモデルとして役立てようとした。(77)

スノーは、自分が公に賛同した二つの問題、すなわち、チャーチルを科学と科学技術の粋を集めた中心地として設立することと、「二つの文化」のあいだの橋渡しをすることに対して、同等の関心を払ったわけではなかった。(78) スノーは二〇年以上ものあいだ現役の科学者ではなく、第二次世界大戦以後は文学者としてのキャリアに焦点を当てていたので、カレッジに対する彼の貢献が文学の側にあったことは驚くべきことではない。チャーチル・カレッジが人文学と科学の不和を修復するのに役立っていると大いに報道される一方で、スノーは科学に対する人文学の立ち位置を確保することに焦点を当てた。彼は、J・H・プラムをクライスツ・カレッジからおびき出そうと試みた。プラムが断ると、スノーは、人文学がチャーチルで二流市民のままになってしまうとの懸念を表明した[79]。彼はハーヴァード大学比較文学教授のハリー・レヴィンに、「私は、科学者と同じくらい賢い英文学の学者をチャーチル・カレッジで採用したいと情熱を傾けている」と説明した[80]。もし『二つの文化』がスノーの広範囲に及ぶ社会的ヴィジョンを考慮せずに読まれたとしたら、これらの努力はただ意外なだけだろう――だが、彼のリード講演およびチャーチルでの彼の仕事の両方を特徴づけたのは、学問分野間の権力の何らかのバランスというよりも、むしろこのヴィジョンだったのだ。

スノーの最大の野心は、ケンブリッジの英文学の対抗勢力としてチャーチルを設立することだった。スノーの世界観では、文学、批評、そして社会の問題が関連していたということを思い出してみよう。つまり、ニュークリティシズムの無味乾燥な分析と、モダニズムの意識の流れというスタイルは、ともに書き手と批評家がその読み手から引きこもっていることの証拠であり、その引きこもりは二〇世紀前半の知的文化の反動的な傾向を表わしていたのだ。したがって、自分自身が書くときには、スノーは書き手と読み手を再び結びつけようとしたのだが、彼のスタイルは文壇から敵意を持たれた。そこで――第一章で示したように――彼は代わりの批評体制を育てようとした。一九五〇年代の末には、スノーはニュークリティシズムの核心に食い込んでさえいた。すなわち、彼はすでにジョン・クロウ・ランサムの友となっており、まもなくケニヨン・カレッジから名誉学位をうけることになっていたのだ[81]。チャーチルの英文学は同じ戦いにおけるもう一つの前線を代表しており、カレッジの内部では、スノーの意図は秘密でも何でもなかった。アナンは英文学の特別研究員を提案したとき、「これが典型的な英文学部の批評ではないことは、サー・チャールズ・スノーを喜ばせるかもしれない[82]」と、急いで強調した。

スノーの優先事項は、チャーチルの英文学を規定する見込みを持つ任用に、影響力を持っていたのだ。

スノーは、人文学の分野の海外からの特別研究員を任用する際に、最大の影響力を及ぼした。チャーチルのもっとも際立った特色の一つは、肩書Eおよび肩書Fのメンバー、すなわち、ケンブリッジに居住しない「特命特別研究員」および外国から訪れる「海外特別研究員」の占める割合が大きいということだった。人文学分野の外部特別研究員の唯一の選出者であるスノーは、自分のもっとも親しいアメリカ人の友人および支持者との協力関係を維持するために、肩書Eおよび肩書Fの特別研究員を利用した。[83] 一九六〇年二月、彼はコッククロフトに対し、ハリー・レヴィン（「ひょっとすると比較文学の分野でもっとも高く評価されているアメリカの権威」）、コロンビア大学学長ジャック・バルザン（「貪欲で論争好きな科学者にかこまれたとしても、自分の立場を守りとおせる」）、そしてライオネル・トリリング（「私は個人的に彼に多くの借りがある」）など、五人の著名人の名前を提案した。[84] しかし、客員特別研究員のための一角は建設中のままで、一年たってもまだ任用はなされていなかった。スノーは再び五人の名前を挙げ、再びレヴィン、バルザン、トリリングがそのリストの最初を飾っていた。[85] 彼は理事会に対し、「これらの名士たちはアメリカ全体の文学界において少なからぬ影響力を持つだろう」と保証し、一九六一年四月、特別研究員選出委員会は特命特別研究員の地位をバルザンに提供することに同意した。[86] 学寮長はバルザンの同意を取り付けようとスノーを派遣し、バルザンは月末にその名誉を受け入れた。[87]

ハリー・レヴィンを勧誘するのはもっと大変だった。スノーは一九五九年一二月に特別研究員という着想をはじめて口にし、長期にわたる努力の結果、最終的に一九六六―一九六七年の肩書F特別研究員をレヴィンに受け入れさせた。[88] だが、レヴィンは最初、「二つの文化」についてのスノーの懸念には共感するが、自分はちょうどハーヴァードの比較文学教授の座に就くところだと言って、スノーをはねつけた。[89] スノーは「二つの文化」への言及はすばやく受け流したが、新しい地位についてのニュースは褒めそやした。「これこそ文学を教える唯一の道だという気がますますしてきます」と、スノーは書き送った。「ケンブリッジで実践されている英文学の授業は、一定量の害を及ぼしています」。レヴィンは即座に「否」と言ったわけではなかったので、スノーは選出委員会に一九六二年以降に特別研究員の座を提供するよう頼むと約束した。(90) しかし、レヴィンはまたもや抗弁し、今度は、本当の障害はケンブリッジの英文学そのものなのだと説明した。彼は「私は科学の存在を信じています」と述べ、スノーに動機を与えていると自分が憶測している「二つの文化」問題に固執した。「私がその存在を信じていないのは、C・S・ルイスやF・R・リーヴィスのような男たちが広めている神学上の教義であって、あなたの大学の英文学部の人たちにまったくとけ込めないのではと気がかりです(91)」。

レヴィンは、ケンブリッジの英文学への敵愾心を口にすることが問題を落着させるどころか、自分の立候補をスノーにとっての最優先事項にたちどころに変貌させるだろうとは、思ってもみなかっただろう。「この学部で権力をふるっている意見がほとんど信じがたいほど不快なものだということに、もろ手を挙げて賛成します」と、スノーは書き送った。「[しかし]まだまだ若い人々がたくさんいて、ちょうど影響力をもつ地位に就いているところで、堕落を食い止めようと決意しています」。もし、ケンブリッジの英文学が問題なら、チャーチルの英文学が答えとなりうるのだ。「私はこの国の人文学研究が食いつぶされて取るに足らないものとなってしまうことなど望んでいませんし、チャーチル・カレッジが勢力回復の重要な場となるかもしれないと信じています(92)」。スノーは懇願し、おだて、ついにレヴィンは承諾した。その後レヴィンは撤回したが、また同意し、そしてまた撤回した。(93) しかしながら、今度はケンブリッジの英文学一般が問題なのではなく、とくにチャーチルの英文学が問題だった。つまり、レヴィンは、スノーがスカウトしたもっとも重要な人物、すなわちジョージ・スタイナーという名の才気あふれる若き批評家の同僚になるという見通しが気に入らなかったのである。

スタイナーは、文芸批評家および文化批評家のあいだで第一人者の地位を占めている。彼は、プリンストン、ケンブリッジ、ジュネーヴ、オックスフォード、そしてハーヴァードでポストを得ており、英国学士院の特別研究員であると同時にアメリカ芸術科学アカデミーの名誉会員でもある——実を言えば、スタイナーの得た賞、称号、そして出版したものの完璧なリストを作ろうとすると、簡単におびただしい数のページが埋まってしまうだろう。[94] 対照的に、スノーは、今日では文学史の欄外にしがみついてはいるものの、主として一九五九年に行なった一時間の講演ゆえに記憶されている。だが、一九五〇年代後半から一九六〇年代初頭にかけては、役割が逆転していた。スノー（一九〇五年生まれ）はケンブリッジからハーヴァード、バークレーにいたるまで名のとどろいた文学者であり、彼の小説は国際的に注目を集め、彼の意見は『タイムズ文芸付録』『ネイション』『ニュー・ステイツマン』『スペクテイター』に定期的に登場した。スタイナーはスノーより一世代下だった。一九二九年にパリで生まれ、一九四〇年に家族でニューヨークへと逃れた。フランス語、英語、ドイツ語のどれにも堪能で、シカゴ大学とハーヴァード大学で学んだ。プリンストン高等研究所で二年間を過ごしたのち、一九五二年から一九五六年にかけて『エコノミスト』に記事を書いた。オーストリアでフルブライト奨学金による交換教授を務めたのち、一九五九年にプリンストンに戻った。ケンブリッジの新設カレッジの特別研究員になる可能性をめぐってスノーがスタイナーに連絡を取ったのは、その年の一二月のことだった。

スタイナーの最初の著書である『トルストイかドストエフスキーか』は、「旧批評による評論」という副題がついており、その国際的な視野とニュークリティシズムへの敵愾心が、現代批評の偏狭さを超越したいと願うスノーの心に響いた。[95] スノーが忌み嫌った偏狭さとは、地理的なもの（文学は英文学科で学ばなければならない）および方法論的なもの（分析方法は英文学科で全盛をきわめているものでなければならない）だった。一九六一年、スノーは『ケニヨン・レヴュー』において、新しいスタイルの批評のマニフェストで正統派的学説を攻撃した。[96]彼は、小説は形式という点で国際的であり、だからこそ（『ラッキー・ジム』のような）喜劇的小説でさえも、チェーホフから発し、ウィリアム・ジャーハーディを通して英文学にもたらされ、イーヴリン・ウォー、アンソニー・ポウエル、ウィリアム・クーパーを通して現代へと流れ込んでいる伝統の最新の作品の代表を務められるのだ、と主張した。しかし、現代の小説と批評はこの伝統を認めるどころか、手を携えて否定に没頭し、自らの幅をせばめ、意識の流れの手法による散文を通してほんのわずかばかりのことしか伝えられないというところにまでいたっていると、スノーは考えた。その結果、経験——例えば現代科学や密室の政治活動——の領域全体が検討されないままになってしまっていると、彼は指摘した。スノーは自らの小説を通して、現代社会のこのような面を探究しようとしたのであり、そうすることでジョイスよりもむしろトロロープが生み出したスタイルを使う必要があったのだ。しかし、そうした努力をけなす批評がモダニストの迂回路にそって発展した批評方法から生じてしまい、その批評方法そのものを追い出してしまうことが、絶対に必要となった。

スタイナーはこのマニフェストの英雄として現われた。スノーはハーヴァードでハリー・レヴィンに気づき、その比較の手法による研究方法はアメリカの批評に希望を与えると述べたが、スタイナーのほうが上座を占めた。「ジョージ・スタイナーの『トルストイかドストエフスキーか』は近年の批評の重要事項の一つである」と、スノーは宣言し、その「けた外れの勇気と大胆不敵さ」をほめそやした。[97]彼は、自分は個別の主張にかんしてはあら探しをするかもしれないが、そうした不平はスタイナーが体現しているものと比べれば色あせてしまう、と言った。「もしスタイナーのあとに同じようにさっそうとして創意に富んだ批評家が続けば、私たちは新しい小説の批評方法を獲得するかもしれない」と、スノーは請け合った。[98]この方法は、怒れる若者たちの「取るに足らない抵抗」よりも、むしろ文学の再生という必然的な出来事、つまり、有用な試験的フィクションを生み出すであろう再生を、活気づける見込みがあった。[99] スノーは間もなく起こるはずの批評の再編成に希望のまなざしを向けて、しめくくった。「私自身の国でよりもひょっとするとアメリカでかもしれませんが、私たちの最高の人材が待っているのは単に好機、断絶、解放の瞬間なのだ、という示唆を得ることがよくあります[100]」。

称賛は相互的なものだった。一九六〇年に『事件』の書評を書いたスタイナーは、スノーをバルザック、トロロープ、プルースト、そしてスタンダールになぞらえた。[101]「これはもちろん、スノーの作品を小説という芸術のなかでもっとも見事なものと比較するためである」と、彼は認めた。「しかし、『事件』全体を通して、プルーストとの比較が堂々と行なわれており、それが正しくなされうるということが、スノーが卓越しているしるしなのだ[102]」。スタイナーは、スノーの文体に対してははっきりと不服を唱え、彼の散文の几帳面さゆえに、混乱した感情や経験の快い響きを十分に伝える力が損なわれていると指摘したが、すべてを考慮すると、書評は非常に好意的なものだった。スタイナーは『事件』の「威厳に満ちた安らぎ」と、『他人と同胞』シリーズの「見事な構成」をほめたたえた。[103] プロットは「たえまなく活気に満ちて」、「上流喜劇」らしさを特徴としており、スノーは「語りという芸術の傑作」であるシーンを作り出したのだ。[104] スタイナーの口調は尊敬の念に満ちていて、大仰なものではなかったが、スノーが第一級の小説家であるということに何ら疑いを抱いていなかった――のちにスノーが熱望することになる保証の言葉だが、スタイナーは再び口にすることを拒絶するのである。

スノーとスタイナーは、チャーチルの壁面が築かれているころ、変わらぬ友情を築き上げた。一九五九年の夏、セント・ジョンズのH・サイクス・デイヴィスは英文学の指導教官にというカレッジの申し出を断った。そして、一二月、特別研究員選出委員会は、スノーがスタイナーに話を持ちかけるのに同意した。[105] スタイナーははじめ海外特別研究員となる予定だったが、スノーは彼の地位が専任のものとなることを望んだ――彼が学寮長に語ったところでは、「彼は本物の野心家かもしれない[106]」。スタイナーはすぐにイングランドで暮らすことを決意し、スノーは、もし彼がカレッジを気に入り、カレッジも彼を気に入れば、スタイナーは英文学の指導教官になれるだろ

う と答えた。[107]「これはケンブリッジのカレッジがここしばらくのあいだに行なったなかでもっとも大胆な任命であると確信しています」と、彼は書き送った。[108] しかし、最初の情熱のほとばしりが収まると、疑いが生じはじめ、スタイナーはカレッジでの生活になじめないかもしれないと心配になった。[109] スノーは、チャーチルは『学寮長』の閉所恐怖を引き起こしそうな社会には絶対にならないだろうと言って、彼を元気づけようとしたが、スタイナーの不安はあまりにも先見の明があったと判明した。すなわち、チャーチルのサポートはしっかりとしたものだったが、スタイナーがケンブリッジの英文学に受け入れられることは決してなかったのだ。講義を行なわせてもらえず、大学の役職に就けないことがくりかえされ、ついに彼はケンブリッジを去ってジュネーヴに職を求めた。しかし、流浪の身となってさえも、スタイナーはチャーチルの特別研究員の地位、言いかえれば、スノーの友人であり支持者である彼がケンブリッジのカレッジで英文学を担当する覚悟をしたもっと幸福な時代の記念品は、保持しつづけた。

スノーの見たところ、スタイナーの任命はいくつかの点で大当たりだった。第一に、スタイナーはスノーの文学への取り組み方を是認してくれた有力で傑出した批評家であり、今や彼のサポートは、ケンブリッジの英文学のそばに(完全に内部にというわけではなかったとしても)位置していた。第二に、比較文学、科学史、そして新しい科学技術に関心を持つスタイナーは、ケンブリッジの英文学にとって代案となりうる見込みがあった。例えばスノーがスタイナーをリクルートしていたころ、スタイナーは、自分は最近、一七世紀以降の「言語からの退却」についての話をし、象徴的で数学的な論理の進展と、その結果生じた文学的表象の範囲の制限を探究したのだ、と述べた。彼は、その話をスノー自身の考えの延長に位置づけ、ジョイスは文学史上の袋小路だとするスノーの説明を(自分自身はジョイスをかなり称賛していたにもかかわらず)組み入れることさえした。[110] 第三に、そしてもっとも重要なことには、スタイナーはケンブリッジの英文学を社会学、人類学、心理学といった学問分野に開こうという自らの野心を宣言したのだ。「ケンブリッジの英文学研究は、世界に向かって窓を開くために何かをしなくてはならない！」と、彼は公言した。[111] もちろん、ケンブリッジの英文学への挑戦は、リーヴィスとの対決をともなうものだった。「私はときどきダウニング・カレッジの門に「小さな伝統」と題した講演のお知らせを掲示する意地の悪い夢を見る」と彼は手紙に書き、リーヴィスがある作家たちを「グロテスクと紙一重」と却下していることを付け加えた。[112] つまり、親スノーで反リーヴィスである。すなわち、スタイナーが間もなく特別研究員になろうというとき、スノーは自分がチャーチルの英文学形成に成功したことに間違いなく満足していたのだ。

スタイナーはチャーチルの英文学指導教官となり、彼の側としても成功を収めた。一九六四年の秋には学生数が一五人となり、英文学はカレッジの人文学の学科のなかで最大となっていた。[113] 一九六五年の英文学優等卒業試験では、チャーチルの学生が誉れ高いライランズ賞を勝ち取り、一四人の学生のうち優等学位のなかで最低の第三級を取ったのはたった一人だったが、このことは今日よりも当時のほうが大きな意味を持っていた。[114] スタイナーはチャーチルの英文学を、比較文学、言語学、社会学、コミュニケーション理論を含む、伝統的な文学研究を越えるものとして位置づけており、彼とスノーはバルザンやレヴィン、ジョン・ホランダーといった海外からの特別研究員のならぶ堂々たるリストをまとめ上げた。[115] 一九六五年には、スタイナーはチャーチル・カレッジの英文学にあまりに感動したせいで、カレッジ内での科学の評価が心配になってしまった！[116]「私がここに来たとき」と彼はのちに思い起こした。「ぬかるんだ野原と、木の小屋が一つ、そして三人のおびえた学生（他のカレッジをすべて不合格になった者）がいた。今夜窓の外を見てみると、大きな総合ビルが建設中で、約二〇〇人の学生が英文学の優等卒業試験を受けており、ここにいる二人が英文学で博士論文を書いていて、ジョン・ホランダーが芝生の向こうで風に吹かれている等々。これは驚くべき冒険だ。私の人生で最高のものだ」。[117] しかしながら、スノーはチャーチル・カレッジの前進に対するスタイナーの満足感に共感していたのかもしれないが、その一方で、もっとも必要としていた瞬間にチャーチルの英文学に裏切られたと痛感したのだ。

「なんという罠だ！」

レヴィン、スタイナー、そしてバルザンのためにスノーが傾けた努力は、よくある友人に対する支持だと解釈されるかもしれないが、スノーにしてみれば、自分に他のだれでもなくこうした友人がいたことが重要であった。第一章で示したように、スノーは自分の小説や批評をある野心的なプロジェクトの一部分、すなわち、現代社会の仕組みを探究し称賛することに捧げられたものと考えていた。彼は自分の作品を、一九一四年以降に文学に埋め込まれたと考えられる社会批評を矯正するものであると了解しており、その批評の分析と解釈の方法に対抗することに、自分の批評を捧げた。スノーの創造した作品が批評で抵抗を示された際、彼はその抵抗は眼識ではなく信念にもとづく反対だと解釈し、それゆえ、それが信用に値しないことを示すのに乗り出した。そして、彼の作品が好意的に批評された際は、その称賛をプロットではなく世界観の真価を認めたものと解釈し、それゆえ、その批評家と友人になろうと乗り出した。スノーにとって、批評の上で共感を得られるということは政治的に共存できるという可能性を示しており、「友人」は「支持者」と同義語だった。

リーヴィスのリッチモンド講演のことを知り、仕事を始めて以来最大の危機に直面したスノーは、友人や支持者のすべてに招集をかけ支援を求めた。彼は公にはリーヴィスの個人攻撃に応えることを拒絶したが、私的にはこつこつと反撃を練り上げた。「私は、友人に私のために少し戦ってくれるよう頼もうかと考えています」と、彼は『スペクテイター』がリーヴィスの講演を刊行する二日前にプラムに語った。[118] リーヴィスはスノーの論旨に挑んだわけではなく、論旨を提起する権利に挑んでさえもいなかった——実際のところ、リッチモンド講演は、スノーにそもそも話す資格があるのかどうかに疑問を呈していたのだ。スノーは自分の適格性を自信なさそうにくりかえすという反応では不十分だと予想し、そこで、代わりに自分の地位を肯定してくれる代理人を頼んだ。[119]

彼は、プラムには自分の歴史解釈を支持してくれるよう、J・D・バナールには科学者としての自分の業績を保証してくれるよう頼んだ。プラムとバナールは滞ることなくすばやく行動を起こし、権威にあふれる手紙を『スペクテイター』に送った。[120] しかし、スノーは歴史家であると主張したことは一度もなく、何十年も科学者として活動していなかった。リーヴィスの批判の要点は、彼の小説家としての地位を攻撃対象としていたため、反撃の責務はスタイナーの肩にのしかかると思われた。

しかしながら、スノーが落胆したことには、スタイナーは支持に乗り気ではないと判明した。一九六二年の前半には、おおよそ六か月間にわたって二人は緊張関係にあった。ひょっとするとこれは、スタイナーがT・F・ポーイス（スノーよりもむしろ）がロレンス以来最高の英語で執筆する作家だと宣言したためかもしれない。[121] それから、運の悪いことに、リッチモンド講演の直前、スタイナーは『エンカウンター』にリーヴィスに対する批判的な評価を提出していた。[122] 彼の予想以上のスピードで事態が動いたため、「二つの文化」論争にコメントすることは避けられなかった。スタイナーは自分の文章に手を入れて、リッチモンド講演はリーヴィスがロレンスに過剰な一体感を抱いた不運な——だが結局のところ無意味な——結果であると描いてみせた。彼は下書きをスノーに見せたが、スノーはそのような遠まわしの非難では不十分だと断言した。[123] 個人的な政治活動の達人は、まさにこの瞬間のために長い歳月をかけて自分の駒を盤上に配置してきたのであり、ケンブリッジのカレッジに友人を引きずり込んだことの強みを実感するときが来たのである。その後、スノーは手紙と電話を通してスタイナーにプレッシャーをかけた。「あなたができるもっとも友人らしいことは、この最後の講演に最低の評価を下すことではなく、文句をつけること、そしてあなたの論文に、あなたが正直にできうるかぎり最大に意気盛んな——学識者としてではなく、作家としての——私に対する擁護を入れることでしょう」と、彼はせがんだ。「これでは少ししか害悪をぬぐい去れないだろうと思います。でも、もっと重要なことは、それで私が見捨てられた気持ちにならないということなのです[124]」。

スタイナーは、自分がどうしようもない立場に置かれた、と感じた。「なんという罠だ！」と彼は両親に書き送った。「僕が何を言おうとも、気に障るばかりだろう」[125]。彼は今でも、個人的にも仕事のうえでもスノーに感謝の念を抱いていたが、自分のパトロンが要求している推奨の言葉を生み出す気にはなれなかった。「どうして［スノーは］そんなに敏感なんだろう？」と、彼は両親への手紙に書いた。「なぜなら、リーヴィスが実は正しいと分かっているからだ！　恐ろしいことだ」[126]。『エンカウンター』の論文は五月に掲載された。それはリーヴィスを厳しく非難していたが、スノーを支持してはいなかった。その年の後半、スタイナーがロンドンにいたスノー夫妻のもとを訪れた際、スノーは彼がまだ介入してくれるかもしれないという期待を抱いていた。「彼らが僕に望んでいるのはただ一つ」と、彼はスノーに会ったあとで言った。「C・Pは偉大な小説家だと言っている論文なんだ」[127]。彼らの望みは不当なものではなかった。つまり、二年前、スタイナーはスノー――「語りという芸術の傑作」を組み立てた「棟梁」――について、プルースト、バルザック、トロロープ、そしてスタンダールとならべて論じていたのだ[128]。しかし、チャーチルに身を落ちつけたものの、いまだにケンブリッジに喜んで迎え入れられていないスタイナーのことを考えれば、そのような称賛が再びなされるはずはなかった[129]。彼はダウニングの門前で「小さな伝統」を茶化す夢を遠の昔に捨て去り、今では代わりに自分はリーヴィスからの敬意を望んでいると告白した[130]。スノーとスタイナーは友人でありつづけた――スタイナーは一九八〇年のスノーの追悼式で、ドストエフスキーからの一節を朗読した――が、彼らの手紙がスタイナーがケンブリッジに到着する前のあの心躍るような数か月間の温かさを取り戻すことは、二度となかった。スタイナーとチャーチル・カレッジは前進しつづけ、ケンブリッジで批評家からの評価の支持基盤を確保できなかったことに心を痛めつつも、スノーもまた前へと進みつづけた。

ダウニングの英文学

チャーチルの英文学とダウニングの英文学の行き来は、この時期、驚くほど活発だった。チャーチルが英文学の特別研究員の最初の候補に挙げたのがフランク・リーで、彼は一九二〇年代にダウニングに学び、一九六〇年に名誉特別研究員になっていた。また最初のリサーチフェローの一人がイアン・ロビンソン、すなわち一九五八年にダウニングを卒業したリーヴィスの教え子だった[131]。リーヴィスがダウニングで年一回のリッチモンド講演を行なった翌年、スノーは、バルザンとスタイナーにともなわれて、同じことをしようとゆっくりした歩調で街を歩いたのだった（ひと騒動起きるのを目にしたいと思っていた学生たちは、彼が慎重に言葉を選んで行なった教育についての講演に失望した[132]）。リーヴィスは、チャーチル・カレッジの学生たちに招かれて、「ラッダイト？　言いかえれば、文化はたった一つしかない」、すなわち、大学の拡大および正統派的学説を唱える体制派に反対するキャンペーンの第二の講演を行なった[133]。そして、ほぼ同じころ、Q・D・リーヴィスはチャーチルの英文学の学生たちを指導していた[134]。

しかし、二つのカレッジのあいだのもっとも印象的な交流は、トリニティ出身の目覚ましいルネサンス学者のブライアン・ヴィッカーズだった。ヴィッカーズは「文学者としてのフランシス・ベーコン」についての研究で、ケンブリッジの新しい科学カレッジの英文学のポジションの理想的な候補者となった[135]。しかし、ヴィッカーズはチャーチルでまったく幸福だったというわけではなく、ケンブリッジで別の空席が生じたとき興味を示した。そのポジションはダウニングのもので、リーヴィスの引退によって生じたものだった。理事会が自分の挙げた候補者ではなくヴィッカーズを任命したとき、リーヴィスは突然、自分がそのキャリアを捧げてきたカレッジとのつながりを断った。ようやく騒ぎが鎮まると、ヴィッカーズ――スノーが創立に手を貸したカレッジ出身の「二つの文化」学者——は、ダウニングの新しい英文学研究指導教官となった。

一八〇〇年に「法律、医術、その他の有用な人文学と学識」の場として設立されたダウニングの、現代的で実用的な傾向は、特別研究員のなかで聖職者は二人だけに限るという点に集大成されていた。[136] 誕生してから一世紀のあいだ、ダウニングでの勉学は主として法律と医学に集中していた。科学もまた優先事項だった。つまり、ダウニングはケンブリッジで最初に自らの実験室を持ったカレッジの一つであり、一八七〇年代にはその特別研究員の一人が大学の実験室を建設する運動の先頭に立ち、一八九六年には別の特別研究員がケンブリッジの薬理学科を設立した。[137] リーヴィスのおかげでカレッジの人文学の側面は国際的に注目された。例えば、カレッジの歴史は、リーヴィスが英文学を教えていた時代を誇らしげに思い起こしている。そのとき「若者たちは……旧約聖書の預言者の不寛容さと真剣さをもって純粋な学説を説明する、やせこけたまじめな顔つきのローマ教皇の話を聞きに、ダウニングへ騒々しくやって来たのだ」。[138] しかし、リーヴィスが一九六四年に退職すると、カレッジ内で英文学が衰えていくにつれて、法律と医学がその歴史的な優位性を回復した。[139] だが、別の見方をすれば、リーヴィスはカレッジの伝統と完璧に調和していた。すなわち、公的な歴史では、ダウニングは「建物が核兵器の大量殺戮によって破壊されないかぎり、あるいは思想が平等主義の念から生じる無知によって葬りさられないかぎり」繁栄しつづけるだろう、と述べられている。[140] 科学、科学技術、そして平等。もしリーヴィスの英文学講座が何か一つ目的を持っていたとしたら、それは、二〇世紀のこれら三つの偶像の崇拝に断固として反対することだったのだ。

リーヴィスは、大学講師試用期間が一九三一年に満了した際、はじめてダウニングにやって来た。翌年、彼はカレッジの英文学研究指導教官に任命された。[141] 彼は一九三六年に別の大学の講師の地位を獲得し、それによってダウニングから特別研究員に選出してもらうことができた。ダウニングは裕福なカレッジではなかったが、リーヴィスに教育と執筆の基盤を提供した。「ダウニングの英文学」あるいは、リーヴィスの表現を借りれば「英文学講座」を語ることが可能になったのは、この時期だった。一九三〇年代後半には、ダウニングの英文学はケンブリッジ内部で有名になっており、ケンブリッジ以外からの注目も集めていた。例えば、ダウニングの学生たちは、一九三八年に英文学優等卒業試験第一部の八名の第一級のうち四名を占め、『オブザーヴァー』はその偉業を「ダウニングの文学部と呼ばれるかもしれないものの大勝利」と呼んだ。そして、その翌年、ダウニングの学生は第二部の七名の第一級のうち四名を占めた。[142] こうした成功にもかかわらず、リーヴィスの英文学講座は、断固として「第一級の学生」を生み出す方へギアを入れたりはしなかった——むしろ、リーヴィスはそれを、試験の得意な学生を通して自己複製する堕落した制度と対照をなすものと考えていた。

リーヴィスは、英文学講座に対する自分のヴィジョンを一九四〇年に始まる『スクルーティニー』掲載の一連の論文で示し、一九四三年に『教育と大学』として出版した。[143] その著作は戦後の文学研究および大学のなすべきことを提案していた。第一章「大学の理念」は、「社会的文化的崩壊」と時を同じくして「文明の技術面の複雑さ」が出現するなかで起こった歴史的危機を明らかにしていた。[144] 現代社会において専門化が広まっているせいで、その社会に方向性を与えうる幅広い知識が失われることになってしまった。その結果、自らの加速化以外の目的を欠く組織立っていない変化が生じ、必要な手引きを与えてくれうる頼みの綱は、文化的伝統であった。理想の大学はその伝統が繁栄する場として、そしてそれが広められる場として機能するだろうが、大学でさえも現代文明の特徴となっている専門化と細分化をまぬがれてはいなかった。文化の中心地として機能したり、一つにまとまった意識をもって多様な専門化を関連づけたりするよりも、むしろ、大学は現代文明の組織の新たな付属物になってしまう瀬戸際にいたのだ。

第二章「英文学講座のための見取り図」は、回復を遂げた大学の核として、文学研究を位置づけていた。英文学がこの特権的な地位に就くのは、学問分野として純粋であるからではなく、文学の研究が必然的に他の領域につながっていくがゆえなのだ。ケンブリッジの優等卒業試験の第一部と第二部を見本に、リーヴィスは、学生たちが他の領域や学問分野から英文学の優等卒業試験の第二部に取り組むことを提案した。それから彼は、講義よりもむしろ討論を中心とし、時間との戦いである試験よりもむしろ時間をかけて組み立てた論文を通して評価を行なう学びのモデルを描き出した。その目的は、文学史を思い出す能力を育てることでもなければ、浅薄な文化的能力を奨励することでもなく、むしろ、知性を刺激し、感受性を発展させることだった――この二つの指令は、真の判断の厳密な追求と考えられている文学研究に申し分なく適していた。これらの革新的な特徴にそって、リーヴィスのプログラムは民主主義の趨勢に激しく抵抗していた。すなわち、英文学講座はエリート教育の務めをはっきりと課されていたのである。「教育を受けた階級に割り当てられた役割を遂行することのできる中央集権的精神、言いかえれば連携する意識へと発展していくのにもっとも適しているのは、よく訓練された知性である」と、リーヴィスは説明した[145]。

最終章の「文学研究」は、文学教育に対するリーヴィスの考えを例証していた。そのような教育は文学史や丸暗記を拒絶し、主として解釈を扱うものでさえもなかった。むしろ、教育課程の焦点は、注意深く読むこと、そして正しく判断を下すことに当てられるのだ。文学作品の基準を定める判断が可能だというこの主張――言いかえれば、作品の創造上の成功もしくは失敗を決定できるという主張――は、今日リーヴィス流の批評がもっとも学究的な批評らしくないところである。リーヴィス自身は時折この点で足を踏み外し、ときには学生たちは「一つの正しい全体的な意味」（解釈の問題であって、正しくもあり、また誤りでもありうる）を覚えておくべきだと述べたり、またあるときには、学生たちは「真の判断」（評価の問題であって、そこに基準などというものは存在しない）を目指すべきだと説明したりした[146]。これらの相反する感覚のあいだでリーヴィスが自由に動けたのは、彼の心のなかでは、それらが相反していなかったからだった。リーヴィスにとって解釈と評価は同じ行為であり、読者の心のなかで経験――経験に対する理解ではなく、本物の経験――を創り出す注意深い読みの産物であった。リーヴィスは、人々はかつて自分たちの日常語を使ってこのように言語を経験していたが、一七世紀以降、この言語との関係が、主流から外れてしまった伝統の内部に閉じ込められてしまったのだ、と信じていた。『教育と大学』は、伝統が維持されなければならない場所として大学を位置づけ、それを認識し対応する能力を文学研究が広めるべきだと主張した。伝統、危機、少数派、中心、標準、生――リーヴィスを批判する者にとって、これらは不明瞭な批評の正統性を守る使い古された護符だったが、彼の支持者にとっては、ダウニングの英文学に課された使命の緊急性を指摘するものだった。

リーヴィスは、悪いことが起こりそうである(戦争に際して、文明の効率化に拍車がかかっているため)のと同時に幸先がよい(戦後の再建によって、機会が与えられるため)と信じていた時期である戦時中に、『教育と大学』を執筆した。リーヴィスの意見では、教育はどの点から見ても戦争遂行に傾ける努力と同じくらい重要であり、彼は、戦後に向けて教員を養成するため少数の人々の入隊を延期することを政府が拒絶したせいで、激怒した。しかし、彼は教育改革が戦後行なわれるだろうと予想し、その議論に影響力を及ぼす目的で、本を執筆した。彼の提案は熱狂的に受け入れられた。例えば、『タイムズ文芸付録』は、「『教育と大学』は大勢の人々に読まれるに値する。実際、そのテーマは国家の精神的健康にほかならないのだ」と断言した。[147]『タイムズ教育付録』は「今、書評を書こうと[リーヴィスの提案を]じっくり読んでいると、心が躍り出すのが分かり、この方針にそった実験を実行不可能と見なすべき理由は、一つも見つからない」と同意した。[148]リーヴィスは、戦後の英国で教育を再建しようという努力に対し、貴重な支持者を確保していたのだ。

この公的な支援は、ダウニング内の英文学講座を後押しした。戦後、リーヴィスは、かつてもくろんでいた、中心地としてダウニングを設立する時期がやってきた、と信じた。彼はあらゆる機会をとらえて理事会に入っている同僚を転向させようとし、カレッジで自分の考えが受けた歓迎に満足の意を表した。[149]リーヴィスは自分の考えと理想を、例えば、英文学講座にふさわしい本をカレッジの図書館に入れることによって、組織に合ったかたちに変換しようとした――どんな小説であっても収集することを拒絶したカレッジのある図書館員の面前で手練手管のかぎりを尽くすことが必要となるような骨の折れる仕事だった（しかし、その図書館員は引退するとき、リーヴィスの成功を証明する目録「一七世紀の英文学史に関連する一九三四年―一九五六年の図書館新規購入図書」を残していった）[150]。学部生の受け入れという点では、他のカレッジで行なわれているグループ試験に加えて、ダウニング独自の奨学金試験を行なうことによって、リーヴィスは指導教官の独特な支配権を維持した。ダウニングを考慮に入れている校長や生徒たちが『スクルーティニー』『文化と環境』、そして『教育と大学』で説明されたカリキュラムを組み込まざるをえなくなるため、リーヴィスはこれらの試験を通して国中の学校および受験準備課程である第六学年に影響を及ぼした[151]。ひとたびダウニングに到着すると、学部生は、自分の指導教官からの配慮、同級生同士の仲間意識、そして伝統にしたがわない企てに携わっているという満足感を、期待することができた――そのすべてが、文学研究こそ必須の学問分野だという、他の人々に伝わりやすいリーヴィスの信念から、生じたものだった。

だが、その同じ信念は、ダウニングで英文学を学ぶ学生が必ずしも期待していない二つの事柄が存在することを意味していた。すなわち、名声との衝突と、試験での成功である。これは、高名な学者がダウニングの門をくぐらなかったということを示唆しているわけではない――結局のところ、リーヴィス自身が英語圏でもっとも大きな影響力を持った文芸批評家の一人だった。しかし、チャーチルでのスノーの取り組み方とは対照的に、リーヴィスはカレッジで助力を求める際、国際的な評判や学業成績にはほとんど注意を向けなかった。スノーにとって高名な学者とのつながりは、どんなものでもチャーチルに恩恵をもたらす望みがあったが、リーヴィスにとっては、この堕落した世界のなかで名声そのものがうさんくさいものだった。したがって、彼が自分自身の仲間以外に助けを求めることは滅多になかった――これから見ることになるように、この習慣のせいで、彼は自分のカレッジの優先事項とうまくいかないことになった。リーヴィスはまた、試験は特性を示すには向かないと信じていた。ダウニングの学生たちは、とくにリーヴィスが教師として名声をなしはじめた一九三〇年代に、優等卒業試験の第一級を次々と獲得した。だが、試験での成功は、リーヴィスが教育の対極にあると見なした、文学に対する一種の器用さを証明するものだった。[152] そこで、自分も試験官だった彼は、別のものを求めた。彼が採点している答案用紙の余白に走り書きをした際、「素朴」はほめ言葉であって、流行りの批評に気づいていないという歓迎すべき状態を意味していた。一方、「完成していて流暢」は、学生にキングズ・カレッジの一員となれるという判決を下していたのかもしれない。そこではその種のことが好ましく思われていたからである。[153] 彼の学生たちは似たような無関心を習得した（もしくは少なくとも演じてみせた）。例えば、「私の友人のあいだでは、優等卒業試験の結果を軽蔑するふりをする者がいた」と、ある学生は思い起こした。「私たちはとくに、いわゆる「第一級を取るための勉強」、言いかえれば、試験に成功する者が冷笑的に機械的に行なっていると考えたことに対して、敵愾心を抱いていた」。[154]

実のところ、リーヴィスは自分の学生たちの出来を気にかけていた――彼自身、「私のところの第一級は皆二級下の学位を取った」と嘆いたように。[155] 別の元学生がいくつか説明をしてくれた。例えば、リーヴィスは、英文学部にいる自分の強敵の講義に自分の学生が出席するのを思いとどまらせた。彼は、優等卒業試験のために求められているよりももっと幅広い分野の本を自分の学生たちは読んでいる、と主張した。そして彼は、第二部に向けて英文学以外の科目を学ぶよう、彼らに勧めた。[156] あるとき、リーヴィスは、自分の最良の学生に悪い成績をつけた試験官に対して落胆をあらわにし、そうした試験官たちがしばしば口にするありがちな弁明――彼らを非難する「正当化の根拠」や、彼らが成功を収める制度――を予想した。[157] ダウニングの英文学は、その制度と対立するものとなったのだ。

戦後に学部生の数が増え、とくに自然科学が重要視されたことは、大学についてのリーヴィスの考えを脅かした。彼の理想は英文学講座を中心とするもので、それは知的水準を維持する責任を負うはずだった。もちろん、基準は選別を意味したが、最終的にはエリートが、人間という被造物を統合し、調和させ、そして支えることによって社会全体に恩恵をもたらした。つまり、基準は現代文明のとどまることを知らない進歩に、知性と感受性を課したのだ。リーヴィスは、文学研究という中心のまわりに集まった少人数の学生たちを擁護したが、一方、戦後の政策は、代わりに科学の人数を増やし、優先させた。それにもかかわらず、リーヴィスの立ち位置を「科学」に対する反対だと解釈しては、「二つの文化」をあやまって単純化してしまうことになる。リーヴィスはそれどころか、科学者たちが厳格な基準に対する自分の強い関心に共感してくれたため、自分は彼らを尊敬していると主張し、大学について話し合うなら、「学究的な人文学研究者」とよりも科学者とのほうが好ましいと断言した。[158] リーヴィスにとって、拡大へ向かうということは、大学は少数派でいなければならないという信条を無視することに通じ、科学をひいきにするということは、大学が阻止するはずの道具主義めいたところがあった。

ケンブリッジの多くのカレッジと同じく、ダウニングは一九四五年から一九六〇年にかけて、意義深い拡張を経験した。戦争直後、カレッジは復員してきた兵士たちを受け入れるため、学部生の増員を考慮に入れた。[159] 一九三八年、ダウニングの学寮には二二八人の学生が住んでいたが、一九六〇年にはその数は三六〇人に上昇していた。こうした変化に対応するため、建築計画では六〇の新しい部屋が建て増しされ、二三人を新たに受け入れるため既存の建物が改修され、病室、礼拝堂、そして図書館といった施設が拡大された――この裕福ではないカレッジに、二〇万ポンド以上もの出費を強いる計画だった。同時期、奨学金のための出費は二倍以上となり、特別研究員の数は一一人から二一人に増えた。その変化は、カレッジの性格にも、構造にも、影響を及ぼした。すなわち、一九五五年、理事会は学校を出たての生徒たちを受け入れられるように、入学者選抜方針を調整した。そして、一九五七年、理系の学生の割合を五〇パーセントまで増やすことに同意した。[160] 簡単に言えば、ダウニングの一九五〇年代は、拡大と詰め込みと建設を特徴としていた。

その一〇年間の終わりが近づくと、カレッジはさらなる拡大に抵抗しはじめた。一九六〇年に大学の委員会のために準備された報告書で論じられているように、「ピーターハウス（もしくはダウニング）を一晩にしてトリニティ・カレッジほどのサイズに変えても、もう一つのトリニティは生まれず、特徴のない混沌が生まれるだけだろう」[161]。一九五八年一月、個別指導委員会は、カレッジのサイズの縮小を計画しはじめ、翌年開始される計画で早くも一九六三年に学部生の人数を理事会が望む数に減らせる、と見積もった[162]。六日後、理事会はただちに人数削減を始めることに同意し、総学生数三五〇名を目標値とした（この数はのちに三六五名まで増やすことが認められた）[163]。翌年、これからの五年間に大学が直面する変化を見越して、理事会は、ダウニングに学生数を増やすよう強いる運動には抵抗しなければならない、ということに同意した[164]。そして、科学については、一九五九年にシニアチューターが、他のカレッジは科学者の数を増やしていることを報告した際に、ダウニングはすでに何年もそういうことを行なってきており、むしろカレッジ内の科学者の数を減らすことを考えるべきだ、と説明した[165]。ライオネル・ロビンズの委員会が任命されるはるか以前に、ダウニングは拡大と科学への移行を経験していたのだ――実際のところ、一九五〇年代の末には、カレッジは、自分の割り当てはすでに成し遂げており、もしかしたらやり過ぎてしまったのかもしれない、と感じていた。

こうした発展のなかで暮らし、働いてきたリーヴィスは、拡大が行き過ぎたという確信に共感していた。これはドン・キホーテ的な突拍子もない白日夢ではなかった。つまり、ロビンズはまさに地平線の向こうにいたと今では分かっているが、リーヴィスと理事会は分かっていなかったのだ。彼らの見方では、拡大はすでに起こってしまったことで、そして――やっとのことで――数の急増は成し遂げられていたのだ。文学者のリチャード・ストアーが述べているように、「一九五〇年代半ばには、人数は固定していて、政府は変化していたが、このことは、ひょっとしたら、政府が自分と同じ想定をしているというリーヴィスの見当違いの自信を、説明してくれるかもしれない」[166]。これらの想定は、限られた数の学生が大学教育の恩恵を受けられるという信条、すなわち、大学は一流研究機関として存在すると想定する信条にもとづいていた。一流であって、入りやすいわけではないのだ。つまり、リーヴィスにとって――チャーチル・カレッジの創設者たちにとってそうであったように――これは大学に突きつけられた「問題」だったのだが、マクミランやロビンズやその他の改革者を動機づけている問題ではなかった。

リーヴィスは大学の未来にかんするこうした討論を背景として、リッチモンド講演を組み立てた。一九六二年二月はじめに行なわれた講演は、一九六一年のロビンズ委員会の設立と、一九六三年のその報告のちょうど真ん中の時期――「ロビンズを待ちながら」という期間――に当たっていた。講演の終わり近く、スノーの権威と主張に挑戦したあとで、リーヴィスは大学についての自分の見通しに話題を変えた。彼は、大学は専門家学部の集まり以上のものにならなければならない、と主張した。「私たちの文明に対する自覚（そして良心）」を与えるという務めを課された彼の理想の大学は、英文学講座を中心とするものだった[167]。英文学講座は、単に名著の付属物であるのではなく、「私たちの受け継いだ文化の、現在における充実した生――そして、生とは成長である――」を維持する創造力であると、彼は説明した[168]。大学がスノーや（のちの）ロビンズのような人物に支配されつづけているかぎり、英文学講座は受け継いだ文化だけではなく、実は大学の理念そのものの宝庫として役立たなければならない。つまり、英文学講座は大学にとって、『スクルーティニー』がケンブリッジにとってかつてそうであるとリーヴィスが主張したものである必要があった。すなわち、「私たちはケンブリッジ――ケンブリッジを物ともしない本来のケンブリッジ――であったし、また自分たちがそうであると分かっていた」[169]。リーヴィスは、これまでと同じく、そしてこれからもそうなのだが、大学の駆除に熱中しているように見える管理者から大学を取り戻して救おうと戦っていたのだ。

闘うリーヴィス

リーヴィスが自分の足場としたのはダウニングだった。彼は長年反目している英文学部よりも、むしろ自分のカレッジで影響を及ぼした。[170] 引退が近づいた一九六一年一〇月、彼はダウニングで仕事を続けたい、そしてダウニングが理想の大学の実現される場所として役立ちつづけてほしいという希望を口にした。[171] その目標を達成するため、彼は英文学における自分の後継者を確保することに注意を向けた。この務めは、一九五三年に『スクルーティニー』が消滅して以来ずっと彼の心を占めていて、彼はそのとき、自分が引退するとケンブリッジにおける自分の仕事が消え去ってしまうという懸念を表明していた。[172] 一〇年という歳月が過ぎるうちに、英文学をめぐるリーヴィスの不安は、ますますダウニングの理事会による討論の最大争点となった。[173] 一九六一年、カレッジはリーヴィスの肖像画をピーター・グリーナムに依頼したが、リーヴィスは感銘を受けなかった。彼は、自分は理事会が自分のライフワークを存続させようとしてくれることを代わりに望んでいる、と言った。[174] 数か月後、引退前の最後の一年間が始まったとき、リーヴィスはある計画を決意した。彼は時期が来たら英文学研究指導教官の候補者として望ましい人物を押しつけることができるよう、準備を整えた。[175]

リーヴィスはダウニングのなかでこうした戦闘を行なう際、政治活動はいかに機能すべきかをめぐる独自の考えにしたがって、態度を決めた。「政治活動は可能性を探る術である」というおなじみの決まり文句に応えて、彼は「私たちが可能性を創り出す」と断言した。[176] 第二章で論じたように、リーヴィスは政治活動について、スノーとは違う考えを抱いていた。つまり、政治活動とは駆け引きや提携における説得の問題というよりも、むしろ機械の働きのようなものだ、とリーヴィスは考えたのだ。彼自身はその機械の部品ではなかったので、彼がそれに影響を及ぼす最大のチャンスは、定期的にぶつかっていくことだった。したがって、リーヴィスにとって政治活動は対決と挑発から成っていて、内部のだれかに認識してもらう瞬間を引き出そうとするものだった。そのような態度を取ると同僚として面倒だと思われうるが、面倒の源は、リーヴィスに道理が通じないということではなかった――反対に、彼は彼なりにスノーと同じく計算をしていたのだった。

リーヴィスは引退に際して、指導教官、試験官、名誉特別研究員としてダウニングで活動を続けることに同意した。[177] 英文学研究指導教官としての彼の後継者の問題は、未解決のままだった。リーヴィス自身の候補者はモリス・シャピラで、この人物はダウニングを一九五三年に卒業していた。シャピラの経歴はきら星のようなものではなかったとしても、充実したものだった。彼はささやかな奨学金を得てダウニングに入学し、優等卒業試験第一部（英文学）において第二級、第二部（現代語および中世語）において第一級を獲得し、一年間ハーヴァードで学んだ。[178] 一九五七年、ダウニングは三年任期のリサーチフェローにシャピラを選び、彼は学部生教育に身を捧げ、またリーヴィスの忠実な支援者であることを身をもって示した。[179] 一九六二年七月、公的に引退するとき、リーヴィスは自分の求めていた勝利を勝ち取ったかのように見えた。つまり、他の二人の英文学者に万一大学の任命を受けたら特別研究員の地位を与えると約束したにもかかわらず、理事会はシャピラをカレッジの英文学研究指導教官に指名したのだ。[180] 次の年度が始まったとき、継承は保証されているように思われた。リーヴィスは、シャピラが英文学奨学金試験の試験官に任命されたのと同じ日に、名誉特別研究員の地位を受け入れた。[181]

だが、問題は完璧に解決したわけではなかった。ダウニングはカレッジの特別研究員の地位を、大学の有給のポストに就いていない人物に与えることはできなかった。シャピラは、ひょっとすると教えることに熱心だったためかもしれないのだが――彼の言葉を借りれば「週に三〇から四〇時間、慣例の尊重や月並みな考えを一掃しようと努めている」――博士論文を完成させてさえおらず、大学講師の職に招かれてはいなかった。[182] 一九六四年の春、この状況が丸二年続いたところで、カレッジは英文学の特別研究員を確保することに乗り出した。特別研究員の職はジョン・ニューマンに与えられた。大学講師の職を確保していたリーヴィスの最初の教え子だが、ニユーマンは――シャピラに取って代わることは望まず――固辞した[183]。そこで理事会は、最近任命された他の二人の講師について調べることにしたが、その一人がブライアン・ヴィッカーズだった[184]。ヴィッカーズがカレッジで正餐を取ったのち、理事会は一九六四年七月に満場一致で彼を特別研究員に選出した[185]。この任命を耳にすると、リーヴィスはただちに特別研究員を辞職した[186]。激しやすい同僚が自分たちに課したドラマに不満を抱いた理事会は、シャピラを再任命せず、英文学が受け入れる学生の数を減らし、ただちに新しい特別研究員を確保することに向けて動き出す、という反応を示した[187]。リーヴィスは、自分の名前をカレッジの名簿から削除するよう要求し、このようにしてダウニングとの関係に終止符を打った[188]。さらにやりとりがあったのち、一九六五年の夏、ヴィッカーズは特別研究員および英文学研究指導教官として、チャーチルからダウニングへと移動した。その年の二月、理事会は、一九六六年は英文学の学生を受け入れないことを一六対〇で決定し、それにともない、一連の騒乱をへて、理事会はカレッジにおける英文学についてついに意見の一致を見たのだ[189]。

リーヴィスが自らの英文学講座のあるカレッジとのかかわりを終わらせたのは、不思議である。彼は三〇年以上の歳月をダウニングの英文学を築き上げるのに費やし、直前の一〇年間は自分の遺産を確実なものとしようと活動していた――それが、一瞬のうちにカレッジを退けてしまったのだ。リーヴィスの行動を理解する重要な手がかりは、一九五三年の『スクルーティニー』の終刊にある。リーヴィスは、自分と妻が主流の知的文化に取って代わるものとして発行していた雑誌の消滅に、ひどく動揺した。（こともあろうに）スノーが見舞いの手紙を書いたとき、リーヴィスは、自分が『スクルーティニー』の運命を失敗と解釈しているという事実を隠さなかった。彼は、生のための活力回復の地の維持に失敗したことを『スクルーティニー』の終刊が示しているために、とくに悲しんでいるのだと、スノーに対して認めた[190]。別の手紙に対しては、リーヴィスは、活気のある中心地をケンブリッジで維持することは不可能だと分かったと、元気なくしめくくった[191]。しかしながら、時がたつにつれ、『スクルーティニー』の消滅が何よりもそれを擁護するものへと姿を変えた。結局のところ、発行されているかぎり、雑誌は改悪される危険と隣り合わせにあった。というのも、原稿と寄稿者が必要なせいで、リーヴィス夫妻がその基準について妥協するのを強いられるおそれがあったからだ。発行の中止はそのような妥協を防ぎ、その二〇巻は批評の基準を維持できるのだと未来永劫証明することだろう。さらに、『スクルーティニー』の終刊そのものは、『スクルーティニー』と対立した敵たちの権力を示しており、（リーヴィスの見たところ）世界に彼らの現実をきっぱりと認めさせているのだ。ケンブリッジ大学出版局が、図書館への販売のためにシリーズ全体を再発行することに同意したとき、リーヴィスは『スクルーティニー』の終刊を一九五四年とは非常に違ったふうに考えた。今や『スクルーティニー』は敗北ではなく勝利を表わしており、圧倒的な反対勢力に直面しても批評の中心地を維持できることに賛意を示しているのだ、と彼は主張した。[192]

同様に、リーヴィスにとって英文学講座の終わりは、歴史上のその地位を立証するものであった。彼の辞職後、それは消滅し、したがってカレッジ、英文学部、そして大学じゅうにますます広がっている専門家気質によって汚されることは二度とないだろう。リーヴィスのもとでダウニングは、そのエートス以外の何かを、言いかえれば、その最終的な失敗がそれの対峙していた勢力の持つ権力を実証するがゆえになおさら印象的なものとなる業績を、表わしていたのだ。英文学講座を終わらせることで、リーヴィスはカレッジの理念を保持するために、物理的な機構を犠牲にしたのだ。彼はこの最後の自暴自棄の方策が最終手段であることに気づいており、自分が「水爆」を使用したと事後に書いている。[193]彼は自分の辞職が破壊的であると同時に恒久的なものであると分かっていた。つまり、最後に恐ろしい力を振り絞って、F・R・リーヴィスはダウニングの英文学の壁を引きずり倒したのである。

# 結　論

この章では、戦後の英国における大学改革の時期を探究し、評価してきた。第二次世界大戦後、大学は技術家主義の国家と文化の要請にしたがって、作りかえられた。大学を支配している前提はヒエラルキーを維持したままだったが、国家の再生に関心が払われるなかで、そのヒエラルキーは社会のより多くの人々に対し開かれた。この文脈では、ロビンズ報告は、決定的な政策の断絶というよりも、むしろ、大学の使命が再考の対象となった時期を証明するものとして、重要である。

その時期にさまざまな理念や理想が出てきたのだが、リード講演とリッチモンド講演はそうしたヴィジョンのうちの二つを提示した。スノーは、大学は専門的訓練の場であり、英国が国際経済のなかで繁栄することを可能にしてくれる道具と習性を将来の世代に授けるだろう、と思い描いた。リーヴィスは、大学は社会批評の中心地であり、現代文明において前進しつつある専門化と道具主義をはばむもの——そして、均衡勢力となるもの——だと思い描いた。これらの二つの計画——経済および社会と結びつけられた大学の計画、および経済および社会の堕落から身を守る大学の計画——は、（公に行なわれた講演として）思想の、そして（カレッジ内で進行する政策として）政治の領域である場所で、同時に相争っていた。スノーとリーヴィスはそれぞれ、これらの理想を制度的なかたちに翻案するために働いたため、政治活動はいかに機能すべきかについての対立する概念にしたがって前進した。スノーにとって政治活動は、計算された駆け引きと連携の構築から成っていた。一方、リーヴィスにとって政治活動は、故意に非妥協的な態度とねらいを定めた激怒を必要としていた。スノーの努力は、彼がケンブリッジのカレッジに支持者を入り込ませたとき、制度上の成功を収めたが、その支持者がスノーの仕事を是認するのを拒絶したとき、イデオロギー上の失敗に終わった。リーヴィスの努力は、彼が自らの英文学講座の破壊を促進したときに制度的には失敗に終わったが、その失敗が彼の勝利の証拠として改鋳されたというかぎりにおいては、最後はイデオロギー的な成功を収めたのだ。

スノーとリーヴィスのこの対立――そして、拡大解釈すれば、彼らのそれぞれの理想の対立――は、彼らのカレッジの制度上の領域やケンブリッジという地理的な領域を越えて広がった。スノーとリーヴィスは、自分が現代文明だと理解したものに対し対照的な解釈を示しており、次の章が示すように、これらの解釈は彼らの歴史解釈にかかっていたのである。

## 4　英国社会史の形成

### 人間科学もしくは人間の顔？

「二つの文化」論争は一九六二年三月のあいだずっと、『スペクテイター』の投書ページで猛威をふるい、一〇月にリーヴィスの講演がハードカバーで出版された際、再び急浮上してきた。その年の末には、彼らの不和は行くところまで行ったように思われたかもしれないが、スノーは――いまだに怒りで煮えくり返っていた――反応を示す機会を待ちつづけていた。その後、一九六三年の春、彼はケンブリッジの歴史家ピーター・ラスレットから手紙を受け取った。[1] ラスレットはすでに初期近代の政治思想史家として名声を確立していたが、一九六〇年代のはじめには、彼の関心は個人の思想家からより幅広い社会の構造へと移りつつあった。[2] しかし、彼の研究はケンブリッジからの支援を受けられなかったため、後援者を確保したいと願って、彼はスノーに連絡を取ったのだ。リーヴィスに反論する際にラスレットが支持してくれる可能性があると気づいたスノーは、ラスレットが立ち上げたばかりの、人口史・社会構造史にかんするケンブリッジ・グループに協力することに同意した。翌年、『われら失いし世界』の最初の五章の下書きをラスレットが送ってきたとき、スノーは大いに喜んだ。ここにあるのは新しい社会史で、彼を批判する者の理想主義的な錯覚を打ち砕くために社会科学の道具を使っているのだ。[3] しかし、全面的に賛成していたにもかかわらず、スノーはラスレットの最初の章の最後から二番目の文、すなわち

「生活の全体が家庭において、すなわち、愛情によってつながったよく知っている人々とおなじみの大切なものに囲まれて、進んでいった、すべてが人間的なサイズであった時代があったのだ」に反対した。これ——その時代の歴史の文章のなかでもっとも有名な一節の一つとなるもの——のなかに、スノーは新しい社会史が根絶するはずのノスタルジアを、まさに感じ取ったのである。(4)

スノーとラスレットのこの協力は、一九六〇年代にはじまる二つの物語、すなわち歴史の科学的スタイルの発展と「二つの文化」論争が、交差した地点に存在している。(5)歴史は二つの意味で、スノー‐リーヴィス論争の舞台の中央を占めていた。第一に、彼らのリード講演およびリッチモンド講演は、産業革命について相反する解釈を提示した。スノーは産業化はよいことであると考え、それが人口の大部分に物質的繁栄と社会的機会を与えてくれると信じていた。一方、リーヴィスは産業化に批判的で、それが有機的共同体の最後の痕跡とそれが支えた言語をほぼ破壊してしまったと信じていた。産業革命に対するこうした正反対の解釈は、現在に対する正反対の評価の土台となっていたため、「二つの文化」をめぐる討論の中心として浮上した。(6)第二に、歴史解釈についての彼らの主張は、もっと一般的には進行中の学問分野の新たな方向づけと、時期を同じくしていた。社会史にはすでに、軍事や外交などのハイ・ポリティックスよりもむしろ日常生活の研究としての長い歴史があったが、一九六〇年代はじめ、その分野は現代の計量的な社会科学として改鋳された。(7)社会史を改造しようというこの努力は、それ自体をめぐる論争を引き起こし、そのなかでもっとも際立っていたのが、E・J・ホブズボーム、E・P・トムスン、T・S・アシュトン、R・M・ハートウェル他のあいだで起こった「生活水準論争」だった。

こういう別個の発展——歴史の「科学化」の試みと、「二つの文化」論争——が、スノーが科学的社会史を推奨し、一方、リーヴィスがその分野のより文学的な方向づけを擁護した際、信じがたいことに交差したのだ。これらの立場は、彼らの議論は人文学の支持者と科学の支持者の討論であるという解釈の上に透写されており、楽観的な計量的歴史家とその悲観的な文学者の同僚とのあいだの対立として「生活水準論争」を解釈することに対応しているのだ、と思えるかもしれない。しかしながら、もっとよく調べてみると、これらの区分は崩壊する。それも、新しい社会史を作り出そうという努力における提携が、学問分野の傾向よりもむしろイデオロギー的な関心によって組織化されていることを示唆するようなやり方で、崩壊するのだ。この幅の広い対立のなかのある特定の領域――英国の大物歴史家およびニューレフトの主要人物のいる領域――において、スノーとリーヴィスはそれぞれ、イデオロギー的理想像を学問分野としての形態に転換しようと奮闘しながら、強力な味方を確保した。

## 一九六〇年代の社会史

スノーが一九五九年にリード講演を行なったとき、歴史という学問分野は活況を呈していた。福祉国家が次々と学生を供給するのにしたがって、経済的な繁栄がそれに見合う財源を提供してくれた。高等教育を受ける学生の数は、一九五四年から一九六六年のあいだに二倍となる道のりの途上にあり、一九六三年には、ロビンズ報告が継続的な――実際のところは加速していた――成長を約束した[8]。デイヴィッド・キャナダインが書いているように、「一九四〇年代後半から一九七〇年代前半にかけての時期は、まちがいなく、英国の歴史の専門家にとって黄金時代だった。大学という社会が全般的に裕福であり、とくに歴史をつかさどる女神クレイオーにとってそれほどよい時代はなかった[9]」。同じ時期、西欧中の歴史家が、その分野の方法や展望を考えなおしていた。フランスでは、フェルナン・ブローデルとアナール学派に関係する人々が、長期にわたる人口の推移、気候、地勢の分析を支持して、人物や政治的事件の重要性を格下げしていた。米国では、「計量経済学者」が新古典主義の経済学、統計分析、データ処理技術を組み合わせて利用し、米国史の主要問題に立ち戻っていた。そして英国では、一九四六年に設立され、ロドニー・ヒルトン、クリストファー・ヒル、E・P・トムスン、E・J・ホブズボームなどをメンバーとする共産党歴史家グループの歴史家たちが、英国史の景観全体を再構成するため、何世紀にもわたる範囲に広がっていた。[10]

そのグループのメンバーは、一九五六年の国際的な共産主義の激動後はそれぞれの道を歩んだが、歴史的探究の見通しを広げ、その展望を新しい方向に向けたいという彼らの関心事は、社会史の発展中の分野の特徴となった。彼らが創刊した雑誌ほど、その発展がよく分かるものはなかった。すなわち、『過去と現在』は、英国の読者層にアナール学派の人口統計学者を紹介し、封建制度から資本主義への変遷をめぐる討論の場を提供した。一九五〇年代、経済史、貧者の歴史、日常生活の歴史が結びついて、増えつつある社会史家のために、より自信の持てる役割を創り出した。[11]　一九六〇年までには、社会史は若い歴史家にとってもっとも有望な領域に見えるようになり、一九六六年にはキース・トマスが、『タイムズ文芸付録』で「将来の社会史は……あまったテーマではなく、まわりに歴史の他の部門が皆集まってきているような、中心的なものとなるだろう」と宣言し、その分野の自信を誇示してみせた。[12]　ジョン・ブルーアーは、その当時の大学生がこれらの傾向——ヴィクトリア朝の束縛からの解放を約束し、大衆文化や労働党修正主義の政治と同調しているように思われる傾向——に見出した魅力を思い起こしている。[13]　社会史は、こうした傾向、その擁護者、そして、方法論を刷新して科学的な近代化の強力な魅力を付与している現場の人々の先頭に、位置していた。

社会史はつねに技術的刷新と関連してきたわけではなかった。のちに画期的な『イギリス社会史』（一九四二年）を著すことになるG・M・トレヴェリアンは、一九〇三年、ケンブリッジの欽定講座担任教授J・B・ベリーの、歴史は科学であるという主張に、挑戦した。トレヴェリアンは、歴史は依然として文学的試みであると断言し、彼とベリーは次の一世紀のあいだ、その同業者仲間を悩ますアイデンティティの危機における両極を規定した。[14]　トレヴェリアンをその擁護者とする社会史は、境界線の文学の側に位置した——あまりにも文学寄りだったため、エリザベス朝の大物歴史家のジョン・ニールはのちに、「社会史」という用語に対して「古くさい飾り立てた叙述的なしろもので、知的真髄に欠けている」という言外の意味のせいで抱いた不満を思い起こした。[15] 第二次世界大戦後、社会史家は、自分たちの分野ともっと厳密な社会科学とを提携させはじめたが、科学は歴史家たちにとって、いくつかの点で手本として長く役立っていた。歴史家という職業が確立することで、彼らの分野は一八七〇年代以降、自然科学の鋳型にはめ込まれていたが、「歴史は科学であり、それ以上でもそれ以下でもない」という一九三〇年のベリーの宣言で、頂点に達した。[16] この意味における「科学」は、専門職の手本を示すもので、専門知識を生み出すこと、大学を本拠地として、同領域の専門家たちの評価の対象となり、定期刊行物を通じて知識を広めることに言及していた。その後、一九三〇年代から、歴史記述の実際の中身が、社会科学、すなわち最初は経済学、ついで社会学の影響を受けるようになった。[17] アナール学派は社会科学として歴史を描き出したが、その意見は一九五二年に、『過去と現在』の創刊号において響きわたった。「人間の変化の過程ははるかにもっと複雑であるが、私たちは、理性と科学の方法論は、少なくとも、地質学、古生物学、生態学、気象学と同じく歴史にも適用できると信じている」[18]。

次の一五年のあいだに、この傾向は次第に勢いを増していき、一九六六年に『タイムズ文芸付録』の「歴史の新しい方法」を特集した号で、頂点をきわめた。キース・トマスは、活気に満ちた巻頭論文を書いて、その分野に対する自信を示した。[19] 彼は英国の歴史記述を、五〇年にわたるアマチュアリズムをへてついに現われ出てきたものだと描き出した。米国やヨーロッパの歴史家とは対照的に、英国の歴史家は遺憾ながら社会学から引き離されたまま、科学というよりもむしろ工芸として自らの仕事に励んでいた、と彼は主張した。しかしながら、最近、社会科学がその分野に新たな活気を与えており、オックスフォードの、そして『イングリッシュ・ヒストリカル・レヴュー』の偏屈な歴史家たちは、間もなく新しい世代に道を譲らざるをえなくなるだろうと、トマスは予言した。歴史ははじめて専門家にとってまちがいのないものとなり、コンピュータ分析はもはや経済史専用のものではなくなっている、と彼は続けた。すなわち、「大きなグループの行動に関連する歴史的命題はすべて、例えば非識字ないしは宗教活動についてのものは、このような取り扱いを受け入れることができ、さらに言えば他のものの入り込む余地はないのだ」。[20] トマスの論文はマニフェストとしての方法論であり、歴史の未来がやってきたこと——そしてその未来は科学的社会史であること——を告げていた。

これは、この時期の社会史の多様性を否定するものではない。トレヴェリアンの『イギリス社会史』は、共産党歴史家グループの仕事とはこれ以上異なることなどありえないほど異なっており、また、そのどちらも、トマスの自由主義の近代化を進める感覚とは対照をなしていた。そして、計量社会科学の魅力は突出していたが、決して異議のないものではなかった——『タイムズ文芸付録』の同じ号に載ったE・P・トムスンの警告が証明しているように。彼は、「計量的方法論は、全カテゴリーの証拠を（「文学的」なものとして、あるいは「変則的」なものとして）抹消してしまうところがあり、批判を受けないままでいることを許されてはいけない」と書いている。[21] こうした傾向は、完全な対立もまた生み出した。例えば、ヒュー・トレヴァー＝ローパーは、定期刊行物、会議、学問分野の発展の結果として生じる専門用語における「専門家意識という徐々に進行する麻痺」への警告を発し、ジェフリー・エルトンは、新しい研究方法は「偽りの神」になってしまうと戒めた。[22] 一九六〇年代初頭は、まったく異質な起源と方法論の寛大さゆえに専門家たちにとって魅力的なものとなっている分野にとって、一枚岩的な「社会史」の出現期というよりは、むしろ多様な可能性の時期と見なすべきである。こうした専門家たちには、来たるべき世代のために研究の指針を確立する準備があるように思われる分野の、方法論、全体像、内容——もっとはっきりと言えば定義そのもの——に影響を及ぼす機会があった。そして、ロビンズ報告が五年間で学部生の定員を二倍にする必要性を強調し、社会科学と人文科学の大学院生の数を増やす約束をし、六つの新しい大学の創立を承認したとき、機会は制度上のものでもあり、また知的なものでもあるということが、はっきりした。[23] トレヴェリアンの有名な一節をもじって言えば、社会史は政治が非常に多く含まれている歴史だった——そしてスノーとリーヴィスがその分野に対して二者択一の理想像を提示したのは、この文脈においてだった。

文学的楽天家

スノーがラスレットに協力したことは、歴史を社会科学として確立することに彼が興味を抱いていたことの証拠であり、それは、「二つの文化」論争が人文学の擁護者と科学の擁護者のあいだの学問分野としての戦いであると解釈することと、調和しているように思えるかもしれない。しかし、社会史に対するスノーの興味は、実際には彼がそれを社会科学と結びつける以前から存在するものだった。最初に彼の興味をそそったのは、科学的方法論の基礎を歴史に教え込むことではなく、むしろ産業化によってもたらされた物質的進歩についての自分の解釈を推し進めることだった。一九六〇年代はじめに「二つの文化」論争が始まったころ、スノーはこの楽天的な歴史解釈を、科学と近代化の言葉で武装させた——新しい社会史を唱道してはいたが、自分の本来の目的は決して見失っていなかった。

スノーは、ケンブリッジでのリード講演の三年前にはじめて「二つの文化」について述べて以来、社会史に興味を抱いていた。(24)『ニュー・ステイツマン』のために執筆した際、彼は、「伝統的な」文化は科学者たちの興味をほとんど引かないが、彼らは社会史は熱心に読む、と断言した。スノーは「社会史」という語を、定量分析ではなく、「生活の真の仕組み、すなわち、人はいかに食べ、建て、旅し、働いたか」という意味で用いており、とくに自分の友人J・H・プラムの指導教官だったG・M・トレヴェリアンの仕事に注目した。(25)プラムは一九三三年にケンブリッジに到着しており、戦争中に暗号解読に従事したのち、一九四六年にクライスツ・カレッジの特別研究員に選出された。すぐに社会史の最前線で異彩を放ち、トレヴェリアンへの敬意のしるしとして、一九五五年に『社会史の研究』を編纂した。プラムの献辞が、「五〇年以上ものあいだ歴史は文学であるという伝統を維持しつづけた」人物としてトレヴェリアンを賞賛しているように、この著作は、この時期のその分野の文学的志向を明らかにした。プラムにとって、その伝統は新しい社会史、すなわち来たるべき世代に最高の洞察力を約束していると思われる分野のなかに、流れ込んでいた。[26]

プラムとスノーはその当時特有の用語にしたがって「社会主義者」としての自らの政治活動にしばしば言及しているものの、一九六〇年代はじめまでは——もっと急進的だった初期段階のあとで——ともにリベラリズムに強い関心を抱いていた。プラムは、スノーのように、自分は中心よりも左寄りに位置し、改革志向ではあるがマルクス主義者ではないと考え、英国ではヒュー・ゲイツケルとハロルド・ウィルソンを、米国ではジョン・F・ケネディを支持した。レスターからケンブリッジへという彼自身の旅路について言えば、プラムの信条の基礎は、勤勉な個人であり、彼もまた、理想の社会では個人が自らの可能性を実現できると信じていた。プラムが一九八〇年代にサッチャリズムを信奉したことは、彼の友人や同僚を驚かせることになったが、これは一つには、彼の一九六〇年代の政治活動が、近代化を目指す労働党の技術家主義の陣営——彼の友人スノーはこれの著名な代弁者だった——にしたがっていたからである。この政治的なヴィジョンは、彼らの歴史解釈（および歴史の著作）と一体となっていた。

スノーの「二つの文化」の主張がデビューを果たした年はまた、プラムの『サー・ロバート・ウォルポール——政治家の形成』が出版された年でもあった。[27] プラムはルイス・ネーミアの影響のもとで博士論文を仕上げていたが、その後、自分の仕事をネーミアへの挑戦と見なすようになった。[28] 彼の物語愛はネーミアの構造主義の歴史と対立し、彼はスノーに、「ネーミア派は私がやろうとしていることに強烈に反対している」と、打ち明けた。彼はその反対が正当な理由にもとづいたものであることを分かっていた。「私はネーミア派にとってまったく違うものを象徴しているのだ[29]」。スノーはネーミア流の歴史に対するこの敵愾心に共感したが、それは、ネーミアの統計分析が経年的な進歩を認めるのに失敗していたからである。[30] スノーはネーミアの影響力が挑戦を受けるのを見たいと思ったが、それは、彼の才能と方法が経年的な物質的条件の改善という事実の認識を邪魔していると、

すとしてすぐ

信じていたからである。[31] 歴史は進歩であるが、政治的自由よりもむしろ物質的条件の改善の展開なのだと見なすこの解釈は、「新ホイッグ主義」というレッテルを貼られるかもしれない――そして、ホイッグ党員が、イングランドの自由に対するローマカトリック教徒、スチュアート王家支持者、そしてフランスからの一連の脅威を乗り越えたように、新ホイッグ主義においては、繁栄の主体が反動的な敵から絶えず攻め立てられていた。リード講演で、スノーは、物質的条件の改善に対するこれらの敵は――いささか意外なことに――それまでの二世紀間の文学に造詣の深い知識人であるということを、明らかにした。

産業革命に対するこの楽観的な解釈が、『二つの文化』におけるスノーの論の中心だった。決然とした表現で――激しく異議を唱えられることになる表現で――スノーは労働者が熱心に産業化を歓迎したと主張した。「なぜなら、不思議なことにどこの国でもまったく同じく、貧しい人々は機会さえあれば、工場が受け入れ可能なスピードで土地を離れて工場へと移っていくのだ」。[32] 彼らはそれなりの恩恵を受けた、と彼は主張した。「健康、食糧、教育――産業革命だけが、それらを非常に貧しい人々にまでまちがいなく広めることができたのである」。[33] そして彼は、今日の課題は明白であると断言した。「というのも、ごまかしの効かない一つの真実があるからだ。産業化は貧しい人々にとって唯一の希望である」。[34] この評価を否定すれば、怪しげな政策を支持していることが明らかになると、スノーは信じていた。「産業革命は、上の立場から見るか、下の立場から見るかによって、大いに違って見えた」。そして、創造力豊かな作家たちはとくに産業化の恩恵を理解できないと判明した。「彼らの多くは震えあがって遠ざかった……ラスキン、ウィリアム・モリス、ソロー、エマーソン、ロレンスといった人々は、実際にはせいぜい恐怖の叫びにすぎないさまざまなことを、夢想しようとしたのだ」。[35] これらの叫びは、反動的な無理解をあらわにした。「知識人、とくに文学に造詣の深い知識人は、生まれながらのラッダイトだった」し、こうしたラッダイトの後継者たち、すなわち二〇世紀初頭のモダニストの作家たちは、その後の最悪の犯罪に連座した。「彼らが表象したすべてのものに影響されて、アウシュヴィッツがはるかに身近なものとなったのでは？」[36]スノーは『二つの文化』において、産業革命をその当時の道徳性のリトマス試験紙と見なす解釈を確立しようとしたのである。

## 「ニューレフトの申し子たち」

スノーは公的には、自分の敵を「文学に造詣の深い知識人」もしくは「伝統的文化」と呼んだが、個人的には、台頭しつつあるニューレフトを憎悪と努力のターゲットにした。彼はレイモンド・ウィリアムズに手紙を書いて、『ユニヴァーシティーズ・アンド・レフト・レヴュー』および『ニュー・リーズナー』へのかかわりについて尋ねたが、それらはまもなく合体して『ニューレフト・レヴュー』となった。これらの急進主義者のなかに顔なじみのタイプを見つけたとスノーは考えた。すなわち、悲惨な過去に対しては目をつぶり、現在の意義深い改革主義の政治からは引きこもっている、理想主義者の知識人である。彼は、こうした知識人たちの現代社会に対する批判であるととらえたもの――単なる「実存主義の不満」――と、実践的な政治活動に対する自分自身の好みは異なると考えた。[37]スノーは、すでにウィリアムズに与えていた忠告をくりかえし、ウィリアムズ（およびリチャード・ホガート）にJ・D・バナールの『戦争のない世界』を読んでくれるよう懇願した。「もちろん、今わかっているように、産業社会には多くの欠点がある」と、彼は書いた。「なすべきことは、それを正す方法を見つけることであって、絶対に存在していない一八世紀の神話のなかに自分たちがいると夢想することではない」。[38]この一九五八年の訴えは、六か月後のリード講演の主張を――そして言葉づかいさえも――先取りしていた。「産業化は今、これまでつねにそうであったように、貧しい人々の一つの希望である」。[39]今の世の中で意味ある変化を促すためには、最近の歴史によってもたらされた進歩を受け入れることが絶対に必要である、とスノーは信じており、彼の考えでは、ニューレフトはどちらの争点においてもまちがっていた。

一九六〇年、ノーマン・ポドレッツ――ニューヨークの知識人の新星で、『コメンタリー』の編集者に最近任命されたところだった――は、友人であるスノーに英国のニューレフトについて記事を書くようせがんだ。スノーは承諾したが、ポドレッツに、視野を広げてもっと一般的に革新的政治活動について考えたいと言った。これは、『ニューレフト・レヴュー』集団を含むだろうが、彼らに限定するわけではない。「簡単にわかることでしょうが」と彼は書いた。「私は彼らの多くには大して用がないのです。政治は単なる実存主義の不満の問題ではないし、主としてそうだということですらないのです」[40]。ポドレッツが記事のことで再度迫ったとき、彼の裁定は鋭さを増した。「私はここで、ニューレフトが流出させている多かれ少なかれ生半可なものを、ある程度読まなければならないでしょう」とスノーは書いた。「それらのことを考えれば考えるほど、どうしようもなく的外れなものに思われてなりませんし、それらは本物の政治に対して、野球のメジャーリーグとの関係程度のものしか持っていないのです」[41]。スノーは彼らの歴史解釈に対してとくに懐疑的だった。そして――ウィリアムズとホガートのことは尊敬していたものの――彼らをあの典型的なラッダイトであるラスキンやモリスから生まれた社会主義――F・R・リーヴィス経由で彼らがたどりついた伝統であると、彼はリッチモンド講演の二年以上も前に言及していた――の継承者と見なした[42]。

リーヴィスに用心したスノーは正しかった。一九六二年二月のリッチモンド講演において、リーヴィスは歴史を口実にしてスノーに真っ向から立ち向かったのだ。「[スノーは]歴史のことを何も知らない」と彼は宣言した。「彼はその「文学的教養」を生み出した文明の変化をまるでわかっていない」[43]。リーヴィスは、産業革命についてのスノーの解釈をとくに標的とした。「産業革命についての人間の歴史にかんして、その革命のなかで生じた人間の重要性にかんして……スノーがのん気に無知をさらしていると言っても言い過ぎではない」[44]。彼は、貧しい人々は喜んで土地を離れて工場に向かうというスノーの主張を否定した。「これは、もちろん、単に愚かな主張で、無責任で冷淡である……もしだれかが、現実の歴史は、人間の抱える問題全体の理解にとって重要であり、それとは比較にならないほど、そして痛切なほど、より複雑であると指摘すると、スノーはその人を「生まれながらのラッダイト」であると片づけてしまう[45]。彼は、そのような非難を許容できる階級物質主義を嘲笑した。「つまるところ、もしも生産性や生活の物質的水準、衛生的および技術的進歩の用語で語るのではなく、何か別の種類の事柄、例えば、人間の将来についての見通し、行動、そして対策——何か別の種類の懸念——が必要だと主張すると、ラッダイトだということになってしまう[46]」。だが、リーヴィスは「私はラッダイトではない」と言い張り、彼のリッチモンド講演は、スノーとその適格性とその論点に対する告発に等しかった——確かに道義的な判断なのだが、歴史という領域に照準を当てたものであった[47]。

リーヴィスの講演を、被害妄想のはみ出し者が感情をほとばしらせたものだと片づけてしまいたい衝動に駆られたものの、スノーとプラムには、リーヴィス以外にもこうした問いかけをして彼らに敵対する人々が大いにいるということが分かっていた。プラムは、リーヴィスをウィリアムズおよびホガートと結びつけ、彼らは皆「手工芸社会主義者——すなわちチェスタトンら、コールら、究極的には……モリスらであって、産業化に背を向けるために働き、たいていの人々と同じく自分たちの態度を歴史的に正当化しようと努め、そして、その正当性の根拠を——正しい判断基準に沿わずに——バーバラおよびJ・L・ハモンドに見出した人々——の危険な子孫」の伝統に連なる者であるとした[48]。そこで、彼らの反撃は、知的な意味でライバルの防波堤となっているものにねらいを定める必要があった。『スペクテイター』誌上の論争において、プラムは——歴史は文学であるというトレヴェリアンの主張を最近称賛したところだった——今や社会科学、とくに人類学、心理学、経済学を引き合いに出し、リーヴィスのロマン主義的な歴史の誤読を攻撃した[49]。一方、スノーはポドレッツに対し、「イングランドの社会史家たちは、彼らや私がこの地の一八世紀および一九世紀の社会状況についての誤読と見なした、ニューレフトの申し子たちが行なっているようなものに、非常にうんざりしているところです」と断言した[50]。彼がついに「二つの文化」に立ち戻ったとき、新しい社会史が舞台の中心を占めたのである[51]。

社会史のその後の考察

『二つの文化――その後の考察』は一九六三年一〇月に『タイムズ文芸付録』に掲載された。この論文は、歴史の解釈から歴史の方法論へという、スノーの戦術の転換を示すものだった。スノーは、すべてが人生の経験主義的な研究にかかわるさまざまな学問領域に広がる第三の文化が生まれつつあることに気づいた、と報告した。すなわち、社会学、人口統計学、政治学、政体、経済学、医学、心理学、建築――そして社会史である。スノーはすでにリード講演のときに社会科学に気づいており、その講演で、社会史や社会学の分野の友人たちは文学に造詣の深い知識人と同じ部類に入れられれば憤るだろうと認めた。[52]一九五九年には、スノーは、自分の主張が「二つの文化」という二分法のおかげで明瞭になることで恩恵を受けていると判断していたが、一九六三年には、彼の目標は支持者を結集することだった。「その後の考察」は「第三の文化」、とくに社会史に、かなりの注意を向けた。スノーは自分を批判する人々に対し、社会史家たちがこれを最後にきっぱりと問題解決できるよう、過去が黄金時代だと示す証拠を提出するようにと、恥知らずにも求めた。[53]産業化の効果についての彼らの研究――スノーはそれを「この問題全体の争点」と認定した――のためには、これらの歴史家たちが理系の同僚たちと接触を続けることが必要だった。[54]これらの歴史家たちは、スノーが七年前に社会史と結びつけたトレヴェリアンとは、かなり異なったやり方で仕事をした。彼らの方法は科学的で（たとえ科学そのものではなかったとしても）、スノーは彼らを、真実を愛する者、感受性よりもむしろ事実を分析する専門家、そして「飾り気はないが愕然とするほど雄弁な統計学の用語」に見出したものを伝える者だとしてほめたたえた。[55]その反対の側に立っていたのが、神話を広める者、嘘を言いふらす人々、そして「誤った社会史」を擁護する者、すなわち頑固に「五〇年前の典型」にしがみついている人々だった。[56]しかし、スノーは、とくにフランスの人口統計学者と英国のラスレットを引用しながら、情勢は新興の第三の文化に有利だと断言した。

ラスレットは、英国における定量歴史分析のもっとも野心的なプロジェクトを支える原動力だった。彼とE・A・リグレーは、まもなく人口史・社会構造史にかんするケンブリッジ・グループを立ち上げることになるが、そのグループはチューダー朝からヴィクトリア朝までの社会全体の出生率、死亡率、結婚の形態にかんするデータを集めるため、教会区記録を徹底的に調査していた。財政的援助を求めるラスレットの言葉は、そのグループが純粋に科学的だということを強調した。すなわち、彼らの方法は「組織的」で、彼らのテクニックは「統計的」なものとなるだろうということを強調した。ケンブリッジ・グループは英国でアナール学派に相当するものであり、産業化以前および産業化の最中の社会についての問いに答えるために、近代的な概念、テクニック、そして方法を使った。ラスレットは、彼らの発見が最終的にはケンブリッジや他大学のカリキュラムを変えることを望んでいた[57]。リーヴィスに対する反応を準備していたスノーは、この研究に心を奪われた。「ピーター・ラスレットを知っていますか？」と彼はジョージ・スタイナーに尋ねた。「私は今週の『リスナー』に載った彼の文章に非常に感銘を受けました[58]」。ラスレットによる方法論の革新にスノーが熱狂したのは、彼のイデオロギー上の立場と矛盾することではなかった。「私はここしばらくあなたに手紙を書こうと思っていました」と、彼はのちにラスレットに伝えた。「［あなたの人口統計学の研究は］あなたや私や私たちのような人々が今望んでいるどんな社会にとっても、絶対に必要な基盤だと思います[59]」。つまり、物質的進歩という事実を認め、その進歩が産業化のおかげであると考え、そして世界中にその両方を伝える社会である。この計画を進めるため、彼らはまず歴史にかんする議論に勝つ必要があった。

しかしながら、一九六三年、スノーの新しい支持者たちの見通しは暗かった。研究生たちにどんどん作業を進めさせるよう、彼がラスレットに促したとき、ラスレットは、自分には図書館助手が一人とボランティアが三人しかいないのだと答えなければならなかった。だが、彼らは補助金を申請しており、ラスレットは自分たちがスノーを照会先として使えるかもしれないと期待していた。[60] 翌年、彼らの申請は危機に瀕してしまった。ラスレットは自分たちが五千ポンドを受け取れる寸前だと確信していたが、実のところ、彼らはその三倍の金額を必要としていた。スノーはあいだに入ってくれるだろうか？「なぜなら、もし私たちが今グルベンキアンからの助成を得られなかったら」と、ラスレットは失意のうちに書き送った。「私たちが今ソーントンの達しているような点まで別の財団を奮い立たせるのに、少なくとも六か月はかかるでしょう。そのころまでにボランティア助手の支援を失ってしまうかもしれないし、財団からの支援がないということは、そのプロジェクトがよくないということだと、大学が判断してしまうかもしれません」[61]。次の選挙での労働党の勝利を予想していたスノーはすでに、党の教育と科学の担当者であるリチャード・クロスマンにラスレットを紹介しようと申し出ていた。[62] 今や彼は、ケンブリッジ・グループが財政的支援を受けることが一般の人々のためになるのだと主張して、ラスレットの最新の要望に応えた。彼はただちにグルベンキアン財団に手紙を送り、また、米国で資金を募ることを考えはじめた。[63] アメリカのお金には頼らなくても大丈夫だということは判明した。ラスレットがスノーに、グルベンキアン財団がケンブリッジ・グループに八千ポンドを授与したと知らせてきたのだ――彼らが望んだほどの額ではなかったが、ケンブリッジで地位を確立するには十分だった。[64]

この研究の最初の成果が、産業化以前の社会を取り上げたラスレットの画期的な研究『われら失いし世界』（一九六五年）だった。[65] 彼の発見が示したのは、初期近代の家族は拡大家族よりもむしろ核家族である傾向が強く、結婚の出現は歴史家たちが従来考えていたよりも遅く、予期せぬ流動性が存在したことを人口が証明しているということだった。彼はまた二つの前線で敵と相対した。すなわち、マルクス主義学者と、「印象派」の歴史家である。彼はすでに一九五八年に、カテゴリーとしての「階級」の死を宣言して、「歴史家にとって階級は廃れつつある。階級は急速に消滅しつつあり、他よりもイングランド経済史学者のあいだで消滅のスピードが速まっている」[66] と説明した。一九六五年には、マルクス主義に対する彼の忍耐力は限界に来ていた。『われら失いし世界』

は産業化以前の社会を論じるなかで、「階級」の有用性を否定し、二〇世紀の御託であるとして「疎外」を退け、名誉革命は社会革命ではなかったと主張し、産業化以前の社会と産業社会（封建社会や資本主義社会というよりもむしろ）のあいだに大きな歴史上の区切りがあると提唱した。ラスレットは、経験主義の研究がついにマルクス主義の枠組みを捨て去りつつある、と説明した。「もし可能であるならば、「ジェントリの台頭」を「中産階級の台頭」と注意深くならべて、時代遅れの歴史家特有のイディオムの膨大で、かつ増大しつつあるコレクションのなかに敬意を表しつつ配置するほうが、はるかにずっとよいだろう」(67)。印象主義の歴史家たち――文学的証拠に頼っている人々――は、ラスレットの手にかかってはほとんど成功できなかった。人口統計分析は、文学的証拠という誤解を招く断片に頼る代わりに、事実を基盤とする歴史的知識に論拠を置くことを約束した。例えば、花嫁の平均年齢という問題については、「シェイクスピアやその他の文学の資料による印象を、［証拠が］決定的に裏づけることはない。彼らの証拠は、この件について、組織的に人を誤らせると言わねばならない。表に示された事実を見るのが、もっともよいことなのだ(68)」。

表、事実、人口統計。つまり、『われら失いし世界』は歴史科学の新しい時代を告げたのである。マルクス主義のカテゴリーと文学的証拠を不要のものとした歴史は、ついに統計学、経済学、社会学、人類学とならぶ地位を占めたのである(69)。そして、その題名は失われた黄金時代への哀惜を示していたが、ラスレットは産業革命前の暮らしに厳しい証拠を突きつけた。すなわち、「産業の到来が経済的抑圧や搾取をともにもたらしたとは、示されえない(70)」。彼の説明によれば、私たちが失った世界では、乳児死亡率はより高く、平均余命はより短く、生活はより過酷だった――そして、産業だけが、二〇世紀に享受されている進歩を可能にしたのだ(71)。スノーは、『われら失いし世界』の最初の五章の草稿を読んで感動し、ラスレットに二日で二通の手紙を送った。彼がひそかに促進したのちに公的に是認した「第三の文化」がここに台頭してきており、マルクス主義とロマン主義に対抗して社会科学の道具を使っているのだ。だが、彼がラスレットの第一章の結論に疑問を投げかけたことは、彼の優先事項を思い起こさせてくれる。すなわち、科学のレトリックを用い、方法論を刷新し、近代化をアピールしてはいても、一九六四年時の新しい社会史に対するスノーの関心は、一九五六年時の昔の社会史に対する彼の好意的な言及と同じ衝動から生じたものだったのだ。科学的な社会史は、目的ではなく、目的に対する手段だった。つまり、産業の発展についてのリベラルな解釈を英国中の教室や講堂へと運んでいくトロイの木馬だったのである。

## リーヴィスのもう一つの「社会」史

一九六五年一二月九日の『タイムズ文芸付録』は、『われら失いし世界』についての荒々しい批評を特集していた。[72]「数の本」と題された書評の冒頭には、次のような宣言が掲げられていた。「歴史と社会学の婚約が発表されて久しいとはいえ、結婚式がすでに執り行なわれていたと知って驚く人もいることだろう……『われら失いし世界』は新しい科学のマニフェストである」[73]。それは、ラスレットの科学的な重要性をあざ笑い、社会科学の使用に異議を申し立て、文学的な資料の使用を擁護していた。書評家によれば、ラスレットの失敗は、フランスの歴史家が発展させた人口統計のテクニックを使用したことではなく、むしろ、そのテクニックを杜撰なやり方で使用したことだった。「新しい科学は、社会構造について、あまりにもしばしば月並みな、もしくは全体として不正確な発言を、引き起こしている」[74]。ラスレットは、「少し推測している」ことを責められ、「乏しいデータを不十分な方法で処理している」と罵倒され、証拠を扱う際に「専門的知識」や「客観性」を用いるのに失敗していると激しく非難された。[75] 表は分かりにくく、証拠書類は貧弱で、文章は校正の必要があった。このように批判は、ラスレットが自らの知的権威の基盤とした方法論の適性をターゲットとしていた。それは社会史に対する攻撃ではなく、違う種類の社会史——量的証拠を過大に要求するものではなく、文学的証拠の価値を退けるものでもない社会史――への呼びかけだった。匿名で書評を書いたのは、E・P・トムスンだった。[76]

トムスンは『われら失いし世界』はスノー卿を含む聴衆のために書かれたと述べたが、トムスンがスノーにふれるのは、これがはじめてではなかった。『エンカウンター』のコメンテイターたちが「二つの文化」問題にまじめに取り組んだ際、トムスンは、スノーの明確な記述のなかに政治的利害関係が埋め込まれていることに気づいた。「ヘロデ大王（リベラル）は、科学のためになる存在を装っているとき以上に退屈することはない」と、彼は一九六〇年に書いた。「NATO中心主義のイデオロギーの矛盾する特徴ゆえに、「二つの文化」が生じるのだ。つまり、一方は爆弾で武装した巨大なカイン、もう一方はおとなしくて敬虔で、攻撃に対して優雅な懺悔を表明しているアベルなのだ」。[77] 三年後、『イングランド労働者階級の形成』のなかで、トムスンは「二つの文化」をめぐる討論についてこう記した。「サー・チャールズ・スノーがわれわれに「不思議なことにどこの国でもまったく同じく、貧しい人々は機会さえあれば、工場が受け入れ可能なスピードで土地を離れて工場へと移っていくのだ」と語るとき、われわれはリーヴィス博士とともに「人間の抱える問題全体」の「現実の歴史は……それとは比較にならないほど、そして痛切なほど、より複雑である」と答えなければならない」。[78] リーヴィスとトムスンは、疑いの余地なく、文学への親近感を共有していた。すなわち、トムスンの学校時代の英語教師はリーヴィスの影響を受けており、戦後トムスンはケンブリッジで英文学を学んでいたのだ。[79] しかし、不一致の主軸が政治的である議論において、トムスン（社会主義的人道主義に傾倒している）とリーヴィス（社会主義に本能的に反感を抱いている）は、実際のところ、不思議な協力者だった。彼らは自分たちがスノーおよび科学的社会史に対抗して提携していると、どうやって気づいたのだろうか？

英文学講座における自分の基地から、リーヴィスはもう一つの社会史を提唱した。彼は、社会状況および歴史的変化を理解するための資料は教会区記録簿ではなく、偉大な作家たちであり、歴史家はこの比類のない一連の証拠に綿密な注意を払わなければならないと主張した。一九六六年、リーヴィスはコーネルとハーヴァードで講演した際、偉大な小説家であるディケンズは実は偉大な社会史家でもあると主張した。翌年、ケンブリッジでクラーク講演を行なったときには、小説家・歴史家の道筋をディケンズからロレンスまでの偉大な作家たちを含むものに拡大した。(80) リーヴィスの反物質主義者の世界観では、文学はどんな文明についてもその活力を測る最善の評価基準を提供してくれるのであり、歴史家は文学を研究することによって、ページ上の言葉を凌駕する考えにたどり着けるのだった。

人々が暮らし、その一部となっている一つの文明として、イングランドはこれこれの時代に何を提供したのだろうか？　われわれが現在から当時へと動いていくと、人間の可能性に対して――文明化された生活の潜在的可能性と望ましい状態に対して――どんな光が投げかけられるのだろうか？　現在よりも当時生きていた方がましだったかもしれないというのは、どんな点においてなのだろうか？　われわれは、歴史から集めたヒントによって、理想的な文明についてのどんな試験的概念を呼び起こされるのだろうか？(81)

これらの問いに答えるため、歴史家は、人口学者や統計学者のものとはまったく違う訓練と専門的技術を必要とした。すなわち、注意深く、感受性鋭く解釈する能力である。リーヴィスは、スノーに劣らず、歴史解釈とそれを達成するための方法論の両方を提供していたのだ。

次いでリーヴィスは、スノーを非常に興奮させたまさにその趨勢に落胆した。彼は以前、文学を本来資料であるものとしてではなく、むしろ装飾品として用いるトレヴェリアンの傾向に批判的だったが、にもかかわらず、尊敬と理解を胸にトレヴェリアンの作品を読んだ。(82) リーヴィスは、トレヴェリアンは社会史が文明全体の研究となる可能性を実証したのだ、と考えた（たとえ、彼が文学を証拠として使用する方法が、文学と歴史の関係を再構成する必要を証明するものであったとしても）。しかし、次の世代の歴史家たちは、道を誤ったように見えた。

リーヴィスは、産業化の帰結についてスノーの味方をしたということでプラムを激しく非難し、プラムはのちに、リーヴィスの嘲笑に耐え抜いた文明人の列に自分の居場所を見出した。[83] ハロルド・パーキンもまた不興を買った。すなわち、リーヴィスは、工場へと貧しい人々が移動していく点についてスノーとプラムに反論するために『近代イングランド社会の起源』（一九六九年）に出てくる証拠を用いたにもかかわらず、「正しい判断基準もないまま熱狂的に」産業革命を評価したとして、イングランドの最初の社会史の教授を厳しく非難したのだ。[84] Q・D・リーヴィスは、パーキンが、創造力に富んだ書き手の証言よりもジャーナリスティックな「事実」に特権を与えた歴史家の弱点を示していると考えた。[85] 彼女の夫が主張したように、歴史家は危険を覚悟で文学的証拠を無視したのだ。「人間性の研究は社会的人間性の研究であり、偉大な小説家と比較すれば、心理学者、社会学者、そして社会史家はその研究に携わってなどいない」。[86] スノーが望んだように、しかしリーヴィスが憤ったように、社会史家は心理学者と社会学者の集団に合流していたのである。

このように、リーヴィスの社会史批判は、社会科学に対する彼の主張の一部分をなしていた。このポジションは社会科学自体を拒絶しても活気づかなかった。つまり、結局のところ、Q・D・リーヴィスの『フィクションと一般読者』（一九三二年）はさまざまな社会学的分析を支持していたのであり、リーヴィスとその仲間たちは自分たちの方法を「人類学的文学」と呼んでいた。[87]『スクルーティニー』は、文学作品とそれを支える（もしくは禁ずる）社会とを結びつけ、まさにその瞬間に、文学は社会関係を表現していると解釈するマルクス主義者の傾向として提示したものに、抵抗を示したのだ。一九四〇年代初頭、ロンドン・スクール・オヴ・エコノミックスの学生たちを前にして、リーヴィスは、社会についての自分の概念は、（社会から個人を孤立させた）ロマン主義者と（社会の内部で個人を挫折させた）マルクス主義者のあいだのどこかに位置するのだと説明した。彼はこうした極端と極端のあいだに自らを位置づけようとし、個人はつねに社会の一部分であると認めつつも、その関係は感覚的で実利的なものというよりも、むしろ知的で精神的なものだ、と主張した。[88] リーヴィスは戦後、社会学、心理学、言語学の動向とますます敵対するようになった。これらの学問分野は、言語および科学であるという見せかけに身を包んで、詩人や小説家の洞察力と関係を断っているのだ、と彼は信じた。だが、リーヴィスの見たところ、とくに警戒すべきなのは、将来これらの社会科学によって自然科学に人間性を付して補完するものがもたらされるだろう、というロビンズ報告の内容だった。[89] リーヴィスは自分の主張をますます鋭いものに磨き上げ、ついにはスタニスラフ・アンドレスキーの『魔術としての社会科学』（一九七二年）を歓迎するにいたった。[90] だが、アンドレスキーのような批評家は残念すぎるほどまれであり、大学が社会科学に払う敬意は、生そのものに直面している恐ろしい苦境を裏づけるばかりだった。

しかし、「二つの文化」という二分法は、スノーの立場と同じくリーヴィスの立場もまたきちんとは説明できなかった。すなわち、リーヴィスはこの批評を、科学ではなく社会的なことに向けたのである。『二つの文化』において、スノーは個人の状態（孤独な死を迎える運命にあるがゆえに究極的には悲劇的）と社会の状態（集団的改良の余地が残されている）とを対比した。リーヴィスにとって、個人的なことと社会的なことというこの二分法は、後者から生気を抜き去ってしまい、抽象概念に、つまり、スノーやロビンズのような技術家政治主唱者に操られる集合体に、してしまったのだ。「スノー卿が用いているように」と彼は説明した。「「社会的な」という語を用いるとは、「社会」を評価してそれを生気のないまま放っておくようなものだ」。[91] リーヴィスは、社会についてのこの概念が、一七世紀から続くそれ自体の歴史を持っている、と信じていた。対照的に、彼は「社会」を、自分が「第三の領域」もしくは「人間世界」と呼ぶものにおける意見の一致と考えた。この一致は言語を通して可能になるが、言語自体が何世代にもわたる協力を織り上げた遺産だった。したがって、この協力はさらなる創造を可能にして生きた言語のうえに築き上げ、時間を超えてそれを伝達するのだった。「人間の生は個人の内においてのみ生きている」と、リーヴィスはロンドン・スクール・オヴ・エコノミクスの学生たちに語った。「社会が生きているのは個人の内においてのみだというのが真実であると、言うべきだったかもしれない」。[92] 個人から離れた社会などなく、それらを区分することが一七世紀のもう一つの嘆かわしい帰結なのだ、とリーヴィスは言っていたのだ。

このように、社会科学に対するリーヴィスの敵意は、現代文明に対する彼の批判の結果として起こったのだ。だから、リーヴィスとトムスンは、イデオロギー的な相違があったにしても、スノーと『二つの文化』に対して自分たちは共同戦線を張れると分かったのだ。リーヴィスの立場は、理想化された過去に基礎をおいており、彼は一九六〇年代に民主主義の潮流に反旗を翻してエリート大学を擁護した。トムスンが民主主義を擁護する社会主義者であったのに対し、彼は普通の人々に信頼を置いていた。だが、リーヴィスもトムスンも、スノーの事例は産業による文明によってもたらされた進歩に寄せるその楽観的な信頼に支えられており、だからこそ、彼らの批判は右からも左からも区別なくスノーに迫っていくのだ、と気づいたのだ。

## 結論

社会史に対するスノーの希望は、一九七〇年までに粉砕されていた。彼は「二つの文化」に対して最後にきちんとしたコメントをした際、「その後の考察」において発した経験主義の問いかけがいまだに未解答のままであることを、悔やんでみせた。歴史家は、産業化の恩恵を証明する代わりに、進歩という概念そのものを拒絶してしまったようだった。[93] 彼は別のところで、自分は歴史が科学とは異なることを学んだ、なぜなら歴史は「自動的に進歩的」というわけではないからだ、と説明した。つまり、科学は時の矢の向かう方向を定める役に立つのではなく、その方向を示すだけであり、その一方で、歴史の専門家は瑣末な重要性を詳細に研究することを好んで、物語にかかわることを放棄してしまったのだ。[94] しかし、スノーは希望を託すべき新しい分野が何であるかを見きわめていた。一〇年前、科学史が二つの文化の懸け橋として機能するかもしれないと彼は示唆していたが、彼の興味は今やおなじみのラインにそって移動していた。つまり、科学史は文化と文化のあいだの懸け橋としては心に訴えないが、歴史における進歩的な物語のための避難所を確かに提供してくれるように思われたからである(95)。したがって、一九六〇年代初頭、スノーは自分の進歩的な歴史解釈を裏づけてくれるだろうと期待して科学的社会史を支持し、一九七〇年代にはまさしく同じ理由で科学史に注意を向けたのだ。どちらの場合においても、スノーは自分の楽観的な見通しを学問分野というかたちで実現したいと望み、いずれの場合においても、このイデオロギー上の目標にとって、学問分野とその方法論は補助的なものであったのだ(96)。

この章は一九六〇年代の社会史の発展の一つの側面を検討してきた。その話は二つの部分、すなわち、社会科学的方法の発展（やり方の問題）および「生活水準」論争（内容の問題）から成っている。これら二つの発展は、産業化の問題にかんして、悲観的な批評家が質的方法を擁護する一方で、量的方法論の支持者が楽観的な歴史家と重複するほど、緊密につながり合っていた。以前の説明はこれらの二つの話を崩壊させる傾向があり、社会史をめぐる科学的楽観主義者と文学的悲観主義者のあいだの一つの争いを表わしていたが、これらの発展と「二つの文化」論争との交錯によって、その解釈は問題視されている。スノー、リーヴィス、二人のそれぞれの支持者は、産業革命の解釈をめぐって確かに衝突したが、楽観主義者／悲観主義者、および量的／質的という二分法と必ずしも提携しない方法で、そうしたのだ。このゆえにスノーは同類の楽観主義者J・H・プラムと協力し、二人とも文学に造詣の深いG・M・トレヴェリアンに共感したのだ。そして、このゆえにリーヴィスは悲観主義者のE・P・トムスンと協力し、トムスンはピーター・ラスレットを批判するにあたって「正確さ」「客観性」、そして「社会科学」の必要性を（議論したというよりもむしろ）引き合いに出したのだ。この章は、学問分野の傾向がイデオロギー的な傾倒に利用されて影響を受けやすいと判明した点を明らかにするために、学問分野の傾向をイデオロギー的な傾倒から解き放とうとしたものである。

## 5 国家「衰退」の高まり

### 衰退主義

戦後の英国の歴史家は、豊かさゆえの困惑に取り組んでいる。「豊かさ」というのは、近年の英国の歴史にかんして語られる可能性のある価値ある物語の豊富さという意味でもあり、また、そうした物語における富の所在という意味でもある。結局のところ、一九四五年以降、英国は多くの点でより繁栄した寛容な民主的社会となっており、歴史家は、その時期についてどんな物語を語るかを決めるにあたって、福祉国家が成立したこととそれにつづいて生活水準が向上したこと、大英帝国から欧州連合へと国際関係が移行したこと、あるいは女性やマイノリティ、労働者階級がますます多くの機会を与えられるようになったことを選ぶかもしれない。もちろん、もっと批判的な見方をするなら、いくつもの相反する物語、例えば、国家の効率という名のもとに福祉国家の衣の一部がはぎ取られたこと、国家の威信という名のもとに戦争国家が維持されたこと、あるいは国家のアイデンティティという名のもとに人種差別と外国人嫌悪が生じたことなどに、引きつけられるかもしれない。

だが、歴史家が語れる物語の数には限りがあり、戦後の英国の歴史記述は、国家の衰退を強調する傾向にある。一九六四年の『ニューレフト・レヴュー』に掲載されたペリー・アンダーソンの力作「現在の危機の起源」は、英国の経済的政治的立場が無気力な状態にあるというのはあまりにも明白な事実であって、英国史全体の再解釈が必要なほどだととらえた。[1] 衰退主義の歴史記述はその後数十年にわたって隆盛をきわめ、なかでももっとも目立っていたのがマーティン・ウィーナとコレリ・バーネットの仕事である。[2] アンダーソンは最近このテーマに戻ってきて、「世界のなかでの英国の落ち込み方自体は月並みなものと呼べるかもしれない」と指摘し、英国の精彩を欠いた転落とフランスが経験したもっと「華々しい失敗」とを比較している。戦後の英国の物語は、その衰退さえもが二流のものとなってしまうほど愚かしい物語の一つであるように思われるのだ。[3]

戦後の英国の歴史をめぐるこれらの説明で「衰退」がよく利用されたことを説明する方法は二つある。経済的に説明しようとすれば、衰退論は物質的な展開、例えば、世界貿易における英国の市場占有率の低下から生じている貿易不均衡や通貨危機を反映していると見なせるだろう。しかし、「はじめに」で論じたように、歴史家たちは少なからぬ数の前線でこの解釈に戦いを挑んでおり、今や経済史家のジム・トムリンソンが、衰退は、「例えば、「ジェントリの衰退」という考えを一六世紀や一七世紀を専門とする歴史家が今扱う際に持つのと同じ疑念を持って、扱われるべきだ」と勧告するほどである。[4] 対照的に、衰退が目立つことを文化的に説明しようとすれば、物質的な要因が重要であると認めるわけにはいかず、代わりに「衰退」を、経済的変化をめぐる解釈を自ら形成している政治的言説として、扱うことになる。[5] 相対的な経済的衰退という現実やその重要性についての意見が分かれているのとは対照的に、衰退のディスコース――あるいは、歴史家の使う用語を採用すれば、衰退主義――が戦後の英国文化のなかで異彩を放っていたというのは、否定のしようがない。しかし、もし衰退主義が単に経済成長を反映しているというのではないとしたら、そのような異彩を放つ位置を、戦後の英国文化のなかでどのようにして占めることになったのだろうか?

衰退についての議論は実際には一九六〇年代に広がり、建前としては科学に造詣の深い知識人と文学に造詣の深い知識人の関係を扱っている「二つの文化」論争においてさえも、表面化していた。そこでこの章では、C・P・スノーとF・R・リーヴィスを、二人の論争とイデオロギーが英国の経済的および国際的地位についての国民的議論と重なり合うがゆえに取り上げる。程度の差こそあれ、スノーもリーヴィスも国家の衰退の問題に自分の主張を結びつけたが、その方法は、衰退主義が、相反する――実際のところ正反対の――目的のために利用されうるような順応性の高い一連の仮定や懸念をいかに与えるかを明らかにするものだった。つまり、衰退主義は、戦後の英国の文化政策においてさまざまな立場を主張する者たちに雄弁な武器を提供したために、一部で隆盛をきわめたのだ。(6)

## 英国のどこが悪いのか？

英国が第二次世界大戦後に自信を得ようとあがいたというのは、驚くほどのことではないだろう。この物語のあらましはよく知られている。すなわち、戦争が終結すると、米国は突然軍事物資の貸与をやめて非常時公債をしぶしぶ英国に貸し付け、その後まもなくアメリカ人は、共産主義の牽制とトルーマン・ドクトリンおよびマーシャル・プランによるヨーロッパの発展という二重の重荷を負ったのだ。そうこうするうちに、クレメント・アトリーの労働党政府は、インドから撤退する一方で核兵器の開発を決定し、パレスチナをあきらめ、福祉国家を築き上げていった。この国の内外での物語の描く軌跡はよく知られており、続いて一九五〇年代には、ウィンストン・チャーチルが米国とソ連とに相対して正直者の仲介人を演じようとむなしい努力をし、アンソニー・イーデンが悲惨なスエズ干渉を行ない、そしてハロルド・マクミランが帝国から連邦への転換を受け入れた。

だが、このように展開したにもかかわらず、大衆レベルの証拠もエリートレベルの証拠も、衰退が着々と進むという物語を込み入ったものにしている。一九五一年、英国祭のプランナーは、国家の将来についての当世風で楽観的で科学的な見通しを後押しし、一九五三年の女王エリザベス二世の戴冠式は、国家の隆盛が続いていく――実際には復活した――ことを祝う機会を提供した。(7) スエズ以後でさえ、多くの英国人はまだ自分たちの国の国際的な名声、とくにヨーロッパの仲間たちのなかでは先頭に立っていることを、誇りに思いつづけていた。ケネス・モーガンは、英国が軍事的および産業的に大国のままであるかのようにモスクワはふるまいつづけ、スエズの屈辱をへてもなお三年以内の再選に向かう保守党の順調な歩みは止まらなかった、と指摘している。保守党の英国は、「かつてこれほどまでによい時代はなかった」というマクミランの有名な演説が賞賛しているように、豊かな英国だった。[8] 重要な点は、海外諸国の発展にともない衰退にかんする議論が盛んになる場面が増えていったのに対して、発展そのものにおける、そして発展そのものをめぐるそうした議論は、自動的に生じたわけではなかったということである。

　分かりやすい経験の直接の結果ではないとしたら、衰退という概念は一九六〇年代初頭の英国文化において、どのようにしてあれほど目立つことになったのだろうか？　ここで、「衰退主義」「経済的衰退」、そして「国家の衰退」という三つの概念を区別しておく必要がある。衰退主義は、英国の経済的および国際的地位の変化にかんする不安を表現したもののことであり、またごまかしたもののことである――それはある文化現象に対して歴史家が使う用語であり、同じ考えに言及する方法としては、ほかに、衰退をカギカッコに入れる（「衰退」）というものがあるだろう。国家の衰退は戦後期以前から存在する概念で、何度も議論の俎上に載せられては、たちどころにもっと漠然としていて、かつ根強い概念となっていき、とりわけスエズ以後は、帝国の退却と大いに共鳴した。しかし、この国家の衰退の感覚は、経済的衰退、すなわち、一九五〇年代末までは政治上の議論においてあまり目立つことのなかったもっと具体的な主張とは、いくぶんか異なっている。トムリンソンは、この概念が現実味を帯びたのは、ただ単に経済活動および政府の活動に対する評価が進展したからだ、と説明している。[9] 消費者インフレや賃金上昇のような指標は、国家の経済活動を比較する新しい方法を提供してくれたが、一方、成長が雇用に取って代わって政府の活動の重要な指標となった。アナリストがこれらの基準を受け入れた――受け入れたこと自体が経済が活況を呈していることの証拠となっている――おかげで、一〇年前には不可能だったやり方で経済的衰退について考えられるようになった。つまり、逆説的に言えば、経済的衰退という概念が二〇世紀の最初のほうのどこかで浮上し、その開始の時点よりも経済的によい状態へといたったのだ。[10]

しかし、経済的衰退は、計量可能であるのに加えて、もっともらしくもあるように見えなければならなかった。「衰退」のもっともらしさのある部分は、経済的衰退についてのこうした新しい懸念を国家の威信にかんするもっと古くからある問題に接ぎ木した結果、生じた。したがって、相対的な経済的衰退は、もっと深遠な問題の証拠として提示され、二つの概念が合体して一つの現象、すなわち国家の衰退に一本化されることになった。一九五六年のスエズ紛争から一九六四年の労働党の勝利までの期間、この不安を嘆く声が、ペンギン社の「英国のどこが悪いのか?」シリーズ、アンドリュー・ションフィールドの『戦後英国の経済政策』(一九五八年)、マイケル・シャンクスの『ゆきづまった社会』(一九六一年)、ブライアン・マギーの『新急進主義』(一九六二年)、アンソニー・サンプソンの『英国の解剖』(一九六二年)、そしてアンダーソンの「現在の危機の起源」(一九六四年)に満ちあふれていた。[11] こうした書き手たちにとって英国が深刻な危機に直面していることに疑いの余地はなかったが、彼らの診断や処方箋は多岐にわたりすぎていて、同じことを論じていたとはとても言えない。もっと「科学的な」歴史(前章で論じたもの)を求める声が高まるにつれ、「衰退」には非常に説得力があると判明し、さまざまな立場——過度の国際的軍事拡張に対するションフィールドの批判から、シャンクスによるションフィールド批判にいたるまで——と結びつけられてしまった。それぞれのケースに共通する基盤は、英国の何かが悪いのだという仮定だった。この嘆きはあまりにも世間に浸透していて、一九〇〇年以来ずっと右肩下がりの五本の線からなる「「英国のどこが悪いのか」を示す多目的グラフ」——何を計測しようとしてもますます悪くなっていくばかりに違いないということをほのめかしている——が、『プライベート・アイ』に掲載されてしまうほどだった。[12] 衰退主義者の熱狂は一九六〇年代の半ばまでにピークに達したが、それ以前から公的な言説に消し去ることのできない痕を残していた。[13]

衰退主義の発言のなかでもっとも影響力を持ったものの一つは、『エンカウンター』誌の特別号というかたちをとって現われた。一九六三年七月号の『エンカウンター』が、そっくり「国家の自殺？」という一つの話題に捧げられた。アーサー・ケストラー——ハンガリー生まれで英国に亡命した作家——がそのテーマを編集者たちに提示し、彼らはそれに応えて、自らその号を編集するようケストラーを招いた。彼は英国が直面している危機について話し合うため、一七人の書き手に協力を求めたが、そのなかにはマルコム・マガリッジ、シリル・コノリー、ジョン・ヴァイジー、そしてシャンクスとションフィールドもいた。巻頭論文で分析に使う用語を定義したケストラーは、英国の衰退は経済的なものであって、帝国にかんするものではなく、その原因は文化的なものであって、構造的なものではないと主張した。「自殺」は妥当な用語だった。なぜなら、英国は——かつての帝国の権力の修正を余儀なくされるというどころではなく——自らの手で死にいたりつつあるというコンセンサスが得られていたからだ。「英国を苦しめているのは帝国を失ったことではなく、発奮材料を失ったことだ」とケストラーは断言した。(14)

その号が進行するにつれ、因襲的な権力機構に対する告発は勢いを増した。英国は実力主義社会ではなく、「凡人が評価される組織」であり、専門家が管理しているわけではなく、素人によって支配されていた。(15)掲載論文は、教育、工業、政府を近代化し、それらからこうした好事家を一掃し、その穴を専門家で埋めることを要求した。ヘンリー・フェアリーとマルカム・マガリッジがこのコンセンサスに異を唱えると、ケストラーは彼らのその号への寄稿論文は「非貢献論文」だと片づけてしまい、彼らの論文こそまさに問題である類の考えの例示となっているとほのめかした。(16)彼は結論部分で、「青写真」「科学者出身の行政官《テクノクラート》」「効率」(「洗濯機」や「洗剤」は言うまでもなく)が「攻撃するスローガン」として取り沙汰されるような文化の発展が問題なのだ、とくりかえした。代わりにケストラーが読者に説いたのは、避けがたい現実を受け入れることである。つまり、「かたちが見えつつある新しい構造は、管理者、科学者出身の行政官《テクノクラート》、公的なプランニング、クロム、モーテル、そして高速道路でできた社会なのだ」[17]。将来への道筋ははっきりとしており、唯一の問題は、その道を英国が選ぶかどうかだった。

「国家の自殺？」は、テクノナショナリズムを信奉する近代化への深く広範囲にわたる強い関心を、明確に示していた。「テクノナショナリズムを信奉する近代化」とは、国家が何を成し遂げられるかは科学技術の発展にかかっているという信念のことであり、その発展だけが、国内の繁栄と国際的競争力に不可欠な社会と経済の近代化を促すことができるというのである。科学者エリートおよび技術者エリートの訓練の場となるチャーチル・カレッジの設立は、それを熱狂的に受け入れた国内のメディアが国家の復興と科学技術とのつながりを確信していたように、こうした前提の一つの所産だった。一九六三年のロビンズ報告は、似たような前提を頼みとしており、大学制度が拡大して、国家の競争力への貢献を約束することにより、途切れることなく科学と科学技術に対する新しい方向づけを行なうことを正当化するものだった[18]。二年後、物理学者のR・V・ジョーンズはBBCでこうした見解に賛成した。「植民地が独立して、われわれにとって便利な市場およびわれわれにとって便利な供給源が消滅してしまった。科学と科学技術が回復の中心になることが、われわれの期待するところである」[19]。一九五〇年代の英国の、おそらくは沈滞した景気動向に対する懸念から生まれた衰退主義は、近代化への広範囲におよぶ傾倒を活気づけた――そして、ヒュー・ゲイツケルおよびとくにハロルド・ウィルソンが率いる労働党以上に、この時代精神と近づきになったものはなかった[20]。

## 白熱

科学を近代化しようという運動の政治的な潜在能力は、トニー・ベンの事例によって証明された。一九六〇年一一月にスタンズゲート卿が亡くなったのを受けて、ブリストル・サウス・イースト選出の若くてハンサムで穏健派の下院議員が父の称号を受け継いだ——そして、たちどころに下院から出ていくよう命じられた。一九五〇年にはじめて下院議員に選出されたベンは、すでに称号に対する自分の権利を放棄しようと試みていたが、上院議員たちは彼の申請を拒絶した。そこで、一九六一年、彼とその支持者は「ブリストル・キャンペーン」を開始し、世襲の貴族は下院議員になる資格がないという決まりに異を唱える請願書を配布した。[21] ブリストル・キャンペーンが議会の手続き以上の副産物をもたらしたことは、すぐに明らかになった。つまり、ベンから資格を剥奪した決まりは、請願書で「今日の英国のより深い倦怠感、すなわち、われわれの現代の生活への適合の失敗、将来に対するわれわれの心配、そして過去の栄光の心地よい残照のなかに生きたいというわれわれの嗜好の象徴」であるとされた。彼のキャンペーンは、実のところは「近代化擁護論」をめぐるものであり、「その世界的な背景は科学的、経済的、そして政治的変化」だった。古い決まりに対するベンの異議申し立ては、数歩歩みを進めて、「今や人類にとって可能となった信じがたいほどの科学上の機会を実地に応用する」ための戦いとなっていたのだ。ブリストル・キャンペーンは闘争の条件の幅を広げ、個人的な問題を国家の危機へと高めた——そしてこれは、ベンがスノーに打ち明けたように、意図的な戦略だった。「私たちはキャンペーンを拡大して、今日の英国で時代遅れとなっているあらゆるものに対する攻撃にすることを計画しているのです」[22]。戦いは二年以上も続き、最終的には成功を収め、一九六三年の春、ベンは——称号を放棄して——意気揚々と下院に戻ってきた。ブリストル・キャンペーンは、衰退に対する嘆き、近代化の要求、そして科学上の機会を求める声をつめこんだ政治的なパンチを、実地にくりだしてみせたのだ——この教えを、当時三回連続で敗北を喫してよろめいていた労働党のリーダーたちは無駄にしなかった。しかし、その後のキャンペーンには一つ決定的な違いが生じることになった。つまり、ベンが、ウィンストン・チャーチルの署名と保守党員および自由党員の黙認を振りかざして政治的に広い範囲から支援を受けたのに対し、労働党の手にゆだねられると、近代化は単独の党の領分として提示されることになったのだ。

労働党の選挙の見通しは、新しい指導者のヒュー・ゲイツケルのもとでよくなっているようだった。民主社会主義の中道派キャンペーンは選挙母体に浸透しており、ゲイツケルは一九六一年の党大会で核軍縮の提唱者たちをかわしていた。彼は翌年ずっと次期首相の役割を演じるのに成功していたが、一九六三年一月に突然亡くなってしまった。彼の跡を継いだのが、かつてオックスフォード大学の経済学者だったハロルド・ウィルソンだった。ウィルソンは、国有化、課税、一方的軍縮論などをめぐる言い争いが起こりがちな党を引き継いだ。ゲイツケルは党の右寄りの立ち位置を占めることで、これらの対立を解決していたが、ウィルソンは社会主義と科学という財産を融合させることで、それらを超越することを好んだ。彼は自分が統計学者協会のメンバーであることを自慢した――保守党において彼と同じ立場にある第一四代ヒューム伯爵がマッチ棒を使って計算をしていると告白したことで有名なのとは、偶然にも対称をなしていた。ヒューム自身はスキャンダルに揺れる政権を最近引き継いだばかりだった。そのスキャンダルはセックスとスパイの安っぽい事件で、マクミランがジョン・プロヒューモの否認を受け入れたのは、時代遅れの紳士的な価値観の香りを漂わせることであった(23)。もしもウィルソンの思いどおりになっていたならば、保守党か労働党かという選択は、貴族か科学者出身の行政官《テクノクラート》か、伝統か近代化か、過去か未来か、という選択となっていただろう(24)。

　ウィルソンは英国政治史上もっとも有名な演説の一つである一九六三年一〇月一日のスカーバラにおける労働党大会での挨拶で、この印象を強固なものとした（まさにベンの勝利、ロビンズ報告、そして「国家の自殺？」の年であることは、偶然ではない）。彼は話を始めるにあたって、英国が将来に向けて準備をするには科学と社会主義が融合すべきだという、四年前に自分が呼びかけたことをもう一度語った。直線的歴史モデル上に階級の言語を巧みに表示しながら、彼は保守主義者に旧弊な貴族の役を、社会主義者に進歩的な能力主義者の役を振り当てた。つまり、保守党員は「名門出身者ネットワーク」という国際的なシステムを考え出したが、実のところ今得ているよりも大きな地位を今後得ることになる国などなかったし、保守党員は自分たちが「紳士」の国を率いていると思っていたが、本当は国際的「テロ活動家たち」に直面していたのだ。[25] 世界は科学と科学技術の進歩の時期に入っているが、そこでは生産性の増大を約束する科学技術が、まさに雇用を減少させると脅かしているのだと、ウィルソンは語った。私企業にはこうした発展に対処するだけの力がないと判明したが、社会主義者のプランニングにはあるのだ。そこでウィルソンは科学のための四点から成る計画を準備したが、それにはもっと多くの科学者を教育すること、彼らを国内に引き留めること、彼らを産業界のなかに配置すること、そして彼らの潜在能力を最大限に活用することが含まれていた。彼の計画は、門戸の開放から定員増加にいたるまでの教育の変化を要求するもので、それらは科学省だけが成し遂げられることだった。そこでウィルソンは、社会主義をこの科学革命、言いかえれば、根本的な変化を命じる革命という角度から提示しなおす必要性について語った。すなわち、「この革命の白熱のなかで作り出されようとしている英国には、限定的な働きや時代遅れの方法が存在する余地はない[26]」。科学革命の白熱は、特権や血統や過去には適さないと証明されるだろうと、ウィルソンは宣言した。

　翌年の労働党マニフェストの『ニュー・ブリテン』は、『エンカウンター』のケストラーと、スカーバラのウィルソンの結合体のように読めた[27]。「無駄になった一三年間の衰退」を反転させる必要性を主張し、「名門出身者ネットワーク」に非難をあびせかけ、近代化と科学技術と――とくに――プランニングを組み合わせることを通して、英国に「科学時代」の最新の情報を知らせると誓ったのだ[28]。マニフェストのしめくくりはすべて大文字で書かれた誓約で、英国人を、「**国家のためという意識を持ち、社会的正義の広がりが目に見える拡大しつつあるコミュニティで繁栄している、進取的な人々**」にするのだ、というものだった[29]。それを目にして良さに気づいた保守党員たちは、科学と近代化の魅力を自分たち自身の大義に利用しようとした[30]。だが、最終的に、彼らの遅きに失した努力は目標におよばず、一九六四年一〇月、労働党は一九五一年以来はじめて議会で多数を占めた。

　このように「衰退」は、一九五〇年代後半から一九六〇年代初頭にかけて、その時代の英国の中道・左派の批評家を利するために使われたレトリックの武器として、全盛をきわめた。衰退主義の批評家は、英国は名門出身者の陰謀によって使いつぶされている、名門出身者たちは世界中の産業を変化させている科学革命に対応することができないのだ、と言い張った。英国は、マッチ棒を使って計算を行なうアマチュアの紳士の代わりに、科学と科学技術の専門家を必要とした。これは、英国ではこれまで科学や科学技術が賞賛されたことがないと示唆しているわけではなく、むしろ、過去から受け継いだ科学や科学技術とのかかわりが、いまや専門家による野心的な近代化のプログラムと結びついていたのだ。(31) ある言い回しを適用すれば、一九五一年の英国祭から一九六四年のハロルド・ウィルソン率いる労働党の勝利にいたるまで、英国文化は技術家主義の革命の白熱のなかで作り出されていた。スノーの一九五九年のリード講演は、まさにこうしたテーマを前進させたのである。

## 権力の回廊

スノーはたえまなく、経済、教育、そして統治にかんする制度が劇的な変化を遂げない限り、衰退が差し迫ってきて英国を脅かすだろうという警告を発した。この判断ゆえに、彼は、アーサー・ケストラー、アンソニー・サンプソン、そしてペリー・アンダーソン（ほかにも大勢いるが）といった、英国の社会と制度を対象としている他の批評家たちの仲間入りをしたのだ。スノーの手の内では、衰退でほぼすべてのことの説明がつくようだった。例えば、急進主義の知識人のある世代が保守的な傾向を見せつつあることを説明しようと試みるなかで、彼は、この「変則的な右派」は、「その外因的な力が外界に比例して衰えつつあるのに際して、内部はより整然としつつある」社会民主主義の産物であると、結論づけた。(32) またあるときには、原子物理学者の一団を共感を込めて描き出すなかで、スノーは衰退を、人々が耐え忍んだ経験としてではなく、英国の科学者と行政官の努力のおかげで回避された障害だと表現した。(33) そして、その合間で衰退は、スノーが現在の改革を鼓舞するために過去の帝国を引き合いに出し、英国は「自分たちが荘厳なスペインの黄昏のなかにいると思い違いをする危険にさらされている」と説明するにあたって、「二つの文化」との関連で浮上した。[34] だが、スノーはたいてい、もし一定の改革が実現されなければ英国に降りかかるであろう運命に警告を発するため、衰退を援用した――そして、スペインやスウェーデンに定期的にふれるものの、ヴェネツィア共和国が彼のお気に入りの事例として挙げられる傾向にあった。[35]

スノーは、技術家主義にもとづく近代化プログラムのために衰退を利用することにし、「国家の自殺？」チームと同じやり方で英国の歴史と文化を読み解くことに賛成した。両者はともに、英国の経済、社会、政治の構造を一変させ、紳士的な行動規範に代わって専門家の高度な知識を取り入れる必要があると信じていた。科学者出身の行政官についての親愛の念にあふれる文章のなかで、スノーは、「どんな技術協会であろうとも、何らかのもっとも困難な仕事を行なうために必要とするのは、そうした恐ろしいほど知的で、創意工夫に富み、抜きんでた力を持つ男なのだ[36]」と語った。そのような男たちに託せば恩恵を受けることができるだろう。つまり、「長い目で見れば、管理社会こそ人間にとって社会の希望の最善の源なのだ[37]」。スノーにとって、管理社会は単なるファンタジーではなかった。彼は、ハーウェルにある核施設のような、有能で私欲のない技術者によって運営される大規模な科学の機関は、理想社会が実現した姿なのだと信じていたのだ。[38] これはもちろん政治的なプログラム――第一章で論じた「技術家主義のリベラリズム」――だったが、プログラムのもっとも重要な要素は、政治活動を否定しているところだった。つまり、科学者出身の行政官が誇っていたのは専門的知識であって、イデオロギーではなかった。だからこそ、スノーはソヴィエトの官僚とアメリカの管理者にさしたる違いはないと考えたのだ。彼らは皆、現代社会の複雑な構造を通して大きな問題を解決しようという、まったく同じ仕事に携わっていたからだった。

スノーは自著において、この「官僚気質の男」の世界を探究した。官僚気質の男の第一の特質は物事を処理することであり、物事を処理するには、連携し、権力構造をあやつり、そして――とりわけ――そのゲームを理解することが求められた。スノーが自らを政治の達人と考えたのは（そして他の人々からそう考えられたのは）、彼が「閉ざされた政治」と呼んだ、この意味においてである。閉ざされた政治は合理的で実利的だったが、予測不可能で不安定であるとも判明した。連携するのは骨の折れることであり、理解不可能な行動一つで実行されえないこともあった。定義上、閉ざされた政治が広く大衆を頼みとすることはない。むしろこれは、権力を持ち最終責任を負う専門家の政治だった。こうしたことが、一九六〇年にハーヴァード大学でスノーが行なったゴドキン講演のテーマであり、その講演は、第二次世界大戦中にチャーチルの科学アドバイザーを務めたチャーウェル卿を主人公とする警告的な話だった。チャーウェルは権力を独占することに成功したものの、生死の問題ではあきれるほどひどい判断を下したと、スノーは論じた。スノーが共感を示したのはチャーウェルのライバルのヘンリー・ティザードだったが、彼の総合的な論点は、だれかただ一人の「科学の大立者」の台頭によって生じる危険性――問題を理解している専門家と決定を下す政治家とのあいだで深まる溝から出てきた問題――にかかわっていた[39]。

スノーは、彼のもっとも期待された小説である『権力の回廊』（一九六四年[40]）において、こうした問題を検討した。物語の主人公は、一九五〇年代後半の下院における保守党期待の星の議員ロジャー・クワイフである。クワイフの同僚たちは、彼が好機をうかがっていつか役職に就くこと――ひょっとすると最高の地位に就くこと――を期待している。だが、クワイフは行動力のある人物で、専門の科学者と相談し、それから公務員の協力者を確保したのち、英国の核兵器の放棄を究極の目標とする入り組んだ計画に着手する。スノーが執筆していたのは核兵器廃絶運動（CND）が開始された直後であり、そのタイミングは意図的なものだった。つまり、スノーは、CNDの目標に必ずしも反対というわけではなかったが、御しがたい社会運動の結果としてではなく、権力の回廊内での節度があり信頼できる駆け引きの結果として生じた、建設的な政治活動を示したかったのだ[41]。だれかが行動を起こす可能性はわずかばかりであったが、スノーにとっては、運動が成し遂げられるには一人一人の小さなひと押しがありさえすればよかった。「私はときどき、自分たちのだれにせよ決定を下すにあたってどれだけの自由があるのかと、思いをめぐらします」と、ある時点でクワイフが問いかけた。「つまり、政治家のことです。自由の限度は、世間一般で思われてきたほどは厳しくないのだろうか、と思うのです[42]」。専門の技術者、科学の知識、そして官僚機構の世界では、大衆に受けのよい民主主義は無意味なものとなりつつあった。クワイフが小説のクライマックスにおいて下院で述べたように、「われわれが取り組もうとしている問題は非常に困難なものです。あまりに困難すぎて、この国の人々の大半は——大体において少なくともわれわれと同じくらい知的な人々は——理解への一歩を踏み出すことができないのです[43]」。人々が無知だと仮定すれば、下院議員の役目は明らかだった。「われわれは人々のために語ろうとしているのです。われわれは多くのことを引き受けています。われわれは絶対にそれを忘れてはならないのです[44]」。クワイフが同僚にうったえているのは、専門家についてのスノーの信条だった。つまり、問題は複雑であり、解決策は入手可能であり、責任は重大だというものである。しかし、最終的には、クワイフのすぐれたスキルをもってしても議会の惰性にはかなわないと判明する。スノーの手によるもっとも魅惑的な場面の一つで、クワイフは——非常に重要な決議で敗北を喫し——うつむいて、雨あられと降りそそぐ「辞職しろ！　辞職しろ！」という怒号を無視し、議場を後にする[45]。スノーのメッセージははっきりとしていた。すなわち、権力の回廊内で働く個人だけが何かを成し遂げることができるが、そのような個人でさえ、多くを成し遂げることは期待できないのだ。

社会学者のエドワード・シルズによる書評は、『権力の回廊』に理解を示すもので、スノーの作品中に抑えつけられた強い不安があることを明らかにした。民主主義者のスノーはおそらく閉ざされた政治に警戒心を抱いているが、明らかにそれに魅了されてもいるのだ、とシルズは記した[46]。一九五〇年代後半および一九六〇年代初頭、政治解説者は次第に当事者の色合いも増していった。さまざまな出来事が起こり、シルズが明らかにした強い不安が前面に押し出されたが、その過程で彼の意見が思い違いから生じているのだということが明らかになった。言いかえれば、閉ざされた政治に魅了されてはいたものの、スノーは必ずしも民主主義者ではなかったのだ。

## ゲイツケル・グループ

歴史家たちは長らく、「白熱」、すなわち、労働党は科学と近代化の政党だというハロルド・ウィルソンの位置づけの起源を、突きとめようと試みている。ケネス・モーガンは、一九一四年以前のフェビアン協会員の社会科学的分析に、そして若きH・G・ウェルズの科学的ユートピア主義にもまた、先駆者を見出している。[47] ゲイリー・ワーズキーは、ジョゼフ・ニーダム、J・B・S・ホールデン、ランスロット・ホグベン、ハイマン・レヴィといった一九三〇年代の科学的社会主義者に注目し、鍵を握る著作はJ・D・バナールの『科学の社会的機能』（一九三九年）だとしている。[48] 他の候補としては、ソリー・ズッカーマンの一九三〇年代の会食クラブ「トッツ・アンド・クオッツ」や、戦後の科学者協会などがある。だが、もっと直接的な先駆けは、一九五六年から一九六四年にかけて著名な科学者と労働党の古参政治家のあいだで開かれた一連の私的会合に見出すことができる。こうした会合はマーカス・ブラムウェルの頭脳の産物であり、バナールやジェイコブ・ブロノフスキー、ソリー・ズッカーマン、パトリック・ブラケットといった科学者、それにハロルド・ウィルソン、ジム・キャラハン、そしてリチャード・クロスマンなどの政治家がメンバーだった。労働党党首のゲイツケルは当初から参加しており、その集まりは「ゲイツケル・グループ」として知られるようになった。[49]

ゲイツケル・グループの最初の会合は、一九五六年七月一七日にロンドンのリフォーム・クラブで行なわれた。ブラケット、ブロノフスキー、ズッカーマンといった科学者がきら星のごとく居ならび、キャラハンが労働党の影の内閣の科学担当者として出席した。[50] ブラムウェルが会合の議題を定める文書を準備したが、その「労働党と科学」という文書の説明によれば、科学および科学技術に資金を提供し方向づけを行なうことに失敗したために、英国の産業は駄目になったのだった[51]。さらに、英国の科学は資金不足で、人員不足で、誤った方向に向かっており、組織立ってもいないと、説明は続いた。五つの目標、すなわち、基礎研究を支援すること、科学と経済を結びつけること、より多くの人々に一般理科教育を行なうこと、そして国際的な科学に貢献することにより、この問題は修復の方向に向かうことだろう。グループは、この最初の会合後、一九五八年夏までのあいだにもう一度集まり、そこで労働党の政権奪取を手伝うことに焦点を当てはじめた。一九五八年六月にブラムウェルがスノーに近づいたのは、彼らの政策プログラムを選挙用に組み立てなおすことに目を向けたからだった[52]。

科学は社会主義としか共存しえないというのがスノーの返答だった。そして、一九五八年六月以降、彼はゲイツケル・グループのメンバーとして意欲的に活動しはじめた[53]。九月には、さらに選抜されたグループであるシニア科学者グループとの会合も開始し、（文官採用に携わってきた経験豊富な科学者として）人的資源、および（成功を収めた小説家・解説者として）コミュニケーションの問題に焦点を当てた[54]。科学者たちは未来の労働党閣僚たちが科学について決定を下す際の手引きとなる文書の草稿を書きはじめたが、それは「科学および科学技術に携わる人的資源」「基礎科学」「科学と産業」「民間の研究開発」、そして「政治機構」に取り組むものだった。スノーは人的資源を扱う文書を執筆したが、その冒頭は「科学者、エンジニア、科学技術者、専門家の必要性についてのかつての見積もりはすべて、結局のところ著しく控えめなものであったと判明した[55]」というものだった。科学と専門技術の進歩のためには、優先順位と財源を根本的に変える必要があり、英国の学校における専門化に終止符を打たねばならないと、スノーは続けた。世界は原子力からオートメーションへといたる科学革命を経験しているところであり、ニーズに応え、難問に対処し、好機をつかむには、訓練を受けたスタッフの数をもっと増やす必要があった。英国には科学および科学技術の課程がもっと必要であり、新しい大学や専門技術を教えるテクニカルカレッジを設立する必要もあった。これらの目標を達成するとは、志願者の総数を拡大し、すべての階級および両性を受け入れ、これまで使われたことのない才能を引き出さなければならないということを、意味していた。「政治的リーダーシップによってある程度風潮を変えることは可能だ」と『権力の回廊』の著者はしめくくった。「だが、わずかばかりの個人の任用が活動全体の成否を決するには、まだ時間がかかるだろう」[56]。スノーの原稿は、彼のリード講演の勧告の文官バージョンのように読めた――まさにそのものだった。

選挙を控えた一九五九年の夏、各文書が「労働党と科学」という一冊の赤い書物にまとめられた。その文書の影響力は明らかであり、ゲイツケルは労働党が政権を握ったその瞬間に、自分は喜んで提案を受け入れると宣言した。ウィルソンは同意したが、彼の鋭いまなざしはとくに、労働党が科学、プランニング、開拓者精神と歩調を合わせることで約束される修辞学上の可能性に向けられていた。彼は、党が「非情な技術家主義《テクノクラシー》」を提案しているのではなく、科学を最大限活用することを提案しているのだということ――彼はそのおかげで労働党が選挙で「正しいイメージ」を持たれるだろうと考えた――を、明確にしたかった。スノーは同意し、二週間のうちに何か執筆しようと提案した[57]。彼が作ったリーフレットは選挙の直前に発表されたパンフレットの基盤となったが、それだけでは不十分だった。一九五九年一〇月八日の選挙で労働党は悲痛なまでの敗北を喫し、議席の数は四年前に比べて一九減となった[58]。

敗北したにもかかわらず、ブラムウェルはゲイツケル・グループの活動継続を決定した。彼らは一九六〇年六月に会合を開いて自分たちが達成したことを査定し、将来のための計画を立てた。科学が労働党の来たるべき成功に欠かせないと分かったという彼らの自信は増すばかりだった。ブロノフスキーは、科学は今日「魔法の言葉」であり、プロパガンダとして役立つとはっきり証明されるだろうと強調した。出席していた古参政治家のウィルソンは同意し、そのテーマでテレビ討論を行なうという考えを持ち出しさえした[59]。選挙で負けたにもかかわらず、意気は揚がったままだったが、二年もしないうちに科学者たちが落ち着きを失ってきた。ブラムウェルは一九六二年六月五日に会合を開き、労働党が科学に対し十分に熱心なわけではないという懸念を皆に伝えた。[60] 科学者たちは、影の内閣の科学相がさして優先されていないこと、政府の科学政策にうまく異議を唱えられなかったこと、そして科学と関係のない委員会に科学者が入れないことに不満を持った。彼らの公式な不満は、「科学の重要性について何が言われようとも、実際に科学に与えられた優先順位が低いように思われる」[61] ということだった。ブロノフスキーはとくに失望していた――「私は、感じはよいがいらだたしいこのディナー・パーティを続けても無駄だと思っている」――そして不満のリストを回覧した。[62] のちに「最後通牒」と呼ばれた一九六二年一一月一日付の書簡で、グループは自分たちの不満をゲイツケルに直接伝えた。[63] ゲイツケルはその手紙を温かく受け取ったが、緊急性は感じなかった。一週間後、彼は、彼らの関心事を考慮するつもりだと穏やかに請け合う内容の返事を出した。[64] 六年間におよぶ会合の末、士気は下がっており、労働党と科学が提携するという見通しは暗く思われた。

しかしながら、三か月もたたないうちに、ゲイツケル・グループは運命が完全に逆転するという経験をした。一九六三年一月のゲイツケルの死を受けて、ウィルソンが党首の座を手に入れ、ただちに彼がシニア科学者たちにとって熱烈な協力者だということが分かったのだ。ブラムウェルはブラケットに、党首の交代について次のように書き送った。「新しい状況下で、労働党の科学に対する姿勢を元気づける活動全体が、激烈ですばらしい一歩を踏み出したのだと思われます」[65]。グループにとってウィルソンはつねに、政治家側の担当者のなかでは科学に対する熱意がだれよりも大きい人物だった。[66] 彼は今やリチャード・クロスマンを影の内閣の科学相に任命することで、科学者側の不満の一つに申し分のない対応をしていた。[67] ウィルソンとクロスマンはともにシニアメンバーの次の会合に出席したが、ウィルソンはそのとき経済にかんするプランニング、新内閣の樹立、そして大蔵省への挑戦という野心的なプログラムをくわしく説明した――要するに、彼は「政府の体制をくつがえして、科学的な世界での人生への対処の仕方を適切に実現する」であろう、「激烈な革命」を約束したのだ。[68] 会合では七段階にわたる行動計画が打ち立てられたが、そのなかには「労働党と科学」会議、新しい政府刊行物、労働党員である科学者との新規の連携、そして科学に焦点を当てた選挙のマニフェスト――ブロノフスキーとスノーの協力をただちに確保しなければならない仕事――が含まれていた。[69]

ゲイツケル・グループの一九五六年の最初の会合に始まった旅路は、今や労働党大会の開催地スカーバラへ、そしてついには首相官邸のあるダウニング街へと続く道の途上にあった。スノーにとって当時は、たとえ労働党のための自発的な活動を行なわなかったとしても、並はずれて多忙な歳月だった。一九五九年のリード講演の結果、彼は成功を収めた小説家から国際的な名士へと変身を遂げていた。一九六〇年、彼はハーヴァード大学でゴドキン講演を行ない、バークレーで一学期を過ごし、そして一九六二年にセント・アンドルーズ大学の学長に就任した。またその年、深刻な網膜剥離の手術を二回受けたほか、リッチモンド講演にともなう世間の注目という大混乱を二度経験した。一度目はその講演が行なわれた際、そしてもう一度はその講演が出版された際である。そしてこれはまた、彼がチャーチル・カレッジの創立で多忙をきわめていた時期だった。このように、労働党の科学者たちがもっとも活発であった年月は、スノーの時間とエネルギーに対する要求に事欠かなかった時期でもあり、その事実は、彼が半年に一回の会合に頻繁に欠席していたことに表われている。

ゲイツケル・グループそのものの内部では、スノーはかけがえのない財産でありつづけた。早くも一九五八年には、彼に爵位を授けてその才能を議会で利用しようかという問題が提起されていた。[70]もし労働党が一九五九年の選挙で勝利すれば自分は政府のポストを与えられるだろうと、スノーは期待していた。[71]三年後、ウィルソンがシニア科学者を二人呼んで会おうとした際、スノーはJ・D・バナールとともに招待を受けた――スノーにとっては少々ばつの悪いことで、彼はブラムウェルに自分は現役の科学者ではないと念を押した。[72]ウィルソンが出世していったため、スノーは自分の本意ではないと主張しつつも政治的地位にますます近づいていくことになった。そして、ある意味では、スノーは自分の意見に耳を傾けてもらうために議会に足を踏み入れる必要はなかった。

つまり、ウィルソンが一九六一年に下院で演説した際、国家の衰退にかんするスノー自身のお気に入りのイメージを借用したのだ。「われわれは衰退したヴェネツィアの寡頭政治をもって、現代世界の難問に対処しているのです」と彼は言った。「すなわち、その国家にたえずつきまとっている、縁故と貴族階級からの新人補充という弱点を、自らもたらしている政治体制をもってしてなのです」[73]。クロスマンによれば、スノーこそ、ウィルソンが科学にかんしてもっとも信頼している人物だった。そして、一九六四年の選挙以前の段階で、スノーは、野党党首に連絡を取る必要がある文官にとって、非公式な情報交換所の役目を果たしていた[74]。

科学革命の「白熱」を約束することによって選挙戦を戦ってきたウィルソンは、勝利にあたってスノーを上院に据え、自分は本気だということを示した[75]。スノーは、科学技術省という、労働組合のベテランのフランク・カズンズが率いる新しい省の政務次官となった。レスターの工場の事務員の息子であるスノーにとって、英国で最高のエリートクラブの一員になるというのは、非常に心躍ることだった。スノー男爵は自分の紋章に、二つの文化を象徴するペンと望遠鏡が交差した図柄を選んだ。そして、一九六四年一一月一八日の彼のはじめての演説は、広範囲で好評を博した。スノーは当初は不安を抱えていたものの、自分の新しい役割を楽しむようになったと思われた[76]。しかし、まもなく、レスターのスノー卿は小説家C・P・スノーが検討した問題にぶつかった。手立てを考える余地はあまりなかったものの、一方で、誤りを許される余地は大いにあると判明したのだ。

## 科技省

科学技術省の計画のある部分は、ゲイツケル・グループの熱心なメンバーであるパトリック・ブラケットによって練り上げられた。一九六四年九月、ブラケットは「科学技術省擁護論」をウィルソンに提出したが、それは英国の産業の失敗は管理の失敗から生じていると論じるものだった[77]。彼は、私企業が自力では十分な近代化を果たしえないことがこれまでの一三年間で証明された、と主張した。ブラケットが筆をふるう一方で、この問題に取り組むために商務省の拡大もしくは産業省の創設といったさまざまな可能性が取り沙汰されたが、労働党は早く結果を出す必要があったため、どちらの選択肢も受け入れがたかった。代替として、ブラケットは小規模の科学技術省を提案した。その省は、民間の研究開発を監督し、強みのある分野と弱みのある分野を明らかにし、それにしたがって目標を設定するものだった。つまり、省の設立の裏で前提とされていたのは、(一)管理上の失敗、(二)科学技術の遅れ、(三)経済的衰退、(四)プランニングの有効性であった。一九六四年一〇月二八日に新しい省についての発表がなされた瞬間から、その構成と責任を負うべき対象はブラケットが提案していたものとは大幅に異なっていた。だが、ブラケットは科学技術諮問会議の副議長、そして省の科学アドバイザーとして影響力を持ちつづけた。(78)

スノーは貴族院から選ばれた政務次官として、新しい省の代表となった。科学技術省でのスノーの公文書保管箱は、コンピュータ、工作機械、電子工学、そして航空機という四つの産業に関連する文書でいっぱいになったが、ときどき電気通信や原子力のものも混じった。科学技術相は原子力公社と国立研究開発法人も監督していたのだ。省は産業界が必要とする技術研究および経済学研究を行ない、研究開発プログラムを準備し、あらゆるレベルの技術教育を指導し、一〇の研究所に助成した。つまり、科学技術省は技術研究開発を管理監督する任務を負っていたのであり、スノーの(労働党のマニフェストをくりかえしている)説明を使って言いかえれば、「科学技術省は、先端技術と新しい工程を英国の産業界にもたらそうという国家的規模の大奮闘を指導し奨励するにあたって、全面的責任を負っている」のだった。(79)これが、光きらめいているとは言えないものの、官僚の生き方だった――能力も適性もそなえた者たちの、平凡だがきわめて重大な世界である。

スノーは、自分の目標を達成するのが困難だということに対して、たちどころに不満を抱いた。彼は規模の効率、測定の基準、行政事務にかんするメモの山を築き上げたが、そのうちのいくつかには小説家の直感を見て取ることができる(「私はこの国の問題は以下のような点だと考える。すなわち、私たちには革命を経験する余裕はない。そして、私たちには革命なしのままでいる余裕はない」)[80]。彼は、すぐさま満足をもたらしてくれそうなプロジェクトに多くのエネルギーを傾けはじめた。例えば、メートル法にかんして機知にとんだスピーチを行なってくれるようウィルソンに懇願したり、独創的芸術家からのアイディアを請い求めるために「名案検討部隊」を作ったり、小学生のための数学オリンピックを創設したいと考えたりした。スノーはまた、ウィルソンは女性をめぐる問題について「無用に騒ぎ立てる」と指摘するなど、政治的行動にも口をはさんだが、これは彼が、やや男女同権論寄りの立場からスピーチをするだけで女性たちがいかに興奮するかを目の当たりにしたことがあったからだった[81]。とは言え、スノーが政府に頓着しなかったと指摘したいわけではない。彼は勤勉な行政官だった。だが、彼は明らかに、個人の行動の限界を耐え忍ぶよりは、それについてペンで訴えるほうを好んだ。

さらにまずいことに、スノーは官職についていた一六か月のあいだ、失策に次ぐ失策に付きまとわれた。まずウィルソンに公用車を要求してしまい、幸先の悪い出足となった(公用車は普通、大臣の特権である)。一九六五年四月には、就任後もテレビ出演や書評による報酬を貰いつづけていることで批判された。そして一九六六年には、リポーターが自宅にかけてきた電話で、間の悪いことに辞意が裏づけられてしまった[82]。彼はカズンズと政策をめぐって衝突し、より民主的な気質のクロスマンには「大臣」と呼びかけて困惑させてしまった[83]。スノーはとくにクロスマンのことが気に入っていたわけではなく、クロスマンのほうも同じ気持ちだった。クロスマンは一九六一年にスノーの『政府における科学』について好意的な書評を書きはしたが、スノーを任用するのは「ちょっと無茶苦茶だ」と考えており、小説家は政府では役に立たないだろうと予想していた[84]。しかし、スノーは間違いなく首尾よくウィルソンの目に留まったのであり、クロスマンは、科学、科学技術、そして教育についてスノーが語る言葉に真の説得力があることは認めていた[85]。これらはどちらかと言えば些細な問題で、ひょっとするとゴシップや個性と個性の対立を糧に成長する政治文化にとっては必然的なことだったのかもしれない。だが、

「イートン校事件」という、スノーの任期中に起こった決定的な出来事は、簡単に忘れ去られてしまうようなものではなかった。

一九六五年二月一〇日、上院で総合制中等学校についての政府の計画をめぐる討論が行なわれた際、エクルズ子爵は、なぜ自分自身の息子はイートン校に行かせたのかと尋ねて、スノー卿を啞然とさせた。スノーは不意を突かれ、悲惨にも、子どもたちに同じ能力や資格を持つ仲間たちが受けるのと異なる教育を受けさせるのは間違いであろう、と答えてしまった。これほどまでに無分別な説明になってしまったのは、明らかに、スノーがその問題をよく考えたことがなかったせいだった。労働党の大臣の大半は、自分の子どもたちをパブリック・スクールに行かせていたからである。しかし、それはともかく、容赦のない痛烈な非難が新聞や雑誌で始まり、「イートン校事件」にかんするスノー文書のファイルは、彼の政府時代のファイルのなかで文句なくもっとも分厚いものとなっている。[86]『スペクテイター』の批評家は、「公的な立場にある人物が自らの名声をこうも完全にくつがえすということは滅多にないと思う」と指摘した。彼は、それ以前の二〇年間にスノーが英国の社会制度は時代遅れだと脅しつけていたことを考えると、その主張はとくに意味深長であると強調し、「今やついにスノー卿が二つの文化によって何を意味していたのかが分かった[87]」と茶目っ気たっぷりにしめくくった。クリストファー・ホリスは、やはり『スペクテイター』上で侮蔑の思いを詩に表わした。

　確かに起こることだろうと、
　　スノー卿はおっしゃるのだ。
　下層中産階級
　　（スノーを参照せよ）
　が一般原則として

総合制中等学校へ通うというのは。
そこでは文化と文化が混じり合い、
答えは一つに限られないのだ、
　C・P・スノーよ。

だが、どこに、ああ教えてくれ、どこに、
　C・P・スノーよ、
過ぎし日のスノー一族はいるのだ、
　スノー男爵よ？
最高の時間を権力の回廊で過ごすのだから、
知り合いになっておくと結構なやつらのいるところに
自分の息子は行かねばならぬと彼は言う、
　哀れな若きスノーよ。(88)

スノーはどうして騒動になってしまったのかまったく理解できなかったし、主義主張を撤回することも拒絶した。いずれにしても、彼は執務室に舞い込んだたくさんの手紙に対する返事で二つの弁明を行なったが、それらの政治音痴ぶりは驚くほどのものだった。彼は第一に、社会が分断されていることは疑いのない事実であるので、自分の息子はもちろん同等の仲間たちと同じ教育を受けるべきなのだ、と語った。第二に、自分の息子は教師たちからとくに前途有望だと見なされたのであり、奨学金を得る見込みすらあるのだ、と説明した。スノーはこの回答をある総合制中等学校の怒れる教師に送り、さらに「ちなみに、クロムウェル・ロードに一番近いおすすめの総合制中等学校はどれですか？」[89]という質問を付け加えた。スノーの弁明は時とともに変化したが、必ずしもよい方向へ向かったわけではなく、彼の妻は、イートン校は「二つの文化」問題を改めようと試みている唯一の学校だと主張した。[90]スノーは論争を乗り切ったが、欲求不満は着々と高まっていき、ある日公的な場で「フランク・カズンズと私にレンガを投げつけるというのは、一種の国民的スポーツとなっている」[91]と言明してしまった。一九六六年二月一〇日――イートン校事件が始まった日から一年後――スノーは辞職を申し出た。ウィルソンは、さらなる混乱を避けようとして選挙期間中は職にとどまるよう要請し、その後一九六六年四月五日に、スノーが執筆活動に戻ることを認めた。[92]

イートン校事件は科技省でのスノーの任期のまとめとなっている。つまり、科学技術省は広報活動のために設立されたはずが広報活動に挫折したのであり、劇的な近代化を遂げようと願ったはずが耐えがたいほど停滞していると明らかになってしまったのであり、階級の分断を解決しようと努力したはずがかえって強化してしまったのであり、そして政治小説の巨匠であるはずが政治的火種だと分かってしまったのである。何より重要なのは、そのエピソードがシルズの確認した欠点をさらけ出してしまったことである。つまり、社会的平等を公約する政党の一員でありながら、スノーは平等主義者ではなかったのだ。スノーの上院での間の抜けた回答は、その思慮に欠けた率直さでもって、この事実を明白にした。民主主義、平等、そしてフェミニズムに対して断続的な意思表示を行なってはいたが、スノーは独断的見解を持った自由主義者でありつづけた――言いかえれば、彼の強い関心は流動的な社会のヒエラルキーに向けられたのであって、社会的平等にではなかった。そして、その一〇年間の残りの期間に、この姿勢は強固なものとなっていくことになる。

ウィルソンと労働党は強力な敵と対峙したが、その敵は科学と近代化に対する敵愾心というかたちを取ってはいなかった。ウィルソンは近代化を党の争点として取り上げるという点では成功し、労働党が賛成、保守党が反対の立場に立った。だが、実際には、一九六〇年以降、保守党は経済の近代化にかんして独自のプログラムを採用していた。例えば、マクミランは、「戦後の歴史を生きるわれわれは、今やわれわれの経済の弱点に対して何らかのより急進的な攻撃がなされるにちがいない段階に達しているのだ」と述べたとき、「国家の自殺？」のための論文を書くこともできただろう。(93) 労働党が経済を改革し新たに活気づかせる方法を論じていたので、保守党は近代化に向けた独自の改革を実施しようとしていた。しかし、どちらの党でも、党員は近代化に向けた改革が必要だということを確信していたが、指令を政策に転換する責任を負った閣僚たちは、懐疑的なままだった。その結果、トムリンソンが示したように、保守党の近代化政策に対して官僚たちは抵抗し、労働党が一九六四年に勝利してようやく改革の実現可能性に変化が生じたのだ。(94) とは言え、一九六〇年代初頭は、どんな問題であろうと、どちらの党であろうと、近代化は時代の風潮だった――保守党の選挙ポスターをもじった『プライベート・アイ』の指摘の通り、「保守党の空模様は近代的空模様」だったのだ。(95)

保守党の近代化をめぐるこのプログラムの一つの帰結は、内閣に一九五九年に新しく作られた科学相というポジションだった。初代の科学相はヘイルシャム卿クウィンティン・ホッグだった。ヘイルシャムのもとに具体的な行政機関はなかったが、にもかかわらず、英国の科学体制に能率的に助成することに成功した。彼は、時代遅れの慣習や科学技術は硬直化していて非効率的だと、上院において再三再四糾弾し、精力的な大臣であることを証明した。(96) 彼は徒弟制度を改革すると誓い、科学に立脚した職業訓練を導入した。また、新しい科学技術を採用できていないとして、エンジニアリング産業を叱責した。[97] だが、ゲイツケル・グループは、この科学相とその近代化戦略を歓迎するというよりは、むしろ終始一貫してヘイルシャムを批判した。彼らの批判は、科学と近代化に献身しているという以上の何かによって彼らが動機づけられていることを示していた。

この時代に左派と右派を分断した最初の問題は、科学や近代化ではなく（それについては、すでに見たように、どちらの党の党員も大まかには賛成していた）、むしろプランニングだった。科学者、官僚、そしてゲイツケル・グループの政治家たちは、科学と科学技術について合理的に、公平無私に、協調してプランニングを実施すると主張したが、一方彼らのライバルたち——これから見るように、科学相を含んでいた——は、中央集権的なプランニングに強硬に反対した。ゲイツケル・グループ、そしてもっと広く考えれば労働党は、私企業は基本的に公明正大性や先見性、そして財源を欠いており、それゆえに国家が経済発展を監督する必要があるのだと、信じていた。この思考が科学技術省の創設につながった。その省は、産業界の失敗への不満と、よりよいことを行なえるはずだという国家の能力に対する信頼の証から、生まれたのである。そのような合理的で公平な管理プログラムを表わす言葉が技術家主義（テクノクラシー）だった——これこそまさに、ケストラーに眩暈を起こさせ、ウィルソンを物怖じさせ、フェアリーを激怒させた用語である。

フェアリーが「国家の自殺？」に寄稿した論文では、管理にかんして専門的意見を導入すべきだという要請が却下されていた。彼は専門家や管理よりも個人主義や自由に価値を置いており、個人主義と自由は、「活力」「効率性」「偉大さ」といった標語を誇るプログラムに脅かされると信じていた。[98] フェアリーは、素人に対する攻撃と見せかけている管理者たちの策略を嗅ぎつけ、こうした管理者を表わす新しい語に気づいた。すなわち、「自由な機関に反対する声は皆そうだが、当時の管理者の声、今は科学者出身の行政官（テクノクラート）の声が公言しているのは、一般の人々の意見を聞く必要から解放されると、その人々が自ら取り組むよりもはるかに効率的にかつ恵み深く彼らの生活を回していくことができるということだ[99]」。その後フェアリーは、信じがたいことに結束を促すスローガンを出した。「われわれは邪悪な信条に反対し、非能率である権利を重ねて主張する」[100]。「非能率である権利」は、技術家主義を主唱する声が高みに達したところで耳障りな音を鳴らした。そしてケストラーは、フェアリーの寄稿論文は「非貢献論文」だと無造作に片づけて、彼の主張を論破したというより、むしろ拒絶した。

同じ年、英国の科学相は、科学にかんするプランニングに反対する独自の見解を出した。『科学と政治』において、ヘイルシャムは、自分の職務の役割を説明するためにリベラリズムの個人主義政策を引き合いに出した[101]。彼は、科学には助成をする必要があるが、研究と開発は個々の科学者の独創力と生得の才能に依拠しているのだから、プランニングが行なわれてはならない、と主張した。科学者の自由は守られなくてはならないのだ。「このように、自由社会において科学を組織する義務は、他のあらゆる重要な義務と同じく、個人から始まる」と彼は述べた。「政府……は、指導的であったり執行権を持ったりしていないし、持っていてはならないのだ」[102]。ヘイルシャムは次の章で、この科学にかんするプランニングに反対する主張に続き、『二つの文化』を批判した。ヘイルシャムは、スノーの論点は、専門化という必然的で無害な事実を誤解しており、現実の世界よりもむしろ教員控室にいる人々の態度を反映していると指摘した。「それは、解釈学的に考えても基本的な点から考えても、検討に耐えない」[103]。はっきりと指摘したわけではなかったが、ヘイルシャムは、技術家主義を主唱したいという衝動がスノーの主張の背後に隠れていると見抜いていた。結局のところ、科学を行政的に方向づけることに反対する主張（『科学と政治』）に続いて人文学と科学の二項対立をめぐる議論（『二つの文化』）がなされるべきだという理由はないが、科学のプランニングに反対する主張が、科学と国家を技術者主導で近代化しようというスノーの訴えを批判することにつながるのは、少しも驚くべきことではない。

労働党は、一九六四年の選挙のマニフェストで、プランニングが自由に対して提起した脅威をめぐる議論の鎮静化を図った。マニフェストでは「ここにプランニングの事例がある」と述べたうえで、予想される攻撃に対抗することが試みられた。「そしてここ、このマニフェストには、プランニングによって個人の自由が失われうるという保守党のからかいに対する回答がある」[104]。マニフェストは、政府の権力が個人を迫害しているかどうかを調査する国会行政監督官を創設することを約束した。政府の役職を創設することが国家の成長についての懸念を和らげうるかどうかは不透明だったが、「労働党は個人の自由を第一に考える」[105]として、マニフェストは前進を強行した。個人の自由の問題について労働党には計画があった——そして、少なくとも一九六四年の段階では、それで十分だった。

## プランニングによる苦難

一九六〇年代はプランニングを唱道する者にとってはよい時代だったが、ヘイルシャムとフェアリーは個人の自由を擁護する努力を支持してくれる味方を実際に見つけた。第二次世界大戦中、そして、戦後の時代、自由主義経済学者のジョン・ジュークスとフリードリヒ・フォン・ハイエクという二人組が、福祉国家というかたちで戦時の統制が拡張されることに異議を唱えたのだ。彼らの反論のタイトルは、彼らの主張を明らかにしている。すなわち、『プランニングによる苦難』には、とくにもしそれが『隷従への道』につながっていくとすれば、不愉快な響きがあった[106]。彼らは、経済システムはあまりにも複雑で予想不可能かつコントロール不可能なので、管理したり監督したりすることはできないと主張した。革新的なことは、国家が利害を超えてすべてを見通した立場から介入することで生じるわけではなく——それは逆効果とまではいかなくても無力だと判明するだろう——むしろ進取の気性に満ちた個人の行動から生じるのだ。こうした自由主義経済学派の思想と似たものが、マイケル・ポランニーの科学哲学に見出された。ポランニーは、科学の進歩は知識の集合体が調整され、修正され、新たなものを加えられることで生じるのだと主張した。このプロセスにおいて鍵を握るのは個々の科学者であって、その人物が問題を見きわめ、観察し、説明を提示し、そのすべてが累積して今ある知識を改訂するのだ。外部からの指示や指導は、この科学的方法を難しくし、衰えさせてしまうかもしれないと、彼は信じていた。ポランニーは戦後、科学の自由のための協会に、多くのエネルギーを注いだが[107]、これはプランニングに携わる者の科学研究への介入を阻止することに専心していた反マルクス主義の組織である。

ヘイルシャム、ジュークス、ハイエク、そしてポランニーは、共通して、複雑化したシステムに介入するのは愚かだと確信しており、また、国家の権力のおよぶ範囲から個人を守ることにもかかわっていた。当時、こうした議論の中心にいたのがカール・ポパー、一九四五年に『開かれた社会とその敵』を出版した人物だった[108]。だが、スノーとリーヴィスは、ポパーとその考えにはめったにかかわらなかった。ある批評家がスノーに異を唱えるにあたって『開かれた社会』を引用したことがあったのと、時折リーヴィスが、ポパーのかたわらに分類されていることに対する満足感を表現するあいだだけ哲学をさげすまないでいることがあったくらいである[109]。ポパーに対する二人のそれぞれの姿勢に見られたこうした束の間の兆候は、ここで出現しつつある図に適合するが、個人とシステムの関係についての彼らの考えを理解するためには、それらとあのおなじみの有名人との関係から離れる必要がある。

ヘイルシャム、ジュークス、ハイエク、ポランニーの認識論の問題にかんする考えは、プランニングと社会主義に対して彼らが共通して抱いた敵意と相関関係にある。おそらく彼らは、自分たちの理解するところでは、複雑なシステムを管理しようと試みても無駄であるので、集産主義的な政策には反対するにいたった、と述べたことだろう。だが、集産主義的な政策に反対したために、彼らが知識の生産を管理しようという努力に対して懐疑的な立場を選ぶのに傾いたというのは、少なくとも、同じくらいもっともらしいことである。いずれにせよ、彼らの考えと政策のあいだにははっきりしたつながりがあり、そのことが、スノーが双方に反対したことを説明する役に立つ。ポランニーは、科学者は予想不可能な、そしてそれゆえに管理不可能なやり方で知識を創り出すのだ、と主張したが、一方、スノーは、科学者は、自分たちが真実だと立証したいことを推論するところからスタートするのだ、と信じていた。(110) その見方では、専門家としての成功は、かねてから頭のなかにあった考えの立証方法を見つけること——すなわち、スノーの説明によれば、実はあらゆる点で政治家の仕事と等しいプロセス——から生まれるのだ。だからこそ、スノーは科学行政と技術家主義を信奉する政治の両方を保証したのである。つまり、科学も政治もターゲットを認識することによって前進するのであり、それゆえ彼は、双方とも合理的に管理されることによって導かれうる——当時の用語で言いかえれば、プランニングされうる——と信じていた。

知識と政治の関係についてのこの短い考察から、三つの結論を引き出せる。第一に、これらの人物（例えば、ポランニーやハイエク）の頭のなかでは、彼らが政治とかかわるということは、知識を生み出すことにかんして彼らが持っている感覚と結びついていた。第二に、互いに共存できる人物（例えば、ポランニーとハイエク）のあいだでは、その共存の可能性は、知的（反体系的）共感と政治的（反社会主義的）共感の結びつきから生まれるものだった。そして第三に、互いとは違っている人物（例えば、ポランニーとスノー）のあいだにある隔たりのいたるところで、知的敵愾心と政治的敵愾心とが結びつき、彼らの対立が同様に生じたのだ。ここでポイントとなるのは、特定の共感や他の反感につながる正確な要因を確認することではなく、これらの共感と反感のネットワークがオーバーラップすることは偶然の一致以上のことだと、ただ示すことである。それらは思考や政策の相違であり、学問分野の傾向とは（たとえ何かあったとしても）ほとんど関係がなかった。つまり、科学よりもむしろ、プランニングに対する態度が、戦後の英国の政策の重要なベクトルを活気づけ、規定したのである。

## 自由主義者のなかのリーヴィス

ある日ケンブリッジで本屋の棚を眺めていたとき、リーヴィスはマイケル・ポランニーの評論集を偶然見つけた。三番目の評論の「二つの文化」が真っ先に彼の目を引いたというのは、ありそうなことである。[111] ポランニーはスノーのように物理化学者としての訓練を受けていたが、同じ訓練を受けていても、ポランニーが『二つの文化』に対する攻撃を開始するのを止めることはなかった。彼は、科学は現代文化において周辺に追いやられているというスノーの前提に異を唱え、代わりに、科学の主張と権威が危険なほど広範囲におよんでいることを示した。解釈の権威が唱える科学的主張は、フロイトとマルクスという対をなす偶像を通じて、個人の創造力と人間の謙虚さに取って代わる恐れがあると、彼は主張した。確かに、科学のおかげで偉大な進歩が達成されたのだが、その道筋を取り戻すためには、人間は、広大で複雑なシステムを統制するふりをするのを止める必要があった。「科学そのものの主張を修正するだけで、人文科学者の修正主義が守られる」と、ポランニーは結論で述べた。[112] 第一歩として必要なのは、人間味のない客観性という理想を退けることだろうが、ポランニーは一七世紀にその理想が出現したと推定した。

リーヴィスは興味をそそられた。ここにいるのはスノーに異を唱えている科学者であり、人間味のない客観性という理想に批判的で、マルクス主義と対立し、破滅的な変化が一七世紀に起こったと位置づけているのだった。リーヴィスは学生や読者に対して、ポランニーと彼の解説の第一人者である生物哲学者のマージョリー・グリーンを参照するよう述べたが、その両者とも彼の著作のなかで大いに異彩を放ちはじめた。[113] ポランニーはリーヴィスにとって、二つの点でとくに有益だった。彼の科学者としての地位は、リーヴィスの立ち位置は科学に対する敵意から生じているという非難に対して弁明する際に、力を与えた。「彼が味方として非常に価値があるのは、［ポランニーの］アプローチが文学の範疇のものではないから、彼が科学的発見の性質に興味をかりたてられている高名な科学者だからである」。[114] しかし、もっと重要だったのは、知ることと生きることは不可分だというポランニーの主張が、リーヴィスの言語に対する考えと一致していたことだった。言語を創造的に使用する、すなわち人間に共通する意識を協力して拡大するという感覚と、それは単に描写に使うものだという考え、つまり物事を描写するための語を見つけるという問題とを、リーヴィスが対比していたことを思い出してみよう。彼は、人間は言葉を通して思考するのだから、言語を離れて物事の概念を形成することはできないと信じており、また彼はさらに、批評家が言語の使い方を評価するのに利用できる抽象的な尺度はないのだ、と主張した。彼の友人のルートヴィヒ・ウィトゲンシュタインは、年を取るにしたがい（おそらく意地悪く）話すことが好きになっていくにつれ、「言語については……比較的に愚直」になっていた。[115]哲学者の評価基準探しが暗示しているように、詩は、何らかの独立した基準にしたがって自らを評価する必要はなかった。つまり詩は、読者に心のなかで経験を積ませるという限りにおいては、成功するか失敗するかだったのだ。リーヴィスは生涯を通じてこうした概念を利用し、それがいちばん明瞭に表われていたのは一九三七年のルネ・ウェレックとのやりとりだったが、このようにのちにポランニーに関与することで、自分の考えをさらに発展させる機会が得られた。[116]

リーヴィスにとってのグリーンとポランニーの価値は、彼の最後の二冊の著作である『現代の原則』（一九七五年）および『思考、言葉、創造性』（一九七六年）においてもっとも明瞭になった。[117]彼はこの二作で、自分の歴史の読みに欠けていた罪人の正体が「デカルト哲学の二元論」であることをつきとめた。[118]リーヴィスの近代文明批判は長らく正確さを欠いており、そのおかげで批評家は、彼が資本主義、もしくは民主主義、もしくは産業、もしくは科学に対して敵愾心を抱いていると解釈していた。リーヴィスは確かに、一七世紀にこれら一つ一つへの転換が起こったことを嘆いたが、終始一貫して、その転換をそれらのうちのとくにどれか一つと同等視するのに抵抗したことは、単なる怠慢ではなかった。時代錯誤にならないよう、彼の批評の対象として「近代文明」を私は代わりに使ってきたが、一九七〇年代には、グリーンとポランニーの助けによって、リーヴィスはより正確にターゲットを見きわめた。近代文明が悲惨なのは、言葉と物とのあいだ、すなわち言語と現実とのあいだに亀裂が生じているからであり、ニュートン、そしてとくにデカルトと結びつけられた二元論が導入されたことに、この展開の起源があるのだ。「強調すべき点は、「平明さ」と論理とデカルトの勝利によって得られるものが何であれ、それを得た代償に計り知れない損失を被ったことだ」と、リーヴィスは説明した。「あなたは、発見的で創造的な性質を本質的にそなえた思考の、もっとも重要な理解力と可能性から自らを切り離さなければ、「平明な」と「論理的な」という尺度に事実上含まれている前提を支持することは……できないのだ」[119]。ポランニーとかかわるまではこうした用語を用いて表現されることはなかったものの、この物の見方は長らくリーヴィスの批評——とくに彼の『二つの文化』批評を含む——を特徴づけてきたものだった。

ポランニーとリーヴィスの融和性は、彼らが共通してスノーに対して抱いている敵愾心とともに、単に知的な意見が一致したというよりももっと重要なことを指し示していた。思想と政治の結びつきは錯綜する場合があったのだ。つまり、ポランニーの反『二つの文化』論は『エンカウンター』に掲載され、『エンカウンター』は文化自由会議から資金援助を受けており、そして『エンカウンター』と文化自由会議はともに、冷戦のただなかでリベラルな思想のための文化的・政治的な公開討論の場を提供するために、米国の中央情報局（ＣＩＡ）によって設立され資金援助を受けていた[120]。リーヴィスがケインズを毛嫌いしていたように、そしてヘイルシャムがジュークスに似通っていたように、ここで重要なのは、甲鉄板のように強固なつながりを確認するというよりも、むしろ、こうした共通する部分を持つ関係が頻繁に生じすぎていて単なる偶然の一致とは言いがたい状態を築き上げたことだった。リーヴィスの言語、創造、そして知識に対する感覚は、産業の刷新についてのヘイルシャムの思想や、経済的事業についてのヘイルシャムとジュークスの思想、そして科学的発見についてのポランニーの思想と、一つの家族であるかのようによくなじむ。こうしたさまざまな人物たちの相違点が何であれ、リーヴィスのイデオロギー上のポジションを位置づけ説明しようと試みると、私たちは個人主義者のリベラリズムへと向かって自分たちが導かれることに、再三再四気づくのだ。

## 帰ってきた衰退

感情と頭脳と領域がイデオロギーをめぐって大いにせめぎ合っているのが特徴である世紀の真っ只中に生きていたにもかかわらず、リーヴィスは型通りに定義されるような政治については著作でほとんど取り上げなかった。彼は、どちらの政党も経済成長と大学の拡大をめぐる非常によく似た仮定にかかわっていると信じて、ただ単に意義を認めなかったのだ。彼が保守党員でなかったのは確実だが、右派よりも左派のほうを大いに非難する傾向が確かにあった――例えば、彼が手紙の余白に、自分はマルクスとベンサムと『ガーディアン』と『ニュー・ステイツマン』が大嫌いだというメモを書き込んだときのように。[121]

ひょっとするとリーヴィスは、他の何にも増して政治から疎外されていると感じていたのかもしれない。個人と社会についての彼の仮定は、「一つの国家」を唱える保守主義者や保守党支持の大衆のあいだで流布していた考えと明らかに一致していたが、リーヴィスはあまりにも既存の習俗や権力に対して敵意を抱いていたので、自分が保守主義者だとは思えなかった。[122]彼はスノーの使った表現を引き合いに出し、自分は（ウェストミンスターは言うにおよばず）ケンブリッジの「権力の回廊」から切り離されていると説明した。[123]彼は時折、政治家たちと接触することがあり、例えばあるときは、友人たちが労働党の影の教育相のリチャード・クロスマンと会えるようお膳立てしてくれた。リーヴィスはギリシャ語の詩を朗誦してみせてクロスマンを仰天させたが、その出会いは上首尾とは行かず、リーヴィスがとくに失望したのは、「寡頭政治を打ち破る」[124]という彼には無意味に思われる約束をクロスマンがしたからだった。リーヴィスは一握りの政治家たちからは確かに支持を集めていた。ヘイルシャムはロビンズのような「啓蒙された」教育改革者との彼の戦いを称賛したし、三人の元教育相（R・A・バトラーを含む）はエリート大学のための彼の活動を支援した。[125]一九六四年の総選挙の期間中、リーヴィスは自由党に投票するという意図を珍しく公言していたが、地元の自由党候補が総合制中等教育への肩入れを宣言したため、後悔する羽目に陥った。[126] リーヴィスは政党政治にはかかわりたくないという結論に達した。「政治家たちは選挙に勝つことを目指さなくてはならない」と彼は悟った。「そして、私はどこかの政党を信じる、もしくは信じようとすることによって、自分が政治的責任感を示せるのだという幻想を捨て去ることを、余儀なくされたのだ[127]」。

だが、リーヴィスは権力の回廊の内側で声を上げようと決意した。彼の国政とのかかわりは、候補者を支持したり、政策を是認したりというよりもむしろ、偉人や善人のズボンにブリキ缶をぶら下げようという努力から成るようになった。彼は、公人がだれ一人としてエリートの必要性を認めてくれないのであれば、そして彼らがその代わりに陳腐な言葉で民主主義を語りつづけるのであれば、彼らの不誠実な気取ったポーズを公衆の面前で暴いてみせると決意したのだ。[128] リッチモンド講演は、英国の「啓蒙された」正統的慣行に対する一連の襲撃の第一弾として現われ、そこから、リーヴィスが彼らの破滅的な決まり文句と見なしたものに対する一〇年にわたる抵抗が始まった。[129] しかし、リッチモンド講演への世間の反応で、問題が明らかになった。つまり、リーヴィスはスノーの不当につり上げられた名声を創り出した歴史的危機を暴露するつもりだったのだが、結果として生じた論争は、リーヴィスの攻撃からスノーを守るために捧げられたのだ。そうであればリーヴィスは、どうすれば自分の主張を誤解されることなく、自分が提起したかった問題に注目を集めることができたのだろうか?

リーヴィスは部分的には、自分の批評と国家の衰退に対する不安とを結びつけることによって、その批評の妥当性を確立した。[130]「それ［社会］は慢性的な病を患っていて、そのことを大いに自覚している」と、彼は一九六九年に聴衆に語った。「だれもが、「目的意識」が欠けていると耳にしたことがあるだろう[131]」。国家の危機は、リーヴィスによれば、二つの部分から成り立っていた。国内における目的の欠如と、海外の影が薄くなりつつあるという展望である。彼の処方箋は、スノーのものとはまったく異なっていた。スノーは、英国の経済的地位を維持するかもしれない改革に対する支持を確実にするために、「ヴェネツィア」に言及したのだが、一方、リーヴィスは、「成功」を生み出すものについて受け継がれてきた前提が挑戦を受け付けるかもしれないという場合に、好機を見出したのだ。「大英帝国の「偉大さ」が昔通りに「偉大である」など不可能だ」と彼は強調し、そのうえ「重大さ、富、そして非情な権力」の重要性を退けた[132]。リーヴィスの予想では、こうした理想を認めないことで、物質的欲求を捏造して満たすのは「目的」に含まれないということが、ついに理解されるかもしれなかったのだった。リーヴィスは物質主義者の――そして物質主義的な――近代文明の基盤について再考しようと主張していた。「もしこの国が英断を下して、私が描き出してきたような類の創造的努力を生み出せば」と、彼は聴衆に向かって断言した。「その歴史上の真の偉大さが再確認されることだろう[133]」。リーヴィスは長年主張してきたことを現代社会の懸念に結びつけていた。彼は近代文明批判を推し進めつづけたが、その主張の正しさを明らかにするため、国家の衰退にかんする心配事に目をつけ、自分の目的に合わせて鋳造し、ライバルに対して振るってみせたのだ。

## 結　論

この章では、第二次世界大戦終了時から一九七〇年代初頭までの英国の国政を動かした問題のいくつかを追求してきた。焦点を当てたのは、一九五六年のスエズ危機と一九六四年の労働党の勝利とのあいだ、すなわち経済的衰退が政治問題としてはじめて浮上してきた時期である。前例のない繁栄と偶然にも時を同じくして出現したことを考慮に入れると、経済的衰退がこの時期を理解する一番の方法として異彩を放つようになったというのは、必ずしもやむをえないことではなかった。最初に衰退論者の不安を強く主張したのは、技術家主義にもとづく近代化を支持した中道および左派の人々で、彼らは英国の経済的衰退は素人考えの支配者層が誤った指導を行なったせいだと非難した。衰退主義は、経済活動を考える新しい方法が出現したことに助けられ、また英国の国際的な地位を長期的視野に立って修正していこうという状況に位置づけられて、戦後の英国史の物語の中心へと急速に移動していった。

この時期の国政へのかかわりを通してスノーとリーヴィスを追いかけてみると、二つの重要な主張が浮上してきた。第一に、どの党派であれ政治を担う人々は科学と科学技術の重要性を確信していたが、その一方で、プランニングに対する彼らの態度は、イデオロギー上の違いによってはっきりと線引きされていた。実際、科学への傾倒という点では融和が示唆されていたのかもしれないが——例えば、保守党政府が科学相を任命するのと時を同じくして、労働党はゲイツケル・グループにアドバイスを求めていた——それは科学研究のプランニングを中央集権化することに対する相反する態度を覆い隠していたのだ。そして、プランニングに対するこうした差異は、国家の役割についての論争を超えて拡大し、個人と近代社会という複雑なシステムとの関係をめぐる、より一般的な考えをまとめることになった。第二に、衰退主義が偏狭な権力機構の近代化批判のなかから最初に出現したのちに隆盛をきわめたのは、一つにはさまざまな立場にある支持者たちに強力な方便を提供したからだった。衰退主義者の懸念がさまざまな方面で引き合いに出されたという事実は、それが確かにこの時期の文化と政治の中心となっていたのだという事実を立証しているが、その懸念が相反する議題と結びつけられうるという事実は、それを共通する経験としてではなく共通する方便として理解するのが最適だということを示している。

だが、一九四五年以降の英国の「衰退」をめぐるどんな論争も、世界的な広がりを考慮に入れなくてはならない。結局のところ、植民地が次々と独立を果たすにつれ、時事解説者たちは英国ともっと広い世界との変わりゆく関係に注意を向けるようになった——そして、まるで出番の合図をもらったかのように、「二つの文化」論争はまさにその問題を論じる機会を提供したのだ。

# 6　ポスト植民地主義の進展

## 想像上の領域

「二つの文化」論争は、人文学と科学をめぐってまたもう一つ議論が起こったということで済んでしまう可能性もあったが、その代わりに、大学の使命、歴史の解釈、国家の状態について時期を同じくして起こった討論と重なり合った。このように包括的にまとめるのは、一九六〇年代初頭、『二つの文化』で主張されたような「科学」の投入が、制度を近代化するのに必要な要素としてよく提示されたという事実があるからだ。科学と近代化と既存の制度とをつなぐこの絆は、「科学」それ自体を単に信奉するよりももっと大きな何かがこれらの討論において働いていたことを示している。科学的近代化を支持する人々は、もっと大まかに言えば、自分たちの社会を支持していた。つまり、彼らは、英国や西側に存在しているような社会は、どんな欠陥があるにせよ、住人の大半に物質的および社会的な恩恵を与えているのだと信じ、社会が国内においては活性化し、海外においては拡張していくのを見たいがゆえに、近代的な改革を支持したのだ。同様に、彼らと対立する人々は、「科学」だけでなく自分たちの社会に対しても批判的で、それゆえ、その活性化や拡張を求めるこれらの声に異議を申し立てていた。現代についてのこうした相反する考え方は、歴史に対する正反対の見解に支えられており、「二つの文化」論争は、一つには、これらの幅広い問題をめぐる意見の相違によって火をつけられ、燃え上がった。

去りゆきつつある大英帝国は、過去、現在そして未来をめぐる議論がつながる究極の領域として浮かび上がってきた。C・P・スノーとF・R・リーヴィスは、そのリード講演とリッチモンド講演のなかで、英国で発祥したと自分が信じている文明について相対立する評価を提示し、また、その文明がアジアやアフリカ中に今広げられていくべきかどうかという問いに対して、正反対の答えを出した。スノーはこのプロセスを前へ前へと進ませた。彼は『二つの文化』において、産業革命が英国社会全体に繁栄を広げたこと、中国とソヴィエト連邦が最近独自の産業化を巧みにやってのけたこと、英国と西側には世界の他の国々も同じ道のりをたどるよう推進する道徳的義務があるのだということを論じた。「インド、アフリカ、東南アジア、ラテンアメリカ、中東で五〇年以内に科学革命を引き起こすのは、技術的には可能だ」[1]と、彼は宣言した。リーヴィスを震え上がらせたのは、ほかでもないこのプログラムである。リーヴィスはずっと、彼の信ずるところでは一七世紀にイングランドで興った文明を、公然と非難してきた。そして、リッチモンド講演で、それをさらにもっと拡大しようというスノーの提案を退けた。「だれが断言するだろうか？」と彼は疑わしいと言わんばかりに問いかけた。「すばらしい技法と技能と活気に満ちた知性をそなえたブッシュマンやインドの農民や、こうしたかろうじて残存している未開民族の一員よりも、近代社会の平均的なメンバーのほうが、より人間的、もしくはより生気に満ちているのだと」[2]。歴史家のJ・H・プラムのようなスノーの擁護者は、この主張を偽善的で誤ったものとしてあざけったが、一方、歴史家のE・P・トムスンのようなリーヴィスの擁護者は、英国史では戦いに敗れたが別のところでならまだ勝てるかもしれないと、望みをつないだ[3]。これらの議論において、「アジア」と「アフリカ」は、ある部分では想像上の場所、つまり、英国の過去、西側の現在、そして世界の将来をめぐって対立するヴィジョンのすべてが集まってくる場所として、異彩を放っていた[4]。

歴史とは直線的なプロセスをたどるものだというこれらの解釈は、アメリカの社会科学に出てくる「近代化理論」を反映していたが、こうした類似点があるとしても、英国での議論を、大いに異なる文脈で行なわれている討論と完全に一つにまとめてしまうべきではない。[5] つまり、主題が表面的に似ているからと言って、スノーとリーヴィスのやりとりを、もっと長い歴史のなかにはめこんでしまうべきではないのとちょうど同じように、年代順が一致しているからと言って、その議論を広範囲にわたる討論のなかに陥れてしまうべきではないのだ。この点は、冷戦が討論にどう登場してくるのか、その違いを比較することによって、なかでもこの論争をめぐるアメリカでのもっとも有名な議論、すなわち、一九六二年六月の『コメンタリー』誌に載ったライオネル・トリリングの論文（それ自体、近代化理論を唱える者の仕事とひとまとめにしてしまうべきものではない）にどう登場してくるのかを通して、明らかとなっている。[6] トリリングの分析は、スノー－リーヴィス論争について討論をする際の試金石としてすぐに浮上してきたが、スノー自身は、「二つの文化——その後の考察」において、自分はそれをまったく理解できなかったと告白した。[7] スノーが混乱したのは、彼とトリリングが表面的には同じ話題に取り組んでいるにもかかわらず、実際には違った事柄を議論していたからである。ロンドンに住みケンブリッジで講演をしているスノーにとっては、『二つの文化』が英国のかつての植民地の将来を検討しているということは明白に思われた。一方、ニューヨークに住みコロンビア大学で教壇に立っているトリリングにとっては、『二つの文化』が米国とソヴィエト連邦のあいだの膠着状態について述べているということは、同じように明らかに思われた。しかし、これらの議論には、一つ重要な類似点があった。すなわち、身近な議論が衝突する想像上の場所として、両方にもっと広い世界が登場してくるのだ。

### ニューヨークからの眺め

スノーは、冷戦で生じた溝は文化交流と相互理解によって埋められると信じていた。彼の考えでは、共産主義者の東側と資本主義者の西側は、敵対する制度を表わしているのではなく、近代社会を違ったかたちで反復適用していたにすぎなかった。もし西側が発展途上国を支援しなかったら共産主義者が先にそこにたどり着いてしまうだろうと『二つの文化』で警告したときのように、自分は冷戦の不安を利用するのもいとわないということを、彼は折にふれて示した。だが、彼は普段は冷戦のレトリックを避けており、『二つの文化』は大体のところ、アメリカ合衆国とソヴィエト連邦を、英国を比較測定するのに使えるごく自然な道具として扱った。しかし、この三者間分析は必ずしもアメリカの文脈で通用するものに翻訳できるわけではなかった。その文脈では、スノーの唱える英国、米国、ソ連の区分は崩壊して、もっとおなじみの東側対西側という二元体に陥りがちであった。

他の解説者に先駆けて冷戦を軸に討論を解釈しようとする者もいた。アメリカを代表する保守派の知識人ウィリアム・F・バックリーは、スノーが、ロシアにおいてもアメリカにおいても自分は同じようにくつろぐことだろうとあるインタビューで示唆したとして、『ナショナル・レヴュー』で彼を滅多切りにした。(8) バックリーは自分の読者たちにスノーを紹介し、その講演『二つの文化』は「インテリ連中の噂話」になったと説明した。スノーの評判は、「かたくななオックスフォード（原文ママ）教員のF・H（原文ママ）・リーヴィス」がついに異議申し立てをするまでうなぎのぼりだった、とバックリーは述べた。自分は文学者であるというスノーの主張をリーヴィスは攻撃していたが、バックリーは何かもっと徹底的なことが必要だと考えた。彼は、スノーが米国とソ連は道徳的には等価値だとする忌まわしい相対主義を擁護している、と示唆した。バックリーは、この種の相対主義は国際的感覚を持つ知識人の目をくらまして共産主義者の蛮行に気づかせないようにしており、そのために「共産主義に対するわれわれの苦闘から道徳的内容が抜け落ちてしまっている」と非難した。首脳会談、文化交流、そしてライナス・ポーリングのホワイトハウスへの招待は、バックリーにとってすべて、「C・P・スノーへといたるステップ」、すなわち、「マシンガンの弾丸によって止められ、虐殺されて倒れ伏す殉教者が日々出ている属国民」に対して、「西側は、彼らが逃げ出そうとしているもの、彼らの死の理由となっているものと、何ら変わらない」ということを告げるであろう社会へと向かうステップになった。バックリーにとって『二つの文化』は、他の多くの人々にとってと同じく、すでにあった不満をぶちまける理想的な機会を与えてくれたのだ。

バックリーがライナス・ポーリングに対する認識を政治亡命者の殺害と合体させたというのは、冷戦論争の無情な二項対立としては典型的なものだったが、とは言え、彼がどんな政治的状況において発言をしているのかを思い出させてくれる。スノーが一九五六年に「二つの文化」にはじめて言及してから、リーヴィスが一九六二年に応答するまでの短い期間の出来事を年代順にならべてみよう。一九五六年にソ連がハンガリーに侵攻、一九五七年にソ連がスプートニク打ち上げ、一九五八年にフルシチョフがベルリンからの軍隊撤退を要求、一九五九年にフィデル・カストロがキューバ革命を主導、一九六〇年にアメリカの偵察機がソ連領内で撃墜、一九六一年にベルリンの壁の建設開始――実は、建設はスノーのインタビューが放送された翌日に開始された。これだけで、ニューヨークから見たこの時期の地政学的要素の危険度の感覚が伝わってくる。[9] バックリーの目から見ると、これらの出来事は東側と西側とに分断された世界で生じたのだが、実際には、そうしたおそらく覇権を握っていると思われるブロックの内部に、重大な変種が存在していた。英国には英国の冷戦の戦士たちがおり、(そのうち分かることになるが)彼らもまたスノーを批判したが、その国はまた、体制派の有力紙がユーリ・ガガーリンの宇宙飛行について、中央集権的プランニングの功績を認めるという反応を示すことのできる場所でもあった。[10] アメリカを舞台にすると再考の余地がほとんどなかったことは、バックリーの熱心な論争術ではなく、ライオネル・トリリングのもっと思慮に富んだ懸念――だがそれでもやはり懸念であった――が説明してくれている。

トリリングの「科学、文学、そして文化――リーヴィス-スノー論争に対する見解」という論文は、一九六二年六月に『コメンタリー』に発表された。『コメンタリー』は政治問題と文化を扱う影響力の大きな雑誌で、考え方は概してリベラルだった(もっとも、のちに新保守主義の主要な雑誌として浮上してくることになる)。編集者は早熟なノーマン・ポドレツで、この二人は前章までにすでに登場してきている。トリリングはコロンビア大学の英文学教授で、一九五〇年代、ポドレツは彼のもっとも優秀な教え子の一人だった。その後ポドレツはケンブリッジにおいてリーヴィスのもとで英文学を学び、ニューヨークに戻って一九六〇年から『コメンタリー』の編集に携わった。トリリングは一九五五年にスノーの小説『新しい人間』について心を込めた批評を書き、スノーは偉大な小説は書かないかもしれないが、着実によい小説を生み出していると示唆した。一九五八年、ポドレツは『富める者の良心』について好意的な書評を発表し、スノーの小説の知性と洞察力をほめたたえた。[11] スノー夫妻がポドレツ夫妻およびトリリング夫妻（およびトリリングのコロンビアでの同僚ジャック・バルザン）と親しくなったのはこの時期で、大西洋上を行き来するなかで、夫妻たちはスケジュールを調整して夕食を共にした。[12] しかし、ポドレツはまたリーヴィスとの友情も保っており、かつての師が新しい友人を攻撃したせいで、厄介な立場に置かれることになった。指導教官と友人のあいだに立って、ポドレツは最善を尽くした。彼は論争に対する評価をトリリングに『コメンタリー』へ寄せてもらい、リーヴィスとスノーの双方に反論の機会を提供したのだ。[13] どちらも彼の提案を拒み、こうした関係のすべてがその出来事のせいで損なわれてしまった。[14]

トリリングの論文は彼独自のスタイルで展開した。一連の印象的な観察結果で幕が開き、何層にも重なっている意味を一層一層はがしながら進み、ついには洞察力に富んだ結論にたどり着いた。彼はスノーとリーヴィスの議論を一世紀前のトマス・ハクスリーとマシュー・アーノルドのやりとりと関連づけることから始め、「科学という新しい勢力が、ひょっとするとヴィクトリア朝の問題が現代において復活するのを、正当化するかもしれない」[15]と認めた。それから時をさかのぼってスノーのリード講演に取りかかり、『スペクテイター』における騒動から始めて、リーヴィスの講演について思案し、十分時間をかけてその「許しがたい口調」[16]に対する不快感を表わした。これらの冒頭部分の観察に続いて、だれることなく、『二つの文化』そのものに注意が向けられた。スノーの最初は公平だった嘆きは、文学に対する是認されえない道徳的告発を実は助長すると、トリリングは指摘した。伝統文化が西側世界を牛耳っているというスノーの主張は間違っており、科学者同士の国際協力に対するスノーの信頼は政治問題の現実を単純素朴にも否認していることをさらけ出したのだ。リーヴィスはスノーの主張に対抗して文学の道徳的な役割を正当化する役目を果たすべきだったのだが、トリリングの考えでは、彼の批評はその残忍さにもかかわらずスノーが実際に前提としているものと対決できていなかった。

トリリングはこの珍しい批評の失敗を、スノーとリーヴィスが実はどれほど多くのものを共有しているかを考えることへといざなうものととらえた。彼は、二人が共通して新しい社会階層、すなわち、特権よりもむしろ眼識にもとづくであろうものを創り出すことに強い関心を抱いている、と指摘した。だが、現代――「広告に支配された時代」――において、この眼識への関心は判断基準としての「文化」の限界を露呈したのだ。「われわれのさらなる不振の時代においては」と、トリリングは述べた。「われわれは、道徳性、政治問題、文学、あるいは都市計画についての何らかの考えに対する自らの関心によって、自らの立場を明確にする人物であることと、プリーツなしのズボンをはくことによって、自らの立場を明確にする人物であることとのあいだに、真の違いはあるのか、と問うようになるのかもしれない[17]」。この観点からすると、スノーの科学者のライフスタイルびいき、リーヴィスのD・H・ロレンスびいき、そして『スペクテイター』の読者のスノーもしくはリーヴィスびいきは、すべて「思考の文化的あり方[18]」の広がりを示すものでもあり、また限界を示すものでもある、と彼は続けた。トリリングは、こうした限界は彼に別の評価基準、すなわち「心についての観念」――時と場所の制約に縛られることの少ない判断のよりどころ――の必要性を思い起こさせると指摘して、結論とした[19]。

トリリングは論争の中心が政治問題であることを認識していた。「もしわれわれが古い論争の新しい論法にかかわることを承諾するとしたら、われわれは自分たちが、教育理論の問題や、どんな種類の知識が人間の魂ともっとも厳密な意味での類似性があるのかをめぐる抽象的な論議に取り組んでいるのではないということに、気づかなければならない[20]」と彼は述べた。スノーとトリリングはその点では同意見だったのかもしれないが、すぐに手近な「政治問題」にかんする二人の概念が異なることが明らかになった。トリリングの説明によれば、スノーの議論の軸は二つあった。一つ目は人間の状況について言及している点で、その時点で、公正な分析は文学に造旨の深い知識人への非難へと変貌を遂げた。その後それは、物の見方がグローバルなものへと転じると、その時点で文学の弱点に当てられていた焦点が、科学によってもたらされるもっと希望に満ちた未来についての議論へと、道を譲ることになった。スノーの説明によれば科学者に共通する文化はもっとも手ごわい障壁でさえも乗り越えられると、トリリングは指摘した。言いかえれば、「『二つの文化』の真のメッセージは、西側とソヴィエト連邦のあいだの理解は科学者の文化によって達成されえたというもので、その文化は人為的に作り出された国家間の違いやイデオロギー上の違いまでもカバーするのだ[21]」。トリリングはこのように、スノーの「真のメッセージ」は、冷戦を超越しようという訴え——自分には是認できない政治問題の否定——であると解釈した。「世界の現状を否定しても世界は守れないということはよく分かっている。政治問題はこうした現状の一つである[22]」。彼は自らの分析を次のようにまとめた。「要するに、サー・チャールズは、西側とソヴィエト連邦とのあいだの理解を模索する運動を促進しながら、もしわれわれが……政治問題についての判断は下せない（なぜならそれは本当は存在していないからだ）と考えさえすれば、この理解に到達できるのだ、と述べているかのように思われる[23]」。それこそ、根本的に間違っているとトリリングが考えた立場だった。

スノーはこの批判に意表を突かれたが、実際のところ、トリリングの不満の種は何年も前からはっきりしていた。トリリングは一九五五年に『学寮長』を「政界のパラダイム」と呼び、その好意的な書評はスノーのキャリアと彼らの友情の両方を活気づけた[24]。しかし、その同じ書評において、もっとも非難に値する登場人物でさえもスノーが非難しようとしないことが指摘されていた。スノーは一九三〇年代に共産主義の側についた進歩的な科学者たちを好意的に描き出すことで、トリリングの抵抗を招いたのだ。「私は、善意と深くかかわった知性の失敗について、不適切に収集された証拠を非常に不正確に解釈した科学者の怠慢について、政治問題と人間の善は非常にたやすく理解されると確信した科学者の傲慢について、考えずにはいられない[25]」。一九五五年には、トリリングは非難したいという自分の「不愉快な」衝動を早々に認め、それに比べて寛容なスノーを称えた。しかし、一九六二年までには、判断を避けようとするスノーの態度に対するトリリングの懸念は、政治問題を認めるのをスノーが明らかに拒絶していることに対するもっと本質的な不安へと発展していた。

スノーは翌年、「二つの文化――その後の考察」でトリリングの批判に応えた。スノーは自分が政治問題について、まず間違いなくだれにも増して多くのことを書いていると抵抗した――トリリングはどうして自分が政治問題の存在を否定していると解釈できたのだろうか？　彼はトリリングの主張の意味を解明することによって、この難問を解決しようとした。トリリングのような批評家は、「「政治問題」という言葉で私たちの大半が受け入れられるよりももっと限定されたものを意味している……彼らは……冷戦の遂行を意味しているのだ」[26]と、彼は説明した。スノーはこの所見に異論を唱えたりはせず、むしろ喜んで受け入れた。「「トリリングの」批評は、一九五九年は冷戦の真っ最中だったのに、私が講演と冷戦とを結びつけなかったと言っているに等しい。もしくは、さらにもっと陰険なことには、私が冷戦を、私たちの時代の、そして今後のあらゆる時代の最重要視すべき絶対的なものだと認めなかったと言っているに等しい。もちろん、私はそんなことはしなかった」[27]。つまり、スノーが冷戦というレンズを通して国際的な政治問題を読み解くのを拒絶していると気づいたという点で、トリリングは正しかったのだ。そしてその拒絶の理由は、なぜスノーが討論を冷戦にもとづいて解釈するのを認めず、帝国期以後の英国から見るというもう一つの視点のほうを好んだかを説明してくれる。

## 冷戦を越えて

スノーが冷戦という区分にいらだったこと、そして代わりにアジア、アフリカ、その他の諸国に注意を引きつけようと努力したことは、『二つの文化』における彼の主張と密接に関連していた。リード講演は、経済的発展をうながすために英国と西側が世界中に資本と人員を送り出すことを提案した。スノーは聴衆に請け合った。

「科学者たちはアジアとアフリカ中で私たちの役に立ってくれることでしょう」[28]。その野望は、発展途上にある国々を、工業の発展と経済的繁栄をもって頂点に達する連続した歴史の流れにそって前進させることだった。このプログラムは、歴史を直線的なものと見なす解釈にのっとっているが、その解釈はスノーが『その後の考察』においてさらにはっきりと述べたものだった[29]。地球は「新石器時代から先進工業時代にいたるまでのあらゆる社会を観察できる巨大な社会学の実験室」に似ており、初期近代フランスの教会区記録は現在アジアやラテンアメリカを舞台に進行している物語を語っていると、彼は説明した[30]。この観点からすると、冷戦は二種類の問題を引き起こした。つまり冷戦は、産業化を遂げた国々は相違点よりも類似点のほうが多いという現実を覆い隠してしまった。そして、発展段階が異なる国々のあいだに実際に存在する――そして悲劇的な――格差から注意をそらしてしまったのだ。したがって、国際問題に注意を向けたとき、スノーは二種類の区分を解消したいと願った。すなわち、東側と西側のあいだには政治的相違があるという推定、そして北半球と南半球のあいだには経済的相違があるという現実である。

これらの目標のうち最初のほうは、冷戦の緊張関係を和らげようという思いをスノーに抱かせた。彼はソヴィエトの文芸批評家ヴァレンティーナ・イヴァシェヴァと友人になり、一九六一年に自分の最近の小説『事件』がソヴィエトの読者の共感を呼ぶのではないかという期待を打ち明けた。「それが私が自分に許されたあらゆる手段でもって言おうとしていることなのです」と彼は説明した。「もしイントロダクションを書く人がこれを指摘してくれれば、ひょっとするとその本は希望というメッセージを含むものと見なされるかもしれません」[31]。彼が述べているのは、ルイス・エリオットが科学上の詐欺行為を告発されている共産主義のシンパをかばうところを描いた一節のことだった。エリオットはその男と政治問題とを混同しないようカレッジの司法委員会に強く働きかけたのだ。「世界が二分されるがままになすのは、実務的な面でも、知的な面でも、われわれの時代につきものの危険ではないだろうか？」[32]エリオットは、「偏見の霧」が「あまりにも濃く垂れこめたせいで、二つの立場に立つ人々が同じ種族に属している者として互いのことを考えるのをやめつつある」のを心配し、イデオロギーが相容れないとしても共通する人間性に目を向けるよう委員会に懇願した。[33] スノーは、友好的な西側の作家の誠実さを示すものとして、そして対立という政治問題を越えて未来が思い描かれている証拠として、『事件』がソヴィエト連邦で読まれることを期待した。

アメリカ合衆国およびソヴィエト連邦において作品が成功を収めたことで、スノーは自分が二つの国家の懸け橋であると考える勇気を得た。高等教育にかんするライオネル・ロビンズの委員会に参加するようハロルド・マクミランに招かれたときに彼が断わったのは、これが理由だった。「アメリカ人は私の作品をかなり大々的に取り上げています」とスノーは首相に告げた。「そして、非常に奇妙なことに、私はモスクワにおいても少々求められているのです[34]」。彼はこの機会を利用して両方の側に意見を伝えたいと考えた。そして、聴衆を見出す役に立てようと、ソヴィエトの知識人との関係を開拓しつづけた。なかでも知り合いになりたいと彼が願ったのは、科学者ではなく作家であり、反体制派ではなく体制派の人物だった。そこで彼は、イヴァシェヴァに加えて作家（そして将来のノーベル賞受賞者）のミハイル・ショーロホフとも友人となった。スノーは、社会主義リアリズムの制度的中心地であるソヴィエト連邦作家同盟に招待されてモスクワにある事務所を訪れ、英国でソヴィエトの作家たちの宣伝普及に努めようとの決意を胸に、その訪問から帰ってきた。[35] 彼は『ソヴィエト文学』の編集者ヴァシリー・アジャーエフと手紙のやりとりを始めた。スノーは英国において『ソヴィエト文学』を宣伝すると約束し、アジャーエフのほうはソヴィエト連邦における彼の小説の評判を逐次知らせた。[36] 冷戦のような巨大なものに対するそうした奮闘の影響力を査定するのは難しいが、そうした奮闘はまた別の種類の利益をもたらした。すなわち、スノーは一九六三年にロストフ州立大学から名誉博士号を授与され、一九六五年の六〇回目の誕生日にはモスクワで彼の小説についての会議が開催されたのだ。[37]

スノーはまた、ソヴィエト文学の英国における主たる出版元となるよう、自分の出版社を説き伏せた。彼は一九六七年の末ごろ、「私は、ソヴィエト文学がもっと興味深い発展を遂げるため、マクミラン社が中心的な仲介者となるよう切に希望しています」と、アラン・マクリーンに伝えた。[38] 彼はマクリーンに『ソヴィエト文学』の事務所に編集者を一人送り込むよう熱心に勧めたが、マクリーンは——礼儀正しく距離を置いて——会社には一か月のあいだスタッフを一人欠くほどの余裕はないと答えた。[39] その後、スノーはハロルド・マクミランにその提案を伝えて意見を求めた。マクミランはできるところでは手助けをしたいと請け合った。[40] 翌年のはじめ、アーネスト・ヘミングウェイのソヴィエトにおける翻訳者がロンドンを訪れる計画を立てた際、スノーは会社との会合を設定しようとした。[41] さまざまな理由から、これらの努力は実を結ばなかったが、築かれた関係はもっと長続きするものとなった。一九六八年三月、イヴァシェヴァはスノーに、彼女が英国の出版社から受け取った尊大な不採用通知を、メロドラマティックな献呈の辞とともに送った。「われわれの残りの生涯がわれわれの二つの大国のあいだの懸け橋を築くことに捧げられるだろうとかつて言ったことを、あなたは覚えているでしょうか？」[42] まさにそのような理想主義と利己心との結びつきにうながされて、リード講演後の二〇年間のスノーの活力の多くが、そうした懸け橋を築こうという努力に費やされたのである。

スノーがソヴィエト連邦に甘かったことはまた批判の的となった。一九六〇年、作家で批評家のジョン・ウェインはソヴィエト連邦への旅から帰国し、そこでの状況についてスノーとは逆に否定的な見解を述べた。『オブザーヴァー』に掲載された「わがロシア人後援者たちへの公開書簡」において、ウェインはソヴィエト連邦の出版活動、観光事業、そして教育について、にべもない評価を下した——彼はそのすべてを、だまされやすい欧米人に感銘を与えるために国家によって巧みに操作されたプロパガンダと見なしたのである。[43] 翌年、スノー夫妻による序文のついたロシアの短編小説集を書評した『スペクテイター』は、ソヴィエト文学を読むにあたっては芸術と政治を区別する必要があるのだという彼らの主張を却下し、現代のロシアのフィクションの面白さは、まさに社会主義リアリズムによって課せられた制約をどう処理しているかにあるのだと論じた。[44] 一九六二年、リーヴィスのリッチモンド講演のせいで世間の非難にますます敏感になっていたスノーは、自分を共産主義のシンパだと示唆したバーナード・レヴィンを相手取って、名誉棄損の訴訟を起こした（そして勝利した）[45]。彼は、自分は共産主義びいきというよりはむしろロシアびいきだと考えたためにその訴訟を起こしたのだが、その区別は冷戦に対する彼のいらだちの中心に位置するものだった。

一九六八年に、一九五六年――フルシチョフの秘密報告、ソヴィエトのハンガリー侵攻、そして英国共産党の分裂があったきわめて重要な年――以後のロシアの状況を概観するなかで、スノーは東欧における「リベラルな共産主義」の出現を是認した。彼の説明によれば、リベラルな共産主義とは、スターリン主義は否定するものの、国有化、国家によるプランニング、共産党のリーダーシップの必要性は認めるという、非イデオロギー的な立場だった[46]。彼は、リベラルな共産主義者は自分たちが複雑な社会のなかにいることを認識しており、そして――非難を浴びせかけるよりもむしろ――その社会を通してすべての人々に正義と福祉をもたらすために働きたいと考えている、と述べた。「もし生まれた年（一九〇五年）はそのままでロシア人として生まれていたなら、私はリベラルな共産主義者になっているだろうと思う」[47]と彼は結論づけた。スノーが説明したソヴィエト社会の特徴は、まさに彼が英国社会――さらに言えば、産業化の進んだ世界のいたるところにある社会――をどう理解していたかを反映していた。他の者ならばイデオロギーの違いに目をとめるところで、スノーは機能の類似性に目をとめた。つまり彼は、現代の社会は、名目上は共産主義であろうと社会主義であろうと資本主義であろうと、高度な社会経済システムをさまざまなかたちで反復適用しているものであると信じていた。このシステムが経済的繁栄を生み出して流布させたのであり、『二つの文化』（およびその他）において、スノーは自分の聴衆に、その繁栄をもっと広い世界の全体に広げるために、冷戦の先に目を向けるよう懇願したのだ。

専門家の負担

スノーにとって国際的に協議すべき事項の一つが、冷戦にもかかわらず共通する基盤を明らかにすることだったとすると、彼のもう一つの野望は、経済的発展に対する知的および政治的支援を結集することだった。冷戦に対するスノーの立場は、この点で重要である。なぜなら、広く受け入れられている意見を代表しているからではなく、型通りの分析用語を込み入ったものにしているからである。つまり、東側と西側には重大な相違点があることを彼が否定しているのは冷戦の論証法の二項対立には合わず、そのため、自らを支配的なものとして表象する立場の内部に存在する変種に対応する必要があることを示しているのだ。(48)しかし、ポスト植民地主義の世界では、スノーの立場は正反対の理由で重要である。すなわち、代表例ではないからではなく、典型的であるから重要なのだ。脱植民地化の時期のアジアやアフリカについての彼の考えは、帝国以後の世界における英国の国際的地位の移り変わりにかんするもっと広範囲にわたる対話への入口を提供している。(49)

国際政治は、冷戦よりもむしろ帝国の後退というレンズを通して眺めると、違って見えた。一九五六年以降の歳月は、英国人にとってもアメリカ人にとっても波乱に満ちていた。これはマウマウ団、「変革への動き」、そして急速な脱植民地化の時代だった。(50)英国は帝国を失ってまだ役割を見出していないというディーン・アチソンの言葉は、その関係を必ずしも正確につかんではいない。つまり、英国は帝国を失いつつあったかもしれないが、にもかかわらずその役割についてのおなじみの想定は消えずに残っていたのだ。その役割の形態は主《あるじ》から擁護者へ、統治から教育へ、そして搾取から支援へと変わっているのかもしれないが、枠組みが変わっていくなかで昔ながらの習慣は根強く持続していた。英国はしばしば、経済的、社会的、そして政治的発展がかなり進んだ段階に到達していると言われ、世界のなかでのその将来の地位はその事実にのっとったものであることが期待されていた。過去においてはその地位は政治を通して保障されていたが、将来においては教育と発展から得られることだろう。だが、いずれの場合も――そしてどんなイデオロギーが特徴的な動きを見せても――(かつての)植民者の利益は(かつての)被植民者のニーズと密接に結びついていると考えられた。帝国以後の世界における英国の国際的地位を評価するにあたって、スノーはこの見解に固執した。

『二つの文化』についての論争は、これらの問題について話し合うための一つの場として出現した。講演のしめくくりの部分は「富める者と貧しい者」と題されていた。そしてこのテーマはスノーの議論のまさに中心をなしていたため、彼は講演全体の題名として使用することも検討したほどだった。[51] 彼は世界の豊かな国と貧しい国のあいだの溝を、現代の倫理学と政治学のもっとも急を要する問題として扱った。これまで見てきたように、スノーは、ある経済圏は産業化を果たし、他の経済圏は果たしていない――あまり長く続くことはなく、また続くべきではない事態だと彼は聴衆に断言した――ことからこの溝が生じるのだと信じていた。英国が直面している、そして実際のところ、西側全体が直面している問題は、工業的発展と経済的繁栄を必然的に追求するなかで、インド、アフリカ、東南アジア、ラテンアメリカ、そして中東を援助しようと自分たちが立ち上がるのかどうかということだった。このように農業よりもむしろ工業の発展に傾倒したため、スノーは後期植民地主義の知識人や政治体制の多くと戦うという立場に立たされた――このことは、広い意味での「発展」を支持する人々のあいだにすら、差異や緊張状態が存在したことを思い起こさせる。[52] スノーのほうは、「科学革命」という統制された産業化が存在し、そのなかに地球規模の危機と「二つの文化」問題とをつなぐものがあると、熱狂的に信じていた。つまり彼は、とくに英国の、そしてより一般的には西側の教育制度は、この務めに必要な人材を生み出すのに失敗していると、主張したのだ。ならば、教育改革がより大きな目標へと向かうための唯一の道のりだということで、スノーは『二つの文化』において、英国と西側に、産業化をうながすために世界中に資本と人材を送るよう呼びかけた。

スノーはリード講演後の歳月に、しばしばこの主張へと立ち戻った。一九六〇年に米国科学振興協会で講演した際、彼は聴衆に、核戦争、飢餓、人口過剰という全世界的な危機と闘うよう熱心に説いた。[53] 三年後、彼は「二つの文化——その後の考察」において、世界中の貧困と苦しみを軽減する力が科学と科学技術には潜んでいるのだと主張した。「私たちは、応用科学が何十億人という人々から不必要な苦しみを取り除けるのだという認識を、退けることはできません」。[54] スノーは、病人を治療すること、飢えた人々に食べ物を与えること、避難所を提供すること、そして人口過剰を防ぐことについて自分は話をしているのだと説明し、これらの危機の一つ一つを解決するための知識はただちに利用できる——発展と進歩のあいだの関係を認めそこなったこと、あるいは認めたくないという思いだけが、行く手をふさいでいる——と主張した。スノーは金銭的援助よりもはるかにずっと野心的なことを提唱していたのだ。つまり、彼は経済的発展に続いて工業国および近代社会の制度的な仕組みが出現することを望んでいた。彼は「労働組合、集団交渉、近代産業の機構全体」について語っていたのであり、この機構自体は本質的におのずからよいものであると信じていた。「これらの特権が既存の政治的、社会的、そして経済的制度に、どれだけ密接に依存しているのか、分かっている人はいないと思う」。[55] 要するに、経済、社会、政治形態にかんして世界は問題を抱えていて、西側には解決策があり、西欧文明の抱える問題は地球上の全域で自己増殖する意思に欠けているということだけなのだと、スノーは信じていた。

西側が国際的発展を援助すべきだと主張するにあたって、スノーは仲間に事欠かなかった。ジョゼフ・モーガン・ホッジによれば、「科学、科学技術、そして発展と人類の進歩を統御する国家および国際的組織の能力に対する自信と信念が、かつてこれほど大きかったことはなかったかもしれない」。[56] この計画の知性面の教父は、スノー自身の英雄であるH・G・ウェルズで、その『誰でも参加できる陰謀』(一九二八年)は、科学、科学技術、そして産業のプランニングおよび発展を通して世界中の「進歩の遅れた民族」を物質的改善へと導こうという呼びかけのように思われていた。[57] 英国の左翼においては、この立場は、『戦争のない世界』(一九五八年)における

J・D・バナールや『新しい左翼――政治的無関心からの脱出』（一九六〇年）におけるピーター・ワースレイといった人物によって保証されていた。[58] それを提唱する人々のなかでもっとも評価が高かったのはスノーの友人のパトリック・ブラケットで、彼は政治的左翼のあいだで、労働党内部で、そして科学の分野での同僚たちのあいだで同時に尊敬されるという珍しい特徴の持ち主だった。[59] 一九五七年、ブラケットは「科学技術と世界の進歩」という文章でスノーの主張を先取りしたが、それは『ネイチャー』と『リスナー』に再掲載され、『オブザーヴァー』と『エコノミスト』で議論を引き起こした。[60] スノーのリード講演から一〇年後、ブラケット――王立協会長――は、ネール講演（一九六八年）、ガンジー記念講演（一九六九年）、リード講演（一九六九年）といった一連の講演において、くりかえし、経済を発展させて世界中の貧困を軽減しようと呼びかけた。[61]

スノーはふつう「近代化」という用語を避けていたし、英国の帝国支配計画は米国の冷戦の野望と一つにまとめられるべきではないが、発展についてのこうした考えが前提としていたことは近代化理論と確かに共通するところがあった。近代化理論は第二次世界大戦後に米国の社会科学において全盛をきわめ、一九六〇年代にはホワイトハウスで政治的影響力を及ぼした。その理論では、経済成長、社会の流動性、政治参加、世俗化といった、「近代性」を構成する特別な基準が仮に定められた。こうした特徴およびほかの特徴を獲得したこと（もしくは特徴が欠如していること）を記録することで、国家は、近代性という普遍的なゴールを頂点とする一つの連続体上に位置づけられることが可能となった。これにかんする文献の鍵となったのが、スノーのリード講演の前年にケンブリッジで行なわれた一連の講義から生まれた、W・W・ロストウの『経済成長の諸段階』という小冊子である。[62] マサチューセッツ工科大学経済史教授のロストウは、英国における産業革命を、近代化に向かうステップを確認するためのモデルと見なした。彼はその後、ケネディおよびジョンソンの政権のために働き、その著作の英語版は一九六〇年から一九七二年までのあいだに二六万部売れた。彼の本の副題――『一つの非共産党宣言』――は、こうした考えが隆盛をきわめた背景から絶対に冷戦を切り離せないことを反映している。つまり、近代化理論は、「第三世界」を発展の道筋にそって進ませ、ソヴィエトよりもむしろ西側の描いた軌跡をたどって近代化へと押しやることを目的とする政策の、理論的根拠を提供していたのだ。[63]

発展という形態はまた、かつての帝国の政治指導者や理系の知識人に喜んで受け入れられた。実際のところ、ナショナリストの指導者の多くにとって、植民地国家が農業改革を強調することは、もっと差し迫った――そして有望な――産業の発展を追求するには邪魔となり、独立の一つの目的は、そのエネルギーを後者に向けるために国の支配権を握ることだった。[64]産業化を力強く提唱したのは理論物理学者（そして一九七九年のノーベル賞受賞者）アブダス・サラムで、一九二六年に西パンジャブで生まれた人物である。彼は第二次世界大戦後にケンブリッジ大学で博士号を取得し、その後パキスタンのガヴァメント・カレッジおよびラホール大学で短期間数学を教えた。一九五四年にサラムはケンブリッジに講師として戻り、一九五七年からはロンドン大学のインペリアル・カレッジで理論物理学教授となった――トリエステに国際理論物理学センター（ＩＣＴＰ）を設立してセンター長を務めているあいだも、彼はこの地位を手放さなかった。[65]サラムは科学、科学技術、および経済の発展のあいだにはつながりがあると固く信じており、この線にそって、一九六一年にダッカでの全パキスタン科学大会で刺激的な講演を行なった。この講演はスノーの『二つの文化』を思わせるもので、ロストウの『経済成長の諸段階』を引用し、そのしめくくりの言葉は、経済的繁栄という目標のために役立つ科学の発展を求めていた。二年後のハロルド・ウィルソンの労働党大会での言葉を先取りして、サラムは断言した。「われわれが到来を告げようとしている革命の性質について、ぜひともはっきりさせましょう。それは科学技術と科学の革命であり、国家の科学および科学技術のスキルを大きく発展させることを最優先するというのが、絶対に必要なのです」。[66]サラムはこうしたスキルの発展を貧困との戦いに結びつけ、ロシアや中国ですでに成し遂げられたのと同じくらい急速な成長をパキスタンでも成し遂げようと呼びかけて、講演をしめくくった。

自分のメッセージが政治的左翼、体制派の英国系米国人、そして英連邦の人々によってくりかえされる状況では、産業化を求める提案と帝国主義を正当化する昔ながらの根拠とが類似していることに、スノーが気づける見込みはなかった。確かに、彼は他人の問題に干渉するというヨーロッパの伝統を意識していた。つまり、彼は『二つの文化』で、「聖フランシスコ・ザビエルからシュヴァイツァーまで、大勢のヨーロッパ人が気高く、だが父権的に、アジア人およびアフリカ人に自らの命を捧げてきた」と述べたのだが、自分は別のことを支持しているのだと主張した。「こうした人々は、今アジア人やアフリカ人が歓迎するであろうヨーロッパ人ではない。彼らは、同僚として協力し、自分たちの知っていることを伝え、誠実に専門的な仕事をし、そして出ていく人物を欲しているのだ[67]」。科学者は、求められている専門的知識があるからというだけでなく、国際共同研究を行なっているおかげで比較的人種差別にとらわれなくなっているために、この仕事に理想的に向いているのだと、スノーは論じた。スノー自身も人種差別を我慢できなかった。一〇年もしないうちに、彼は上院で、ローデシアの白人入植者やアメリカ南部の白人を励ます意見を表明することを糾弾した[68]。『二つの文化』は、父権主義、人種差別主義、そして帝国主義という古いパターンの代わりに、技術家主義《テクノクラシー》、民主主義、そして発展という、スノーが新しいプログラムだと信じたものを提案したのだ。

　だが、この処方箋の背後にある前提は、前の時代に創り出されていた物の考え方を露呈するものだった。この観点では、英国にはかつての植民地を支援し、技術的――さらには言語的――訓練を与え、経済的、社会的、そして政治的発展が本国の段階にまで達するよう導く義務があった。政府機関と学識はともに本国と近い距離を保っていた。そして英国がまさに最近まで支配していた国々と人々に近代化と発展のプログラムを届けるにあたって、そのプログラムは英国になじみ深い役割を約束したのだ。かつての植民地と英国との関係についての昔ながらの考え方は、脱植民地化の真っ最中に起こった同類の議論においてと同じく、『二つの文化』においても、オーバーホールされたというよりむしろアップデートされたのである[69]。

# 発展に対する異議

リーヴィスはスノーのように英国の首相やソヴィエトの知識人と知り合いだったわけではなかったが、リッチモンド講演やそれに続く発言において、彼もまた脱植民地化と発展の問題に自分の主張を結びつけた。実際のところ、この立場が、彼のリッチモンド講演のなかでもっとも不思議な意見の一つの本質を成していた。「もしあなた方に正しい知識があれば」と、彼は眉を目一杯持ち上げて語ったのだ。「コンゴ人、インドネシア人、ブッシュマン（いや、ブッシュマンは違う――十分な人数がいない）、中国人、インド人に、必要とするだけのジャムを、その量がとどまるところを知らず増えていっても保証してやるプロセスを促進することに、知恵を使わねばならぬのだということが分かるでしょう」[70]。リーヴィスが皮肉にも「ブッシュマン」を除外することで意味した内容は、社会的経済的発展についての彼の考えをもっと全般的に考察することによって明らかになる。スノーがアジアやアフリカの物質的状況を改善するために介入しようと主張したのに対し、リーヴィスは英国と西側の事態がこれ以上悪くなるのを避けられないかと、万に一つの機会を探っていたのだ。一九六二年の「二つの文化」論争ではこの立場はほとんど支持を得られなかったが、一九六〇年代の末までには、発展に対して批判的スタンスを取るというのは、知的ディスコースにおいてそれほど傍流なことではなくなっていた。この事実は必ずしもリーヴィスの影響力の広がりを証明するわけではなく、むしろ広範なイデオロギー上の変化が起こって、彼が長らく主張してきた立場がより受け入れられやすくなる条件が創り出されたことの証拠となっている。

リーヴィスとスノーには違いがあったが、実は彼らは国際情勢については同じ前提を共有していた。リーヴィスはスノーと同様、冷戦とは対立するシステム同士の衝突というよりもむしろ文明世界の内部にある区分だと考えていた。そして、彼らはどちらも歴史は直線的に発展してきたと仮定して、アジアとアフリカはかつてイングランドで衝突した勢力同士が次に戦う場だと推定していた。彼らの類似性は戦術のレベルにまでも及んでいて、二人とも米国の優位に対する英国の懸念を利用しようとした。例えば、スノーはリード講演において「この国は飛び地の飛び地になるでしょう」という警告を発し、リーヴィスのほうは、アメリカに支配された世界で英国が取りそうな立場をめぐる不安を利用する機会をとらえた（そのどちらも、『怒りをこめてふり返れ』のジミー・ポーターの台詞、「アメリカの時代に生きるっていうのは、とんでもなくやるせないことさ——もちろん、お前がアメリカ人でなければ、だけどな」を反映している）[71]。要するに、スノーとリーヴィスは、英国の彼方の世界に注意を向けたとき、冷戦よりもむしろかつての帝国に焦点を当てたのだ。そして同じことをするよう聴衆を説得するため、彼らは英国が世界という舞台のその箇所でいまだに役割を担っているという展望をちらつかせて見せたのだ。

しかしながら、この明らかに共通する枠組みのなかで、歴史が驀進していく先を評定するとなると、スノーとリーヴィスはまったく異なっていた。スノーのほうは、現代の危機とは産業化を外国に広めるのに失敗していることだと解釈していたが、リーヴィスのほうは、その仕事がぞっとするほど効率よく達成されつつあるのではないかと心配していた。部分的には、物質的な進歩は妥当な社会的政治的目標となるのかという疑問をめぐって違いがあったのだが、もっと根本的には、彼らはある社会で発展した要素はよその土地に移植できるのか——そして移植すべきなのか——ということについて、意見を異にしていた。例えば、『二つの文化』においてスノーは、科学者や技術者と一緒に英語教師をアジアやアフリカ中に送り込むことを提案したが、一九七〇年——彼らの議論が最後に燃え上がったとき——リーヴィスは、自分は英国人のことを「救済への道を教わらなければならないような劣った種族に福音を説く存在として考える誘惑に駆られたことなどまったくない」[72]と断言した。のちに『その後の考察』において、スノーは産業社会という機構全体が発展途上国に恩恵をもたらすだろうと示唆したが、リーヴィスは後年、アフリカやインドが欧米の民主主義や官僚政治の重荷を負えると信じるなど「ばかばかしい」と考えていると語った。[73] これらのケースの双方——文化の移行（言語というかたちでの）、および社会の発展（制度というかたちでの）にかんするもの——において、スノーは外国を転換させたいと願い、一方、リーヴィスのほうは国内の保持を図ろうとしたのだ。この違いのゆえに、彼らは自分たちが近代化を軸とする区分において対極の立場に立っていることを、再三再四、認識した。

「二つの文化」論争が一九六〇年代前半にこれらの問題を提起したとき、議論はスノー寄りの位置で展開した。著名な生物学者のC・H・ワディントンは『二つの文化』に反応して、ナイジェリアでかつて経験したことを思い出した。彼によれば、工業文明の科学技術はとてもはっきり分かるほどのものではなかったので、毎日の生活のなかで使うふつうの道具でさえも驚くべき職人芸の産物であった。「ふつうの人々が使用していたものは、ほとんどどれをとっても美しかった」と、ワディントンは愛情を込めて述べた——だが、にもかかわらず、そうした職人が欧米の医薬品を使用したがることだろうと彼は思っていた。「もしこれらの人々が、二倍も長生きして、眼病のトラコーマ、フィラリア症、眠り病、黄熱病その他にかからないということを選べていたならば、そして選べるのならば、彼らが行なった選択、すなわち、生命のほうを選んで、壺はついてくるに任せようというのが間違っているなどと、真剣に論じられようか？[74]」リーヴィスがリッチモンド講演で、これらの壺に使われた技能と知性は捨て去られるべきではないものを表わしていると指摘して、この立場に反論したとき、スノーの支持者たちの示した反応は、自分たちが近代化を支援することで貧しい人々の利益が増すのだという信念を露わにするというものだった。例えばプラムは、「リーヴィス博士は、インドの農民やブッシュマンや原始人が活力に満ちた知力を働かせるのを見たことがあるのだろうか？[75]」と問いかけた。彼は、リーヴィスは見たことがないのだろう、さもなければ彼らの生活が近代社会のふつうの人々の生活より何らかの点でましであると指摘することなどとてもできなかっただろう、と推測した。スノー、ワディントン、プラムらは、原住民の側に立つことと、自分たち自身の工業文明の拡大に賛成することとに違いがあるとは思ってもみなかったのだ。

リーヴィスは、自分が原住民に「敵対」しており、一方スノーとその支持者は「味方」しているのだという考えを退けたが、その点をはっきりさせるためには、発展と向上のつながりを断ち切る必要があった。リーヴィスにとって、発展とは破壊的な文明、すなわち、文化の連続性を犠牲にして物質的な目標を重んじる文明を押しつけること――彼の考えでは、それを耐え忍ぶよう強要された人々からすれば「進歩」などとはとても呼べないプロセス――を意味していた。一九六〇年代初頭は、スノーの立場が大衆からの支持を獲得しやすかったが、その一〇年間が終わるころ、リーヴィスは潮の変わり目を感じはじめていた。一九七〇年代には、彼は困難な状況にあると主張することを一瞬やめて、「リード講演がほぼ満場一致の称賛を勝ち取ったあと……情勢は変化した[76]」ことに目をとめた。彼はとくに一九六〇年代後半のアメリカの社会と文化における激動を、そして英国においてはそれが組合の闘争、性の乱れ、学生の動揺、フェミニストの扇動といったかたちで影響を及ぼしたことを、指摘した[77]。これらの発展は、どれ一つとしてリーヴィスの賛同を得られず、「進歩主義者」の価値観への異議申し立てにかける彼の熱意は、英国への移民を糾弾したり、国家が「多民族」社会になろうとしているのをアフリカの発展と同様に問題視したりすることにつながっていった[78]。だが、その表現を彼がどれだけ嫌悪しようとも、それでも彼は、物質的には繁栄しても広い範囲で不平不満が発生してしまうというのは、生活水準を向上させても人間の大志が満たされることは決してないという自分の予測を裏づけているのだと、確信していた。

その間、産業の発展に対する楽観的な評価は、他の方面からも攻撃されだしていた。一九六八年四月、三〇人の知識人が世界的規模の新しい危機について話し合うためにローマに集まったが、その後ローマクラブは、国際的協議事項に成長への制限を加えることに取り組んだ。「私たちは自制し、自己修養を積む覚悟をしなければならない」と、クラブの議長であり創設者であるアウレリオ・ペッチェイは宣言した。「そして、われわれの知識と科学技術を自然、というよりはむしろその名残り、およびその他の生物の保護のために、使わなければならない[79]」。一九七二年、国際連合はストックホルムで「人間環境会議」を開催し、発展主義と環境保護主義という明らかに矛盾する協議事項を両立させようとした。[80] そして一九七〇年代のあいだずっと、人文科学と社会科学において、近代化理論は以前にも増して従属論という批判的な見方からの攻撃を受けた。[81] リーヴィスとしては、環境を損なわないバランスと産業社会との衝突に確かに気づいていた。ある学生は、彼が一九六四年に次のように述べたのを思い起こしている。「最近はあまり蝶を見ない。殺虫剤で殺してしまっているんだ」。彼はこの調子で話しつづけ、スノーに対する嫌味をこう付け加えた。「彼らが気にかけているのは産業社会だけだ――産業に対して反対を唱えるわけではないが、彼らは無神経なけだものに過ぎない。例の権力の回廊卿のように」[82]。スノーもまた、発展主義のプログラムと自然保護主義のプログラムのあいだの緊張関係を認識しており、自分がどちらに賛成しているか隠そうとはしなかった。例えば、一九六九年に上院での環境についての討論に招かれた際、スノーは、自分は目下もっとずっと大きな問題で頭がいっぱいなのだと、あてつけがましく返答した。[83] そして、不信感は相互的なものだった。例えば、E・F・シューマッハーは、持続不可能な成長に対して環境という側面から異議を申し立てている『スモール イズ ビューティフル』(一九七三年)において、スノーと『二つの文化』にはっきりと挑戦した。[84]

不満を分かち合う相手はいたとしても、本物の味方を見つけるにはリーヴィスは懸命に目をこらさなければならなかった――一九七〇年代初頭にそういう人々が現われはじめるまでは。一九七六年、最後の著作の結論部分で、リーヴィスはロンドン・スクール・オヴ・エコノミックスの保守派の経済学者P・T・バウアーを称賛した。バウアーはリーヴィスのように、一般通念に対して厳しい批判を下す人物を自称しており、一連の著作において、対外援助が経済成長を刺激するという仮定に異議を唱えていた。[85] リーヴィスはバウアーのことを不完全な預言者と考えていたが(「もちろんバウアーは経済学者だ。だが彼は知的な経済学者である」)、彼は一般的な物の見方の「誤信、虚偽性、欺瞞、矛盾、および無意味さ」に対する彼の眼力を評価していた。[86] バウアーは国家中心主義の発展を批判したことで有名になっていたが、経済思想を新自由主義に転換させるにあたって鍵を握る人物の一人でもあった。リーヴィスが賛意を示したもう一人の非正統派の学者は、ポーランド出身の社会学者スタニスラフ・アンドレスキーだった。アンドレスキーは『アフリカの苦境――近代化という病理の研究』の著者であり、この著作は「アフリカの苦境」の責任の所在を、外的要因（ヨーロッパの帝国主義など）からアフリカ社会内部の力学へとシフトしようとして、論争を招いていた[87]。彼の主張が因習打破主義である点、また、内的分析を好む傾向があるという点は、リーヴィスが同好の士を見つけたことを示唆しており、その疑念はアンドレスキーの次の著作で裏づけられた。『社会科学の神話――通説にごまかされないための18章』は、現代の社会科学の科学的であるという自負、客観的であるというポーズ、計量的であるという分析に異議を唱えるものであり、リーヴィスは、その著作が知的抽象概念を批判している点を大いにほめたたえ、ヨークでの自分のセミナーで取り上げるにいたった[88]。

リーヴィスはアフリカに対する政策にとくに興味があったわけではなかったが、にもかかわらず、彼がバウアーとアンドレスキーによるこれらの著作に引き寄せられたことはうなずける。つまり、この時期の大都会の知識人のあいだで、「アフリカ」は彼ら自身の社会についての主張同士がつながる想像上の場所として機能していたのだ。これまで見てきたように、リーヴィスは、近代文明はイングランドで発祥し、言語と思考の決裂という特徴を持ち、いまにも世界中に広がろうとしていると信じていた。抽象概念を批判するアンドレスキー、そして発展に対して懐疑の念を抱くバウアーとアンドレスキーを彼が信奉したことは、リッチモンド講演での彼の不可解なつぶやきを説明するのに役立つ。「もしあなた方に正しい知識があれば」とリーヴィスは語ったのだった。「コンゴ人、インドネシア人、ブッシュマン（いや、ブッシュマンは違う――十分な人数がいない）、中国人、インド人に、必要とするだけのジャムを、その量がとどまるところを知らず増えていっても保証してやるプロセスを促進することに、知恵を使わねばならぬのだということが分かるでしょう[89]」。リーヴィスの言によれば、人数を数えることとさえできれば、これらの人々を数に入れられるのだ。「ブッシュマン」は人数が少なすぎて開発者たちの見積もりに記載することができないと指摘することによって、リーヴィスは、自分たち自身の文明を拡大しようとする際にふつうの人々を心にかけていると主張する（例えばスノーのような）人々が道徳にかんして抱く自負を、あざけっていたのである。リーヴィスは長年、近代文明、抽象化に向かうその傾向、そして自己満足に満ちた権力機構によるその賛美に対し、異を唱えていた――そして、この歴史的瞬間に、こうした主張が一堂に会する場所として「アフリカ」が登場したのだ。

## 結論

スエズでの大失敗以後の一五年間――帝国にかんする前提が必ずしも事件そのものと同じようには薄れていかなかった時期――アジアであろうとアフリカであろうとその他の地域であろうと、かつての大英帝国から生まれた新しい国々は産業を発展させる政策を追求すべきかどうか、という問題が浮上した。リード講演、リッチモンド講演、そして続いて起こった公開討論において、スノー、リーヴィス、そしてそれぞれの支持者たちは、まさにこの問題をめぐって衝突し、英国史についての相矛盾する自分たちの解釈を、非西欧世界の将来に投影していた。

しかしながら、こうした論争が行なわれているうちに、イデオロギーの地勢が彼らの足元で動きはじめた。スノーは世界の貧しい人々に対する関心と、産業の発展への支援を同等に扱っていたが、一九六〇年代後半までにはこのプログラムの持続可能性が問題になっていた。一九六八年、彼はミズーリ州フルトン――一世代前にウィンストン・チャーチルが「鉄のカーテン」演説を行なった場所――で、自由主義者のあいだに無気力が広がって彼らが世界の危機に立ち向かうのを妨げているように思われると演説した。彼はまた、危険な新しい対抗文化が出現したことについて警告を発し、それは社会を改良することよりも社会を批判することのほうにより興味を抱いているように思われると述べた。[90] 二年後、この一〇年ほどのあいだに行なった講演をまとめて「二つの文化」に始まり「包囲状態」でしめくくられる一冊の本にしようとした際、スノーはリベラルな態度に残された将来性をめぐる最後のセクションを付け加えるつもりだった。『公務』は一九七一年に出版されたものの、その楽観的な結論が書かれることはなかった。[91]

リーヴィスには、発展を追求することに異を唱える独自の理由があった。対抗文化からは共感されえない理由である。にもかかわらず、近代文明を長年にわたって批判しているせいで、ますます思いがけない新しい支持者を得てしまいそうだった。一九七二年、『ガーディアン』のある記者が、環境問題に対する懸念、成長に対する批判、そして技術家主義《テクノクラシー》への懐疑というかたちを取って「知的な流行が」リーヴィスに「追いついた」ことに注目した。リーヴィスは一〇年ほど前にケンブリッジ大学を退職していたが、記者は彼の名声が再び高まるだろうと予想した。[92] 四年後、リーヴィスの最後の著作を受けて、リチャード・ホガートは「発展途上国において……開発計画のより未熟で深みに欠ける作戦の押しつけに対する、かなり強い反発」が出現していると報告した。ホガートは、例えば地元の伝統を優先して西洋建築を拒絶する事態が起こっていることや、進歩、発展、成長をめぐる欧米的な考えに対し、最近までそれが喜んで受け入れられていたところで疑問が呈されていることにふれた。[93]

スノーもリーヴィスも自分の立ち位置を変えることはなかったが、変わりゆく時代という文脈の変化において、従来の立ち位置が違う目立ち方をするようになっていた。一九五九年、スノーは自信を持って、科学、産業化、進歩主義の政策を同等であると見なしたが、一〇年後には、これらの結びつきはより急進的な左翼からの異議申し立てを受けていた。イデオロギー的な立場がこのように配置転換されるというのは、「六〇年代」と関連づけられる複雑な発展の一面であり、次章では、「二つの文化」論争の最中およびその後のスノーとリーヴィスの主張をたどりながら、このプロセスを説明することを目指す。

# 7 能力主義期の衰微

## 平等が脅かされるとき

一九七〇年春、スノーが公的な場で答弁する機会がついに訪れた。リーヴィスが「より過激な論説の公表」、すなわち、教育論争を悩ます民主主義の——したがって破滅を招く——原理を糾弾する一連の講演を開始したのだ。彼はしばしば、大衆教育に対する責務とコンピュータが詩を書きうるという考えとを結びつけた。つまり、どちらの主張も、功利主義というそれ自体が問題である考え方、言いかえれば、彼が「工業技術のベンサム主義」という烙印を押した考え方から生じていると、主張したのだ。[1] この主張に即していてスノーに対する多少の痛烈な言葉を含んだ講演が『タイムズ文芸付録』に掲載されたとき、編集を担当したアーサー・クルックは、個人の立場から、スノーに返答するよう強く勧めた。[2] スノーは長年、直接リーヴィスへの返答を控えて節度を示すことにいらだっていたが、今や彼は抗しがたいほど魅力的な突破口を見出した。リーヴィスが、他の批評家はディケンズに「娯楽としての価値」しか認めていないと言ったのだが、それは実はその当時『偉大な伝統』に書かれた評価——まさしく、ほぼそのままの表現——だったのだ。[3] そこでスノーは、「二つの文化」をめぐる最後の重大発言を行ない、歴史的事実、文学的解釈、そして専門家の倫理という問題に、自分の強敵を釘付けにしようと乗り出した。

だが、彼の書いた「リーヴィスのケースと深刻なケース」というエッセイで明らかになった優先事項は、一九五九年のものとは大いに異なっていた。[4] 欠けているのは、『二つの文化』を活気づけた論点、すなわち、科学に造詣の深い知識人と文学に造詣の深い知識人が互いに理解不能であること、両者が産業革命に対して対照的な評価を下していること、そして全世界で産業化を促進する必要があることだった。今やスノーは「二つの文化」の違いを、科学の持つ進歩的な性質と人文科学の持つ固定化した傾向との対立にまで減じてしまったのだが、ほとんどの部分では、まったく「二つの文化」を検討していなかったのだ。そのエッセイの冒頭箇所がいたった結論は、道徳的相対主義よりも真実に重きを置こうということであり、文章の大部分で、エリートを養成することの必要性が擁護されていた。一〇年前、『二つの文化』（一九五九年）および『その後の考察』（一九六三年）において、スノーは文学者の左側に科学者を位置づけていた。彼によれば、科学者は人種差別を嫌い、貧しい人々に同情的だった。リーヴィスはスノーの主張を反近代化批判で迎え撃ち、批評眼をそなえた少数派を養成する必要があるのだと主張することで、教育の大衆化は必要ないと断言した。一九七〇年には、スノーもリーヴィスもこうした立場を捨て去っていたが、状況が変化したために彼らの主張も違う面が浮き彫りになりはじめていた。すなわち、今やスノーは貧しい人々に関心を寄せることで、その貧しい人々を養っているエリートを擁護するほうに向かっており、一方、リーヴィスは、「近代文明」の物質主義を攻撃するがゆえに、文化的および政治的に左寄りである歓迎しがたい新しい味方を得てしまいそうだった。

忠誠がこうした変化を遂げたために、「六〇年代」（一九七〇年代まで続く数々の発展を指す便利なレッテル）という大規模な地殻変動にそって一つの失敗を探求する機会が得られている。一九六〇年代と一九七〇年代は節目だったが、「六〇年代」は運動であり、その意味を理解しようという歴史的な努力が進行中である。[5] 二〇世紀の大きな特徴は、繁栄する西欧にたまたま住んでいる人々にとって、経済的および社会的平等の達成は、実利的な問題として現れうるという事実だった。この事態は、動機（左寄りの見方では、社会主義思想の成熟した体系であり、右寄りの見方では、社会の激変を緩和する必要性だった）と手段（国家規模で富の再分配が可能な国家の存在）を結びつけることによって可能となった。(6) こうした動機と手段の合流は「六〇年代」にクライマックスを迎え、多くの運動において、不平等は根絶できないという思い込みに対し、異議申し立てがなされた。こうした異議申し立てが、今度は二〇世紀の残りの期間の政治的文化を形成する反応を生み出した。すなわち、右派では、市場の理想というかたちで社会的不平等を示す理論的根拠の改訂が起こり、左派では、物質主義的分析から文化的批判に注目が移った。もし「六〇年代」が平等の脅かされた時代（あるいは、少なくとも、平等が脅かされていたと見なされえた時代）だと理解されうるなら、その後、左派は何がまずかったのかを説明しようと試み、一方、右派はそれがもう二度と起こらないことを保証しようと模索したのだ。

「六〇年代」に関連する再編成についてのこの抽象的な説明は、特定の個人が特定の時代に特定の問題点に対して示した反応を考察することによって例証できる。ここまで見てきたように、スノーとリーヴィスには多くの違いがあるが、二人はともに流動的な社会的ヒエラルキーに対して強い関心を抱いていた。彼らは代々受け継がれてきたヒエラルキーが——人々が対等な社会に、ではなく、才能というヒエラルキーに——取って代わられるのを見たいと願っていた。彼らは不平等とは人々に生まれつきそなわっている避けがたいものだと信じていたため、教育によって才能の違いを（否定するというよりもむしろ）拡張すべきだと考えた。しかしながら、一九六〇年代および一九七〇年代には、この能力主義への強い関心は、総合教育と大学の拡充を推進する平等主義の理想がもたらす脅威にさらされているように見えた。スノーとリーヴィスは能力主義論争でこの難題に取り組み、社会的ヒエラルキーは避けがたいと主張し、それを支える制度を擁護したのだが、主張の違いゆえに別々の道を歩むことになった。ほとぼりが冷めたとき、政界を支配していたのは、能力主義への強い関心というよりはむしろ市場の理想であり、スノーとリーヴィスは自分たちがそれぞれ驚くべき新しい仲間たちに囲まれていることに気づいた。(7)

## 理性の眠り

スノーは科学に取り組む非常に道徳的なヴィジョンを提示した。一九三〇年代をケンブリッジで過ごし、戦時中に科学者のスカウトに携わったおかげで、彼は非常に多くの科学者と知り合った（彼自身の見積もりによれば、「世界中のだれが知り合ったのよりも多くの」ということになる）[8]。その当時、彼は、階級や国家、民族といった概念に対する科学者の嫌悪から、夫および父としての平均点以上の成績にいたるまで（本能的に「妻および母」を除外したことは、二〇世紀半ばの実際の科学社会学よりも、科学者を男性と見なす考えのほうを洞察する機会を与えてくれる）、多くの非公式な観察をまとめた[9]。スノーは、科学者は訓練のおかげで嘘は言わず、本能のおかげで進歩的であると信じていた。「科学の活動そのもののまさに中心に、道徳という構成要素がはめ込まれている」と彼は主張した。「真実を発見したいという欲求は、それ自体が道徳的な衝動である。……この風土のなかで育った科学者にとって、これは呼吸することと同じく自然なことに思われる」[10]。真実の必然性は誠実さに勝り、真実の探究は協力を促進し、そしてその両方が結合するとほかのどんな職業も匹敵しえない道徳的傾向が生まれた――スノーに科学と左翼を結びつけさせた特徴で、『二つの文化』においてもっとも際立っている。

科学と左翼とには絆があるというスノーの仮定は、一九三〇年から一九六〇年にかけての彼の個人的な経験から生まれた。そのような結びつきはどれも、彼が指摘したように、科学の実践と進歩的な政策との必然的な関係の結果ではなく、むしろこの特定の時期の政治的状況の結果だった。一九三〇年代にケンブリッジで左翼の科学者が目立っていたことはよく知られている[11]。他の多くの人々と同じく、科学界および科学者は、戦時中に反ファシズムという特色をわがものとし、その後J・D・バナールやP・M・S・ブラケットのような英国のもっとも著名な知識人が、実験室においても左翼においても、環境に順応した。ブラケットはマルクス主義者ではなかったが、バナールはそうであり、彼らが比較的平和裏に共存したことは、この時期の左翼には科学、科学技術、そして産業の価値についての全般的な合意があったことを指し示していた――一九六三年以降、労働党が科学と同一歩調を取った際に、もっとも華々しく賛同を得た信条である。スノーは、とくに科学と軍と国家の親密なつながりに照らしてみると、科学者と左翼の相性のよさは否定のしようがないと断定した際、物事をロマンティックにとらえすぎていたかもしれないが、二〇世紀中葉の左翼は概して、科学と科学技術と産業が提携することによって約束された経済的発展および歴史的発展を支持していた、という彼の示唆は正しい[12]。

スノー自身は、戦後の左翼の政策に存在した数多くの亀裂をまたいで位置取っていた。彼は、科学におけるキャリアが特権階級には生まれなかったものの才能ある子どもたちに与えることのできた経済的、社会的および職業上の機会についてよく分かっており、そのため、たちどころに（もっと一般的に専門職における機会を拡大するよりもむしろ）科学そのものに名誉を帰した[13]。彼は門戸を開放し、広く網を張り、才能をうまく利用することが大切だと信じていた――これらの立場ゆえに彼は民主主義の言語を使うようになったのだが、つねに仕えていたのは、能力主義としてもっともよく理解されている立場だった[14]。例えば、彼は終始一貫して女性の教育を擁護したが、これは彼が必然のこととして女性の解放にかかわったからではなく、英国が利用できる才能を最大限活用したいという欲望からである[15]。彼は自分のことを自由主義者だと考えていたが、つねに労働党に投票した。そして彼は時折、自分自身のことを社会主義者と呼んだが、社会主義を是認したことは一度もなかった[16]。要するに、左翼の立場に向かう急進的なレトリックやジェスチャーを折にふれて引き合いに出しはしたものの、スノーは流動的な社会的ヒエラルキーおよびそのヒエラルキーが人材を提供する制度がよいものだと信じており、科学とはこれらの原則にしたがって動くように思われるため見事な領域なのだ、と考えたのだ。

しかしながら、一九六〇年代には、左翼に潜在する亀裂はますます大きなものとなっていった。一九四五年以降、リベラルな有力者の政策を実行に移す社会主義者の政府は幅広い連合体の支持を集めており、一九五〇年代の前半には、英国のもっとも知的で激しやすい人々の多くが共産党に入っていた。それはソヴィエト連邦が一九五六年にハンガリーに侵攻した際に変化し、急進的な知識人は党を見捨てたが、自分たちの信念は捨てなかった。そして、結果として生じたニューレフトが英国の制度批判を展開していたころ、人口統計の変化がそれらの制度に圧力をかけつつあった。一九四四年の教育法は、高等教育を受ける資格を持った学生をそれまで以上に多く生み出し、総合制中等学校のための計画が、中等教育というつねに議論の的となるテーマに再び火をつけた。教育を受ける権利を拡大することで、肉体労働者の子どものより多くが専門職に就くようになり、そこでは階級の区分は必ずしも職業的ヒエラルキーと提携していなかったり、もしくは薄らいでいたりしていた。そして一九六〇年代には、英国社会をもっとも変えることになる新情勢が二つ、勢いを増した。すなわち、英連邦の移民、そして女性の平等である。これらすべてが、両極に分かれた（そして核武装化した）冷戦の世界という状況において展開しており、背景にはヴェトナムでの戦争――英国は参戦しないと確信を持って言うことが絶対にできなかった戦争――があった。一九六〇年代以前に存在していた「コンセンサス」を誇張しないことは重要だが、こうした展開や経験が以前は語られなかった仮定や不安定な提携に圧力をかけたと指摘するのは、公平なことに思われる。

リード講演の時期、国家の問題に公に取り組むことと、私的に労働党の相談に乗ることとの狭間で、スノーは以前にも増して政治にかかわるようになった。すでに彼の責務を検証するような不平不満が時折現われていた。核軍縮運動（CND）は一九五八年に始まったが、その代表がスピーチやサインを求めて近づいてくるたびに（彼らは頻繁にそうしていた）、スノーは丁重に断った。[17] 一方では、ニューレフトが、国際的な幻滅感と国内での敗北によって台無しになった運動を新たに活気づかせていた。スノーは最初からこのニューレフトを警戒しており、彼らの政治活動に対する疑念をレイモンド・ウィリアムズに伝えた。[18] スノーにとって、CNDとニューレフトは、政治的および社会的批判運動という、彼にとっては我慢のならない二つの事業を代表していた。彼の示した反応が、『権力の回廊』（一九六四年）を書くことだった。すなわち、政治的変化に対するもっと現実的できちんとしたアプローチだと彼が信じているものを描く努力だった。そして、彼は同時に、現代社会がもたらす恩恵について、精力的に執筆したり語ったりしていた。[19]要するに、スノーは現代社会に疑問を突きつけることをしたいとは思わず、それを拡大したいと願っており、この傾倒のせいで、水平線に兆しが見えはじめたもっと急進的な努力に断固として反対することになった。

政治運動に対するスノーの敵意は、風習や習慣への挑戦に対する直観的な嫌悪と一体になったものだった。スノーは地方訛りを奨励することなく無くしてしまった世代の一員だった――それが彼自身のミッドランド訛りの運命であり、ルイス・エリオットの訛りもまた同じだった。「ウォルター・ルークのような風変わりな科学者を除けば、私たちと生まれ育ちが同じ人々は、専門職に就こうと前進するなかで権威ある階級の音を取り入れようとした。それは半ば無意識のプロセスで、政治とは関係がなかった」[20]。一九三〇年代のケンブリッジにおいて気さくなスノーは社交の才能を磨き上げたが、それは彼が社会階層および専門家としての序列の梯子を上っていく際に大いに役立った。しかし、一九五〇年代にキングズリー・エイミスの粗野な態度が政治的申し立てと解釈されるようになると、彼は激怒するようになった。スノーは個人的には、エイミスの「下層階級の風習」および「上流階級の政策」を、自分自身の上流階級の風習および進歩的政策に対する好みと対比した。そして、自分の小説において、レスター・インスという登場人物を通じてエイミスを鋭く批判した。インスにはカジュアルな服装で毒づくという傾向があり、それによってノンポリというブランドを演じていた。[21]あるとき、エリオットは息子に、主流文化に逆らう風習と進歩的政策との違いを思い起こさせた。「ぼくは、若者は社会の風習に反抗しようとするとき、他のものには反抗しなくなってしまうのだ、という昔の格言を持ち出した」。彼の息子はその言葉を鼻であしらい、エリオットを動揺させた。「こいつらがぼくたちの後継者なのか？　彼らは後を引き継ぐことができるようになるだろうか？」[22]

若い急進主義者の純真さと自由放任社会の危険性が、スノーの一九六八年から一九七二年にかけての小説の重要なテーマとして浮上した。ルイス・エリオットをめぐる連作の最後から二番目の作品のタイトルは『理性の眠り』（一九六八年）で、その時代に対する彼の意見を伝えていた。[23] 一九六三年から一九六五年にかけて、マンチェスター近くの荒野で三人の子どもたちが殺害されて発見されたという悪名高い事件が起こり、一九六六年にスノーとパメラ・ジョンソンは被告人の審理に出席した。[24] ジョンソンはたちどころに『悪行について――荒野殺害事件裁判から生まれた個人的意見』（一九六七年）を出版したが、それは「ますます受動的になっていく社会、すなわち、かくも醜い雑草が生い茂り青々と育つことが可能となる腐敗という堆肥の山」[25]に対する懸念に満ちていた。ジョンソンはポルノとファシズムを結びつけ、おびただしいセックスと暴力のなかに、かつてアウシュヴィッツへと向かっていった傾向が見出せると考えた。[26] 彼女は倒錯に陥ったセクシュアリティ、美化された無学、そして宗教への無関心が、こうした怪物を創り出したのだと主張した。『タイム』誌はそのころ「活気に満ちた《スウィンギング》ロンドン」を称えたところであったかもしれないが、ジョンソンは英国の都市の雰囲気が「われわれの社会の健康にとって重大な病原菌となるかもしれない」[27]と恐れた。彼女の考えでは、戦後の英国はワイマール共和国時代のドイツに似はじめており、現状があまりに苦しいためにどんな議論も切れ味が鈍くなってしまうということが起こりえたのだ。「結構。その後何が起こったのか？　ヒトラーだ」[28]と彼女は記した。ジョンソンの著作は――犯罪行為の遺伝的要因、前衛美術と不良の悪行との関係、それに平等主義という左翼の偽善的な姿勢への不満をめぐる考えが詰め込まれていた――彼女の夫の心をも奪いつつあった懸念を、明確に表現していたのだ。[29]

『理性の眠り』は裁判に対するスノーの反応で、若者の殺害を扱う裁判における二人のレズビアンの物語を通して、そのエピソードの意味を探求していた。殺人犯たちの行動は筋が通らないとスノーは考えたが、説明がつかないわけではなかった。彼は登場人物たちを、徹底的に自由意志論者の信条、すなわち、個人の行動は社会の規範によって強制されてはならないという主張にもとづいて行動している人物として描き、またこの見解を性にかんして寛大な社会と結びつけた。彼がまったく根拠もないまま悪役をレズビアンにしたのは、彼が初期に科学や科学者たちを異性愛や男らしさと結びつけて描き出したことと一致する（第一章参照）。スノーにとって、異性愛と男らしさは規範の境界を形成するものであり、この境界の外へ踏み出すことは理性そのものに反することだった。彼はかつて、文学に造詣の深い知識人は理性を拒絶してアウシュヴィッツへとつながる反社会的精神を養っている、と論じたが、今や彼は、彼の悪役たちが同じことを行なっており、自由意志論者の信条に導かれて社会的制約を放棄している、とほのめかした。スノーは理性からの逃避はその時代の特徴だと信じて汚名を着せたがっていたのであり、それを立証するために自分の登場人物が「ノーマル」な行動の範囲の外部に存在している——それゆえにレズビアンである——と描いたのだ。その小説の第二のプロットは、攻撃にさらされた新しい大学の副学長が、学部に対してもまた学生に対しても等しく学問的水準を守ろうと奮闘する様子を表わしている。被告人の一人は大学の学生であり、フランシスコ・デ・ゴヤによる「理性の眠りは怪物を生む」という碑銘が、点と点をつないでスノーの主張をまとめあげた。

レスターでの不安な青年期を忘れておらず、また、家では才能ある十代の息子の父であるスノーは、決して単に若さに敵意を持っていたというわけではなかった——実際、彼の次の二つの小説は、理想主義の若者たちを共感をこめて描き出していた(30)。しかし、彼は次世代に対して、彼が虚無的な急進主義だと見なしたものを拒絶し、彼が熱心に賛同している実利的な政治スタイルを受け入れてほしいと、必死だった。だが結局、若者を駆りたてるエネルギーと理想主義に拍手喝采を送る一方で、スノーは——不確実な時代を生きるある年齢の多くの人々のように——それらがもたらした文化上の変化に対する不安を完全に抑え込むことはできなかった。

## エリートの優秀さ

スノーがこれらの風潮にいかに居心地の悪い思いをしていたにせよ、そのどれ一つとして彼に良心の危機をもたらさなかった。彼は、核兵器廃絶運動には効果がなく、ニューレフトは些末で、怒れる若者たちは反動的で、虚無主義は不合理で、若い急進主義者たちは未熟だと考えて切って捨てた。これらの新しい情勢は彼には腹立たしい余興に思われ、ルイス・エリオットがJ・R・R・トールキンの作品について大いに考えたように、彼もまたそれらについて大いに考えた。すなわち、夢想家の気まぐれな空想で、不可解にも感情を駆り立てることができるが、決定的重要性はほぼ無いに等しいのだ。[31] 世界がいかに機能するかを理解し、その改善に取り組むというのが、小説家、役人、そして公人としてのスノーの信条だった——彼の説明を借りれば、「あなたは世界がどんなふうに動いているかを理解するようになるだろう。もし世界をもっとうまく動かすチャンスを得ることになったならば」[32]。その信条が暗に語っているのは、スノーが何より大切にしている原則——ある者たちは世界がいかに動いているかを理解することができ、その者たちが世界をよりよく動かす責任を負っている——であった。この立場は人間には生まれつき差異があるのだという前提にもとづくものであり、スノーは終始一貫して、才能ある者たちの能力をより一層発展させて有効利用するために既存の制度を改革しよう、と主張した。このプログラムは知識人や小説家からの腹立たしい雑音に対しては耐性があったが、受け入れることもできなければ無視することもできない原則が一つ存在していた。平等という原則である。

人生の最後の一五年間、一九六五年に上院で待ち伏せされた日から一九八〇年にロンドンで亡くなる日まで、平等を主張する人々に反対してヒエラルキーを擁護する必要性ほど、たやすくスノーを生き生きとさせる論題はなかった。これは、大半の人々にとって人生をより公正なものにする、もしくはみじめさを軽減することを目的とする実際的な対策に、スノーが反対していたということではない——その逆で彼は、英国においても世界中でも、社会的なチャンスを生み出し物質的貧困を緩和することに終始一貫してかかわっているのだ、とはっきり表明していた。スノーを悩ませたのは経済的もしくは社会的平等という事実ではなかった。なぜなら、彼はそのようなものが存在しているとは信じていなかったからである。彼が抵抗を示したのは、むしろ平等という原則であった。彼は、平等を求める衝動は人間に生まれながらにそなわっている差異を故意に否定することにもとづいている、と信じていた。彼は、平等主義の原則を受け入れることは——その背後にある動機がいかに賞賛すべきものであったとしても、そして、それが唱道する目標がいかに信じがたいものであったとしても——優秀さは生まれつきそなわっているのだという考えへの支持を脅かすと考えた。そこでスノーは平等主義という原則に反対した。なぜならそれは、才能は平等ではないのだ、という自分の能力主義の世界観が依存している仮定を脅かすからだった。

この反対は通常、さまざまな種類のエリートの存在およびその必要性を正当化するというかたちをとった。それは新しい問題ではなかった。自由主義者はエリートと不平等の存続を正当化する必要性に長年直面しており、早くも一九三八年には、スノーは連作小説において、人間の発達は生まれながらの要因によるのか、もしくは環境的要因によるのか、を探求していた。[33] そして、社会の不平等を受け入れたのはスノー一人というわけではなかった。「はじめに」で述べたように、戦後の社会と文化の特徴は、専門的知識というヒエラルキーが広く受け入れられ信奉されたということだった。例えば、エリートの必要性は、チャーチル・カレッジの設立案において当然のこととされたが、このカレッジは科学者を訓練するためではなく（単一のカレッジでできることは、全国的規模で変化をもたらすにはあまりに小さいだろう）、科学界におけるリーダーを訓練するために設立された。[34] 似たような前提は戦後の文化のなかにくりかえし現われ、その範囲は劇場の演目からスパイ小説、そして政治運動にまで及んだ——結局のところ、国家の「自殺」を防ぐことを約束したのは、何にもまして専門家を識別し、訓練し、価値を維持することだったのだ。[35] 要するに、繁栄する社会はエリートを必要とするというスノーの信念には悪意はなく、秘密主義なところもなかった——その反対に、それは一九四五年以降の英国の教育、政治、文化の基本的な前提であった。[36]

これらの前提に新情勢が圧力をかけるのに合わせて、スノーは自分の主張を調整した。『二つの文化』は英国の教育がごく少数のエリートの訓練向けにあまりにもなりすぎていると指摘しており、遅くとも一九六三年には、スノーは教育の拡大を優先させていた。[37] もちろん、この時期スノーはすでにエリートは必要だと信じていたが、その原則が何らかの脅威にさらされているとは考えていなかったので、教育の拡大を唱えた。その後情勢が進展しても彼は大衆教育が必要だという考えは変えなかったが、優先順位と主張については見直しを余儀なくされた。彼は、平等主義的な理想のせいでエリートの訓練に傾倒しづらくなっている、という心配にさいなまれるようになった。自分の息子をイートン校に行かせるかどうかをめぐる上院での一九六五年の論争によって、彼は、自分の社会民主主義への共感が労働党の平等主義派とうまく合わないことが露呈したと、個人的に自覚することになった。[38] こうした前提を擁護する主張を巧みに作り上げている際、スノーは、成果の違いは環境の違いによって生み出されるという主張は二重に脅威にさらされていることを突きとめた。そこで、続く討論では、彼は並行して走る二つの道を進んだ。すなわち、エリートは必要だと主張する道と、不平等は環境が原因で生じるという考えに挑戦する道である。

こうした問題をめぐる戦場として、教育が浮上した。そこでは、才能ある学生を見つけて訓練する必要があるというスノーの主張が、総合教育への傾倒に戦いを挑んでいた。スノーにとって、学生たちがスタート時点で平等な素質を持っているという前提は明らかに間違っており、教育のポイントは、多様な才能を否定するというよりも、むしろ発展させることだった。彼は「遺伝子を分け与えるとき、神もしくは運命は一人の人物に複数枚のカードを渡す。教育が行ないうる最善のことは、人に適切なプレーの仕方を教えることなのだ」と主張した。[39] 一九六六年一二月、彼は上院で演説して、英国の「頭脳流出」は優秀さに価値を置きたがらないせいで起こっていると述べ、この危機から回復するため「一流研究機関」を設立することを提案した。この提案にノエル・アナンが疑問を投げかけると、スノーは平等を支持すると言って友人を安心させたが、条件を一つ付け加えずにはいられなかった。「それ［平等主義］が、本当によいもの、つまり歴史的偶然の結果として世界的名声を得ている研究機関に対する私たちの感覚を破壊するのを許してはならないと、ますます強く感じています[40]」と彼は述べた。ときどき、スノーがエリートへの尊厳が回復されないと考えることなど、ほとんどないように思われた。例えば、彼はもっと幅広く公務員を集めるのに最善の方法は、直観とは逆に、エリート公務員の制度をもっと創ることだと、政府内の委員会に勧告した。彼は、優等卒業試験で第二級を取得した者は、実際のところ、行政官に適しているだろうが、さまざまな理由からそうした人々は公務員を志望しないのだ、と説明した。したがって、彼らをスカウトする最善の方法はエリート管理職階級を制定することであり、それによってその職業全体をより魅力的なものとすることであろう[41]。

スノーはあらゆる機会をとらえて、優秀さを応援する活動を推し進めた。『タイムズ文芸付録』で新しい文学を評価した際、彼は大志を抱く小説家たちに向かって、現代社会にとってのエリートとは、ヴィクトリア朝の人々にとっての階級のようなものだと助言した。すなわち、邪悪なものであったり危険なものであったりすることはまったくなく、避けがたい社会的事実であり、したがって、小説家の注目に値するものだ、ということである[42]。スノーはテキサス大学の英国研究プログラムの創設メンバーとして、『二つの文化』『学寮長』「イギリスのエリート教育」という三つのテーマで講演を行なった[43]。そして、亡くなるわずか二年前、スノーはチャーチル・カレッジのソクラテス協会で、エリート主義というテーマで講演した[44]。実際、一九七〇年代のあいだずっと『ファイナンシャル・タイムズ』紙にスノーが書いた書評では、エリートの擁護がくりかえしテーマとなり、「官吏」や「エリート主義」といった語を軽蔑を込めて用いた作家は、だれであれたちどころに非難された[45]。あと一つだけ最後に例を挙げれば、この章の最初に述べたように、スノーは一九七〇年に「二つの文化」にかんして主張するにあたってエリートの事例を盛り込んだが、彼のエッセイはライオネル・ロビンズからの返答を引き出した。ロビンズは、大学院教育のレベルにおいては優秀さを強調することが必要だというスノーの主張に同意したが、学童を能力別に分けるのが望ましいかどうかについては疑念を抱いていることを告白した。スノーは才能ある子どもたちのための特別な教育にくりかえしかかわり、並々ならぬ熱意を示した。彼はロビンズに、「私の本当の理由はもっと複雑なのです」と打ち明けた。「学業成績が優秀であるということ自体がよいことなのだと人々に認識しつづけてもらうためには、苦しい戦いをすることになるだろうと思います」[46]。優秀であるということ自体——それはまさにスノーを動かしていた不平等の原則を擁護するものだった。実際、これらは根本的な意見の相違だった。つまり、結局のところ、アナンもロビンズも無謀な左翼主義者ではなかったのだが、スノーの左側には自由主義者でさえも座れるだけの十分なゆとりがあると判明しつつあったのだ。

## 不可欠な不平等

スノーの立場の二つ目の面は、不平等は生まれつきの資質というよりも、むしろ、環境的要因のせいで生じるという概念に、異議を申し立てることを要求した。この傾倒はいくつかの驚くべき方向へと進んだ。『二つの文化』およびそれに関連する主張において、スノーは、科学者のもっとも際立った特徴のひとつは、国家や人種といった概念にいら立つことである、と説明した。科学者は国際的な事業に携わっているため、その地平はもっと視野の狭い研究に従事している他の人々の地平を越えているのだ。その結果、科学者は次の二つの事実に対して何の疑念も抱いていない、と彼は力説した。すなわち、アジアやアフリカにいる仲間は自分たちと同じくらい有能であり、そしてアジアやアフリカの国々は間違いなく経済発展を遂げる、という二つの事実である。科学者たちは国家や人種による差異はなく、素質は平等だと認識しているため、この事態を機嫌よく受け入れる——そして、彼らが受け入れるだけではなく、しきりに国際的な発展を推し進めようとするのを、その進歩的対応と友愛に満ちた仲間意識が後押ししている——と彼は続けた。

スノーが人種は平等であるという立場を捨て去ることは決してなかったが――優先順位を変えるという進行中のプロセスを通して――科学が平等を喜んで受け入れるからというよりも、むしろ、科学には不平等は正当だと立証する可能性が潜んでいるという理由から、彼は科学を賛美するようになった。こうした考察のカギを握る分野は遺伝学だった。スノーは物理化学者として訓練を受け、長いあいだ物理学に魅せられてきたが、遺伝学は彼が何らかの専門的意見を持つと誇れる分野ではなかった。しかしながら、一九七〇年代には、彼は書評や講演において、化学や物理学と同じくらい頻繁に遺伝学に言及していた[47]。スノーはこうした問題にかかわった他の思想家たちとは見事なまでに対照的に、特定の人種グループの劣性について主張することはまったくなく、その代わりにユダヤ人が知的に優れていると指摘することによって、自分の主張の正しさを明らかにするほうを好んだ[48]。しかし、この論理には不愉快な結果が内在していた。つまり、もし生まれつきの遺伝的資質に言及することで成功を説明できるとしたら、失敗もまたそうやって説明すべきなのだ。だが、スノーがそうした主張を突きつめることはなく、彼が生涯を通じて人種について述べてきたことを考えれば、彼は確かにその主張を受け入れなかっただろう。彼の目的は、ある特定のグループを持ちあげたりけなしたりすることではなく、むしろ、偉業の達成には貢献するものの環境には左右されないままでありつづける何かが存在する、と主張することだった。だがスノーはすぐに、遺伝学と能力主義を組み合わせると、どんなかたちのものにせよ、議論の的になりうるのだということを学んだ。

一九六九年、ヘブライ・ユニオン・カレッジから名誉博士号を授与されるにあたってのコメントで、スノーは人種的遺伝子給源が存在することについて思いをめぐらした。彼は、こうした給源がユダヤ人が知的な偉業を達成していることの説明になるかもしれないと推測し、遺伝的に受け継いだものは偉業が生み出されるにあたって環境や幸運以上の影響力を持つと示唆した[49]。八年前、スノーは関連する思想をあえて表明したが、その当時は偉業が生み出される際の環境因子の役割を強調し、一方で、どんなかたちにせよ人種の違いにもとづく考えは人間性を侮辱するものだと警告していた。[50]しかし、彼の優先順位は一九六九年までには変化しており、ヘブライ・ユニオン・カレッジでは、彼は偉業が生み出されるうえで環境因子よりも遺伝的に受け継いだものに重きを置いた。英国に戻ると、労働党政府の教育環境大臣はただちに労働党の仲間の発言を非難し、スノーの考えは政府の教育政策を左右する原則に害をなすという烙印を押した。そしてこの反応は、コラム二本と投書の洪水を『スペクテイター』にもたらした。[51]スノーは討論に割って入り、遺伝子工学は一世紀前のダーウィン同様議論の的となりかけていると指摘し、来たるべき戦いで自分を批評する者たちに、進化論を揶揄したウィルバーフォース主教の不幸な役割を割りふった。非難は急増し、そして——そうした公の討論ではよくあるように——人種は究極的なレトリック上の武器としてこれ以上ないものだった。次の投書はエルサレムのイズリエル・シャハクからのもので、当然、スノーとナチスを結びつけていた（スノーは、ひょっとすると今回は軍拡競争に敗北したと悟っていたのか、返答をしなかった）。別の書き手による最終コメントでは、これらの討論には偏見が働いているという不満が述べられた。「科学者を支持する自由主義者にとって、測定可能な知性を決定するにあたって遺伝的形質よりも環境がより重要であることを証明しようというのは容認できるが、その逆は不可能だ」。[52]スノーはその点については同意しただろうが、そういう言い方をしてはいなかった——そのときはまだ。

## 列を乱して

発展はスノーの世界観を根底からゆさぶっており、労働党、左翼の知識人、労働者階級、同性愛者の権利を擁護する人々、そして文化全般に対して彼が抱いていた共感に——別々のやり方で、別々の理由からであったが——ひびを入れていた。[53]スノーは友人のJ・H・プラムと同じく、現代社会こそがこれまでのところでは最高の社会なのだということを認識できずにその「構造」を糾弾する急進的理想主義者や癇癪持ちの知識人に、よく失望していた。[54] スノーは、リベラルな志向の持ち主が無条件で支援することを期待されているように思われる数多くの対策のことを「リベラルな一括取引」と呼んでいたが、それに対し、一九六〇年代の末ごろ、不満を述べはじめた。彼は最初その用語を総合制中等学校教育に対する支援を指すものとして援用したが、時がたつにつれて「リベラルな一括取引」には、教育における割当人数、検閲法の撤廃、遺伝的特徴について語ることの明確な禁止、そして社会悪は環境的要因に起因するという信念も、含まれるようになった。[55]

スノーは労働党の一員でありつづけたが、一九七六年にはその生涯にわたる忠誠さえもが試された。その年、政府は一九七六年教育法を可決させ、総合制中等学校の方針にそって中等学校を再編成する計画を提出するよう、地方教育当局に強いた。[56] 一〇月——ジェイムズ・キャラハン首相がラスキン・カレッジでその後の指標となるような演説を行ない、教育における政府の役割についての全国的な議論が始まるまであと二週間にも満たない時期——スノーは教育科学相のシャーリー・ウィリアムズに宛てて情熱的な手紙をしたためた。[57] スノーは、自分は自分自身のために書いているのだが、また、「社会民主主義者になろうと懸命に努力しており、同時にある種の知的ないしは創造的生活を送っている他の人々のためにも、書いているのです。……こうした人々は皆、その生涯を通じて労働党以外の党に投票したことはありませんが、政府の教育政策には仰天しているのです」と説明した。彼は、自分はアイリス・マードックやJ・B・プリーストリーや自分自身のような、才能あるエリートは存在しているし必要なものなのだということを信じている人々のために、語っているのだ、と述べた。「そうしたエリートは訓練を受ける、もしくは社会的評価を与えられるべきなのです」とスノーは主張した。「現在の政策はどれも、政治的見解が正反対の道を強化しているということを示唆しています」。このように、投票の際に離反するとそれとなく脅しながら、次にスノーはさらにもっと火力を強めた。英国が人権宣言に署名したこと、それが宗教教育を守ろうとして国家のシステムの範囲外で教育を行なう権利を保証したことを、彼はウィリアムズに思い出させたのだ。「独自の教育はすっかり定着しました」と彼は特筆し、「この先どんどん増していくでしょう」

と言い添えた。彼は、専門職に就いている人々が自分たちの子どもたちに質のよい教育を受けさせたいと願うのは利己的なことではない、と主張した——実際、彼らはすでに奨学金制度を作って、自分たちの子どもたちを入れているエリートの私立学校に他の子どもたちが通えるようにしている、と彼は説明した。「こうした呼びかけにこそ、専門職に就いている人々は応えるのです」と、スノーは階級に対する自負を見せつけながら断言した。彼は結論部分で、こうした奨学金制度が拡張されていくには時間がかかるだろうと認めたが、これこそ自分が推奨する類の教育改革だと示唆した。すなわち、門戸は広がるが卓越性は維持される、という類のものである。

スノーはこの時期の多くの自由主義者が通った、アメリカでは「新保守主義」として知られている右寄りの道筋をたどっていた[58]。「新保守主義者」とは、一九六〇年代に急進主義を拒絶し、一九七〇年代に政治的態度を変え、一九八〇年代にロナルド・レーガンを信奉した、リベラルな知識人であった[59]。『コメンタリー』誌の編集者のノーマン・ポドレッツは、一九六六年までにニューレフトの反アメリカ主義と思われるものに関心を持つようになっており、『コメンタリー』は一九七〇年に、今後は急進的な運動に反対すると宣言した。歴史家のハワード・ブリックの説明を借りれば、ポドレッツの宣言は、「リベラルおよびかつての急進主義の陣営が、まずは文化的な事柄において、そして数年後には政治および経済問題において、一九七〇年代に花開く運命にあった「新保守主義」に向かって漂っていたことを示す最初のしるし[60]」を表わしていた。内政の面ではアメリカの制度への、国際的にはアメリカの政策への異議申し立てを目の当たりにした新保守主義者たちは、自分たちがそうした制度および政策の側に共感し、忠誠心を持てるということに気づいた。そこで彼らは、国内ではアメリカの制度を維持する政策を、海外ではアメリカの理想を広げる政策を支持した。国際問題には、彼らは理想主義者のタカ派として登場した。すなわち、地球規模の制度には懐疑的で、イスラエル支持という点ではゆるぎなく、ソヴィエト連邦を批判するに当たっては容赦がなかった。彼らが「保守主義者」として知られるようになったのには、やや誤解を招きやすいところがある。というのも、彼らの理想主義的で力強い地球規模のヴィジョンは、（彼らのかつての同僚たちを抑制した忍耐力と慎重さははぎ取られているものの）力感あふれるリベラリズムだと理解するのがいちばん合っているかもしれないからだ。

新保守主義は、ふつうはアメリカの現象を指すが、スノーの経験との相性のよさは意義深い。冷戦の強硬論者とはほど遠かったが、スノーは自分の社会には美点があり末頼もしいと信じており、より批判的な物の見方をする急進主義者に立ち向かった際、自分が――徐々にではあるが着々と――右寄りに動いているということに気づいた。だが、スノーと新保守主義者のつながりは、単に知的な相性のよさの問題という以上のものだった。スノーとポドレッツは一九五八年以来の友人であり、彼はまたアーヴィング・クリストルと手紙のやり取りをしていた。ポドレッツが一九六〇年に『コメンタリー』の編集者となったとき、彼とスノーは政策と文化について継続的に検討を行なった。そして、ポドレッツはスノーに、彼が書くのをとても恐れていたニューレフトについての文章を依頼した。[61] しかし、「二つの文化」論争は彼らの友情に緊張をもたらした。ポドレッツは、『コメンタリー』にリッチモンド講演を掲載したいというリーヴィスの申し出を自分は断ったとスノーに告げたが、彼はまた、ライオネル・トリリングに頼んで論争に対する評価を書いてもらっており、それは影響力の大きい批判的なものとなった。[62] さらに悪いことに、ポドレッツはスノーに反論のためのスペースを提供する際、自分がかつてのケンブリッジでの師であるリーヴィスと今でも親しいということに触れなければならないと感じた。[63] その裏切り行為は、ポドレッツが公然とスノーの側に立って介入しなかったこととあいまって、彼らの友情にとっては耐えがたいものとなり、次の十数年のあいだ、スノーとポドレッツは別々の道を歩んだ。

その後、晩年になって、スノーはポドレッツへと手を差し伸べた。メルヴィン・ラスキーの『ユートピアと革命』（一九七六年）の書評を『ファイナンシャル・タイムズ』に書いた際、スノーは、右派に長いあいだ欠けていた知的基盤となる可能性を持つものとして、ポドレッツと『コメンタリー』に言及した。[64] その後まもなく、彼は直接ポドレッツに手紙を出した。「私は細心の注意を払いながら、ある種の尊敬に値する新保守主義を生み出そうというあなたの努力を見守ってきました」とスノーは書いた。「その大部分に対し……私は全面的に賛成で、実際、似たようなことをこちらで言いつづけてきました[65]」。彼はポドレッツの攻撃的な軍事的立場については疑念を示す一方、合意の一つの分野としての積極行動（英国には存在しないものだった）に対する彼の反対意見を引用した。その後、一九八〇年二月、スノーはポドレッツの一触即発の回顧録である『列を乱して』に好意的な書評を書いた。彼は、ポドレッツは「才気縦横」だと明言し、新保守主義の立場に共感を示して、福祉国家に対する右翼の攻撃とは異なるとした。『列を乱して』はアメリカの状況をふまえて書かれたものだったが、スノーはイギリスの読者のために教訓を引き出して見せた。「英国人の読者の大半は『列を乱して』を読んで、とくにリベラルな一括取引に含まれる愚かな条項と戦うという『コメンタリー』の活動から、戒めを見つけ出すだろう[66]」。

スノーは、ポドレッツに対して温かい批評を書いてから五か月もしない一九八〇年七月一日に亡くなった。『オブザーヴァー』に載った彼の死亡記事には、「能力主義の称揚者[67]」という的を射た見出しがつけられた。彼はまさにそうだった。小説家として、解説者として、公人として、スノーは才能ある人を認定し、陶冶し、尊重する社会を支持することに生涯を捧げた。彼は、そのような社会においては、個人が自分の能力に気づくことが可能となるだけでなく、すべての人に世間並みの生活を保障することが約束されていると信じた。そして、スノーの評価では、この能力主義のヴィジョンを実現する見込みがもっともあるのが産業社会だった。しかし、最晩年の一五年間、このヴィジョンは厳しい攻撃にさらされ、その過程でスノーは次第にいらだちを募らせていった。確かなことは分からないし、彼は社会民主党の設立メンバーになっていたのかもしれないのだが、もし彼が生きていたら、レスター時代の旧友と最後の旅路を共にしたと想像できなくもない。一九八〇年代のサッチャリズムへと向かうJ・H・プラムの右寄りの旅のことである。

もし戦後の英国の文化的および政治的な歴史における物語の一つが新右翼の台頭であるとするならば、もう一つの物語はニューレフトの出現である。その歴史の第一部は十分に語られてきた。すなわち、それは一九五六年の社会主義の知識人の共産党からの離脱に始まり、次いで一九六〇年に『ニューレフト・レヴュー』において北部の活動家とオックスフォード出身者を中心とするもう少し若い世代とが結びつき、ペリー・アンダーソンが率いる理論に傾斜した一派がその雑誌の編集委員会を追放したときにクライマックスに達した。(68)その物語は、独立していて、また筋の通ったものだったので、部分的には満足のいくものだった。それはマルクス主義の歴史における一つのエピソードであり、はっきりとした始まりと終わりが存在していた。だが、それはまたもっと一般的に言えば、一九四五年以来の知識人と政治的左翼の歴史の一部でもあり、その歴史はさして独立したものとも言い切れず、また筋の通ったものとも言い切れなかった。それは「盛衰」の説明ではなく変化の説明であって、物質主義的分析から文化的批評へという力点の変更であった。その変更ゆえに、リーヴィスの立場は驚くべき含みを持つことを運命づけられたのだ。(69)

一九六二年の引退の時期から、リーヴィスは目覚ましい勝利を立てつづけに経験した。一九六三年、ケンブリッジ大学出版局は『スクルーティニー』の全号を再版した（その最終号が出版されたのは一〇年も前のことだった）。一九六五年、彼の著作が、日本語、イタリア語、スウェーデン語に翻訳された。一九六六年、彼とQ・D・リーヴィスはハーヴァードとコーネルを訪れた。そして一九六七年、彼はケンブリッジ大学でクラーク講演を行なった。(70)リーヴィスの生涯におけるこの時期は（かつての時代とよく似ているが）ドラマチックな衝突の連続を特徴としていた。これらの衝突の物語はしばしば皮肉に満ちており、それらの筋立ては二つある脚本のうちの一方をたどっていた。その一方とはすなわち、リーヴィスを信奉すべきかもしれないが、彼は自分を称賛する人々を糾弾するという反応を示すだろうというもので、もう一方とは、彼は猛烈な非難を行なうかもしれないが、熱狂的に受け入れられるだろうというものだった。一例として、彼のヨーク大学との関係が挙げられる。リーヴィスは、大学の拡大は生の力を維持する規範の排除へと向かう一歩だ、と見なしていた。そして、ヨークは彼を教授として迎えようとしたのだ。このパターンには、（スノーが行なったように）敵が悪意をもって反応するときのような例外はあるが、関係はたいていの場合この線にそって発展した。学者や関係者（しばしば関係する学者）はこうした発展に対して心理学的な説明を加えているが、それらはむしろ、一九六〇年代を特徴づける協力と反感の移り変わりのプロセスの一部として理解されるかもしれない。

リーヴィスと学生運動の関係もまた、このプロセスの一例となっている。リーヴィスは一生涯、自分を反体制派として抜きん出た人物だと考えていた。『ユリシーズ』を一冊輸入しようとしたとして英国内務省が一九二〇年代に彼を取り調べたというのは、彼の伝説の一部を成しており、そのエピソードは、学部生の雑誌が「ポルノグラフィーに贈るリーヴィス賞」を設けるきっかけとなった。[71] リーヴィスらは『スクルーティニー』を反逆者の企てとして構想しており、リーヴィスは自分の文学的判断を、昔から正しいとされている通念を侮辱する言動として表現する傾向があった。今より形式ばっていた時代に、リーヴィスは開襟シャツというでたちで有名であり、教室の権威が社会的な権威であった時代に、リーヴィスは学生たちを対等な協力者として扱った。[72] 実際、一九六〇年代初頭の英文学部との戦いにおいて、リーヴィスは学部生の支援を当てにできると分かっており、その支援が自分にある種の道徳的権威を与えてくれると信じていた。[73] しかしながら、その一〇年間の後半に、学部生たちが大学に対して反抗しはじめたとき、リーヴィスは彼らに関与したがらなかった。いくら試験制度に批判的であるとはいえ、彼は制度を改善しようという学生たちの努力には反対した。そして、いくら学問の権力機構に憤っているとは言え、彼は学生たちのリーダーの味方はせず副学長の側についた。そして、いくら現代社会にうんざりしていたとは言え、彼は対抗文化に対してはさらにもっと嫌悪を感じた。(74) ノーマン・ポドレッツとレイモンド・ウィリアムズはどちらもリーヴィスと急進的な学生たちとの近似性に言及したが、リーヴィス自身は、そうした学生たちは規範の敵であり大学の敵であると考え、そのような存在として彼らを糾弾した。(75)

リーヴィスは糾弾するものがなくて困ったことなどなかったが、退職するととくにターゲットに事欠かなかった。彼のターゲットのリストには、平等主義、民主主義、労働組合、移民、フェミニズム、マルクス主義、そして性の解放などが含まれていた。政治家のなかでは、ハロルド・ウィルソンにもエドワード・ヒースにも等しく敵意を持っていた。体制を手厳しく非難する際には、(スノーに加えて) ノエル・アナン、ライオネル・ロビンズ、アレックス・トッド、そしてJ・H・プラムが含まれるようになった。トランジスターラジオ、ビンゴ場、スペインへの団体旅行が嘲笑の的になった。そして彼は「多元論、同情、社会の希望」とは意気消沈を招く倦怠感の合い言葉だと解釈した。(76) こうしたターゲットはそれぞれ、優先順位が間違っていることを明らかにしていると、リーヴィスは考えた。すなわち、平等主義はエリートであるよりも対等であることに価値を置き、民主主義は傾向を示すよりも参加することに価値を置き、労働組合は意味ある労働よりも給与に価値を置き、といった具合である。リーヴィスは、政治家は重要性の問題について語れないというところまで追い込まれているため、代わりに自分たちがどうしても支持できない平等主義の原則に口先だけは賛意を表わしているのだ、と信じた。一方で、体制派の人物たち (アナンやスノーなど) は、「多元論」や「社会の希望」といった常套句を口にしているのに、おめでたくもそのような約束が究極的にはいかに空疎かということには気づかないままなのだ。要するに、リーヴィスが一九六〇年代の社会的、文化的、そして政治的場面を概観した際、低所得者層の社会よりもはるかに恐ろしいものを目にしたのだ。つまり彼は、あまりに長いあいだ貧しかったためにもはや自らの苦境に気づけない社会を目にしたのだ。講演、教育、執筆活動を通じて、リーヴィスは、昔から正しいとされている通念が知性、眼識、創造に与える脅威を認めさせようと、努力を重ねた。

リーヴィスはこの脅威を、いたるところに、とくにケンブリッジの英文学に見出した。この時期レイモンド・ウィリアムズは左翼の知識人のなかでは抜きんでた存在であり、一九六一年からはケンブリッジの英文学部でリーヴィスの同僚でもあった。ウィリアムズはリーヴィスと政治的立場は非常に異なっているものの、知的には自分が彼に恩義を被っていることを認めており、あらゆることが、二人は職場で隔たりはあるかもしれないが礼儀を尽くす関係にあるということを示していた。[77] しかしながら、私生活においては、リーヴィスはごく早い段階からウィリアムズとは距離を置き、ウィリアムズの著作と自分の著作が対立していることを正しく認識していた。例えば、ウィリアムズは小説にかんする学部生向けの自分の講義が、終始一貫して『偉大な伝統』と対立する議論を展開していることを認めた。[78] リーヴィスは時折、ウィリアムズが明らかに代表しているもう一つの選択肢を認識して、彼は学部内を「マルクス化」しようと影響力を及ぼすのを目撃されている、と述べた。[79]

敵愾心は相互的なものだった。一九六八年の『ニューレフト・レヴュー』において、ペリー・アンダーソンは、英国の学問分野を見事に概説した「国民文化の構成要素」を発表した。[80] アンダーソンは、彼の見たところでは英国の知的生活を広範囲にわたって悩ましている問題に直面した。すなわち、ヨーロッパで花開いているような批判的な物の見方が不在だという問題である。「英国社会の文化は存在していない中心をめぐって系統立てられている」と彼は書いた。「それ自体を総合的に説明しようとすれば、古典的な社会学、もしくは国家的マルクス主義となりえただろう」。[81] そのように中心を欠いていたために空洞が創り出されており、リーヴィスは、そこに文学研究の候補にはなりえないようなものを押し込んでいたのだ。「この主張は確かにイングランド独自のものだ。このように見せかけた批評の学問を生み出した国はほかにない」。[82] アンダーソンは、一九三〇年代には、リーヴィスと『スクルーティニー』が低俗なマルクス主義を完敗させており、それに続くリーヴィス的な代案に刺激されて、文化批評および社会主義理論のいくつかの著作が英国に出現することになった――そのなかでももっとも注目に値するのがウィリアムズの『社会と文化』（一九五八年）および『長い革命』（一九六一年）である、と続けた。[83] アンダーソンはリーヴィスの業績を認めていたが、その業績がその先に進む際に問題になることもまた見きわめていたのだ。[84]

昔の不和が再び始まったように、新しい反目もまた出現した。リーヴィスは一九世紀のフェミニズムは「自然に反する」として退けたが、一九七六年にはフェミニストの運動が彼の憤怒を引き寄せていた。[85] リッチモンド講演において、彼はD・H・ロレンスを引用し、平等ではなく差異こそが人間性の本質をなす事実であると指摘して、「平等」の理想を嘲笑した。すなわち、彼は『恋する女たち』のバーキンの「私たちは皆抽象的に言えば、そして数学的に言えば、平等と言えなくもありません……でも精神的には純然たる違いがあって、平等も不平等も問題とはならないんです」という言葉を引用したのだ。[86] 一九七六年――スノーが総合教育に反対して行なったキャンペーンと瓜二つで、しかも時期を同じくする主張において――リーヴィスはフェミニズムを、平等を支持するあまり自然な差異という事実を否定するものと考えて、再び批判した。[87] リーヴィスは、ロレンスからの別の引用であるその著作のエピグラフを、そのような主張への反撃の一つとした。「男性にせよ女性にせよ、ひとりひとりは流れゆくもの、止まることなく続いていく生命なのです。そして、互いがいなければ、私たちは流れることができません。ちょうど川岸がなければ川が流れられないのと同じです。女性は私の人生という川の一つの川岸であって、もう一つの川岸は世界なのです」。彼は、「平等を求める情熱」は「平等主義という宗教」の産物であるとあざけり、正常に機能している社会であれば、さまざまな種類の社会的な差異（例えば、権力、権威、機会における差異）が必要となる、と述べた。[88] リーヴィスの考えでは、フェミニズムはこの現実を否定しようとしていた。彼は、フェミニズムは「男女間の「平等」……を宣言したが、差異は基本的な事実なのだ」と主張した。[89] リーヴィスは、論点は「不平等である、もしくは「人並みの権利を享受できていない」という問題ではなく、むしろ、自然で、避けがたく、必然的な、「差異」という事実なのだ」と断言した。[90] スノーは自分の反平等主義の議論を、個人の才能を育て国家の衰退を阻止する必要性という観点から表現したが、リーヴィスは――それほど政治的にはなれない気質の持ち主だったので——自分の主張の矛先を平等という理想そのものに向けた。

その後、退職してもなお、対立が収まることはなかった。リーヴィスは晩年の二〇年間、学生運動からマルクス主義批評、そして復活したフェミニズムにいたるまでの数多くのいら立ちの種に直面した。彼はつねにそうであったように、自分の文学批評および社会批評を通してこれらと戦ったが、書くそばから彼の形づくった学問分野が彼から離れ去っていった。リーヴィスがその分野の方向性をめぐって眠れぬ夜を過ごしたというわけではない。彼の本には読者がおり、『タイムズ』は彼の投書を掲載し、彼の授業や講義には相変わらず需要があった。だが、批評における彼の仕事が生に共感する精神を表わす作家の伝統を扱うことに捧げられていた一方で、一九七〇年までにはそのプロジェクトのあらゆる点が問題となっていた[91]。次の世代の学生たちにとって、リーヴィスのボキャブラリーは、リーヴィスの関心事と同じくなじみのないものに思われた。そして、ついに彼は、その分野で地位を追われた過去の他の巨人たちの傍らの席に着いたのだった。

## 隠れたネットワーク

だが、リーヴィスが自分自身の分野で部外者となりつつあったころ、人文科学の趨勢は、彼の立場を構成している要素を以前にも増して中心に据えていた。一九七六年、マルカム・ブラッドベリは、ある学生が書いたエッセイ「もしきみがフランクになるなら、ぼくはカールになろう」を論じた。その学生は、ヨークで学部生であったときにリーヴィスが自分に感銘を与えたことを思い起こして、たとえマルクス主義がその分野の中心に進み出ようとしていても、リーヴィスはインスピレーションの源でありつづける、と説明した。リーヴィスからマルクスへ移行するというのは緊張を引き起こすことだが、必ずしも矛盾しているわけではなかった。ブラッドベリが述べたように、「既存の秩序とその好みへの異議を文学が体現することに気づいている今日の学生たちは、現在の秩序および現在の高等教育機関において、マルクス主義以外のどこへ行けるだろうか？」[92] これが理由となって、『スクルーティニー』の後続の世代によってなされた文化研究の多くが、この方向へ転換している」[93]。ブラッドベリにとって、この認識は、「リーヴィス自身の継続する力」、すなわち、テリー・イーグルトンが『文学とは何か』においてくりかえした、「今日のイングランドで英文学を学ぶ学生は、分かっていようがいまいが「リーヴィス主義者」なのだ」という考えを示していた[94]。イーグルトンの主張が刺激的だったのは、文学批評は今日では世紀の半ばごろとは異なるイデオロギー的立場を占めているという読者の感覚を、彼が先取りしたことにある[95]。だが、その分野は見る影もなく変わるということはなかった。というのも文学者は、社会批評および文化批評というパラダイム——前の世代の批評家たちが作り出して次世代へと継承した枠組み——の内側で、仕事を続けたからである。

この時代を通してリーヴィスの考えの運命をたどっていくと、この学問分野の転換のプロセスを通して継続していくものが明らかになる。リーヴィスの考えは、主要な三つの方法に固執しており、その第一番目は制度と人事による方法だった。彼はつねに自分の教え子がケンブリッジ大学で地位を獲得できないことに憤っており、一九六五年までには自分の遺産は自分自身のダウニング・カレッジには残らないだろうということを受け入れていたが、他の場所で戦いを継続することにはかかわりつづけていた[96]。一九六二年、『オブザーヴァー』は、「マルクスやフロイトのような偉大な思想の持ち主や革新者は、決して孤立しない」と始まる、「リーヴィス派の隠れたネットワーク」という特集記事を掲載した。その説明によると、リーヴィスの「弟子たち」は世界中に広がっており、とくに英国中の学校および大学において卓越していた。その記事は具体的には、ヨーヴィルの校長デニス・トムスン、カーディフの上級講師G・D・クリンゴプロス、レスターの准教授G・H・バントック、バンガーの講師フランク・W・ブラッドブルック、そしてマンチェスターの上級講師R・G・コックスを取り上げた。だがその続きには、リーヴィスの衝撃は教室の外にも及んでいるとあった。デイヴィッド・ホルブルックは著名な詩人であり、アンドール・ゴムとL・G・サリンガーは大学教育公開講座の講師であり、ボリス・フォードは『ペリカン英文学ガイド』の編集者だった。リーヴィスはまたリチャード・ホガート、レイモンド・ウィリアムズ、そして英国のニューレフトに影響を及ぼしたとも評価されていた。その記事はメロドラマチックではあったが（ある箇所では、三、四人の名を挙げる場面になれば、リーヴィスは必ずそこに出てくると指摘されていた）、にもかかわらず、リーヴィスの影響力の及んだ範囲をきちんと証明していた。[97]

ダウニングとの破局を助長したのは、この「隠れたネットワーク」の存在だった。リーヴィスが自らの英文学講座の終焉を早めた（ないしは黙認した）のは、自分の生涯の仕事が一瞬にして消し去られるのを見る覚悟ができていたからではなく、それを永続させるチャンスが他所にあることをすでに知っていたからだった。皮肉にも、大学の拡大が肥沃な土壌を与えてくれた。一九六五年、リーヴィスは関心をヨークに向けた。エリック・ジェイムズ――マンチェスター・グラマー・スクールの前校長で、新設大学の最初の副学長――が、彼を客員教授に招いたのだ。一九六三年に門戸を開いたばかりのヨークは、大学の拡大批判の主導者が順応するには妙なところであったが、リーヴィスはそこで幸福であり、火曜日の列車に乗って出かけ、金曜日まで滞在した。[98] 彼はヨークで、授業以外の拘束がない大物という自分の立場を楽しみ、大学が自らの目的を忘れないようにすることが自分の責務だと考えた。[99] ヨーク大学の英文学は、英文学および関連分野を扱う学部の一部として、『教育と大学』で提案された学際的形態のような様相を呈し、学生たちは試験を終わらせるのに（ケンブリッジでは三時間だったが）二週間かけた。[100]

しかし、学生たちが大学にたどりつくはるか以前に、すでにリーヴィスは彼らの教育に影響力を及ぼしていた。フレッド・イングリスが一九六七年に書いたように、「学校英語教育の趣旨全体が、この過去数年間とは見違えるほど変わりつつあった」のだ。[101] イングリスはリーヴィスとデニス・トムスンの隠れた影響について言及していたのだが、その影響は、Aレベルの答案、Oレベルの改善、中等教育修了試験のための勉強、学校における英語教育、そして全国英語教育協会において、一目瞭然であった。リーヴィスは、ダウニングで奨学金試験を担当していて学校とのつながりを得ていたため、かなり前からこの点における自分の影響力に気づいていた。二〇年後、リーヴィスとダウニングの緊張が新聞記事のテーマとなったとき、校長たちはすでに、もっとも優秀な生徒たちをリーヴィスの下で学んだ英文学教員のいる地方大学へ送り込んでいた。[102]

リーヴィスの影響力は、かつてペンデニスが指摘したように、教育分野の外にまで広がっていた。『ケンブリッジ・クウォータリー』『ヒューマン・ワールド』、そして『ニュー・ユニヴァーシティーズ・クウォータリー』という三つの雑誌が、『スクルーティニー』の仕事を継続すると明言した。リーヴィスの弟子たちは、国庫補助金を得ている劇場での地位を確保しており、そのなかにはロイヤル・シェイクスピア・カンパニーで将来芸術監督となるピーター・ホールとトレヴァー・ナンの二人も含まれていた（実際、ローレンス・オリヴィエが主演した『オセロ』の上演にリーヴィスの解釈が認められると主張する人物がいた[103]）。ノエル・アナンによれば、『ガーディアン』はリーヴィス的批評に好意的な場を提供し、カール・ミラーはリーヴィスの下で英文学を学んだのち、『リスナー』の編集者、『スペクテイター』および『ニュー・ステイツマン』の文芸編集者、そして『ロンドン・レヴュー・オヴ・ブックス』を創設した編集者として仕事をした[104]。そして、すでに言及したように、ボリス・フォードの『ペリカン英文学ガイド』は、弟子と協力者の人名録のようだった。フォードの計算によれば、その全七巻に原稿を書いたうちの三人に一人は『スクルーティニー』に執筆したことがあった[105]。要するに、リーヴィスの教え子や称賛者がそれからの数十年間、彼の考えやスタイルを学校、大学、そして文化的機関へと伝えたことで、彼の遺産は、談話に出てくる言葉の比喩的用法を確認するというよりもはるかにずっと具体的な事柄となっているのだ。

リーヴィスの耐久性の第二の特徴は、学問分野としてのものだった。英語圏の文学研究の歴史における彼の重要性は、疑う余地もない。リーヴィスはケンブリッジで英文学を学んだ学部生の最初の世代の一人であり、「軽い」と片づけられてしまいかねなかった（余所ではそうなってしまった）学問分野に信任状を与えるにあたって、鍵を握る役割を果たした。[106] 彼は、文学研究が規範と厳格さと知性を要求するということを論証するだけでなく、文学研究は大学の中心に位置するべきだ——単に人文学の中心というのではなく、人格教育の核心に位置するべきだ——と主張した。リーヴィスは並々ならぬ決意をもってこの主張を推し進めたが、この野望は決してリーヴィス一人のものではなかった。米国では、ニュークリティシズムの批評家が批評家独自の専門知識を力説し、英国では文化的権威であると主張する批評家たちにT・S・エリオットの名声が強力な裏づけを与えていた。今日、英文学部もしくは英文学科は英国の大学において重要な地位を占めており、「精読」は方法論として、歴史家が公文書館を頼るのと同等の地位を与えられている。こうした展開は必然的なものではなく、なぜ起こったかを説明しようとすると、その説明のある部分はこの世代の教師と批評家の力と働きに見出せるに違いない。

　リーヴィスの学問的遺産は英文学科の外へと広がった。『スクルーティニー』の背景にある二大著作が、『フィクションと一般読者』（一九三二年）および『文化と環境』（一九三三年）だった。[107] Q・D・リーヴィスの『フィクションと一般読者』は文学への「社会学的」アプローチを推し進め、文学テクストを、それが生み出された社会および文化と結びつけた。一方、『文化と環境』は授業マニュアルのかたちを取り、教師と校長に対し、学生に例えば広告を、それを生み出した文明の一部として読ませる訓練を行なうよう指導した。リーヴィスは時折ニュークリティシズムの批評家たちと一緒にまとめられたが、ページ上にはない言葉をこのように強調する点が、ニュークリティシズムの批評家がテクストに当てた焦点とは異なっていた。対照的に、リーヴィス、Q・D・リーヴィス、トンプソン、そして彼らの仲間たちは、文化を批評的に「読む」方法と原理的説明を発展させ、語調は異なるものの、そのプログラムはのちに文化研究という新興の分野を特徴づけた。[108] 一九六四年に現代文化研究センター（CCCS）がバーミンガムに設立されたが、その最初の所長はリチャード・ホガートだった。リーヴィス派がホガートに影響を及ぼしたことは明らかだった——ホガートの『読み書き能力の効用』（一九五七年）をつれなくも（そして不正確にも）『フィクションと一般読者』の模倣だと片づけたリーヴィスにとってさえも、明らかだった。[109]一九六九年、新しい所長のスチュアート・ホールがもっと急進的な方向へCCCSの舵を切り、その焦点をホガートとウィリアムズの「左寄りのリーヴィス主義」からそらしたが、結局数十年後、ホールのなかに「残存するリーヴィス派」を、イーグルトンが見つけ出した。[110]

リーヴィスのやり方を反映している領域としては、ほかに科学史および科学社会学があった。大戦間期、リーヴィスは啓蒙主義の遺産に対して敵意をあらわにし、科学と科学技術がもたらす「進歩」はありがたくない破壊的な文明を促進すると述べた。彼がこの立場を文学研究において明らかにしたころ、大陸のフランクフルト学派と結びついた哲学者や政治理論家は、啓蒙主義の合理性に対する批判を展開していた。[111]反啓蒙主義の立場は英国ではほじめはほとんど支持されなかったが、その後一九七〇年代から、科学を実践する際の前提に対する批評が、科学史と科学社会学によりどころを見出す方向に向かった。これは、科学史と科学社会学がリーヴィスの考えから発生したことを示唆しているわけではない（それらの発展が多くを負っているのは、リーヴィスではなくマルクス主義の科学史家の大戦間期の仕事であった）が、にもかかわらず、それらの前提と研究方法は、彼の考えの多くと類似していた。[112]こうした発展は、ボブ・ヤングによって、例えば『科学史における視点の変化』（一九七三年）という彼が編集した本において、そしてエディンバラ大学では科学的知識の社会学（ＳＳＫ）のプログラムにおいて、推し進められた。[113]科学者たちが真実や知識のみならず錬金術、優生学、そして権力、すなわち、進歩のパイオニアという彼らの公のイメージを複雑なものにする研究成果を追求していたことが示された。[114]実際、歴史家の興味を引きつけようという競争のなかで、科学の勝利は科学者たちの前提と結びつけられる――そしてしばしば置き換えられる――ようになった。[115]これらの前提にはそれぞれ歴史があり、それらを調べていくと、科学史から出て社会史へと通じていた。[116]その結果として、『二つの文化』のおかげでスノーが科学史においてもっとも多く引用される人物でありつづけることが保証される一方、リーヴィスの考えは多くの点でさらになじみ深いものでありつづけている。

しかし、たとえ明らかに敵対する知的発展を通してであったとしても、その後もっとも流布したのは、リーヴィスが言語を重要視したことだった。第二章では、一七世紀以降の歴史、文学、文化についてのリーヴィスの考えに対する言語の中心的な役割を論じた。すなわち、彼は、言語にかんする豊かな遺産がそのとき破壊され、言語と現実との誤った二項対立——リーヴィスが西洋近代思想の特徴だと信じた二項対立——が樹立されるにいたった、と信じたのだ。彼はこの誤った対立をリッチモンド講演で批判し、代わりに、科学者によって創られたどんな知的体系よりも前から存在する「人間界」を示した——結局のところ、自然をめぐる思想は、科学者たちが受け継いだ言語によってのみ可能となるのだ。[117] リーヴィスはこれらの考えをリッチモンド講演を行なったあと発展させつづけ、一九七〇年代前半には、自分の批評のターゲットは「デカルト哲学の二元論」であると認めていた。[118] スノーの考えとの対比は明らかになりつつある。一九六〇年、スノーは、事実は「催眠作用があり……中立的で……純粋である」と述べたが、リーヴィスは彼の最後から二番目の著作において、事実が価値観や経験、そして——とりわけ——言語と切り離して理解されることなど決してない、と主張したのだ。[119] その後の海外での展開が、いかにリーヴィスが前提としたことの多くを表現したとしても、経験よりも言語の方が卓越していると彼が生涯にわたって主張したこと——言いかえれば、言語はつねに人間の経験に先行し、したがって、言語が経験を形づくるのだと彼が主張したこと——は、ポスト構造主義理論のようなその後の展開に思いもよらない反響を見出すことになった。[120]

リーヴィスの持続性の第三の側面はイデオロギー的なものだった。リーヴィスはその後の文化批評家と、敵意を共有していた。すなわち、西洋文明とマルクス主義の物質主義を含んだ敵意である。リーヴィスは、ここまで見てきたように、近代文明の起源は一七世紀であり、そのもっとも顕著な特徴はその執拗な物質主義だと信じていた。その文明に反対したこと、そして、したがってその物質主義に反対したことで、リーヴィスは経済的関係を優先させる知的立場(例えばマルクス主義)や、生活水準を優先する政治プロジェクト(例えば国内では福祉国家、海外では進化論)に、批評の矛先を向けることになった。彼は、こうした優先事項を受け入れることは近代文明がすでにそこまで進歩していたことの証拠となると信じており、自分の文学批評および社会批評を通じて、それをさらにもっと拡大するであろう知的な仮説や政治的野望を暴き立てて異を唱えることを、望んでいた。この立場ゆえに、彼は一九三〇年代の反マルクス主義の主張や一九六〇年代の発達理論への挑戦といった一連の論争にかかわることになった。そして、一九七〇年代以降、別の世代の文芸批評家および文化批評家が、西洋文明およびマルクス主義分析への批判、言いかえれば、最終的にはポストコロニアルおよびポストモダン理論へと発展していく批判を展開するにつれ、リーヴィスがすでにそこに存在していたことが明らかとなった。あるいは、もっと正確に言えば、リーヴィスが社会批評および文化批評のよりどころを確立しようとして非常に多くのことを行なった文学批評という学問分野に、彼らは快適なよりどころを見出したのだ。

要するに、文学批評という学問分野は、二〇世紀の後半に非常に多くの変化を経験する一方で、顕著な継続性もまた示したのだ。リーヴィスの立場は、彼が介入する時期が過ぎ去ってからでさえも、いくつかの点で持続性があった。その時期が過ぎ去ってしまったことに否定の余地はなく、リーヴィスの批評の方法もしくは文学的判断は、世紀の半ばごろに得ていた地位のようなものは占めていない。だが、にもかかわらず、リーヴィスの影響力は組織と人員(学校、大学、公的文化)、学問分野の系統(文学研究、文化研究、科学研究)、そしてイデオロギーの対立(近代文明、マルクス主義の物質主義)を通じて持続した。リーヴィスが自分の新しい同志たちをこれ幸いと受け入れたというわけでは必ずしもなく、また彼らがとりわけ熱心に彼に同意したというわけでもないが、彼の批評を活気づけた批評の立場とイデオロギー的な視点は――違ったかたちで、違った場所から――思いもよらない後継者によって推し進められつづけた。

能力主義から市場へ

二人の最終的な運命が示唆しているように、スノーとリーヴィスには多くの共通点があった。彼らはともに才能ある女性と結婚した。妻は決して与しやすいとは言えない社会において知的キャリアを築き、夫婦のパートナーシップは職業的なものでもありまた個人的なものでもあって、どちらのカップルも共同で著作を出版した。文学においては、スノーとリーヴィスはブルームズベリー・グループ、すなわち究極のインサイダーに、自らのプログラムの矛先を向けて罵倒したし、キングズリー・エイミス、すなわちその成功は文学の風潮の軽佻浮薄さを証明しただけという「時の人」を、軽蔑した。そして、ディケンズを支持し、歴史的重要性という点でシェイクスピアにならぶ存在として位置づけようとした。[121] 政治的には、彼らはソヴィエト連邦と米国は本質的には似ていると見ており、国内的には、労働党と保守党のあいだに大した違いはないと考えていた。そして、ともに英国のニューレフトとは距離を置いていた。[122] 彼らの言葉づかいさえもが、二人の見分けがつかないことを証明してくれる。「マスメディアの影響下にある何百万人という人々の能天気な受動性。人類の九五パーセントの能天気なやる気のなさ。うまい試合を見る方が自分で下手な試合をするよりもよいとする人々。見て楽しむスポーツ、サッカーくじ、ギャンブル。アルコール。セックス。精神的喪失感」。リーヴィスがどこかの新しい大学の講堂で話していそうなことだが、この場合は、『ファイナンシャル・タイムズ』紙にスノーが書いたことである。[123]

何より重要なのは、スノーとリーヴィスがともに能力主義を理想とし、それにともなって平等主義を要求する声に冷淡だったということである——彼らはそのどちらの点もエリートを擁護することによって表わした。「個人的には、私は少なくとも潜在力を秘めたスポーツ選手と同じくらい［知的な才能を持つ者］を大切にするだろう」と、スノーは一九七〇年にリーヴィスへの反駁のなかで記した——そして、少なくともその点では、彼らのあいだに違いはなかった。[124] 同じ年、リーヴィスはある講演で「「エリート」はいかなるときも存在しているはずだ」と主張したが、彼は、この事実を「進歩主義者」の知識人が否定するのは、流行りの現象とはいえ偽善的だ、と信じていた。「エリート科学者、エリートパイロット、エリート部隊、そして社会的エリート（最高の人々）が存在する。そして、恵まれない大衆は、プロサッカー選手とBBCのアナウンサーがエリートだと知っている」[125]と彼は説明した。リーヴィスにとってエリートとは、否定すべきものではなく、排除できないものだった。そして、彼はここでエリートを、戦後の英国の社会において、また専門家社会での能力主義の理想において重要な地位を占めた熟練者と、同等に考えていた。しかし、「エリート主義」はリーヴィスにとって論争を引き起こすもの、すなわち、この社会の現実を否定し、能力主義に挑戦するものという機能を果たしていた。彼は、「「エリート主義」という言葉は、グラマー・スクールを破壊したり、大学を「総合制中等学校」的にしたりするかどうかが問題になるときに、（軍事的に）役立つのだ」[126]という警告を発した。総合教育に対する反応がうり二つだということが示しているように、スノーとリーヴィスはともに平等主義的改革に抵抗した。世紀が変わって五年もたたないうちに中流家庭に生まれた二人には、能力主義の公約がしみ込んでいた。つまり、彼らは、個人がその才能に比例する地位を獲得できる社会が存在する、と信じていたのだ。これは、特権に挑戦しているという点で急進的であり、かつ平等主義に反対しているという点で保守的な立場である。

一九四五年からの約三〇年間は、のちに黄金時代と見なされるだろうとスノーが推測した歳月だが、能力主義の理想が、才能の個体差は認めながらも機会の平等を約束していた。[127] この立場が、自由主義的思考における自由と平等のあいだの長年にわたる緊張関係を誘導した。[128] 政治理論家のシェルドン・ウォーリンが一九世紀の自由主義者に不平等が提起した問題を論じた際に説明したように、「エリート主義は、特権階級を革命後の世界へと送り込むのに使う導管を提供した。それには、特権階級とは、祖先から継承した特権を持つ社会的地位ではなく、教養の高い美的感覚や社会奉仕と慈善事業の理想、そして後天的に獲得した優位が具現化した存在である、と再定義することが必要だった」[129]。生まれながらに受け継いでいる特権というよりも、むしろ後天的に獲得した優位の産物として社会のヒエラルキーを作り直すことで、エリート主義は民主主義の時代に不平等を正当化したのだ。ウォルター・バジョットが分かっていたように、その説明を受け入れることは、服従という習慣を獲得することであったが、服従は、能力主義の理想が正当化した差異とは後天的に獲得されたものなのだと理解されるかぎりは、その理想といっしょに存続することができた[130]。このエリート主義の意識——後天的に獲得した優位から派生し、教えられた美的感覚を示すことで明示されたもの——が、スノーの場合もリーヴィスの場合も同じく、能力主義へのかかわりを構成していた。

しかしながら、一九六〇年代が進んでいくにつれ、平等主義者はますます能力主義にその約束を果たせと要求するようになった。結局のところ、不完全な世界においては、既存の社会的不平等は才能が生まれながらに異なっていることの結果ではなく、与えられた環境の違いによるものなのかもしれない。したがって、真の能力主義は、構造的な不平等——もし真剣に受け止めるとすれば、たとえ均質ではない才能を育てることを犠牲にしてでも平等な機会を追求することに重きを置くよう脅かす責務——に取り組むことをたえず要求されることになるだろう。総合制中等学校の教育、大学の拡大、そしてジェンダーの平等というかたちでそのような改革を要求する声は、まさにこの点で能力主義の約束にプレッシャーをかけた[131]。スノーとリーヴィスは、こうした要求のなかに自分たちの世界観を支える原則への挑戦が潜んでいるのを感じ取り、平等主義を糾弾しエリートを擁護することによって、反論した。しかし、彼らの主張に対する反応は、ますます敵意を含んだものとなった。その証拠に、彼らの論調はどんどん防御姿勢を取ることになり、リベラルなエリート主義を支持する前提が腐食して、それゆえ社会的不平等を正当化する論理的根拠を改訂する必要性が指摘された。

そのような論理的根拠は二〇世紀の最後の四半世紀に浮かび上がってきた。マーガレット・サッチャーがエドワード・ヒースに代わって保守党党首の座に就いたころ、根絶されない不平等を説明する際にリベラルな政治組織が好んで語ったように、市場が能力主義に取って代わったのだった。この場合の「市場」とは、売買行為のことを言っているのではなく、数え切れないほどの個人の決断の総生産高のことを言っている(132)。このパラダイム・シフト——専門家の能力主義から消費者の市場へという変化——が、不平等という事実に対する説明の改訂版を提供した。不平等が内的資質に由来するのか外的条件から来ているのかがはっきりしないというのが能力主義の問題だったのだとしたら、個人の能力から市場の指示へと不平等の原因を転換することで、その起源が拡散したのだ。教育の問題を考えてみよう。市場という考えを中心において組織された社会と文化においては、素質のためではなく、保護者、教師、行政官、審議会による無数の決定のために、各学校が生み出す大学生の割合が異なるのだ、と理解されるかもしれない。この説明は、制度から抽象概念へと責任を転嫁しているが、これは実に狡猾な動きである。抽象概念は、学校(国家の制度であって、よりお金がかかるもの)のような何か具体的なものと比較すると、とくに同定するのが難しく、改善するのはさらにもっと難しいからである。これは、市場の要素が一九七五年以前には存在しなかったと言っているのではないし、能力主義を求める声が一九七五年以降は消えてしまったと言っているのでもない——実際、ケンブリッジは半世紀前よりも今日のほうが確かにより「能力主義的」である。だが、さまざまな社会活動への理解を体系づける文化的理想として、スノーの時代にとっては能力主義だったものが、サッチャーの時代にとっては市場であったのだ。

ここまで見てきたように、スノーとリーヴィスは平等主義を糾弾し、エリートを擁護するのにかかわったのだが、彼らの立場が内包する差異のせいで、彼らは市場のパラダイムにかんしては逆のスタンスを取ることになった。エリートの必要性を擁護することによって、またユダヤ人が遺伝的に受け継いだものを称賛することによって、スノーは、自分の介入はまさに不平等に対してなのだ、ということを明らかにした。彼は自由放任主義のイデオロギー主義者ではなかったが、市場の価値観に対して敵意を抱いているわけでもなかった——例えば、「お金」が大志を抱いている作家に満足感を味わえるテーマを提供するという彼の示唆が示していたように(133)。この状況では、彼の生涯にわたる友人のジャック・プラムが一九八〇年代に新自由主義の政策に理解を示していたことも、彼の小説を舞台化した劇作家のロナルド・ミラーがサッチャー主義の映画脚本家として現われ出たことも、驚くべきことではない[134]。対照的に、リーヴィスは市場の価値観に対して対立するスタンスを長いあいだ取りつづけた。恐ろしい一七世紀の嘆かわしい発展の一つが資本主義の出現だったというだけでなく、大衆市場の好みによって鑑識眼が取り替えられるということが、途切れない創造に不可欠な認識力を脅かしていた。したがって、リーヴィスは、市場への転換についていくことなど到底できず、実際、彼の長年にわたる批評は、代わりに左寄りの知識人に新しい盟友を見出したのだ。

## 結　論

アグニェシュカ・ホランドの映画『僕を愛したふたつの国／ヨーロッパ ヨーロッパ』（一九九〇年）では、第二次世界大戦中の中央ヨーロッパを舞台に、ユダヤ人の避難民を乗せた二隻の船がすれ違い、正反対の方向を目指して航行していく。一隻はソヴィエトから、もう一隻はナチスから逃げているように見えるが、どちらの船の乗客も、もう一つの船の乗客の旅が自殺行為であることを理解できていない[135]。一九六〇年代が始まったころ、いくぶんか悲惨さの薄い状況で、C・P・スノーとF・R・リーヴィスはそれぞれの旅に出発した。スノーは科学という名の下に左寄りの立場から英文学科を攻撃することによって「二つの文化」論争を開始したが、一〇年後、彼は平等主義の理想が愚かだということを示すために科学を引き合いに出した。リーヴィスはスノーに対し、彼を生み出した文明を反動的な立場から弾劾することで応酬したが、一〇年後、文明批判は左寄りの知識人に同志を見出していた。こうした正反対の軌跡をたどったにもかかわらず、彼らの動機はまったく同じだった。スノーとリーヴィスは、社会的平等という妖怪から逃げていたのであり、途中ですれ違った際にもしかしたらやや方向を見失っていた二人を想像するのは、興味をそそることだ。

この章は、一九六〇年代の多岐にわたる変化に光を当てるために、知的転換をたどってきた。重要なのは、彼らの考えがこの時期に変化したことを指摘することではなかった。なぜなら、ほとんどの部分において、彼らは変化しなかったからだ。能力と環境の関係に対するスノーの興味は、一九三〇年代から一九七〇年代まで変わらず続いたし、マルクス主義者の主張と政治家の陳腐な言葉に対するリーヴィスの敵意もまたそうだった。しかしながら、確かに変化したのは、彼らが自分の立場のどの側面に重きを置いたかであり、彼らが意見を一にした仲間だった。社会的平等というゴールを支持する言語と政策以上にこれらの変化を推し進めたものはなかった。というのも、平等主義者の理想は、能力主義の公約が依存している等しい機会と等しくない能力のあいだの微妙なバランスを脅かしたからである。スノーはこの脅威に対し、社会のヒエラルキーは不可欠だと主張することで対応した。一方、リーヴィスは、平等主義者の理想を攻撃することによって対応した。スノーはその主張ゆえに、一九六〇年代の急進主義の含意に対峙したときに右寄りの立場をとった他の自由主義者の仲間入りを果たし、一方、リーヴィスが長年とってきた立場は、市場のまわりに組織された社会への批判を集成できるということが分かった。結局のところ、一九六〇年代と一九七〇年代の社会の動きは、もちろん不平等を根絶することはなかったのだが、そうした動きはそれを支えた論理的根拠の改訂を強要したのだ。

# おわりに

## 最後のもの

今日、C・P・スノーとF・R・リーヴィスはどちらも望まなかったであろう運命を共有しており、ともに「二つの文化」論争によって歴史に名をとどめている。スノーは自分の遺産が小説家としてのものであることを望んだが、彼の死から四半世紀以上たったのち、彼の名声を支えているのはリード講演である。『二つの文化』は在庫も需要も存在しつづけている。カントー版は一九九三年以後三万部以上売り上げ、同じ期間に一七の言語に翻訳されている。[1] それゆえ、知の歴史におけるスノーの地位を確実なものとしている講演が、彼の文学的評価を危険にさらす批判を奮い立たせたというのは、皮肉である。一九六二年はスノーにとって本当に悲惨な年だった――リーヴィスの講演（これには一度は口頭で、そしてもう一度は出版されることで、二度耐えなければならなかった）、文書誹毀の訴訟、そして二回に及ぶ目の手術の年であった。[2] 確かに、スノーは公人でありつづけ、短い期間ではあったが政務次官までも務めた。彼は小説を書いたり、講演を行なったり、名誉学位を授与されたりしつづけ、一九七〇年代のあいだずっと『ファイナンシャル・タイムズ』に毎週コラムを執筆した。[3] だが、彼の星がかつてほど明るく輝くことは二度となかった。私生活においては、スノーはノーベル賞を逸したのをリーヴィスのせいにし、彼の小説の売り上げは、最初は持ちこたえていたものの、一九六八年以降は落ちはじめた。[4]

リーヴィスが一九七八年に亡くなったとき、パメラ・ジョンソンは彼のリッチモンド講演が夫の名声を傷つけたとしぶしぶ認めた。Q・D・リーヴィスが三年後に亡くなったとき、ジョンソンは死亡記事を切り抜いた。[5] そして、歴史的な視点から見ると、一九六二年は、スノーが小説を発表しようとしている作家から、『二つの文化』の作家になった年を表わしていた。

一九六二年はリーヴィスにとってもきわめて重要な年だった。その年の春、リーヴィスはケンブリッジを退職して正規の授業を持たなくなり、講演活動と社会批評により多くの意識を注ぎはじめた――その最初が、彼にとって最多の聴衆が集まったリッチモンド講演だった。彼は一連の客員の職や名誉職を受け、とくにヨーク大学での授業を楽しんだ。一九六六年、彼とQ・D・リーヴィスは米国を旅し、ハーヴァードとコーネルで講演を行なって大いに歓迎された。[6] 実のところ、リーヴィスは過去三〇年間と同じだけの数の本を退職してから出版したのだが、第七章で論じたように、文学研究の発展によって、彼の批評はその分野の周辺に追いやられつつあった。彼は亡くなった一九七八年に名誉勲爵士（CH）を授与された――栄誉は、彼の経歴におけるほかの多くのものと同様、恩知らずの権力機構からの遅ればせながらの承認のようだった。今日、リーヴィスはケンブリッジの英文学の優等卒業試験に亡霊のように出没しつづけており、学生たちは、「フェミニスト、リーヴィス派、マルクス主義者」の視点からある一節を分析せよ、などと試験で求められたりしている。[7] リーヴィス夫妻が亡くなってしばらくののち、ケンブリッジのバルストロード・ガーデンズにある彼らのかつての住居の呼び物となったのは、墓石のかたちをした記念銘板だった。「F・RおよびQ・D・リーヴィスの家、一九六二―一九八一年」とある銘板には次のように書かれていた。「二人の遺灰はこのそばに眠る」。[8]

この本は、人文学と科学のあいだの関係と同じくらいなじみ深いテーマが、このような論争を一九六〇年代にいかにして生み出しえたのかを問うところから始まった。その問いには、その受け継がれてきたテーマにその時代の関心事が付与されていたと示すことで、解答してきた。スノーとリーヴィスは、彼らが現代文明だと理解したものについて正反対の解釈を推し進めた。つまり、スノーは、それが賞賛すべき社会を作り出し、その社会が大半の人々にとって物質的繁栄と社会的機会を生み出すと信じ、一方、リーヴィスは、それが忌まわしい社会を作り出し、その社会は批評上少数派となる人々からの断固たる反対を要求するものだと信じた。これらの立場は「二つの文化」論争において衝突し、それが次には大学の使命、歴史の解釈、国家の政策の指針、そしてかつての帝国の将来について同時に起こった議論と交差した。これらの事例の一つ一つにおいて、科学的近代化を求める声を背景に、スノーと彼の支持者たちは科学技術中心のリベラリズムを主張し、一方、リーヴィスらは急進的批評でもって論駁した――「二つの文化」論争だけでなく、一九六〇年代全体の文化政策問題を駆りたてた原動力である。だが、彼らには多くの違いがあったにもかかわらず、これらの主張はすべて、能力主義というコンセンサスを共有するほうへと展開し、そのコンセンサスへの最終的な挑戦は、一九六〇年代後半からの広範なイデオロギーの転換の一部であった――スノーとリーヴィスの立場を等しく周辺化してしまった転換である。

## 新しい立ち位置

議論のなかでだれの介入が決定的なものであったのかについて、歴史家の意見は異なる。ドミニク・サンドブルックは、「スノーの相当に愚かな主張は、F・R・リーヴィスが激怒して反応しなければ、十中八九忘れられてしまっただろう」と述べたが、「一般の人々の大半にとっては、リーヴィスを有名にしたのがスノーである」と言ったデイヴィッド・エジャートンは、確かに正しい(9)。どちらの場合も、「二つの文化」論争は、スノーとリーヴィスの双方に、二つのより大きな歴史における地位を保証している。すなわち、戦後の英国の歴史と、人文学と科学を論じる伝統とにおける地位である。スノーのその後の人生は、リーヴィスの攻撃による傷を負ったが、彼らの主張だけでなく、これらの歴史がその後理解される際に使われる用語の確立に成功したのは、実のところスノーだった。したがって、「二つの文化」論争にかんするわれわれの解釈を改めることは、これらのより大きな歴史についての解釈もまた改めるのだ。

スノーは、英国社会が科学よりも人文学に重きを置く古めかしい権力機構に支配されており、その結果、衰退がすぐそこに差し迫っている状況に直面している、と主張した。この批評は、スノーのイデオロギー上の立場、つまり技術家主義のリベラリズムの一部をなしていた。それは、言いかえれば、才能ある個人を、訓練を受けた専門家となって既存の制度を通じて社会の利益になる働きをするであろう人物へと育て上げる国家の能力に対する信念だった。『二つの文化』において、スノーはこの立場を、英国の経済的衰退についての不安、すなわち、一九五〇年代に生まれ一九六〇年代に広がった不安と、結びつけた。彼は衰退の物語を作り上げはしなかったが、アンソニー・サンプソンやアーサー・ケストラーらとならんで、その著名な提唱者だった。彼らが生み出した社会批評には、『英国の解剖』（一九六二年）、『国家の自殺？』（一九六三年）、『二つの文化』（一九五九年）、『二つの文化――その後の考察』（一九六四年）などがあり、その後、近代英国の歴史記述に浸透した――もっとも有名なのが、英国社会に対する批評を一八五〇年代以降の英国文化の重要な歴史へと変容させたマーティン・ウィーナの仕事である。[10] そういうわけで、英国の経済的衰退についての歴史記述を構成する前提は、経済的データの客観的評価ではなく、戦後社会の技術家主義批評にその起源を持つのだ。[11] この本は、衰退論者の歴史記述においてのように、その批評を取り入れるよりも、むしろ、それが推し進めたイデオロギー上の立場を発掘している。

しかし、「二つの文化」という定式化は、英国の歴史記述の範囲をはるかに超えて、影響力を持ちつづけている。書評、投書、ラジオの座談、知識人の会議、学術雑誌、それに学者の論文は、たびたび「二つの文化」を引き合いに出して、主張の正しさを力説したり、論争の説明をしたり、あるいは討論を開始したりしている。[12]『二つの文化』が今日でも版を重ねつづけているのは、（例えば、スノーによる文学的リアリズムの保証よりも、むしろ）この二分法という、当然妥当と考えられているもののおかげなのだ――スノーの時代がかった「……科学革命」への言及が実は剝ぎ取られている最新版のタイトルにおいてさえも、歴然としている事実である。この本はスノーの主張とそれが引き起こした論争の重要性を強調してきたが、それらをどちらもしっかりと戦後の英国という時代背景のなかに置くことによって、分析のカテゴリーとして「二つの文化」を歴史とは関係なく援用することに挑戦してもいる。実際、「二つの文化」は、一九六〇年代のスノーとリーヴィスのあいだの議論さえも描けていない――一八八〇年代や一九九〇年代の議論、そしてこれから起こるべき議論が描けていないのは言うまでもない。おなじみの定式化に規定通りに詰め込まれた多くの問題とともに、「二つの文化」を引き合いに出すことは、知的な生活を描写したりその議論を説明したりすることととらえられるべきではなく、むしろ、学問上のつまらない言い争いの下で他に何が起こっているのかを考える機会として、とらえられるべきである。

# 訳者あとがき

本書は、Guy Ortolano, *The Two Cultures Controversy: Science, Literature and Cultural Politics in Postwar Britain* (Cambridge University Press, 2009) の全訳である。「二つの文化」とはすなわち「人文学」と「科学」を指しており、「二つの文化」論争とは、科学者から小説家に転じて成功を収めていたC・P・スノーが一九五九年にケンブリッジ大学で行なったリード講演『二つの文化と科学革命』をめぐる論争のことである。この講演は称賛の嵐を巻き起こす一方、批判も招いた。なかでも辛辣だったのが、ケンブリッジ大学で英文学を教えていた文芸批評家F・R・リーヴィスによる反応で、リーヴィスは、同大での一九六二年のリッチモンド講演において、これ以上ないほどの痛烈な表現を駆使してスノーを激しく攻撃した。スノーとリーヴィスの対立は、周囲の人物も巻き込んで拡大し、スノー＝リーヴィス論争と呼ばれることもある。

日本では、大学進学を目指す高校生がまず突きつけられる選択肢として、「文系か？　理系か？」というものがある。多くの高校で、その選択の結果にしたがって三年次ないし二年次のクラス編成が行なわれてきた。学問の学際化が進み、境界領域といった言葉が使われるようになった今日においても、「文系／理系」という区分は、私たちにとって非常になじみ深くわかりやすい。そして、このことをふまえれば、『二つの文化と科学革命』が今なお読み継がれている理由の一つとして、「文系／理系」という考え方への親しみやすさを挙げるというのも、あながち的外れなことではあるまい。

しかし、確かにスノーは、人文学と科学を、そして文学に造詣の深い知識人と自然科学者を対立する存在として提示したが、『二つの文化と科学革命』は、ただ「文系」と「理系」を対比させて「理系」への支持を訴えていると解釈すれば済むものではない。そして、この講演をめぐって起きた論争もまた、単に「文系」と「理系」の対立の結果生じたというわけではない。ステファン・コリーニが一九九三年版の『二つの文化』につけた序文において示したように、「二つの文化」という考えは階級の問題や高等教育の問題と分かちがたく結びついており、その論争は英国の政治史や文化史と重ね合わせて考えるべきものである。

本書の著者ガイ・オルトラーノが現代英国史の専門家としてこの論争に取り組んだのもまた、それが第二次世界大戦後の英国の政治や文化のありようを探究する際に不可欠の事柄であるからにほかならず、さらには人文学と科学を論じる歴史的伝統に改めて検討を加えることによって、分析のカテゴリーとしての「二つの文化」の意味を問い直すべきだと考えたからである。彼は、「二つの文化」論争は「英国の過去、現在、未来についての相反するヴィジョン間のイデオロギー的な対立であった」と読み解き、「大学の拡大、社会史の発展、国家の衰退への不安、かつての帝国についての論争、そして一九六〇年代の意味」を追究するうえで重要な役割を果たすものととらえている。そして、「二つの文化」というレンズを通して何らかのエピソードを分析することが持ちうる危険性に警告を発している。

オルトラーノが本書を発表した二〇〇九年は、スノーのリード講演からちょうど五〇年目に当たっており、『ネイチャー』誌が「二つの文化」論を特集したほか、『テレグラフ』紙などにも「二つの文化」をめぐる記事が掲載された。「二つの文化」をめぐる講演が及ぼした影響力の大きさがうかがわれ、またその論争の今日的な意味が追究されつづけていることがよくわかる動きである。リード講演およびリッチモンド講演が行なわれ論争が花盛りとなったのはまだソヴィエト連邦が存在していた冷戦期であり、その時代は過ぎ去ってはいるものの、「二つの文化」論争が提示する問題は受け継がれ、新しい関心事を付与されつづけている。

このようなか、オルトラーノはスノーとリーヴィスのどちらかに寄り添うことはせず、両者の主張を整理し、片や「技術家主義のリベラリズム」、片や「急進主義のリベラリズム」と名づけて対比させ、彼らがなぜ対立するのか、対立の背景に存在していることは何か、そして、彼らの少なからぬ共通点を掘り下げることを通して彼らがいったいどこで分岐しているのかを、真摯ななかにときにユーモアを交えた口調であぶり出している。そうすることで、今の英国がどのようにして形成されたのかを浮かび上がらせている。大西洋の両岸で集めた膨大な資料を基盤とする本書は、オルトラーノ渾身の一作と言える（引用された文献の既訳は、そのまま使わせていただくことはなかったものの、大いに参考にさせていただいた。訳者の皆様にはこの場を借りて心から御礼申し上げる）。

本書を読み進めていると、私たちを取り巻くさまざまな事柄が頭をよぎる。今日、「地球にやさしい」というフレーズがそこかしこで使われている背景には、豊かさを導くはずの工業の発展と生活に悪影響を与える環境破壊が表裏一体のものでありつづけてきた歴史があることが思い起こされる。研究費の不足を訴え、日本の科学研究の先行きを憂えるノーベル賞受賞者の声がよみがえってくる。教員養成系学部・大学院、人文社会科学系学部・大学院に対して組織の廃止や社会的要請の高い分野への転換に積極的に取り組むよう求めた文部科学省の通知が思い出される。教育格差の深刻さを訴える報道が目の前に浮かんでくる……。「二つの文化」論争と結びつく数々の事柄は、私たちを取り巻く多種多様な課題を想起させうる。「二つの文化」論争について考えをめぐらすことは、もちろん、第二次世界大戦後の英国に対する理解を深めるのを大いに後押しし、「二つの文化」という分析のカテゴリーをいかに扱うべきかを示唆してくれるのだが、そればかりでなく、今の私たちのありようを見つめる際の手がかりともなるのだ。

最後になったが、本書の翻訳にあたり、御礼を申し上げなければならない方が二人いる。お一人はこの『「二つの文化」論争』と出会わせてくださったみすず書房の島原裕司さん。ステファン・コリーニによる『二つの文化と科学革命』の新しい序文の翻訳を、と声をかけていただいて以来、お世話になりつづけた。定年退職なさる前に本書を完成させられなかったことは返す返すも悔やまれてならない。もうお一人は島原さんのご退職後に編集を引き継いでくださった守田省吾さん。守田さんに励まされ、相談に乗っていただき、完成に漕ぎつけることができた。お二人に心からの感謝を捧げたい。

二〇一九年五月七日

増田　珠子

ガイ・オルトラーノ

「二つの文化」論争

戦後英国の科学・文学・文化政策

増田珠子訳

2019年 6 月 10 日　第 1 刷発行

発行所 株式会社 みすず書房
〒113-0033 東京都文京区本郷 2 丁目 20-7
電話 03-3814-0131（営業）03-3815-9181（編集）
www.msz.co.jp

本文組版 キャップス
本文印刷所 萩原印刷
扉・表紙・カバー印刷所 リヒトプランニング
製本所 松岳社
装丁 安藤剛史


Printed in Japan
ISBN 978-4-622-08801-1
［ふたつのぶんかろんそう］
落丁・乱丁本はお取替えいたします

## 著者略歴

(Guy Ortolano)

現在　ニューヨーク大学（NYU）教養学部歴史学科准教授．2005年にノースウェスタン大学から博士号を取得．ワシントン大学セントルイス校，ヴァージニア大学をへて，2009年からニューヨーク大学で教鞭を取っている．近代英国の文化史および思想史の研究者で，都市の歴史と科学史に関心を抱いている．学術雑誌 *20th Century British History*（オックスフォード大学出版局）の編者の一人．最初の著作である *The Two Cultures Controversy: Science, Literature and Cultural Politics in Postwar Britain*（『「二つの文化」論争』，ケンブリッジ大学出版局，2009年）は王立歴史協会からホイットフィールド賞の次点に選ばれた．その後の著作に *Thatcher's Progress: From Social Democracy to Market Liberalism through an English New Town*（ケンブリッジ大学出版局，2019年）がある．

## 訳者略歴

増田珠子〈ますだ・たまこ〉 津田塾大学学芸学部英文学科卒業．津田塾大学大学院文学研究科後期博士課程単位取得満期退学．津田塾大学英文学科研究助手をへて，現在駿河台大学経済経営学部教授．専門はイギリス演劇，児童文学．共著に秦邦生ほか編著『「終わり」への遡行——ポストコロニアリズムの歴史と使命』（2012年，英宝社）．訳書にカスティ／デパウリ『ゲーデルの世界』（2002年，青土社），イーグルストン『ポストモダニズムとホロコーストの否定』（2004年，岩波書店），ジアネッティ『映画技法のリテラシーⅠ・Ⅱ』（共訳，2003-2004年，フィルムアート社），ドライ『科学者キュリー』（2005年，青土社）など．スノー『二つの文化と科学革命』《始まりの本》（2011年，みすず書房）の解説訳を担当．

# 索　引

本文に出てくる固有名・事項から，必要と判断した項目を掲載した．
C・P・スノーとF・R・リーヴィスは頻出するため，掲げていない

## ア　行



## カ　行

## サ　行

## タ 行



## ナ 行

## ハ　行

## マ・ヤ行



## ラ・ワ行

# 参考文献

投書，執筆者名が記載されていない新聞雑誌記事，書評は掲載していない．手書き原稿およびタイプライター原稿からの引用の詳細については注を参照のこと．「一次」文献と「二次」文献は，本文中でどのように用いたかによって区別した．共著の文献に収められた個々人の文章については，明記しておくのが適切な場合，文献全体の情報に加えて，個別にこの一覧に掲載した．

## 手書き原稿・タイプライター原稿の所蔵元

British Library.
British Broadcasting Corporation Written Archives Centre, Reading (BBC WAC).
Calouste Gulbenkian Foundation, London.
Cambridge University Library (CUL).
Cambridge University Press (CUP).
Churchill College, Cambridge.
Downing College, Cambridge.
Emmanuel College, Cambridge.
Harry Ransom Humanities Research Center, Austin, Texas (HRC).
Houghton Library, Harvard, Cambridge, Massachusetts.
Reading University.
Royal Society, London.

## 既刊の一次文献

Adorno, Theodor and Horkheimer, Max, *Dialektik der Aufklärung: Philosophische Fragmente* (Amsterdam: Querido, 1947).〔ホルクハイマー，アドルノ／徳永恂訳『啓蒙の弁証法——哲学的断想』岩波文庫，2007年〕

Albu, Austen, "Taboo on Expertise," *Encounter*, July 1963, pp. 45–50.

Allen, Walter, *et al.*, "A Discussion of C. P. Snow's Views," *Encounter*, August 1959, pp. 67–73.

Amis, Kingsley, *Lucky Jim* (London: Gollancz, 1954).〔キングズレー・エイミス／福田陸太郎訳『ラッキー・ジム』三笠書房，1958年〕

Anderson, Perry, "Components of the National Culture," *New Left Review* 50 (July-August 1968), pp. 3–57.

"Origins of the Present Crisis," *New Left Review* 23 (January-February 1964), pp. 26–53.

Andreski, Stanislav, *The African Predicament: A Study in the Pathology of Modernisation* (London: Michael Joseph, 1968).

*Social Sciences as Sorcery* (London: Deutsch, 1972).〔スタニスラフ・アンドレスキー／矢沢修次郎，熊谷苑子訳『社会科学の神話――通説に“ごまかされない”ための18章』日本経済新聞社，1983年〕

Arnold, Matthew, "Literature and Science," in *The Complete Prose Works of Matthew Arnold*, ed. R. H. Super (Ann Arbor: University of Michigan Press, 1974), vol. X, pp. 53–73.

Bagehot, Walter, *The English Constitution* (1867), ed. Paul Smith (Cambridge University Press, 2001).〔バジョット／小松春雄訳『イギリス憲政論』（中公クラシックス W67）中央公論新社，2011年〕

Bantock, G. H., "A Scream of Horror," *Listener*, 17 September 1959, pp. 427–428.

Bauer, P. T., *Dissent on Development: Studies and Debates in Development Economics* (London: Weidenfeld & Nicolson, 1971).

Beer, John, "Pools of Light in Darkness," *Cambridge Review*, 7 November 1959, pp. 106–109.

Bernal, J. D., *The Social Function of Science* (London: Routledge, 1939).〔J・D・バナール／坂田昌一訳『科学の社会的機能』勁草書房，1981年〕

*World Without War* (London: Routledge and Paul, 1958).〔J・D・バナール／鎮目恭夫訳『戦争のない世界』上下，岩波文庫，1959年〕

Blackett, P. M. S., *The Gap Widens* (Cambridge University Press, 1970).

*Reflections on Science and Technology in Developing Countries* (Nairobi: East African Publishing House, 1969).

"Science and Technology in an Unequal World," *Jawaharlal Memorial Lectures, 1967–1972* (Bombay: Bharatiya Vidya Bhavan, 1973).

"Technology and World Advancement," *Advancement of Science*, September 1957, pp. 3–11.

Booker, Christopher, Ingrams, Richard, Rushton, William, *et al.*, *Private Eye's Romantic England* (London: Weidenfeld & Nicolson, 1963).

Bowden, F. P. and Snow, C. P., "Photochemistry of Vitamins A, B, C, D," *Nature*, 14 May 1932, pp. 720–721.

"Photochemistry of Vitamins A, B, C, D," *Nature*, 25 June 1932, p. 943.

Bradbury, Malcolm, "The Tip of Life," *New Statesman*, 1 October 1976, pp. 453–454.

Brogan, Denis, "Inequality and Mr. Short," *Spectator*, 18 April 1969, p. 505.

Bronowski, Jacob, "Architecture as a Science and Architecture as an Art," *Royal Institute of British Architects Journal* 62 (March 1955), pp. 183–189.

*The Common Sense of Science* (Cambridge, Mass.: Harvard University Press, 1951).〔ブロノフスキー／三田博雄，松本啓訳『科学とは何か――科学の共通感覚』（みすず科学ライブラリー 7）みすず書房，1968年〕

*Science and Human Values* (New York: Harper and Row, 1956).

Bronowski, Jacob and Mazlish, Bruce, *The Western Intellectual Tradition: From Leonardo to Hegel* (London: Harper and Row, 1960).〔ブロノフスキー，マズリッシュ／三田博雄，宮崎

芳三，吉村毅，松本啓訳『ヨーロッパの知的伝統――レオナルドからヘーゲルへ』みすず書房，1969年〕
Bryden, Ronald, “With a Difference,” *Spectator*, 15 December 1961, p. 908.
Buckley, Jr., William F., “The Voice of Sir Charles,” *National Review*, 22 May 1962, p. 358.
Butterfield, Herbert, *George III and the Historians* (London: Collins, 1957).
Colville, John, “A Battle of Britain Still to Win,” *Daily Telegraph*, 26 June 1958.
Conquest, Robert, “Letters,” *Spectator*, 30 March 1962, pp. 395–396.
Cooper, William, “C. P. Snow,” in *British Writers*, ed. Ian Scott-Kilvert (New York: Scribner's, 1984), vol. VII, pp. 321–341.〔ウィリアム・クーパー／橋口稔訳『スノウ』（英文学ハンドブック「作家と作品」第 2 期 no. 54）研究社，1971年〕
*Memoirs of a New Man* (London: Macmillan, 1966).
“Reflections on Some Aspects of the Experimental Novel,” in *International Literary Annual*, ed. John Wain (London: John Calder, 1959).
*Scenes from Provincial Life* (London: Jonathan Cape, 1950).
Cornelius, David K. and St. Vincent, Edwin, eds., *Cultures in Conflict: Perspectives on the Snow-Leavis Controversy* (Chicago: Scott Foresman and Co., 1964).
Crosland, Anthony, *The Future of Socialism* (London: Jonathan Cape, 1956).〔C・A・R・クロスランド原著／日本文化連合会訳編『社会主義の将来――「左翼陣営のあたらしい思考」の要求に対する回答』日本文化連合会事務局，1959年〕
Crossman, Richard, *The Diaries of a Cabinet Minister: Volume One, Minister of Housing, 1964–1966* (London: Hamish Hamilton and Jonathan Cape, 1975).
“Secret Decisions,” *Encounter*, June 1961, pp. 86–90.
Crowther, J. G., *The Social Relations of Science* (New York: Macmillan, 1941).
Dean, Robert, “The Tripos of 1961,” *Cambridge Review*, 28 October 1961, p. 57.
Dzhagarov, Georgi, *The Public Prosecutor: A Play*, trans. Marguerite Alexieva, adapted for the stage by C. P. Snow and Pamela Hansford Johnson (London: Owen, 1969).
Eliot, T. S., *Selected Essays* (New York: Harcourt Brace, 1932).
Fairlie, Henry, “On the Comforts of Anger,” *Encounter*, July 1963, pp. 9–13.
Ford, Boris, ed., *The Modern Age: Volume 7 of the Pelican Guide to English Literature* (Baltimore: Penguin Books, 1963).
Fuller, Roy, “The Critic and the Weekly,” *New Statesman*, 14 July 1972, p. 56.
Galbraith, John Kenneth, *The Affluent Society* (Boston: Houghton Mifflin, 1958).〔ガルブレイス／鈴木哲太郎訳『ゆたかな社会』岩波現代文庫，2006年〕
Gale, George, “Saying the Unsayable,” *Spectator*, 25 July 1970, pp. 65–66.
Gardner, Helen, “The World of C. P. Snow,” *New Statesman*, 29 March 1958, pp. 409–410.
Gerhardi, William, “Sir Charles Snow, Dr. F. R. Leavis, and the Two Cultures,” *Spectator*, 16 March 1962, pp. 329–31.
Green, Martin, “Lionel Trilling and the Two Cultures,” *Essays in Criticism* 13 (1963), pp. 375–385.
von Hayek, Friedrich, *The Road to Serfdom* (University of Chicago Press, 1944).〔フリードリヒ・

ハイエク／村井章子訳『隷従への道』（Nikkei BP classics）日経 BP 社，2016年〕
Heilbron, I. M. and Morton, R. A., “Photochemistry of Vitamins A, B, C, D,” *Nature*, 11 June 1932, pp. 866–867.
Hogg, Quintin (Baron Hailsham of St. Marylebone), *Science and Politics* (London: Faber and Faber, 1963).〔Q・ホッグ／松井巻之助訳『科学と政治』岩波書店，1964年〕
Hoggart, Richard, “Persuaded into Words,” *Guardian*, 26 August 1976.
*The Uses of Literacy: Aspects of Working-Class Life with Special Reference to Publications and Entertainments* (London: Chatto and Windus, 1957).〔リチャード・ホガート／香内三郎訳『読み書き能力の効用』（晶文社アルヒーフ）晶文社，1986年〕
Hollis, Christopher, “Snows of Tomorrow Year,” *Spectator*, 26 February 1965, p. 254.
Hough, Graham, “The Ordered Carnival,” *New Statesman*, 5 December 1969, pp. 817–818.
Huxley, Aldous, *Literature and Science* (London: Harper and Row, 1963).〔オールダス・ハックスレー／村岡玄一訳『文学と科学』興文社，1969年〕
Huxley, T. H., “Science and Culture,” *Science and Education: Essays* (New York: D. Appleton, 1896), pp. 134–159.
Jewkes, John, *Ordeal by Planning* (New York: Macmillan, 1948).
Johnson, Pamela Hansford, *This Bed Thy Centre* (London: Chapman and Hall, 1935).
*Important to Me* (New York: Scribner’s, 1974).
*On Iniquity: Some Personal Reflections Arising out of the Moors Murder Trial* (New York: Scribner’s, 1967).
“The Sickroom Hush over the English Novel,” *List*, 11 August 1949.
Jones, R. V., “In Search of Scientists - I,” *Listener*, 23 September 1965, p. 447.
Kakutani, Michiko, “Seduction and Reduction on a British Campus,” *New York Times*, 5 June 2001.
Koestler, Arthur, “Introduction: The Lion and the Ostrich,” *Encounter*, July 1963, pp. 5–8.
“Postscript: The Manager and the Muses,” *Encounter*, July 1963, pp. 113–117.
ed., “Suicide of a Nation?” *Encounter*, July 1963.
ed., *Suicide of a Nation? An Enquiry into the State of Britain Today* (London: Hutchinson, 1963).
Labour Party, *Let’s Go with Labour for the New Britain: The Labour Party’s Manifesto for the 1964 General Election* (London: Victoria House Printing Co., 1964).
Laslett, Peter, “Engels as Historian,” *Encounter*, May 1958, pp. 85–86.
*The World We Have Lost* (London: Methuen, 1965).〔ラスレット／川北稔，指昭博，山本正訳『われら失いし世界——近代イギリス社会史』三嶺書房，1986年〕
Leavis, F. R., “Afterword,” *The Pilgrim’s Progress*, by John Bunyan (New York: New American Library, 1964).
*“Anna Karenina” and Other Essays* (London: Chatto and Windus, 1967).
“Anna Karenina: Thought and Significance in a Great Creative Work,” *Cambridge Quarterly* 1 (Winter 1965–1966), pp. 5–27.
“‘Believing In’ the University,” *The Critic as Anti-Philosopher* (Athens: University of Georgia Press, 1983), pp. 171–185.

*The Common Pursuit* (London: Chatto and Windus, 1952).

"Critic and Leviathan: Literary Criticism and Politics," *Politics and Letters* 1 (Winter-Spring 1948), pp. 58–61.

*The Critic as Anti-Philosopher: Essays and Papers*, ed. G. Singh (Athens: University of Georgia Press, 1983).

*D. H. Lawrence: Novelist* (London: Chatto and Windus, 1955).〔F・R・リーヴィス／岩崎宗治訳『D・H・ロレンス論』八潮出版社，1981年〕

*Education and the University: A Sketch for an "English School"* (London: Chatto and Windus, 1943).

"Elites, Oligarchies and an Educated Public," in *Nor Shall My Sword*, pp. 201–228.

*English Literature in Our Time and the University* (London: Chatto and Windus, 1969).

"English Poetry in the Eighteenth Century," *Scrutiny* 5 (June 1936), pp. 13–31.

"English Poetry in the Seventeenth Century," *Scrutiny* 4 (December 1935), pp. 236–256.

"'English', Unrest, and Continuity," in *Nor Shall My Sword*, pp. 103–133.

*For Continuity* (Cambridge: Minority Press, 1933).

*The Great Tradition: George Eliot, Henry James, Joseph Conrad* (London: Chatto and Windus, 1948).〔F・R・リーヴィス／長岩寛，田中純蔵訳『偉大な伝統――ジョージ・エリオット，ヘンリー・ジェイムズ，ジョウゼフ・コンラッド』英潮社，1972年〕

"In Defence of Milton," *Scrutiny* 7 (June 1938), pp. 104–114.

"Introduction," in John Stuart Mill, *Mill on Bentham and Coleridge* (London: Chatto and Windus, 1950).

"'Lawrence Scholarship' and Lawrence," *Sewanee Review* 71 (January-March 1963), pp. 25–35.

"'Literarism' versus 'Scientism': The Misconception and the Menace," in *Nor Shall My Sword*, pp. 137–160.

"'Literarism' versus 'Scientism': The Misconception and the Menace," *Times Literary Supplement*, 23 April 1970, pp. 441–444.

"Literary Criticism and Philosophy: A Reply," *Scrutiny* 6 (June 1937), pp. 59–70.

"Literature and Society," *Scrutiny* 12 (Winter 1943), pp. 2–11.

*The Living Principle: "English" as a Discipline of Thought* (London: Chatto and Windus, 1975).

"Luddites? *or* There Is Only One Culture," in *Nor Shall My Sword*, pp. 77–99.

"The Marxian Analysis," *Scrutiny* 6 (September 1937), pp. 201–204.

*Mass Civilisation and Minority Culture* (Cambridge: Minority Press, 1930).

"Milton's Verse," *Scrutiny* 2 (September 1933), pp. 123–136.

"Mr. Eliot and Milton," *Sewanee Review* 57 (Winter 1949), pp. 1–30.

*New Bearings in English Poetry: A Study of the Contemporary Situation* (London: Chatto and Windus, 1932).〔F・R・リーヴィス／増谷外世嗣訳『現代詩の革新』南雲堂，1977年〕

*Nor Shall My Sword: Discourses on Pluralism, Compassion and Social Hope* (London: Chatto and Windus, 1972).

"Pluralism, Compassion and Social Hope," in *Nor Shall My Sword*, pp. 163–198.
"Restatements for Critics," *Scrutiny* 1 (March 1933), pp. 315–323.
"A Retrospect," *Scrutiny: A Quarterly Review* (Cambridge University Press, 1963), vol. XX, pp. 1–24.
"Retrospect of a Decade," *Scrutiny* 9 (June 1940), pp. 70–72.
*Revaluation: Tradition and Development in English Poetry* (London: Chatto and Windus, 1936).
"Saints of Rationalism," *Listener*, 26 April 1951, p. 672.
"Sociology and Literature," *Scrutiny* 13 (Spring 1945), pp. 74–81.
*Thought, Words and Creativity: Art and Thought in Lawrence* (New York: Oxford University Press, 1976).
"The Two Cultures? The Significance of C. P. Snow," *Spectator*, 9 March 1962, pp. 297–303.
*Two Cultures? The Significance of C. P. Snow*, with an essay on "Sir Charles Snow's Rede Lecture" by Michael Yudkin (London: Chatto and Windus, 1962).
"Under Which King, Bezonian?" *Scrutiny* 1 (December 1932), pp. 205–215.
*Valuation in Criticism and Other Essays*, ed. G. Singh (Cambridge University Press, 1986).
Leavis, F. R. and Leavis, Q. D., *Dickens the Novelist* (London: Chatto and Windus, 1970).
*Lectures in America* (London: Chatto and Windus, 1969).
Leavis, F. R. and Thompson, Denys, *Culture and Environment: The Training of Critical Awareness* (London: Chatto and Windus, 1933).
Leavis, Q. D., *Fiction and the Reading Public* (London: Chatto and Windus, 1932).
Levin, Bernard, "My Concern Is Not the Play But What Is Behind It," *Daily Mail*, 7 September 1962, p. 3.
Locke, John, *Two Treatises of Government*, ed. Peter Laslett (Cambridge University Press, 1960). 〔ロック／角田安正訳『市民政府論』光文社古典新訳文庫，2011年〕
Lovell, A. C. B., "A Unified Culture," *Encounter*, August 1959, p. 68.
MacArthur, Brian, "The Outsider," *Guardian*, 13 June 1966.
Magee, Bryan, *The New Radicalism* (New York: St. Martin's Press, 1962).
Mill, John Stuart, *Mill on Bentham and Coleridge*, with an introduction by F. R. Leavis (London: Chatto and Windus, 1950). 〔J・S・ミル／松本啓訳『ベンサムとコウルリッジ』みすず書房，1990年〕
*Three Essays* (Oxford University Press, 1975).
Muggeridge, Malcolm, "England, Whose England?" *Encounter*, July 1963, pp. 14–17.
Neale, John, "History in the Scientific Age," *Nature* 199, 24 August 1963, pp. 735–737.
Newquist, Roy, *Counterpoint* (New York: Rand McNally, 1964).
Nott, Kathleen, "The Type to Which the Whole Creation Moves? Further Thoughts on the Snow Saga," *Encounter*, February 1962, pp. 87–88, 94–97.
Oltmans, Willem L., ed., *On Growth: The Crisis of Exploding Population and Resource Depletion* (New York: G. P. Putnam's Sons, 1974).
Osborne, John, *Look Back in Anger, A Play in Three Acts* (London: Faber and Faber, 1957). 〔ジョン・オズボーン／青木範夫訳『怒りをこめてふりかえれ』原書房，1973年〕

Parsons, Ian, "Letters," *Spectator*, 23 March 1962, p. 365.

Plumb, J. H., "Letters," *Spectator*, 30 March 1962, p. 396.

*Sir Robert Walpole: The Making of a Statesman* (London: Cresset, 1956).

ed., *Studies in Social History: A Tribute to G. M. Trevelyan* (New York: Longman's, Green, and Company, 1955).

"Welfare or Release," *Encounter*, August 1959, pp. 68–70.

Podhoretz, Norman, *Breaking Ranks* (New York: Harper and Row, 1979).

"England, My England," *New Yorker*, 10 May 1958, pp. 143–146.

Polanyi, Michael, *Knowing and Being: Essays*, ed. Marjorie Grene (London: Routledge, 1969). 〔マイケル・ポラニー著，M・グリーン編／佐野安仁，澤田允夫，吉田謙二監訳『知と存在――言語的世界を超えて』晃洋書房，1985年〕

"The Two Cultures," *Encounter*, September 1959, pp. 61–64.

Popper, Karl, *The Open Society and Its Enemies* (London: Routledge, 1945). 〔カール・R・ポパー／内田詔夫，小河原誠訳『開かれた社会とその敵　第一部 プラトンの呪文』『開かれた社会とその敵　第二部 予言の大潮』未來社，1980年〕

Putt, S. Gorley, "Technique and Culture: Three Cambridge Portraits," *Essays and Studies* 14 (1961), pp. 17–34.

Read, Herbert, "Mood of the Month - X," *London Magazine*, August 1959, pp. 39–43.

Rees, Goronwy, "Amateurs and Gentleman, or The Cult of Incompetence," *Encounter*, July 1963, pp. 20–25.

Richards, I. A., *Practical Criticism: A Study of Literary Judgment* (London: Harcourt Brace, 1929). 〔I・A・リチャーズ／坂本公延編訳『実践批評――英語教育と文学的判断力の研究』みすず書房，2008年〕

*Principles of Literary Criticism* (London: Kegan Paul, 1924). 〔I・A・リチャーズ／岩崎宗治訳『文芸批評の原理』八潮出版社，1970年〕

*Science and Poetry* (London: Kegan Paul, 1926). 〔I・A・リチャーズ／岩崎宗治訳『科学と詩』八潮出版社，1974年〕

Riesman, David, "The Whole Man," *Encounter*, August 1959, pp. 70–71.

Rogrow, Arnold, *The Jew in a Gentile World*, with an introduction by C. P. Snow (New York: Macmillan, 1961).

Rose, Kenneth,"Choosing Technology's Few," *Daily Telegraph*, 10 September 1958.

Rostow, W. W., *The Stages of Economic Growth: A Non-Communist Manifesto* (Cambridge University Press, 1960). 〔W・W・ロストウ／木村健康，久保まち子，村上泰亮訳『経済成長の諸段階――一つの非共産主義宣言』増補，ダイヤモンド社，1974年〕

Russell, Bertrand, "Snobbery," *Encounter*, August 1959, p. 71.

Russell, Leonard, "Billiard-Room Talks," *Sunday Times*, 6 March 1960, p. 18.

Sampson, Anthony, *Anatomy of Britain* (London: Hodder and Stoughton, 1962). 〔アンソニー・サンプソン／廣淵升彦訳『最新英国の解剖――民主主義の危機』同文書院インターナショナル，1993年〕

*Anatomy of Britain Today* (London: Hodder and Stoughton, 1965).

Sayers, Dorothy, *Gaudy Night* (London: Victor Gollancz, 1935).〔ドロシー・L・セイヤーズ／浅羽莢子訳『学寮祭の夜』創元推理文庫，2001年〕

Schumacher, E. F., *Small is Beautiful: Economics as if People Mattered* (New York: Harper and Row, 1973).〔E・F・シューマッハー／小島慶三，酒井懋訳『スモール イズ ビューティフル——人間中心の経済学』講談社学術文庫，1986年〕

Shahak, Israel, "Letters," *Spectator*, 2 May 1969, p. 596.

Shanks, Michael, "The Comforts of Stagnation," *Encounter*, July 1963, pp. 30-38.

*The Stagnant Society: A Warning* (Baltimore: Penguin, 1961).〔M・シャンクス／江間時彦，田井準一郎訳『ゆきづまった社会——イギリスは停滞から脱却できるか』至誠堂，1968年〕

Shils, Edward, "The Charismatic Centre," *Spectator*, 6 November 1964, pp. 608-609.

Shonfield, Andrew, *British Economic Policy since the War* (Baltimore: Penguin, 1958).〔A・ションフィールド／加藤寛，藤田至孝，丸尾直美訳『成長と安定の経済政策——英国労働党と保守党の政策』理想社，1961年〕

Sitwell, Edith, "Sir Charles Snow, Dr. F. R. Leavis, and the Two Cultures," *Spectator*, 16 March 1962, p. 331.

Snow, C. P., "Act in Hope," *New Statesman*, 15 November 1958, pp. 698-700.

*The Affair* (London: Macmillan, 1960).

"The Age of Rutherford," *Atlantic Monthly*, November 1958, pp. 76-81.

"Britain's Two Cultures: A Study of Education in a Scientific Age," *Sunday Times*, 10 March 1957, p. 12.

"The Case of Leavis and the Serious Case," in *Public Affairs*, pp. 81-97.

"The Case of Leavis and the Serious Case," *Times Literary Supplement*, 9 July 1970, pp. 737-740.

"Challenge to the Intellect," *Times Literary Supplement*, 15 August 1958, p. 2946.

"The Cold War and the West," *Partisan Review*, Winter 1962, p. 82.

*The Conscience of the Rich* (London: Macmillan, 1958).

"The Corridors of Power," *Listener*, 18 April 1957, pp. 619-620.

*Corridors of Power* (London: Macmillan, 1964).

"Cult of the Atrocious," *Sunday Times*, 16 October 1949.

*Death under Sail* (London: Heinemann, 1932).〔C・P・スノウ／桜井益雄訳『ヨット船上の殺人——心理的推理小説』弘文堂，1964年〕

"Education and Sacrifice," *New Statesman*, 17 May 1963, pp. 746-750.

*George Passant* (London: Faber and Faber, 1940). 原題は *Strangers and Brothers*.

*Homecomings* (London: Macmillan, 1956).

"In the Communities of the Elite," *Times Literary Supplement*, 15 October 1971, pp. 1249-1250.

"Industrial Dynamo," *New Statesman*, 16 June 1956, p. 703.

"The Irregular Right: Britain Without Rebels," *Nation*, 24 March 1956, pp. 238-239.

*Last Things* (London: Macmillan, 1970).

"Less Fun Than Machiavelli," *New Statesman*, 9 January 1970, p. 50.

"Liberal Communism: The Basic Dogma, the Scope for Freedom, the Danger in Optimism," *Nation*, 9 December 1968, pp. 617–623.

*The Light and the Dark* (London: Faber and Faber, 1947).

*The Malcontents* (London: Macmillan, 1972).

"Man in Society," *Observer*, 13 July 1958, p. 12.

*The Masters* (London: Macmillan, 1951).

"The Men of Fission," *Holiday*, April 1958, pp. 95, 108–115.

"Miasma, Darkness, and Torpidity," *New Statesman*, 11 August 1961, pp. 186–187.

"The Moral Un-neutrality of Science," in *Public Affairs*, pp. 187–198.

*New Lives for Old* (London: Victor Gollancz, 1933) (匿名で出版).

*The New Men* (London: Macmillan, 1954).〔C・P・スノウ／工藤昭雄訳『新しい人間たち』白水社, 1963年〕

"New Men for a New Era," *Sunday Times*, 24 August 1958, p. 12.

"New Minds for the New World," *New Statesman*, 8 September 1956, pp. 279–282.

"On Magnanimity," *Harper's*, July 1962, pp. 37–41.

"Phase of Expansion," *Spectator*, 1 October 1954, p. 406.

*Public Affairs* (New York: Scribner's, 1971).

"The Pursuit of Money," *Sunday Times*, 23 January 1949.

"A Revolution in Education," *Sunday Times*, 17 March 1957, p. 5.

"Science and Government," in *Public Affairs*, pp. 99–149.

*Science and Government* (Cambridge, Mass.: Harvard University Press, 1960).〔C・P・スノウ／朱牟田夏雄訳『科学と政治』音羽書房, 1961年〕

"Science, Politics, and the Novelist, or, The Fish and the Net," *Kenyon Review* 23 (Winter 1961), pp. 1–17.

*The Search* (London: Victor Gollancz, 1934; New York: Scribner's, 1958).

*The Sleep of Reason* (London: Macmillan, 1968).

"The State of Siege," in *Public Affairs*, pp. 199–221.

*Strangers and Brothers* (London: Faber and Faber, 1940). のちに *George Passant* と改題.

*Strangers and Brothers* (London: Macmillan, 1972; New York: Scribner's, 1972), 3 vols.

"Technological Humanism," *Nature*, 8 February 1958, p. 370.

*Time of Hope* (London: Faber and Faber, 1949).

*Trollope* (London: Macmillan, 1975).

"The Two Cultures," *New Statesman and Nation*, 6 October 1956, pp. 413–414.

*The Two Cultures*, with an introduction by Stefan Collini (Cambridge University Press, 1993).

"The Two Cultures and the Scientific Revolution," *Encounter*, June 1959, pp. 17–24; July 1959, pp. 22–27.

*The Two Cultures and the Scientific Revolution* (Cambridge University Press, 1959).〔C・P・スノー／松井巻之助訳『二つの文化と科学革命』(みすず・ぶっくす 38) みすず書房, 1960年〕

"The Two Cultures: A Second Look," *Times Literary Supplement*, 25 October 1963, pp. 839-844.

*The Two Cultures: and A Second Look* (Cambridge University Press, 1964).〔C・P・スノー／松井巻之助訳『二つの文化と科学革命』みすず書房，1967年，2011年（始まりの本)〕

"The 'Two-Cultures' Controversy: Afterthoughts," *Encounter*, February 1960, pp. 64-68.

"Valedictory," *Sunday Times*, 28 December 1952, p. 7.

*Variety of Men* (London: Macmillan, 1967).〔C・P・スノー／梅田敏郎，井上日雄訳『人間この多様なるもの』紀伊國屋書店，1970年〕

Steiner, George, "F. R. Leavis," *Encounter*, May 1962, pp. 37-45.

"The Master Builder," *Reporter*, 9 June 1960, pp. 41-43.

"The Retreat from the Word," *Kenyon Review* 23 (Spring 1961), pp. 187-216.

*Tolstoy or Dostoevsky: An Essay in the Old Criticism* (New York: Knopf, 1959).〔ジョージ・スタイナー／中川敏訳『トルストイかドストエフスキーか』白水社，2000年〕

Stevenson, John, "When a Man is Sick of Power," *Daily Sketch*, 24 February 1966, p. 6.

Storr, Anthony, "Sir Charles Snow, Dr. F. R. Leavis, and the Two Cultures," *Spectator*, 16 March 1962, pp. 332-333.

Thomas, Keith, "The Tools and the Job," *Times Literary Supplement*, 7 April 1966, p. 276.

Thompson, E P., "The Book of Numbers," *Times Literary Supplement*, 9 December 1965, pp. 1117-1118 (匿名で発表).

"History from Below," *Times Literary Supplement*, 6 April 1966, pp. 279-280.

*Making History: Writings on Politics and Culture* (New York: New Press, 1994).

*The Making of the English Working Class* (London: Gollancz, 1963).〔エドワード・P・トムスン／市橋秀夫，芳賀健一訳『イングランド労働者階級の形成』青弓社，2003年〕

ed., *Out of Apathy* (London: New Left Books, 1960).〔E・P・トムスン／福田歓一，河合秀和，前田康博訳『新しい左翼——政治的無関心からの脱出』岩波書店，1963年〕

"Outside the Whale," in *Out of Apathy*, pp. 141-194.

"The Peculiarities of the English," *Socialist Register, 1965*, ed. Ralph Miliband and John Saville (New York: Monthly Review Press, 1965), pp. 311-362.

Trevelyan, G. M., *Clio, a Muse: and Other Essays* (New York: Longman's, Green, and Company, 1931).

*English Social History* (London: Longmans, 1942).〔G・M・トレヴェリアン／藤原浩，松浦高嶺訳『イギリス社会史』全２巻，みすず書房，1971-1983年〕

Trilling, Lionel, *The Liberal Imagination* (New York: Viking, 1950).〔ライオネル・トリリング／大竹勝訳『文学と精神分析』増補版（20世紀アメリカ文学研究叢書）評論社，1969年〕

*Matthew Arnold* (New York: Norton, 1939; London: George Allen and Unwin, 1955).

"The Novel Alive or Dead," *Griffin*, February 1955, pp. 4-13.

"Science, Literature, and Culture: A Comment on the Leavis-Snow Con-troversy," *Commentary*, June 1962, pp. 461-77.

Waddington, C. H., "Humanists and Scientists: A Last Comment on C. P. Snow," *Encounter*, January 1960, pp. 72–73.

Wain, John, "21 Years with Dr. Leavis," *Observer*, 27 October 1963.

"An Open Letter to My Russian Hosts," *Observer*, 7 August 1960, p. 13.

Wald, Richard C., "New Churchill College Slated to Open at Cambridge Oct. 1," *New York Herald Tribune*, 25 August 1960.

Watkins, Alan, "Laureate of Meritocracy," *Observer*, 6 July 1980.

Webb, W. L., "New Year's New Reading II," *Guardian*, 13 January 1972.

Wells, H. G., *The Open Conspiracy: Blue Prints for a World Revolution* (London: Gollancz, 1928).

Williams, Raymond, *Culture and Society, 1780–1950* (London: Chatto and Windus, 1958).〔レイモンド・ウィリアムズ／若松繁信，長谷川光昭訳『文化と社会 1780–1950』（ミネルヴァ・アーカイブズ）ミネルヴァ書房，2008年〕

*The Long Revolution* (London: Chatto and Windus, 1961).〔レイモンド・ウィリアムズ／若松繁信，妹尾剛光，長谷川光昭訳『長い革命』ミネルヴァ書房，1983年〕

"A Refusal to be Resigned," *Guardian*, 18 December 1969.

Wilson, Angus, "Fourteen Points," *Encounter*, January 1962, pp. 10–12.

"If It's New and Modish, Is It Good?" *New York Times Book Review*, 2 July 1961, p. 1.

"A Plea Against Fashion in Writing," *Moderna Sprak* 55 (1961), pp. 345–350.

Wilson, Harold, *Purpose in Politics* (London: Weidenfeld & Nicolson, 1964).

Worsley, Peter, "Imperial Retreat," in *Out of Apathy*, ed. E. P. Thompson, pp. 101–140.

Wyndham-Goldie, Grace, *et al.*, *The Challenge of Our Time* (London: P. Marshall, 1948).

Young, Michael, *The Rise of the Meritocracy, 1870–2033: An Essay on Education and Equality* (London: Thames and Hudson, 1958).〔マイクル・ヤング／窪田鎮夫，山元卯一郎訳『メリトクラシー』（至誠堂選書 9）至誠堂，1982年〕

Yudkin, Michael, "Sir Charles Snow's Rede Lecture," 初出は *Cambridge Review* に所収，F. R. Leavis, *Two Cultures? The Significance of C. P. Snow* (London: Chatto and Windus, 1962) に再掲.

## 二次文献

Addison, Paul, "The Impact of the Second World War," in *A Companion to Contemporary Britain, 1939–2000*, ed. Paul Addison and Harriet Jones, pp. 3–22.

Addison, Paul and Jones, Harriet, eds., *A Companion to Contemporary Britain, 1939–2000* (Oxford: Blackwell, 2005).

Amadae, S. M., *Rationalizing Capitalist Democracy: The Cold War Origins of Rational Choice Liberalism* (University of Chicago Press, 2003).

Anderson, Perry, "Dégringolade," *London Review of Books*, 2 September 2004, pp. 3, 5–9.

*English Questions* (London: Verso, 1992).

Annan, Noel, *Our Age: English Intellectuals between the World Wars—a Group Portrait* (New York:

Random House, 1990).

Arnstein, Walter, ed., *Recent Historians of Great Britain: Essays on the Post-1945 Generation* (Ames: Iowa State University Press, 1990).

Baldick, Chris, *The Social Mission of English Criticism, 1848–1932* (New York: Oxford University Press, 1983).

Barnes, Barry, *T. S. Kuhn and Social Science* (London: Macmillan, 1982).

Barnett, Correlli, *The Audit of War: The Illusion and Reality of Britain as a Great Nation* (London: Macmillan, 1986).

"How Britain Squandered Her Post-war Chance," *Independent*, October 18, 2001.

*The Lost Victory: British Dreams, British Realities, 1945–1950* (London: Macmillan, 1995).

Bateson, F. W., *Essays in Critical Dissent* (London: Longman, 1972).

Bell, Michael, "F. R. Leavis," in *The Cambridge History of Literary Criticism, Vol. 7: Modernism and the New Criticism*, ed. A. Walton Litz, Louis Menand and Lawrence Rainey (Cambridge University Press, 2000), pp. 389–422.

*F. R. Leavis* (London: Routledge, 1988).

Bernstein, George, *The Myth of Decline: The Rise of Britain since 1945* (London: Pimlico, 2004).

van Beusekom, Monica and Hodgson, Dorothy, "Lessons Learned? Development Experiences in the Late Colonial Period," *Journal of African History* 41 (2000), pp. 29–33.

Black, Lawrence, *The Political Culture of the Left in Affluent Britain, 1951–64: Old Labour, New Britain?* (Basingstoke: Palgrave Macmillan, 2003).

Black, Lawrence and Pemberton, Hugh, eds., *An Affluent Society? Britain's Post-war "Golden Age" Revisited* (Aldershot: Ashgate, 2004).

Bloor, David, *Wittgenstein: A Social Theory of Knowledge* (New York: Columbia University Press, 1983).〔デイヴィド・ブルア／戸田山和久訳『ウィトゲンシュタイン——知識の社会理論』勁草書房，1988年〕

Booth, Alan, "The Manufacturing Failure Hypothesis and the Performance of British Industry during the Long Boom," *Economic History Review* 56 (2004), pp. 1–33.

Boytinck, Paul, *C. P. Snow: A Reference Guide* (Boston: Hall, 1980).

Bradbury, Malcolm, "Whatever Happened to F. R. Leavis?" *Sunday Times*, 9 July 1995.

Brand, J. C. D., "The Scientific Papers of C. P. Snow," *History of Science* 26 (June 1988), pp. 111–127.

Brewer, John, "New Ways in History, or Talking About My Generation," *Historein* 3 (2001), pp. 27–46.

Brick, Howard, *Age of Contradiction: American Thought and Culture in the 1960s* (Ithaca: Cornell University Press, 1998).

Briggs, Asa, *Victorian People: A Reassessment of Persons and Themes, 1851–1867*, rev. edn. (University of Chicago Press, 1972).〔A・ブリッグズ／村岡健次，河村貞枝訳『ヴィクトリア朝の人びと 新装版』（Minerva 西洋史ライブラリー 9）ミネルヴァ書房，1995年〕

Broadberry, S. N. and Crafts, N. F. R., "British Economic Policy and Industrial Performance in

the Early Post-war Period," *Business History* 38 (1996), pp. 65–91.

"The Post-war Settlement: Not Such a Good Bargain after All," *Business History* 40 (1998), pp. 73–79.

Budge, Ian, "Relative Decline as a Political Issue: Ideological Motivations of the Politico-Economic Debate in Post-war Britain," *Contemporary Record* 7 (Summer 1993), pp. 1–23.

Burnett, D. Graham, "A View from the Bridge: The Two Cultures Debate, Its Legacy, and the History of Science," *Daedalus* 128 (Spring 1999), pp. 193–218.

Cannadine, David, "C. P. Snow, 'The Two Cultures,' and the 'Corridors of Power' Revisited," in *Yet More Adventures with Britannia*, ed. Wm. Roger Louis (London: I. B. Tauris, 2005), pp. 101–118.

*G. M. Trevelyan: A Life in History* (London: Harper Collins, 1992).

"Historians in 'The Liberal Hour:' Lawrence Stone and J. H. Plumb Re-Visited," *Historical Research* 75 (August 2002), pp. 316–354.

"John Harold Plumb," *Proceedings of the British Academy* 124 (2004), pp. 269–309.

"Sir John Plumb," *History Today*, February 2002, pp. 26–28.

"The State of British History," *Times Literary Supplement*, 10 October 1986, p. 1139.

Catterall, Peter, "What (If Anything) is Distinctive about Contemporary History?" *Journal of Contemporary History* 32 (4) (October 1997), pp. 441–452.

Chainey, Graham, *A Literary History of Cambridge* (Cambridge: Pevensey, 1985).

Christiansen, Rupert, "Footsteps from the Floor Above," *Spectator*, 8 July 1995, p. 33.

Clarke, Peter, *Hope and Glory: Britain, 1900–1990* (London: Allen Lane, 1996).〔ピーター・クラーク／西沢保他訳『イギリス現代史 1900–2000』名古屋大学出版会，2004年〕

*Liberals and Social Democrats* (Cambridge University Press, 1978).

Clarke, Peter and Trebilcock, Clive, eds., *Understanding Decline: Perceptions and Realities of British Economic Performance* (Cambridge University Press, 1997).

Coates, David, *The Question of UK Decline: State, Society, and Economy* (London: Harvester Wheatsheaf, 1994).

Collini, Stefan, *Absent Minds: Intellectuals in Britain* (Oxford University Press, 2006).

*Arnold* (Oxford University Press, 1988).

"Cambridge and the Study of English," in *Cambridge Contributions*, ed. Sarah J. Omrod (Cambridge University Press, 1998), pp. 42–64.

"HiEdBiz," *London Review of Books*, 6 November 2003, pp. 3, 5–9.

"Introduction," in C. P. Snow, *The Two Cultures* (Cambridge University Press, 1993).〔ステファン・コリーニ／増田珠子訳「解説」，C・P・スノー／松井巻之助訳『二つの文化と科学革命』（始まりの本）みすず書房，2011年〕

"The Literary Critic and the Village Labourer: 'Culture' in Twentieth-Century Britain," *Transactions of the Royal Historical Society* 14 (2004), pp. 93–116.

"On Highest Authority: The Literary Critic and Other Aviators in Early Twentieth-Century Britain," in *Modernist Impulses in the Human Sciences, 1870–1930*, ed. Dorothy Ross (Baltimore: Johns Hopkins University Press, 1994), pp. 152–170.

Colville, John, *Footprints in Time* (London: Collins, 1976).

Conekin, Becky, *The Autobiography of a Nation: The 1951 Festival of Britain* (Manchester University Press, 2003).

"'Here is the Modern World Itself': The Festival of Britain's Representations of the Future," in *Moments of Modernity: Reconstructing Britain, 1945–1964*, ed. Becky Conekin, Frank Mort and Chris Waters, pp. 228–246.

Conekin, Becky, Mort, Frank and Waters, Chris, eds., *Moments of Modernity: Reconstructing Britain, 1945–1964* (London: Rivers Oram, 1999).

Conquest, Robert, *The Dragons of Expectations: Reality and Delusion in the Course of History* (New York: Norton, 2005).

Cooper, Frederick and Packard, Randall, eds., *International Development and the Social Sciences: Essays on the History and Politics of Knowledge* (Berkeley: University of California Press, 1997).

Cooper, William, "C. P. Snow," in *British Writers*, ed. Ian Scott-Kilvert (New York: Scribner's, 1984), vol. VII, pp. 321–341.〔ウィリアム・クーパー／橋口稔訳『スノウ』（英文学ハンドブック「作家と作品」第２期 no. 54）研究社，1971年〕

Corfield, Penelope J., *Power and the Professions in Britain, 1700–1850* (London: Routledge, 1995).

Cornforth, Maurice, ed., *Rebels and Their Causes* (London: Lawrence and Wishart, 1978).

Crafts, N. F. R., "The Golden Age of Economic Growth in Western Europe, 1950–1973," *Economic History Review* 48 (1995), pp. 429–447.

Cronin, James, *Labour and Society* (New York: Schocken, 1984).

Darnton, Robert, *The Great Cat Massacre, and Other Episodes in French Cultural History* (New York: Vintage, 1985).〔ロバート・ダーントン／海保眞夫，鷲見洋一訳『猫の大虐殺』岩波現代文庫，2007年〕

Daunton, Martin, *Just Taxes: The Politics of Taxation in Britain, 1914–1979* (Cambridge University Press, 2002).

Daunton, Martin and Rieger, Bernhard, eds., *Meanings of Modernity: Britain from the Late-Victorian Era to World War II* (Oxford: Berg, 2001).

Davis, Lennard J. and Morris, David B., "Biocultures Manifesto," *New Literary History* 38 (2007), pp. 411–418.

Davis, Natalie Zemon, *The Return of Martin Guerre* (Cambridge, Mass.: Harvard University Press, 1983).〔N・Z・デーヴィス／成瀬駒男訳『帰ってきたマルタン・ゲール——16世紀フランスのにせ亭主騒動』平凡社ライブラリー，1993年〕

Day, Gary, "A Pariah in the Republic of Letters," *Times Higher Education Supplement*, 4 August 1995, p. 21.

*Re-reading Leavis: Culture and Literary Criticism* (New York: St. Martin's Press, 1996).

Dimock, Wai Chee and Wald, Priscilla, "Preface: Literature and Science: Cultural Forms, Conceptual Exchanges," *American Literature* 74 (December 2002), pp. 705–714.

Dobbs, Betty Jo Teeter, *The Foundations of Newton's Alchemy: or, "The Hunting of the Greene Lyon"* (New York: Cambridge University Press, 1975).〔B・J・T・ドブズ／寺島悦恩訳『ニュ

ートンの錬金術』平凡社，1995年〕

Dworkin, Dennis, *Cultural Marxism in Postwar Britain: History, the New Left, and the Origins of Cultural Studies* (Durham: Duke University Press, 1997).

Eagleton, Terry, "The Hippest," *London Review of Books*, 7 March 1996, pp. 3-5.

*Literary Theory: An Introduction* (Minneapolis: University of Minnesota Press, 1983).〔テリー・イーグルトン／大橋洋一訳『文学とは何か——現代批評理論への招待』上下，岩波文庫，2014年〕

Edgar, David, "Stalking Out," *London Review of Books*, 20 July 2006, pp. 8-10.

Edgerton, David, "C. P. Snow as Anti-Historian of British Science: Revisiting the Technocratic Moment, 1959-1964," *History of Science* 43 (June 2005), pp. 187-208.

*England and the Aeroplane: An Essay on a Militant and Technological Nation* (Basingstoke: Macmillan, 1991).

"The Prophet Militant and Industrial: The Peculiarities of Correlli Barnett," *Twentieth Century British History* 2 (1991), pp. 360-379.

"Science and the Nation: Towards New Histories of Twentieth-Century Britain," *Historical Research* 78 (February 2005), pp. 96-112.

*Science, Technology, and the British Industrial 'Decline', 1870-1970* (Cambridge University Press, 1996).

*Warfare State: Britain, 1920-1970* (Cambridge University Press, 2006).〔D・エジャトン／坂出健監訳，松浦俊輔，佐藤秀昭，高田馨里，新井田智幸，森原康仁訳『戦争国家イギリス——反衰退・非福祉の現代史』名古屋大学出版会，2017年〕

Ehrman, John, *The Rise of Neoconservatism: Intellectuals and Foreign Affairs, 1945-1994* (New Haven: Yale University Press, 1995).

English, Richard and Kenny, Michael, eds., *Rethinking British Decline* (London: Macmillan, 2000).〔R・イングリッシュ，M・ケニー編著／川北稔訳『経済衰退の歴史学——イギリス衰退論争の諸相』ミネルヴァ書房，2008年〕

Ezard, John, "The Max Miller of the Lecture Circuit," *Guardian*, 18 April 1978.

Feinstein, C., "Benefits of Backwardness and Costs of Continuity," in *Government and Economies in the Post-war World: Economic Policies and Comparative Performance*, ed. Andrew Graham and Anthony Seldon (London: Routledge, 1990), pp. 275-293.

"Structural Change in the Developed Countries during the Twentieth Century," *Oxford Review of Economic Policy* 15 (1999), pp. 35-55.

Ferns, John, *F. R. Leavis* (New York: Twayne, 2000).

Fink, Janet, "Welfare, Poverty and Social Inequalities," in *A Companion to Contemporary Britain, 1939-2000*, ed. Paul Addison and Harriet Jones, pp. 263-280.

Ford, Boris, "Round and about the *Pelican Guide to English Literature*," in *The Leavises: Recollections and Impressions*, ed. Denys Thompson, pp. 103-112.

Forman, Paul, "The Primacy of Science in Modernity, of Technology in Post-modernity, and of Ideology in the History of Technology," *History and Technology* 23 (March/June 2007), pp. 1-152.

"Weimar Culture, Causality, and Quantum Theory, 1918–1927," *Historical Studies in the Physical Sciences* 3 (1971), pp. 1–116.

French, Stanley, *The History of Downing College Cambridge* (Downing College Association, 1978).

Fuller, Steve, *Thomas Kuhn: A Philosophical History for Our Times* (University of Chicago Press, 2000).〔スティーヴ・フラー／梶雅範，三宅苞訳『我らの時代のための哲学史——トーマス・クーン／冷戦保守思想としてのパラダイム論』海鳴社，2009年〕

Geertz, Clifford, "Deep Play: Notes on the Balinese Cockfight," *Daedalus* 100 (Winter 1971), pp. 1–38.

*The Interpretation of Cultures: Selected Essays* (New York: Basic Books, 1973).〔C・ギアーツ／吉田禎吾，中牧弘允，柳川啓一，板橋作美訳『文化の解釈学』全２巻，岩波現代選書，1987年〕

Gilman, Nils, *Mandarins of the Future: Modernization Theory in Cold War America* (Baltimore: Johns Hopkins University Press, 2003).

Goldie, Mark, "Churchill College: Origins and Contexts," 未刊行の論文 (2001).

Gould, Stephen Jay, *The Mismeasure of Man* (New York: Norton, 1981).〔スティーヴン・J・グールド／鈴木善次，森脇靖子訳『人間の測りまちがい——差別の科学史』河出文庫，2008年〕

Graff, Gerald, *Professing Literature: An Institutional History* (University of Chicago Press, 1987).

Green, E. H. H., *Thatcher* (London: Hodder Arnold, 2006).

Gross, Jan, *Revolution from Abroad: The Soviet Conquest of Poland's Western Ukraine and Western Belorussia* (Princeton University Press, 2002).

Guillory, John, "The Sokal Affair and the History of Criticism," *Critical Inquiry* 28 (Winter 2002), pp. 470–508.

Gunnarsson, Bo, *The Novels of William Gerhardie* (Abo Akademi University Press, 1995).

Halperin, John, *C. P. Snow: An Oral Biography, Together with a Conversation with Lady Snow (Pamela Hansford Johnson)* (New York: St. Martin's Press, 1983).

Halsey, A. H., *Decline of Donnish Dominion: The British Academic Professions in the Twentieth Century* (Oxford: Clarendon, 1992).

Harvey, A. D., "Leavis, *Ulysses*, and the Home Office," *Cambridge Review*, October 1993, pp. 123–128.

Headrick, Daniel, *Tools of Empire: Technology and European Imperialism in the Nineteenth Century* (New York: Oxford University Press, 1981).〔D・R・ヘッドリク／原田勝正，多田博一，老川慶喜訳『帝国の手先——ヨーロッパ膨張と技術』日本経済評論社，1989年〕

Heyck, T. W., "The Idea of a University in Britain, 1870–1970," *History of European Ideas* 8 (1987), pp. 205–219.

*The Transformation of Intellectual Life in Victorian England* (New York: St. Martin's Press, 1982).

Hobsbawm, E. J., *The Age of Extremes: A History of the World, 1914–1991* (New York: Pantheon, 1994).〔エリック・ホブズボーム／大井由紀訳『20世紀の歴史——両極端の時代』上下（ちくま学芸文庫，2018年）〕

"Democracy Can Be Bad for You," *New Statesman*, 5 March 2001, pp. 25–27.

"From Social History to the History of Society," *Daedalus* 100 (Winter 1971), pp. 20–45.

"Growth of an Audience," *Times Literary Supplement*, 7 April 1966, p. 283.

"The Historians' Group of the Communist Party," in *Rebels and Their Causes*, ed. Maurice Cornforth, pp. 21–47.

*Interesting Times: A Twentieth-Century Life* (London: Allen Lane, 2002).〔エリック・ホブズボーム／河合秀和訳『わが20世紀・面白い時代』三省堂，2004年〕

Hodge, Joseph Morgan, *Triumph of the Expert: Agrarian Doctrines of Development and the Legacies of British Colonialism* (Athens: Ohio University Press, 2007).

Hodgson, Godfrey, *The World Turned Right Side Up: A History of the Conservative Ascendancy in America* (Boston: Houghton Mifflin, 1996).

Hogendorn, J. S. and Scott, K. M., "The East African Groundnut Scheme: Lessons of a Large Scale Agricultural Failure," *African Economic History* (1981), pp. 81–115.

Hogg, Quintin (Baron Hailsham of St. Marylebone), *A Sparrow's Flight* (London: Collins, 1990).

Hoggart, Richard, *A Measured Life: The Times and Places of an Orphaned Intellectual* (New Brunswick: Transaction, 1994).

Hollinger, David, "The Knower and the Artificer," *American Quarterly* 39 (Spring 1987), pp. 37–55.

"Science as a Weapon in *Kulturkämpfe* in the United States During and After World War II," *Isis* 86 (September 1995), pp. 440–454.

Holroyd, Michael, "Gerhardie, William Alexander (1895–1977)," *Oxford Dictionary of National Biography* (Oxford University Press, 2004).

Iggers, Georg G., *Historiography in the Twentieth Century: From Scientific Objectivity to the Postmodern Challenge* (Hanover, NH: Wesleyan University Press, 1997).〔ゲオルク・G・イッガース／早島瑛訳『20世紀の歴史学』晃洋書房，1996年〕

*New Directions in European Historiography* (Middletown, Conn.: Wesleyan University Press, 1975).〔ゲオルグ・G・イッガース／中村幹雄，末川清，鈴木利章，谷口健治訳『ヨーロッパ歴史学の新潮流』晃洋書房，1986年〕

Inglis, Fred, *Raymond Williams* (London: Routledge, 1995).

Jacobson, Dan, *Time and Time Again* (New York: Atlantic Monthly Press, 1985).

James, Clive, *May Week Was in June* (London: Cape, 1990).

Jay, Martin, *The Dialectical Imagination: A History of the Frankfurt School and the Institute of Social Research, 1923–1950* (Boston: Little, Brown, 1973).〔マーティン・ジェイ／荒川幾男訳『弁証法的想像力——フランクフルト学派と社会研究所の歴史1923–1950』みすず書房，1975年〕

Jenkins, Roy, *A Life at the Center: Memoirs of a Radical Reformer* (New York: Random House, 1991).

Jones, Harriet, "The Impact of the Cold War," in *A Companion to Contemporary Britain, 1939–2000*, ed. Paul Addison and Harriet Jones, pp. 23–41.

Jones, Harriet and Kandiah, Michael, eds., *The Myth of Consensus: New Views on British History,*

*1945–1964* (New York: St. Martin's, 1996).

Judt, Tony, *Postwar* (New York: Penguin, 2005).〔トニー・ジャット／森本醇訳『ヨーロッパ戦後史』上下，みすず書房，2008年〕

Kammen, Michael, ed., *The Past Before Us: Contemporary Historical Writing in the United States* (Ithaca: Cornell University Press, 1980).

Kellner, Peter and Lord Crowther-Hunt, *The Civil Servants* (London: Macmillan, 1980).

Kenny, Michael, *The First New Left: British Intellectuals after Stalin* (London: Lawrence and Wishart, 1995).

Kermode, Frank, *Romantic Image* (London: Routledge and Paul, 1957).〔フランク・カーモード／菅沼慶一，真田時蔵訳『ロマン派のイメージ』金星堂，1982年〕

Kern, Stephen, *The Culture of Time and Space, 1880–1914* (Cambridge, Mass.: Harvard University Press, 1983).〔スティーヴン・カーン／浅野敏夫訳『時間の文化史——時間と空間の文化：1880–1918年／上巻』，浅野敏夫，久郷丈夫訳『空間の文化史——時間と空間の文化：1880–1918年／下巻』（りぶらりあ選書）法政大学出版局，1993年〕

Kernan, Alvin, *In Plato's Cave* (New Haven: Yale University Press, 1999).

Kershaw, Baz, "Oh for Unruly Audiences! Or, Patterns of Participation in Twentieth-Century Theatre," *Modern Drama* 44 (Summer 2001), pp. 133–154.

Kibble, T. W. B., "Salam, Muhammad Abdus (1926–1996)," *Oxford Dictionary of National Biography* (Oxford University Press, 2004).

Kinch, M. B., Baker, William and Kimber, John, *F. R. Leavis and Q. D. Leavis: An Annotated Bibliography* (New York: Garland, 1989).

King, Desmond and Nash, Victoria, "Continuity of Ideas and the Politics of Higher Education Expansion in Britain from Robbins to Dearing," *Twentieth Century British History* 12 (2001), pp. 185–207.

Knight, Christopher J., *Uncommon Readers: Denis Donoghue, Frank Kermode, George Steiner and the Tradition of the Common Reader* (University of Toronto Press, 2003).

Koeneke, Rodney, *Empires of the Mind: I. A. Richards and Basic English in China, 1929–1979* (Stanford University Press, 2004).

Kristol, Irving, *Neoconservatism: The Autobiography of an Idea* (New York: Free Press, 1995).

Kuhn, Thomas, *The Structure of Scientific Revolutions* (University of Chicago Press, 1962).〔トーマス・クーン／中山茂訳『科学革命の構造』みすず書房，1971年〕

Kynaston, David, *Austerity Britain: 1945–1951* (London: Bloomsbury, 2007).

LaCapra, Dominick, *History and Criticism* (Ithaca: Cornell University Press, 1985).〔ドミニク・ラカプラ／前川裕訳『歴史と批評』（テオリア叢書）平凡社，1989年〕

Landes, David, *The Unbound Prometheus: Technological Change and Industrial Development in Western Europe from 1750 to the Present* (Cambridge University Press, 1969).〔D・S・ランデス／石坂昭雄，冨岡庄一訳『西ヨーロッパ工業史——産業革命とその後 1750–1968』全２巻，みすず書房，1980年〕

Latour, Bruno, *Pandora's Hope: Essays on the Reality of Science Studies* (Cambridge, Mass.: Harvard

University Press, 1999).〔ブルーノ・ラトゥール／川崎勝，平川秀幸訳『科学論の実在――パンドラの希望』産業図書，2007年〕

Lepenies, Wolf, *Between Literature and Science: The Rise of Sociology* (Cambridge University Press, 1988).

Litz, A. Walton, Menand, Louis and Rainey, Lawrence, eds., *The Cambridge History of Literary Criticism, Vol. 7: Modernism and the New Criticism* (Cambridge University Press, 2000).

Louis, Wm. Roger, *The Ends of British Imperialism: The Scramble for Empire, Suez, and Decolonization* (London: I. B. Tauris, 2006).

ed., *Penultimate Adventures with Britannia: Personalities, Politics, and Culture in Britain* (London: I. B. Tauris, 2008).

ed., *Yet More Adventures with Britannia: Personalities, Politics, and Culture in Britain* (London: I. B. Tauris, 2005).

Lowe, Roy, "Education," in *A Companion to Contemporary Britain, 1939–2000*, ed. Paul Addison and Harriet Jones, pp. 281–296.

MacKay, Marina, "'Doing Business with Totalitaria': British Late Modernism and the Politics of Reputation," *ELH* 73 (2006), pp. 729–753.

*Modernism and World War II* (Cambridge University Press, 2007).

MacKenzie, Donald, *Statistics in Britain, 1865–1930: The Social Construction of Scientific Knowledge* (Edinburgh University Press, 1981).

MacKillop, Ian, *F. R. Leavis: A Life in Criticism* (London: Allen Lane, 1995).

*We Were That Cambridge: F. R. Leavis and the 'Anthropologico-Literary' Group* (Austin: University of Texas, 1993).

MacKillop, Ian and Storer, Richard, eds., *F. R. Leavis: Essays and Documents* (Sheffield Academic Press, 1995).

Maclean, Alan, "Johnson, Pamela Helen Hansford [*married name* Pamela Helen Hansford Snow, Lady Snow] (1912–1981)," *Oxford Dictionary of National Biography* (Oxford University Press, 2004).

Mandler, Peter, "Against 'Englishness': English Culture and the Limits to Rural Nostalgia, 1850–1940," *Transactions of the Royal Historical Society*, 6th series, 7 (1997), pp. 155–175.

"The Consciousness of Modernity? Liberalism and the English National Character, 1870–1940," in *Meanings of Modernity: Britain from the Late-Victorian Era to World War II*, ed. Martin Daunton and Bernhard Rieger, pp. 119–144.

*The English National Character: The History of an Idea from Edmund Burke to Tony Blair* (New Haven: Yale University Press, 2006).

Marr, Andrew, *A History of Modern Britain* (London: Macmillan, 2007).

Marwick, Arthur, *The Sixties: Cultural Revolution in Britain, France, Italy, and the United States, c.1958–c.1974* (Oxford University Press, 1998).

May, Derwent, *Critical Times: The History of the Times Literary Supplement* (London: Harper Collins, 2001).

McCloskey, D. N., *If You're So Smart: The Narrative of Economic Expertise* (University of Chicago

Press, 1990).

McGucken, William, *Scientists, Society, and State: The Social Relations of Science Movement in Great Britain, 1931–1947* (Columbus: Ohio State University Press, 1984).

McKibbin, Ross, *Classes and Cultures: England 1918–1951* (New York: Oxford University Press, 1998).

Metzger, Linda and Straub, Deborah H., eds., "Hoff, Harry S(ummerfield)," *Contemporary Authors*, New Revision Series (Detroit: Gale, 1987), vol. XX, pp. 231–232.

Morgan, Kenneth, *The People's Peace: British History, 1945–1989* (New York: Oxford University Press, 1990).

de la Mothe, John, *C. P. Snow and the Struggle of Modernity* (Austin: University of Texas, 1992).

Mount, Ferdinand, "Ration Book," *Times Literary Supplement*, 15 June 2007, pp. 7–8.

Mulhern, Francis, *The Moment of "Scrutiny"* (London: New Left Books, 1979).

Nash, George, *The Conservative Intellectual Movement in America, since 1945* (New York: Basic Books, 1976).

Nehring, Holger, "The Growth of Social Movements," in *A Companion to Contemporary Britain, 1939–2000*, ed. Paul Addison and Harriet Jones, pp. 389–406.

Nye, Mary Jo, *Blackett: Physics, War and Politics in the Twentieth Century* (Cambridge, Mass.: Harvard University Press, 2004).

"Michael Polanyi (1891–1976)," *HYLE* 8 (2002), pp. 123–127.

Obelkevich, Jim, "New Developments in History in the 1950s and 1960s," *Contemporary British History* 14 (Winter 2000), pp. 125–142.

Olendorf, Donna, "Gerhardie, William Alexander," in *Contemporary Authors*, ed. Linda Metzger and Deborah A. Straub, New Revision Series (Detroit: Gale, 1986), vol. XVIII, pp. 179–181.

Ortner, Sherry B., ed., "The Fate of 'Culture': Geertz and Beyond," *Representations* 59 (Summer 1997).

Ortolano, Guy, "'Decline' as a Weapon in Cultural Politics," in *Penultimate Adventures with Britannia*, ed. Wm. Roger Louis, pp. 201–214.

"Human Science or a Human Face? Social History and the 'Two Cultures' Controversy," *Journal of British Studies* 43 (October 2004), pp. 482–505. "The Literature and the Science of 'Two Cultures' Historiography," *Studies in History and Philosophy of Science* 39 (March 2008), pp. 143–150.

"Two Cultures, One University: The Institutional Origins of the 'Two Cultures' Controversy, *Albion* 34 (Winter 2002), pp. 606–624.

Pegg, Mark Gregory, *The Corruption of Angels: The Great Inquisition of 1245–1246* (Princeton University Press, 2001).

Perkin, Harold, *Key Profession: The History of the Association of University Teachers* (New York: A. M. Kelley, 1969).

*The Origins of Modern English Society, 1780–1880* (London: Routledge, 1969).

*The Rise of Professional Society: England since 1880* (London: Routledge, 1989).

*The Third Revolution: Professional Elites in the Modern World* (London: Routledge, 1996).

Pinch, Trevor, "Scientific Controversies," in *International Encyclopedia of the Social and Behavioral Sciences*, ed. N. J. Smelser and P. B. Baltes (Oxford: Elsevier, 2001), pp. 13719–13724.

Podhoretz, Norman, *The Bloody Crossroads: Where Literature and Politics Meet* (New York: Simon and Schuster, 1986).

*Breaking Ranks* (New York: Harper and Row, 1979).

*Ex-Friends* (New York: Free Press, 1999).

*Making It* (New York: Random House, 1967).〔ノーマン・ポドーレツ／北山克彦訳『文学対アメリカ――ユダヤ人作家の記録』（晶文選書 42）晶文社，1973年〕

Pollard, Sidney, *The Wasting of the British Economy: British Economic Policy from 1945 to the Present* (London: Croom Helm, 1982).

Porter, Roy, "The Two Cultures Revisited," *Cambridge Review*, November 1994, pp. 74–80.

Porter, Theodore, *Trust in Numbers: The Pursuit of Objectivity in Science and Public Life* (Princeton University Press, 1995).〔セオドア・M・ポーター／藤垣裕子訳『数値と客観性――科学と社会における信頼の獲得』みすず書房，2013年〕

Rabinovitz, Rubin, *The Reaction against Experiment in the English Novel, 1950–1960* (New York: Columbia University Press, 1967).

Reading, Bill, *The University in Ruins* (Cambridge, Mass.: Harvard University Press, 1996).〔ビル・レディングズ／青木健，斎藤信平訳『廃墟のなかの大学』新装改訂版（叢書・ウニベルシタス 661）法政大学出版局，2018年〕

Rebellato, Dan, *1956 and All That: The Making of Modern British Drama* (London: Routledge, 1999).

Reynolds, David, ed., *Christ's: A Cambridge College over Five Centuries* (London: Macmillan, 2005).

Ritschel, Daniel, *The Politics of Planning: The Debate on Economic Planning in Britain in the 1930s* (Oxford: Clarendon, 1997).

Roberts, Neil, "'Leavisite' Cambridge in the 1960s," in *F. R. Leavis: Essays and Documents*, ed. Ian MacKillop and Richard Storer, pp. 264–279.

Rothblatt, Sheldon, *The Modern University and Its Discontents: The Fate of Newman's Legacies in Britain and America* (Cambridge University Press, 1997).

Rubinstein, W. D., *Capitalism, Culture, and Economic Decline in Britain, 1750–1990* (London: Routledge, 1993).〔W・D・ルービンステイン／藤井泰，平田雅博，村田邦夫，千石好郎訳『衰退しない大英帝国――その経済・文化・教育 1750–1990』晃洋書房，1997年〕

Rüegg, W., ed. *Meeting the Challenges of the Future: A Discussion between the "Two Cultures"* (Florence: Leo S. Olschki, 2003).

Russo, John Paul, *I. A. Richards: His Life and Work* (Baltimore: Johns Hopkins University Press, 1989).

Salingar, Leo, *Cambridge Quarterly* 25 (1996), pp. 399–404.

Samson, Anne, *F. R. Leavis* (University of Toronto Press, 1992).

Sandbrook, Dominic, *Never Had It So Good: A History of Britain from Suez to the Beatles* (London: Little, Brown, 2005).
*White Heat: A History of Britain in the Swinging Sixties* (London: Little, Brown, 2006).
Satia, Priya, "Developing Iraq: Britain, India, and the Redemption of Empire and Technology in the First World War," *Past and Present* 197 (November 2007), pp. 211–255.
Saunders, Frances Stonor, *Who Paid the Piper? The CIA and the Cultural Cold War* (London: Granta Books, 1999).
Schaffer, Simon, "Godly Men and Mechanical Philosophers: Souls and Spirits in Restoration Natural Philosophy," *Science in Context* 1 (1987), pp. 55–85.
Schwarz, Bill, "The End of Empire," in *A Companion to Contemporary Britain, 1939–2000*, ed. Paul Addison and Harriet Jones, pp. 482–498.
Scott, Joan W. and Keates, Debra, eds., *Schools of Thought: Twenty-Five Years of Interpretive Social Science* (Princeton University Press, 2001).
Sedgemore, Brian, *The Secret Constitution* (London: Hodder and Stoughton, 1980).
Segerstrale, Ullica, ed., *Beyond the Science Wars: The Missing Discourse about Science and Society* (Albany: SUNY Press, 2000).
Sewell, Jr., William H., "Whatever Happened to the 'Social' in Social History?" in *Schools of Thought: Twenty-Five Years of Interpretive Social Science*, ed. Joan W. Scott and Debra Keates, pp. 209–226.
Shapin, Steven, "The House of Experiment in Seventeenth-Century England," *Isis* 79 (September 1988), pp. 373–404.
"'The Mind Is Its Own Place': Science and Solitude in Seventeenth-Century England," *Science in Context* 4 (1990), pp. 191–218.
*A Social History of Truth: Civility and Science in Seventeenth-Century England* (University of Chicago Press, 1994).
Shapin, Steven and Schaffer, Simon, *Leviathan and the Air-Pump: Hobbes, Boyle, and the Experimental Life* (Princeton University Press, 1985).〔スティーヴン・シェイピン，サイモン・シャッファー／柴田和宏，坂本邦暢訳『リヴァイアサンと空気ポンプ――ホッブズ，ボイル，実験的生活』名古屋大学出版会，2016年〕
Shusterman, David, "C. P. Snow," *Dictionary of Literary Biography, Vol. 15: British Novelists, 1930–1959; Part 2: M-Z*, ed. Bernard Oldsey (Detroit: Gale, 1983), pp. 472–490.
Singh, G., *F. R. Leavis: A Literary Biography* (London: Duckworth, 1995).
Snow, Philip A., *Stranger and Brother: A Portrait of C. P. Snow* (London: Macmillan, 1982).
*A Time of Renewal: Clusters of Characters, C. P. Snow, and Coups* (London: Radcliffe Press, 1998).
Spiller, Elizabeth, *Science, Reading, and Renaissance Literature: The Art of Making Knowledge, 1580–1670* (Cambridge University Press, 2004).
Steedman, Carolyn, "State-Sponsored Autobiography," in *Moments of Modernity: Reconstructing Britain, 1945–1964*, ed. Becky Conekin, Frank Mort and Chris Waters, pp. 41–54.
Steiner, George, *Language and Silence: Essays on Language, Literature, and the Inhuman* (New York: Athenaeum, 1967).〔ジョージ・スタイナー／由良君美他訳『言語と沈黙――言語・

文学・非人間的なるものについて』せりか書房，2001年〕
Steinfels, Peter, *The Neoconservatives: The Men Who Are Changing American Politics* (New York: Simon and Schuster, 1979).
Stone, Lawrence, *The Past and the Present Revisited* (London: Routledge, 1987).
Storer, Richard, "The After-life of Leavis," 口答発表，Loughborough University, 20 April 2002.
"*Education and the University*: Structure and Sources," in *F. R. Leavis: Essays and Documents*, ed. Ian MacKillop and Richard Storer, pp. 129–146.
"F. R. Leavis and the Idea of a University," *Cambridge Review*, November 1995, p. 98.
"Richards, Ivor Armstrong (1893–1979)," *Oxford Dictionary of National Biography* (Oxford University Press, 2004).
Supple, Barry, "Fear of Failing: Economic History and the Decline of Britain," *Economic History Review* 47 (1994), pp. 441–458.
Taylor, Miles, "The Beginnings of Modern British Social History?" *History Workshop Journal* 43 (Spring 1997), pp. 155–176.
Thomas, Keith, "The Changing Shape of Historical Interpretation," in *Penultimate Adventures with Britannia: Personalities, Politics, and Culture in Britain*, ed. Wm. Roger Louis, pp. 43–51.
Thompson, Denys, ed., *The Leavises: Recollections and Impressions* (Cambridge University Press, 1984).
Tomlinson, Jim, "Conservative Modernisation, 1960–64: Too Little, Too Late?" *Contemporary British History* 11 (Autumn 1997), pp. 18–38.
"The Decline of the Empire and the Economic 'Decline' of Britain," *Twentieth Century British History* 14 (2003), pp. 201–221.
"Economic 'Decline' in Post-war Britain," in *A Companion to Contemporary Britain, 1939–2000*, ed. Paul Addison and Harriet Jones, pp. 164–179.
"Inventing 'Decline': The Falling Behind of the British Economy in the Postwar Years," *Economic History Review* 49 (1996), pp. 731–757.
*The Politics of Decline: Understanding Post-war Britain* (Harlow: Longman, 2001).
Toulmin, Stephen, *Cosmopolis: The Hidden Agenda of Modernity* (New York: Free Press, 1990).〔スティーヴン・トゥールミン／藤村龍雄，新井浩子訳『近代とは何か——その隠されたアジェンダ』（叢書・ウニベルシタス 731）法政大学出版局，2001年〕
Tribe, Keith, "Bauer, Peter Thomas, Baron Bauer (1915–2002)," *Oxford Dictionary of National Biography* (Oxford University Press, 2006).
Turner, Frank Miller, *Contesting Cultural Authority: Essays in Victorian Intellectual Life* (Cambridge University Press, 1993).
"Public Science in Britain, 1880–1919," *Isis* 71 (December 1980), pp. 589–608.
Veldman, Meredith, *Fantasy, the Bomb, and the Greening of Britain: Romantic Protest, 1945–1980* (Cambridge University Press, 1994).
Vernon, James, *Hunger: A Modern History* (Cambridge, Mass.: Harvard University Press, 2007).
Wang, Zouyue, "The First World War, Academic Science, and the 'Two Cultures': Educational Reforms at the University of Cambridge," *Minerva* 33 (1995), pp. 107–127.

Warwick, Andrew, *Masters of Theory: Cambridge and the Rise of Mathematical Physics* (University of Chicago Press, 2003).

Watson, Ivar Alastair, "'The Distance Runner's Perfect Heart': Dr. Leavis in Spain," *Cambridge Review*, November 1995.

Weart, Spencer, *Scientists in Power* (Cambridge, Mass.: Harvard University Press, 1979).

Weinstein, Barbara, "Developing Inequality," *American Historical Review* 113 (February 2008), pp. 1–18.

Weintraub, Stanley, "Snow, Charles Percy, Baron Snow (1905–1980)," *Oxford Dictionary of National Biography* (Oxford University Press, 2004).

Werskey, Gary, "The Marxist Critique of Capitalist Science: A History in Three Movements?" www.human-nature.com/science-as-culture/werskey.html.

*The Visible College: The Collective Biography of British Scientific Socialists of the 1930s* (London: Allen Lane, 1978).

White, Paul, *Thomas Huxley: Making the "Man of Science"* (Cambridge University Press, 2003).

Wiener, Martin, *English Culture and the Decline of the Industrial Spirit, 1850–1980* (Cambridge University Press, 1981; 2nd edn., 2004).〔マーティン・J・ウィーナ／原剛訳『英国産業精神の衰退――文化史的接近』勁草書房，1984年〕

Williams, Raymond, "Seeing a Man Running," in *The Leavises: Recollections and Impressions*, ed. Denys Thompson, pp. 113–122.

Wilson, Adrian, ed., *Rethinking Social History: English Society 1570–1920* (Manchester University Press, 1993).

Winder, Simon, *The Man Who Saved Britain: A Personal Journey into the Disturbing World of James Bond* (New York: Farrar, Straus and Giroux, 2006).

Wolin, Sheldon, *Tocqueville between Two Worlds: The Making of a Political and Theoretical Life* (Princeton University Press, 2001).

Wood, James, "Don't Mess with the Don," *Guardian*, 21 July 1995.

Wootton, David, "Liberalism," in *The Oxford Companion to Twentieth-Century British Politics*, ed. John Ramsden (Oxford University Press, 2002), pp. 380–381.

Young, Robert and Teich, Mikulas eds., *Changing Perspectives in the History of Science: Essays in Honor of Joseph Needham* (London: Heinemann Educational, 1973).

Zaidi, S. Waqar H., "Barnes Wallis and the 'Strength of England'," *Technology and Culture* 49 (2008), pp. 62–88.

## ラジオ放送

Briggs, Asa, "Matters of Moment: Art and Sciences in the Schools," October 22, 1959, BBC WAC: MF "MAT," T331.

Lythgoe, M., "The New Two Cultures," 18 April 2007, BBC Radio 4.

Snow, C. P., "The Imperatives of Educational Strategy," September 8, 1959, BBC WAC: MF

T491.
"Ten O'clock News," March 1, 1962, BBC Home Service, BBC WAC: Microfilm "Ten": T539–540.

## ドキュメンタリーおよび映画

*Arguing the World*, dir. Joseph Dorman, First Run/Icarus Films, 1997.
*Europa, Europa*, dir. Agnieszka Holland, Central Cinema Company Film, 1990.〔アグニエシュカ・ホランド監督『僕を愛したふたつの国／ヨーロッパ ヨーロッパ』(TOHO VIDEO) 東宝，1994年〕

## 政府刊行物

*Higher Education: Report of the Committee Appointed by the Prime Minister under the Chairmanship of Lord Robbins, 1961–1963* (London: HMSO, 1963; cmnd. 2154).
*Higher Education: Evidence, Part I, Vol. A* (London: HMSO, 1963; cmnd. 2154).
*Higher Education: Evidence, Part I, Vol. B* (London: HMSO, 1963; cmnd. 2154).
*Higher Education, Appendix Two (A): Students and Their Education* (London: HMSO, 1963; cmnd. 2154-II).
*Parliamentary Debates*, Lords, 5th ser., vol. 293, 11 June 1968–28 June 1968.
*The Scientific Civil Service: Reorganisation and Recruitment during the Reconstruction Period* (London: HMSO, 1945; cmnd. 6679).
*Scientific Manpower: Report of a Committee Appointed by the Lord President of the Council* (London: HMSO, 1946; cmnd. 6824).

## 学位論文

de Greiff, Alexis, "The International Centre for Theoretical Physics, 1960–1979: Ideology and Practice in a United Nations Institution for Scientific Cooperation and Third World Development," PhD thesis, University of London (2001).
Gryta, Caroline Nobile, "Selected Letters of C. P. Snow: A Critical Edition," PhD thesis, Pennsylvania State University (1988).
Leavis, F. R., "The Relationship of Journalism to Literature: Studied in the Rise and Earlier Development of the Press in England," PhD thesis, University of Cambridge (1924).
Perrin, Nicola M. R., "Discovery: A Monthly Journal of Popular Knowledge," MSc thesis, University of London (1999).
Plumb, J. H., "Elections to the House of Commons in the Reign of William III," PhD thesis,

University of Cambridge (1936).
Reinisch, Jessica, "The Society for Freedom in Science, 1940–1963," MSc thesis, University of London (2000).

## インターネット文献

*Oxford Dictionary of National Biography*, online edition: http://www.oxforddnb.com.
*Times Literary Supplement Centenary Archive*: http://www.tls.psmedia.com.

# 原　注

## はじめに

(1)　E. P. Thompson, "The Peculiarities of the English," *Socialist Register, 1965*, ed. Ralph Miliband and John Saville (New York: Monthly Review Press, 1965), p. 338.

(2)　C. P. Snow, *The Two Cultures and the Scientific Revolution* (Cambridge University Press, 1959).

(3)　F. R. Leavis, "The Two Cultures? The Significance of C. P. Snow," *Spectator*, 9 March 1962, pp. 297–303. マイケル・ユドキンによる論文とともに，*Two Cultures? The Significance of C. P. Snow* (London: Chatto and Windus, 1962) として再版された．

(4)　C. P. Snow, "The Two Cultures: A Second Look," *Times Literary Supplement*, 25 October 1963, pp. 839–844. 最初の講演とともに *The Two Cultures: and A Second Look* (Cambridge University Press, 1964) として再版された．

(5)　F. R. Leavis, "Luddites? or, There Is Only One Culture"; "'English', Unrest and Continuity"; "'Literarism' versus 'Scientism'：The Misconception and the Menace"; "Pluralism, Compassion and the Social Hope"; "Elites, Oligarchies and an Educated Public"; すべて，"Two Cultures? The Significance of Lord Snow" とともに，*Nor Shall My Sword: Discourses on Pluralism, Compassion and Social Hope* (London: Chatto and Windus, 1972) 所収．

(6)　C. P. Snow, "The Case of Leavis and the Serious Case," *Times Literary Supplement*, 9 July 1970, pp. 737–740. 関連する講演や論文とともに，*Public Affairs* (New York: Scribner's, 1971) 所収．

(7)　Snow, *The Two Cultures*, p. 7.

(8)　Leavis, *Two Cultures?*, p. 12.

(9)　William Gerhardi, "Sir Charles Snow, Dr. F. R. Leavis, and the Two Cultures," *Spectator*, 16 March 1962, p.329. 論争は3月いっぱい続いた．Paul Boytinck, *C. P. Snow: A Reference Guide* (Boston: Hall, 1980) を参照のこと．

(10)　Lionel Trilling, "Science, Literature, and Culture: A Comment on the Leavis-Snow Controversy," *Commentary*, June 1962, p. 461.

(11) Aldous Huxley, *Literature and Science* (London: Harper and Row, 1963), David K. Cornelius and Edwin St. Vincent, eds., *Culture in Conflict: Perspectives on the Snow-Leavis Controversy* (Chicago: Scott Foresman and Co., 1964). Boytinck, *C. P. Snow: A Reference Guide* にリストアップされた大量の論文も参照のこと.

(12) J. D. Bernal, "Letters," *Spectator*, 23 March 1962, p. 365.

(13) Huxley, *Literature and Science*, p. 1.

(14) Michael Polanyi, "The Two Cultures," *Encounter*, September 1959, pp. 61–64; Michael Yudkin, "Sir Charles Snow's Rede Lecture," 初出は *Cambridge Review* で, Leavis, *Two Cultures?*, pp. 33–45に再掲された ; Gerhardi, "Sir Charles Snow, Dr. F. R. Leavis, and the Two Cultures," pp. 329–331; Edith Sitwell, *ibid*., p. 331.

(15) *Encounter* は, 連続する9つの号のうちの6号（1959年6月, 7月, 8月, 9月, 1960年1月, 2月）でスノーの講演を論じた. C. P. Snow, "The Imperatives of Educational Strategy," 1959年6月3日録音, 1959年9月8日放送, BBC WAC: MF T491; "A Question of Brains," *Times Literary Supplement*, 23 March 1962, p. 201.

(16) Trilling, "Science, Literature, and Culture;" Wolf Lepenies, *Between Literature and Science: The Rise of Sociology* (Cambridge University Press, 1988); Stefan Collini, "Introduction," C. P. Snow, *The Two Cultures* (Cambridge University Press, 1993) 所収. もっと一般的にこの伝統を扱っているのは, David Hollinger, "The Knower and the Artificer," *American Quarterly* 39 (Spring 1987), pp. 37–55; Frank Miller Turner, *Contesting Cultural Authority: Essays in Victorian Intellectual Life* (Cambridge University Press, 1993).

(17) T. H. Huxley, "Science and Culture," *Science and Education: Essays* (New York: D. Appleton, 1896), pp. 134–159; Matthew Arnold, "Literature and Science," *The Complete Prose Works of Matthew Arnold*, ed. R. H. Super (Ann Arbor: University of Michigan Press, 1974), vol. X, pp. 53–73.

(18) Grace Wyndham-Goldie, *et al.*, *The Challenge of Our Time* (London: P. Marshall, 1948); Jacob Bronowski, *The Common Sense of Science* (Cambridge, Mass.: Harvard University Press, 1951); Bronowski, "Architecture as a Science and Architecture as an Art," *Royal Institute of British Architects Journal* 62 (March 1955), pp. 183–189; Bronowski, *Science and Human Values* (New York: Harper and Row, 1956). *The Common Sense of Science* は最初は1948年のBBC第3放送で放送され, *Science and Human Values* は1953年の講演シリーズがもとになっている.

(19) 引用はすべて, *Listener* からのものである. 引用順に, 1956年11月1日, p. 697, 1953年11月19日, p. 846, 1955年11月10日, p. 778, 1957年11月21日, p. 845（2か所引用), 1959年1月29日, p. 215.

(20) Collini, "Introduction," p. xxxv.

(21) "The Peculiarities of the English," p. 350 において, トムスンは「捨て去られた証拠がおそらくは新しい重要性を隠しているのに, モデルは, 柔軟に使われるときであっても, 人にある現象のみに目を向けさせ, 類似点を求めて歴史を検討させがちだ, という危険」について注目している. この点をさらに展開したものについては, D. N. McCloskey, *If You're So Smart: The Narrative of Economic Expertise* (University of Chicago

Press, 1990) を参照のこと．

(22) Dominic Sandbrook, *White Heat: A History of Britain in the Swinging Sixties* (London: Little Brown, 2006), p. 50; Alvin Kernan, *In Plato's Cave* (New Haven: Yale University Press, 1999), p. 110.

(23) 知性には時を超えた連続性があるという仮定に対する強力で明瞭な反論については，Mark Gregory Pegg, *The Corruption of Angels: The Great Inquisition of 1245–1246* (Princeton University Press, 2001)，とくに Chapter 3, "Wedged between Catha and Cathay," pp. 15–19 を参照のこと．

(24) John Halperin, *C. P. Snow: An Oral Biography* (New York: St. Martin's Press, 1983), pp. 185–186; Ivar Alastair Watson, "'The Distance Runner's Perfect Heart': Dr. Leavis in Spain," *Cambridge Review*, November 1995, p. 72.

(25) Roy Porter, "The Two Cultures Revisited," *Cambridge Review*, November 1994, pp. 74–80; Guy Ortolano, "Two Cultures, One University: The Institutional Origins of the 'Two Cultures' Controversy," *Albion* 34 (Winter 2002), pp. 606–624; Lepenies, *Between Literature and Science*.

(26) Robert Darnton, *The Great Massacre, and Other Episodes in French Cultural History* (New York: Vintage, 1985), pp. 77–78; この例は Chapter 2, "Workers Revolt: The Great Cat Massacre of the Rue Saint-Séverin," pp. 75–104 から取ったものである．

(27) Natalie Zemon Davis, *The Return of Martin Guerre* (Cambridge, Mass.: Harvard University Press, 1983), p. 4.

(28) この研究方法は，人類学者クリフォード・ギアツの強い影響力を及ぼした例にならったものである．Clifford Geertz, "Deep Play: Notes on the Balinese Cockfight," *Daedalus* (Winter 1971), pp. 1–38; Geertz, *The Interpretation of Cultures: Selected Essays* (New York: Basic Books, 1973). ギアツが人類学，文学研究，歴史といったさまざまな分野に与えたインパクトは，"The Fate of 'Culture': Geertz and Beyond," ed. Sherry B. Ortner, *Representations* 59 (Summer 1997) のテーマである．ドミニク・ラカプラは以下において文化史にこの研究方法を適用することを批判している．Dominick LaCapra, "Is Everyone a *Mentalité* Case? Transference and the 'Culture' Concept," *History and Criticism* (Ithaca: Cornell University Press, 1985), pp. 71–94.

(29) このように，最近の歴史は，コリーニによって明らかとなった問題，すなわち「私たちがすでに答えを知っていて，さして興味深くないと分かっている，根強い文化的偏見」の役に立っている．Collini, *Absent Minds: Intellectuals in Britain* (Oxford University Press, 2006), p. 502. 現代史の問題については，Peter Catterall, "What (If Anything) is Distinctive about Contemporary History?" *Journal of Contemporary History* 32 (4) (October 1997), pp. 441–452 を参照のこと．

(30) Steven Shapin and Simon Schaffer, *Leviathan and the Air-Pump: Hobbes, Boyle, and the Experimental Life* (Princeton University Press, 1985), p. 7. 科学と科学技術研究における論争の分析については，Trevor Pinch, "Scientific Controversies," *International Encyclopedia of the Social and Behavioral Sciences*, ed. N. J. Smelser and P. B. Baltes (Oxford: Elsevier, 2001), pp. 13719–13724 を参照のこと．

(31)　Lionel Trilling, *Matthew Arnold* (London: George Allen and Unwin, 1955), p. 333.
(32)　Ian MacKillop, *F. R. Leavis: A Life in Criticism* (London: Allen Lane, 1995), p. 325.
(33)　Collini, "Introduction," p. lxv.
(34)　Hollinger, "Science as a Weapon in *Kulturkampfe* in the United States During and After World War II," *Isis* 86 (September 1995), pp. 440–454.
(35)　David Cannadine, "C. P. Snow, 'The Two Cultures,' and the 'Corridors of Power' Revisited," in *Yet More Adventures with Britannia*, ed., Wm. Roger Louis (London: I. B. Tauris, 2005), p. 113.
(36)　*Ibid.*
(37)　David Edgerton, *Warfare State: Britain 1920–1970* (Cambridge University Press, 2006), p. 197. エジャートンがこの文脈で引用している作家にはほかに，エリック・アンブラー，ウィリアム・クーパー，ナイジェル・ボールチン，そしてネヴィル・シュートがいる（もちろん，前の世代のそうした作家のなかでもっとも重要なのは，H・G・ウェルズであった）．スノーと『二つの文化』にかんするエジャートンの修正主義の主張のさらなる詳細については，以下を参照のこと．*Warfare State*, pp. 191–210; Edgerton, "C. P. Snow as Anti-Historian of British Science: Revisiting the Technocratic Moment, 1959–1964," *History of Science* 43 (June 2005), pp. 187–208.
(38)　初期の頃の同様の原動力については，Frank Miller Turner, "Public Science in Britain, 1880–1919," *Isis* 71 (December 1980), pp. 589–608 を参照のこと．
(39)　リーヴィスはリッチモンド講演で同様のアプローチを採用した．「スノーは大西洋の両岸の大勢の一般大衆にとって，優れた知性の持ち主となり，賢者となった．彼の重要性は，彼を受け入れることにはっきりと表われている文化的状況によって，権威ある知者として受け入れられていることである」（Leavis, *Two Cultures?*, p. 10）．この歴史記述についてのさらなる解説については，Guy Ortolano, "The Literature and the Science of 'Two Cultures' Historiography," *Studies in History and Philosophy of Science* 39 (March 2008), pp. 143–150 を参照のこと．
(40)　この文脈では，「近代文明」という用語は，たとえ歴史のカテゴリーとしては問題含みであったとしても，毒気のない「近代性《モダニティ》」よりは有利な点がある．「近代性」の持つ分析的で客観的な含意は，スノーとリーヴィスがまったく別の時代——学者たちによって確認済みであり，彼らが異なる意見を持っている時代——が本当に始まったのに反応しているのだということを，ほのめかすだろう．対照的に，「近代文明」は，多くの点で矛盾をはらんでいる彼ら自身の歴史および社会の理解に言及しているものと解釈されるべきであり，その内容は第 1 章および第 2 章で検討される．「近代」と「文明」というカテゴリーの出現および批評の概観については，Barbara Weinstein, "Developing Inequality," *American Historical Review* 113 (February 2008), pp. 1–18 を参照のこと．
(41)　20世紀の英国におけるリベラリズムの運命は難しい問題である．自由党の消滅後にそれが——とくに知識人のあいだで——存続していたのを見るにあたって，私は Peter Clarke, *Liberals and Social Democrats* (Cambridge University Press, 1978) にしたがっている．ジェイムズ・クローニンは社会的グループの運命を，表面的にはその

グループを代表している政党とは切り離している．James Cronin, *Labour and Society* (New York: Schocken, 1984).

(42)　Arthur Koestler, ed., *Suicide of a Nation? An Enquiry into the State of Britain Today* (London: Hutchinson, 1963)（元々は1963年7月の *Encounter* の特別号）; Martin Wiener, *English Culture and the Decline of the Industrial Spirit, 1850–1980* (Cambridge University Press, 1981; 2nd edn., 2004)．そのジャンルには多くの重要な作品とならんで，Michael Shanks, *The Stagnant Society: A Warning* (Baltimore: Penguin, 1961) や，Perry Anderson, “Origins of the Present Crisis,” *New Left Review* 23 (January-February 1964), pp. 26–53 も含まれている．この文献は，Edgerton, *Warfare State*, Chapter 5, および Jim Tomlinson, *The Politics of Decline: Understanding Postwar Britain* (Harlow: Longman, 2001) において論じられている．

(43)　後者については，David Edgerton, “The Prophet Militant and Industrial: The Peculiarities of Correlli Barnett,” *Twentieth Century British History* 2 (1991), pp. 360–379; Edgerton, *Science, Technology, and the British Industrial 'Decline', 1870–1970* (Cambridge University Press, 1996); Jim Tomlinson, “Inventing 'Decline': The Falling Behind of the British Economy in the Postwar Years,” *Economic History Review* 49 (1996), pp. 731–757 を参照のこと．

(44)　*English Culture and the Decline of the Industrial Spirit* (2004) のリプリント版の前書きのなかで，ウィーナは自分の本とケストラーおよび『国家の自殺？』を，そしてトム・ネアン，ペリー・アンダーソン，そして *New Left Review* (pp. xiii–xv) を結びつけている．エジャートンは，スノーの講演が行なわれ，ケストラーの著作とアンダーソンの “Origins of the Present Crisis” が発表された1959年から1964年という時期のことを，英国史における「技術家主義期」と呼び，それによって，この時期に英国の制度に対する技術家主義の批判が花開いたことを意味している（*Walfare State*, Chapter 5）．この批評は，トムリンソンが *The Politics of Decline* で説明した理由を挙げて，経済的衰退に対する不安とそこからの回復方法を政治的討論の中心へと押し出した．ウィーナは1970年代にその著作の着想を得て，当時の自分の考えにケストラー，ネアン，そしてアンダーソンが影響を及ぼしたことを認め，自分の主張が技術家主義期に花開いた議論を特徴としていることを裏づけている．したがって，*English Culture and the Decline of the Industrial Spirit* は近代英国の歴史記述のランドマークでありつづけているが，今日，その重要性は，近代英国史の主要テーマの説明というよりも，むしろその一例としてのものである．

(45)　ウィーナに加えて以下を参照のこと．Correlli Barnett, *The Audit of War: The Illusion and Reality of Britain as a Great Nation* (London: Macmillan, 1986); Barnett, *The Lost Victory: British Dreams, British Realities, 1945–1950* (London: Macmillan, 1995); S. N. Broadberry and N. F. R. Crafts, “British Economic Policy and Industrial Performance in the Early Post-war Period,” *Business History* 38 (1996), pp. 65–91; Broadberry and Crafts, “The Post-war Settlement: Not Such a Good Bargain after All,” *Business History* 40 (1998), pp. 73–79; Sidney Pollard, *The Wasting of the British Economy: British Economic Policy from 1945 to the Present* (London: Croom Helm, 1982); David Coates, *The Question of UK*

*Decline: State, Society, and Economy* (London: Harvester Wheatsheaf, 1994). ここでは横ならびになっているが，これらの著作のあいだには相当な差異があることにふれておくのは重要なことである．トムリンソンのこの文献についての解説を参照のこと．"Economic 'Decline' in Post-war Britain," in *A Companion to Contemporary Britain, 1939–2000*, ed. Paul Addison and Harriet Jones (Oxford: Blackwell, 2005), pp. 164–179.

(46) 例えば，Andrew Marr, *A History of Modern Britain* (London: Macmillan, 2007). マーの著作は，厳密な意味で「衰退主義者」の説明に分類するにはあまりに折衷主義で楽観的であり，彼は修正主義者のジョージ・バーンスタインによる *The Myth of Decline: The Rise of Britain since 1945* (London: Pimlico, 2004) を共感を持って引用している．しかし，1951年から1979年を扱った第2部，第3部のなかでは，マーは頻繁に "Suicide of a Nation?" 批判に注意を向けている――例えば，彼は，「それは戦時下の立案者であるハロルド・ウィルソンによって明確に表現された科学および専門職業意識への，同様に曖昧で陽気で妖精は庭にいると信じているような信仰だった．だが，科学はもちろん専門職業意識も悲しいことに欠けていたのだ」(p. 243) と述べている（強調は筆者による）．

(47) 衰退主義を歴史的に分析した初期の説明を二つ挙げれば，McCloskey, *If You're So Smart*, pp. 40–55 および David Edgerton, *England and the Aeroplane: An Essay on a Militant and Technological Nation* (Basingstoke: Macmillan, 1991) であった．エジャートンはまた英国文化において科学と科学技術が周辺に追いやられたことをめぐる見解に，*Science and Technology, and the British Industrial 'Decline', 1870–1970* で異議を唱えており，*Warfare State* では，20世紀英国にかんする「ポスト衰退主義的」説明と彼が名づけたものを唱道している．トムリンソンは経済的衰退についての観念の出現を，"Inventing 'Decline'" において歴史化している．彼は「戦後の英国での経済的「衰退」における概念の歴史的起源およびそれをめぐる歴史研究の動向を論じている．そして，彼は *The Politics of Decline* において，「衰退」がどう政治利用されてきたか（そしてされつづけているか）について検証している．Peter Clarke and Clive Trebilcock, eds., *Understanding Decline: Perceptions and Realities of British Economic Performance* (Cambridge University Press, 1997); Richard English and Michael Kenny, eds., *Rethinking British Decline* (London: Macmillan, 2000); W. D. Rubinstein, *Capitalism, Culture, and Economic Decline in Britain, 1750–1990* (London: Routledge, 1993); Barry Supple, "Fear of Failing: Economic History and the Decline of Britain," *Economic History Review* 47 (1994), pp. 441–458も参照のこと．歴史記述におけるその概念の重要性に疑問を呈しているのは，McCloskey, *If You're So Smart* および Lawrence Black and Hugh Pemberton, "Introduction: The Uses (and Abuses) of Affluence," in *Affluent Society? Britain's Post-war "Golden Age" Revisited* (Aldershot: Ashgate, 2004), pp. 1–13である．

(48) C. Feinstein, "Benefits of Backwardness and Costs of Continuity," in *Government and Economies in the Post-war World: Economic Policies and Comparative Performance*, ed. Andrew Graham and Anthony Seldon (London: Routledge, 1990), pp. 288, 291; N. F. R. Crafts, "The Golden Age of Economic Growth in Western Europe, 1950–1973, *Economic History Review* 48 (1995), pp. 429–447; Alan Booth, "The Manufacturing Failure Hypothesis and

the Performance of British Industry during the Long Boom," *Economic History Review* 56 (2004), pp. 1–33; C. Feinstein, "Structural Change in the Developped Countries during the Twentieth Century," *Oxford Review of Economic Policy* 15 (1999), pp. 35–55.

(49)　Tomlinson, "Economic 'Decline' in Post-war Britain," p. 175.

(50)　こう指摘しているのは *England and the Aeroplane* のエジャートンと，*If You're so Smart* のマクロスキー，そして *Contemporary British History* 10 (Summer 1996), p. 250 掲載のトムリンソンによる Booth, *British Economic Development since 1945* の書評である．

(51)　エジャートンとトムリンソンの著作に加えて，以下も参照のこと．Ian Budge, "Relative Decline as a Political Issue: Ideological Motivations of Politico-Economic Debate in Post-war Britain," *Contemporary Record* 7 (Summer 1993), pp. 1–23; Guy Ortolano, "'Decline' as a Weapon in Cultural Politics," in *Penultimate Adventures with Britannia*, ed. Wm. Roger Louis (London: I. B. Tauris, 2008), pp. 201–214. 初期の頃の「衰退」という仮定および衰退主義という前提に対する批判的な見方については，Martin Daunton and Bernhard Rieger, eds., *Meanings of Modernity: Britain from the Late-Victorian Era to World War II* (Oxford: Berg, 2001) を参照のこと．

(52)　ケストラーは "Suicide of a Nation?" の序文で以下のように主張した．「私たちは心理的要因と文化的態度が経済的な災いの根底にあるのだと……考えている——帝国の喪失ではないのだ……英国を苦しめているのは帝国の喪失ではなく，発奮材料の喪失である」. Introduction: The Lion and the Ostrich," *Encounter*, July 1963, p. 8（強調は原文）．スノーは『二つの文化』において「科学的文化が出現してもほとんど衰えることなく，西欧世界を操っているのが，伝統的文化である」と主張し，続けて，「この文化の分離は……十中八九，イングランドにおいてもっともはっきりしているように思われる」と断言した．Snow, *The Two Cultures*, pp. 11, 16.

(53)　Jim Tomlinson, "The Decline of the Empire and the Economic 'Decline' of Britain," *Twentieth Century British History* 14 (2003), pp. 201–221; Edgerton, *Warfare State*, Chapter 5.

(54)　エジャートンによれば，「衰退主義を切り崩すということは，20世紀の英国史の多くの側面を根本的に再考することをともなう……それはまさしく，近代英国史を分析する際に前提とされたことを理解することにかかわっているのだ」. Clarke and Trebilcock, eds., *Understanding Decline* の書評，*Historical Journal* 42 (March 1999), pp. 313–314. 衰退主義者による英国文化の特徴づけに対する再考については，以下を参照のこと．Peter Mandler, "Against 'Englishness': English Culture and the Limits to Rural Nostalgia, 1850–1940," *Transactions of the Royal Historical Society*, 6th series, 7 (1997), pp. 155–175; Mandler, "The Consciousness of Modernity? Liberalism and the English National Character, 1870–1940," in *Meanings of Modernity*, ed. Martin Daunton and Bernhard Rieger (Oxford: Berg, 2001), pp. 119–144; Mandler, *The English National Character: The History of an Idea from Edmund Burke to Tony Blair* (New Haven: Yale, 2006). 自意識的な「ポスト衰退主義者」の分析の例，とくに科学と科学技術についての衰退主義者の主張を扱ったものについては，（エジャートンの *Warfare State* に加えて）S. Wagar H. Zaidi, "Barnes Wallis and the 'Strength of England'," *Technology and Culture*

49 (2008), pp. 62–88 を参照のこと．

(55) E. J. Hobsbawm, *The Age of Extremes: A History of the World, 1941–1991* (New York: Pantheon, 1994). ポール・アディソンは，政治的コンセンサスは「1950年頃から1975年頃まで」存在したとしている．Paul Addison, "The Impact of the Second World War," in *A Companion to Contemporary Britain, 1939–2000*, ed. Paul Addison and Harriet Jones (Oxford: Blackwell, 2005), p. 15. その概念の再考については，Harriet Jones and Michael Kandiah, eds., *The Myth of Consensus: New Views on British History, 1945–1964* (New York: St. Martin's 1966) を参照のこと．

(56) こうした傾向は継続するばかりだった．1950年から1970年のあいだ，国家に雇用された労働人口の率は8パーセントから17パーセントに上昇した（国有化された産業を含めれば，その数字は27パーセントに上がる）が，一方，1957年から1969年に大企業上位200社が製造した生産物のシェアは73パーセントから86パーセントに増加した．H. Perkin, *The Rise of Professional Society: England since 1880* (London: Routledge, 1989), p. 437.

(57) Perkin, *The Rise of Professional Society*, p. 2. この時期以前の専門的職業については，Penelope J. Corfield, *Power and the Professions in Britain, 1700–1850* (London: Routledge, 1995) を参照のこと．パーキンの意味での「専門家社会」という用語は，専門的職業が存在している社会のことを言っているのではなく，もっと正確に言えば，特別な方法で専門的職業の周囲に作り上げられた社会のことを言っている．この社会の起源については，Perkin, *The Origins of Modern English Society, 1780–1880* (London: Routledge, 1969) を，国際的な展望，言いかえれば戦後の「安定期」以後の物語に続く展望については，Perkin, *The Third Revolution: Professional Elites in the Modern World* (London: Routledge, 1996) を参照のこと．

(58) Snow, *The Two Cultures*, p. 11; Koestler, "The Lion and the Ostrich," p. 8; Wiener, *English Culture and the Decline of the Industrial Spirit*, p. 139.

(59) スノーの官僚としてのキャリア，および「新しい男の代表例」「新しい専門的なミドルクラス」という彼の地位については，Edgerton, *Warfare State*, p. 197 を参照のこと．専門的知識に対する文芸批評家の主張の展開にとってのリーヴィスの重要性については，Carolyn Steedman, "State-Sponsored Autobiography," in *Moments of Modernity: Reconstructing Britain, 1945–1964*, ed. Becky Conekin, Frank Mort and Chris Waters (London: River Oram, 1999) pp. 41–54 を参照のこと．

(60) Perkin, *The Rise of Professional Society*, p. 405.

(61) このアプローチを採用するにあたって，「有益な文化分析は，特性の種類のパターンの発見をもって始まり，一般的な文化分析は，これらのパターンの関係にかかわるものである．その関係は，時にはこれまで別々に考えられていた活動の予期せぬアイデンティティや類似点を明らかにし，時には予期せぬ種類の不連続性も明らかにするのだ」というレイモンド・ウィリアムズの洞察が重要だという点で，私はウィーナと同意見である．Raymond Williams, *The Long Revolution* (London: Chatto and Windus, 1961), p. 47, Wiener, *English Culture and the Decline of the Industrial Spirit*, p. x に引用されている．

(62)　Anthony Sampson, *Anatomy of Britain* (London: Hodder and Stoughton, 1962), p. xii; Sampson, *Anatomy of Britain Today* (London: Hodder and Stoughton, 1965), p. 669 ほか.

(63)　Michael Young, *The Rise of Meritocracy, 1870–2033: An Essay on Education and Equality* (London: Thames and Hudson, 1958).

(64)　「戦中から1960年代半ばまでというのは，専門家と彼らの知識が数量的に増大した時期である」. Conekin, Mort and Waters, *Moments of Modernity* (London: Rivers Oram, 1999), pp. 14–15. 専門家，すなわち専門職に就いた中産階級が1939年から1970年に台頭したことについては，Edgerton, *Warfare State*, pp. 145–190 を参照のこと．この風潮の前触れおよび軌跡については，とくに p. 173に際立った説明がある．

(65)　Conekin, Mort, and Waters, *Moments of Modernity*, pp. 14–15. コネキンは *The Autobiography of a Nation: The 1951 Festival of Britain* (Manchester Unversity Press, 2003), p. 34 において，「戦後の新しい公的領域は，専門家と知的職業人に支配された」と論じている．

(66)　Conekin, *The Autobiography of a Nation*; Conekin, "'Here is the Modern World Itself': The Festival of Britain's Representations of the Future," in *Moments of Modernity*, ed. Becky Conekin, Frank Mort and Chris Waters (London: Rivers Oram, 1999), pp. 228–246.

(67)　Baz Kershaw, "Oh, for Unruly Audiences! Or, Patterns of Participation in Twentieth-Century Theatre," *Modern Drama* 44 (Summer 2001), pp. 135–154; Dan Rebellato, *1956 and All That: The Making of Modern British Drama* (London: Routledge 1999).

(68)　ウィムジーからボンドへの変遷の重要性は，Peter Clarke, *Hope and Glory: Britain, 1900–1990* (London: Allen and Lane, 1996), p. 274 において指摘されている．ボンドについてのさらなる論考については，Dominic Sandbrook, *Never Had It So Good: A History of Britain from Suez to the Beatles* (London: Little, Brown, 2005), Chapter 16を参照のこと．ボンドの重要性についての別の解釈，すなわち，彼はフレミングの「社会主義者の英国への反動」(p. 108) の産物だとする解釈については，Simon Winder, *The Man Who Saved Britain: A Personal Journey into the Disturbing World of James Bond* (New York: Farrar, Straus, and Giroux, 2006) を参照のこと．

(69)　Joseph Morgan Hodge, *Triumph of the Expert: Agrarian Doctrines of Development and the Legacies of British Colonialism* (Athens: Ohio University Press, 2007), p. 12. 以下も参照のこと．Frederick Cooper and Randall Packard, Introduction to *International Development and the Social Sciences: Essays on the History and Politics of Knowledge*, ed. Cooper and Packard (Berkeley: University of California Press, 1997), p. 13; Monica van Beusekom and Dorothy Hodgson, "Lessons Learned? Development Experiences in the Late Colonial Period," *Journal of African History* 41 (2000), p. 31.

(70)　*Scientific Manpower: Report of a Committee Appointed by the Lord President of the Council* (London: HMSO, 1946; cmnd. 6824), p. 631.

(71)　H. Perkin, *Key Profession: The History of the Association of University Teachers* (New York: A. M. Kelley, 1969), p. 218.

(72)　Anthony Crossland, *The Future of Socialism* (London: Jonathan Cape, 1956). 近代化の推進者が経験した困難については，Lawrence Black, *The Political Culture of the Left in*

*Affluent Britain, 1951–64: Old Labour, New Britain?* (Basingstoke: Palgrave Macmillan, 2003) を参照のこと．1950年代初頭の科学と近代化の訴えについては，Conekin, *The Autobiograpy of a Nation* を参照のこと，1960年代初頭については，Sandbrook, *White Heat* のとくに Chapter 3 を参照のこと．

(73) Jim Tomlinson, "Conservative Modernization 1960–64: Too Little, Too Late?" *Contemporary British History* 11 (Autumn 1997), pp. 18–38.

(74) Perkin, *The Rise of Professional Society*, p. 449; Marr, *A History of Modern Britain*, p. 248. Roy Lowe, "Education," in *A Companion to Contemporary Britain, 1939–2000*, ed. Paul Addison and Harriet Jones (Oxford: Blackwell, 2005), pp. 281–296 も参照のこと．

(75) Perkin, *Key Profession*, pp. 132, 218.

(76) この立場が敵対した過去の実情および過去への固執については，David Kynaston, *Austerity Britain: 1945–1951* (London: Bloomsbury, 2007); Ferdinand Mount, "Ration Book," *Times Literary Supplement*, 15 June 2007, pp. 7–8 を参照のこと．

(77) スノーは，自分の二項対立の非科学的な方を挙げるにあたって「人文学」「文学に造詣の深い知識人」「伝統的な文化」を行きつ戻りつした（そして「科学」と「科学者」について語る際，彼はたいてい物理学と物理学者を代表として取り上げた）．これらのカテゴリーはきちんとした分野と解釈されるべきではなく，非科学的なものに言及する際の一般的な用語ですらない．これらの用語の順応性がスノーを批判する人々に挫折感を与えた一方で，その順応性は，いかにしてこの表向きは単一の分野が，時代，文脈，そして目的にしたがって異なって定義されたり引き合いに出されたりするようになったのかという建設的で歴史的な問題を提起した．これらの主張がなされたとき，スノーとリーヴィスが（スノーは実践する者として，リーヴィスは批評する者として）ともに自らの権威を引き出した分野であったのが文学だったので，その用語が本書の題名に使われている．

(78) Shapin and Schaffer, *Leviathan and the Air-Pump*.

(79) サンドブルックは *Never Had It So Good* および *White Heat* において，同じように英国における1960年代を1956–1970年と位置づけている．アーサー・マーウィックが1958–1974年を選んだのは，彼の見事に国際的な大局観である *The Sixties: Cultural Revolution in Britain, France, Italy, and the United States, c.1958–c.1974* (Oxford University Press, 1998) の帰結である．

(80) David Wootton, "Liberalism," *The Oxford Companion to Twentieth-Century British Politics*, ed. John Ramsden (Oxford University Press, 2002), pp. 380–381 を参照のこと．

(81) Paul White, *Thomas Huxley: Making the "Man of Science"* (Cambridge University Press, 2003); John Guillory, "The Sokal Affair and the History of Criticism," *Critical Inquiry* 28 (Winter 2002), pp. 470–508. *History of Science* 43 (2005) の「二つの文化」特集号も参照のこと．

## 1　C・P・スノーと技術家主義のリベラリズム

（1）　C. P. Snow, “The Two Cultures and the Scientific Revolution,” *Encounter*, June 1959, pp. 17–24; July 1959, pp. 22–27; Water Allen, *et al.*, “A Discussion of C. P. Snow's Views,” *Encounter*, August 1959, pp. 67–73.

（2）　Allen, “A Discussion of C. P. Snow's Views,” pp. 67–68, p. 67; A. C. B. Lovell, “A Unified Culture,” *Encounter*, August 1959, p. 68; Bertrand Russell, “Snobbery,” *Encounter*, August 1959, p. 71.

（3）　J. H. Plumb, “Welfare or Release,” *Encounter*, August 1959, p. 68.

（4）　C. P. Snow, “The 'Two-Cultures' Controversy: Afterthoughts,” *Encounter*, February 1960, p. 65.

（5）　この文通におけるプラム側の書簡は，スノーの文書とともに，Harry Ransom Humanities Research Center (HRC): Snow 166.1–166.18 に保存されている．スノー側の書簡はプラムの文書とともに，Cambridge University Library (CUL) に収められている．

（6）　スノーがプラムに書いてもらおうと提案したことは，*Encounter* の共同編集者のメルヴィン・ラスキからの手紙に残っている彼の手書きのメモから推察される．ラスキからスノー宛書簡，1959年5月8日，HRC: Snow 94.17; プラムの小論をスノーが感謝をこめて受け取ったことは，1959年7月7日付けのプラム宛の書簡に記録されている．CUL: Plumb Papers, File “Snow 1946 to 1968,” Box “C. P. Snow + Pam, 1946 to 1968.”

（7）　スノーからチャールズ・E・カニンガム宛の書簡，1948年8月11日，Harry Ransom Humanities Research Center (HRC): Snow 144.10.

（8）　Philip A. Snow, *Stranger and Brother: A Portrait of C. P. Snow* (London: Macmillan, 1982), p. xiii.

（9）　Pamela Hansford Johnson, 引用元は John Halperin, *C. P. Snow: An Oral Biography, Together with a Conversation with Lady Snow (Pamela Hansford Johnson)* (New York: St. Martin's Press, 1983), p. 252.

（10）　この素材は，William Cooper, “C. P. Snow,” in *British Writers*, ed. Ian Scott-Kilvert (New York: Scribner's, 1984), vol. VII, pp. 321–341, および Stanley Weintraub, “Snow, Charles Percy, Baron Snow (1905–1980),” *Oxford Dictionary of National Biography* (Oxford University Press, 2004) から取ったものである．Halperin, *C. P. Snow* および Philip A. Snow, *Stranger and Brother* に加えて，David Cannadine, “C. P. Snow, 'The Two Cultures,' and the 'Corridors of Power' Revisited,” in *Yet More Adventures with Britannia*, ed. Wm. Roger Louis (London: I. B. Tauris, 2005), pp. 101–118; David Shusterman, “C. P. Snow,” *Dictionary of Literary of Biography, Vol. 15: British Novelists, 1930–1959; Part 2: M-Z*, ed. Bernard Oldsey (Detroit: Gale, 1983), pp. 472–490も参照のこと．

（11）　Snow, *Time of Hope* (London: Faber and Faber, 1949).

(12) Philip A. Snow, *Stranger and Brother*, p. 52.

(13) Snow, *Strangers and Brothers* (London: Faber and Faber, 1940), のちに *George Passant* と改題.

(14) J. C. D. Brand, "The Scientific Papers of C. P. Snow," *History of Science* 26 (June 1988), p. 112. 以下，スノーの科学上の仕事についての説明は，ブランドの論文に依拠している.

(15) Halperin, *C. P. Snow*, p. 19.

(16) Brand, "The Scientific Papers of C. P. Snow," pp. 124–125.

(17) *Ibid.*, p. 115.

(18) "Birth of a Vitamin," *Times*, 13 May 1932, p. 11.

(19) F. P. Bowden and C. P. Snow, "Photochemistry of Vitamins A, B, C, D," *Nature*, 14 May 1932, p. 720.

(20) "Triumph of Young Scientist," *Leicester Mercury*, 12 May 1932, p. 9.

(21) I. M. Heilbron and R. A. Morton, "Photochemistry of Vitamins A, B, C, D," *Nature*, 11 June 1932, pp. 866–867; F. P. Bowden and C. P. Snow, "Photochemistry of Vitamins A, B, C, D," *Nature*, 25 June 1932, p. 943.

(22) Brand, "The Scientific Papers of C. P. Snow," p. 119 に引用.

(23) C. P. Snow, *Death under Sail* (London; Heinemann, 1932).

(24) "A New Detective," *John O'London's Weekly*, 30 July 1932, HRC: Snow, Addition to His Papers, 7.5.

(25) C. P. Snow (anonymously), *New Lives for Old* (London: Victor Gollancz, 1933); Snow, *The Search* (Victor Gollancz, 1934); Dorothy Sayers, *Gaudy Night* (London: Victor Gollancz, 1935).

(26) Philip A. Snow, *Stranger and Brother,* p. 50. *Discovery* については，Nicola M. R. Perrin, "Discovery: A Monthly Journal of Popular Knowledge," 未刊行の MSc thesis, University of London (1999) を参照のこと.

(27) *Times Literary Supplement*, 14 November 2003, p. 16.

(28) C. P. Snow, *Public Affairs* (New York: Scribner's, 1971), p. 187.

(29) ステファン・コリーニによる『二つの文化』の序論を参照のこと．Snow, *The Two Cultures* (Cambridge University Press, 1993), pp. xxii–xxv. 1930年代のケンブリッジにおける科学と政治問題については，Gary Werskey, *The Visible College: The Collective Biography of British Scientific Socialists of the 1930s* (London: Allen Lane, 1978) を参照のこと．より広い文脈については，William McGucken, *Scientists, Society, and State: The Social Relations of Science Movement in Great Britain, 1931–1947* (Columbus: Ohio State University Press, 1984) を参照のこと.

(30) C. P. Snow, *The Two Cultures and the Scientific Revolution* (Cambridge University Press, 1959), pp. 4–5.

(31) 科学と科学者に対するスノーの考えについては，*Public Affairs* に収められた論文，とくに "Science and Government" および "The Moral Un-neutrality of Science" を（"The Two Cultures" に加えて）参照のこと．ほかに，"The Men of Fission," *Holiday*, April

1958), pp. 95, 108–115, および “The Age of Rutherford,” *Atlantic Monthly*, November 1958, pp. 76–81 も参照のこと．科学者は，彼の小説，とくに *The Search*, *The New Men* (London: Macmillan, 1954) および *The Affair* (London: Macmillan, 1960) において，目立った存在となっている．

（32） スノーからS・ゴーリー・プット宛書簡，1934年４月10日，HRC: Snow 134.7. リーヴィスはデニス・トンプソンとの共著である *Culture and Environment* (London: Chatto and Windus, 1933) において，それほどあからさまにではないものの，好意的にスタートのことを論じていた．

（33） スノーからプット宛書簡，1934年12月23日，HRC: Snow 134.4. スノーがウェルズに一体感を覚えていたこと，およびケンブリッジの英文学におけるウェルズの受容に彼が憤慨していたことは，コリーニによる『二つの文化』の序論を参照のこと．Snow, *The Two Cultures* (1993), pp. xxiii-xxv.

（34） スノーは『二つの文化』のほかに，例えば “Valedictory,” *Sunday Times*, 28 December 1952, p. 7 および “Challenge to the Intellect,” *Times Literary Supplement*, 15 August 1958, p. 2946 でしばしばこの議論をくりかえした．その最初期のものの一つが，1948年に執筆され，以下で論じている *The Mermaid* のための提案に現われていた．

（35） デイヴィッド・ランドはのちに，もっとよく知られることになる名称（第二次産業革命）と時代区分（19世紀後半）を，David Landes, *The Unbound Prometheus: Technological Change and Industrial Development in Western Europe from 1750 to the Present* (Cambridge University Press, 1969) において提唱した．

（36） C. P. Snow, *The Masters* (London: Macmillan, 1951), p. 34.

（37） *Ibid.*

（38） Halperin, *C. P. Snow*, p. 149.

（39） スノーからプット宛書簡，1947年11月29［24？］日，HRC: Snow 134.5.

（40） スノーからプット宛書簡，1948年２月17日，HRC: Snow 134.5.

（41） スノーからプット宛書簡，1947年11月29［24？］日，HRC: Snow 134.5.

（42） スノーの運動は戦後の「リアリズムへの回帰」を求める多くの声の一つだった．その語りの問題については，Marina MacKay, “ ‘Doing Business with Totalitaria’: British Late Modernism and the Politics of Reputation,” *ELH* 73 (2006), pp. 729–753 を参照のこと．同著者の *Modernism and World War II* (Cambridge University Press, 2007) も参照のこと．

（43） ジャーハーディについては，Bo Gunnarsson, *The Novels of William Gerhardie* (Abo Akademi University Press, 1995); Michael Holroyd, “Gerhardie, William Alexander (1895–1977),” *Oxford Dictionary of National Biography* (Oxford University Press, 2004); Donna Olendorf, “Gerhardie, William Alexander,” *Contemporary Authors*, ed. Linda Metzger and Deborah A. Straub, New Revision Series (Detroit: Gale, 1986), vol. XVIII, pp. 179–181 を参照のこと．ジャーハーディは1967年に自分の名字に “e” を付け加えて “Gerhardi” から “Gerhardie” にした．

（44） スノーは早くも1935年に，チェーホフやウェルズに加えてジャーハーディの作

品をプットに勧めた．スノーからプット宛書簡，1935年9月1日，Caroline Nobile Gryta, "Selected Letters of C. P. Snow: A Critical Edition," 未刊行の PhD dissertation, Pennsylvania State University (1988), p. 84 より引用．

(45) スノーからジャーハーディ宛書簡，1948年1月27日，Cambridge University Library (CUL): Snow-Gerhardie correspondence, File 8292/23/1.

(46) スノーからジャーハーディ宛書簡，1948年2月12日，CUL: Snow-Gerhardie correspondence, File 8292/23/2; 1948年2月27日，File 8292/23/4.

(47) *Sunday Times*, 23 May 1948, CUL: Snow-Gerhardie correspondence, File 8292/23/7 に含まれている．ジャーハーディは自分の書いたものをこのように特徴づけることに実際のところは抵抗したが，スノーはたちどころに事を円滑に運んだ．スノーからジャーハーディ宛書簡，1948年5月25日，CUL: Snow-Gerhardie correspondence, File 8292/23/9.

(48) プットからスノー宛書簡，1948年2月20日，CUL: Snow-Gerhardie correspondence, File 8292/23/3.

(49) ジョンソンからスノー宛書簡，1948年3月11日，HRC: Snow 111.4.

(50) スノーからハリー・ホフ宛書簡，1940年3月［？］26日，Gryta, "Selected Letters of C. P. Snow," pp. 112–113.

(51) ジョンソンについてのこの資料は，Alan Maclean, "Johnson, Pamela Helen Hansford [married name Pamela Helen Hansford Snow, Lady Snow] (1912–1981)," *Oxford Dictionary of National Biography* (Oxford University Press, 2004), およびジョンソンの回想録である *Important to Me* (New York: Scribner's, 1974) からのものである．

(52) Pamela Hansford Johnson, *Important to Me*, pp. 140–149.

(53) Pamela Hansford Johnson, *This Bed Thy Centre* (London: Chapman and Hall, 1935).

(54) Halperin, *C. P. Snow*, p. 248.

(55) ジョンソンは小説の置かれた状況について，"The Sickroom Hush over the English Novel," *List*, 11 August 1949 において論じた．Rubin Rabinovitz, *The Reaction against Experiment in the English Novel, 1950–1960* (New York: Columbia University Press, 1967), pp. 5–6 に引用されている．

(56) Cooper, "C. P. Snow," p. 339.

(57) William Cooper, "Reflections on Some Aspects of the Experimental Novel," in *International Literary Annual*, ed. John Wain (London: John Calder, 1959). Rabinovitz, *The Reaction against Experiment in the English Novel*, pp. 6–7 で論じられている．

(58) William Cooper, *Scenes from Provincial Life* (London: Jonathan Cape, 1950).

(59) "Hoff, Harry S(ummerfield)," *Contemporary Authors*, ed. Linda Metzger and Deborah A. Straub, New Revision Series (Detroit: Gale, 1987), vol. XX, p. 232 に引用されている．

(60) スノーからプット宛書簡，1948年3月25日，HRC: Snow 169.10; ジョンソンからスノー宛書簡，1948年3月11日，HRC: Snow 111.4.

(61) スノーからプット宛書簡，1948年3月25日，HRC: Snow 169.10.

(62) スノーからフランシス・キング宛書簡，1948年4月18日および22日，10月27日，HRC: Snow 134.10.

（63）“The MERMAID Proposal,” HRC: Snow 111.4. 最終版を編集者に提出した際，ジョンソンはスノーが（グループに相談しながら）書類を執筆したことを明らかにした．ジョンソンからロバート・ラスティ宛書簡，日付不詳，HRC: Snow 111.4.

（64）“The MERMAID Proposal,” HRC: Snow 111.4.

（65）ジョンソンからプラム宛書簡，1948年5月15日，CUL: Plumb papers, Box “C. P. Snow + Pam: 1946 to 1968,” File “Snow 1946 to 1968.”

（66）スノーからジョンソン宛書簡，1944年11月23日，Gryta, “Selected Letters of C. P. Snow,” p. 129.

（67）プットからスノー宛書簡，1948年5月20日，HRC: Snow 169.10.

（68）プットからスノー宛書簡，1948年6月19日，HRC: Snow 169.10.

（69）プットからスノー宛書簡，1948年7月16日，HRC: Snow 169.11.

（70）1948年2月24日付けのスノーからの書簡についてのプットの注釈，HRC: Snow 134.5.

（71）プットからスノー宛書簡，1948年5月20日，1948年6月19日，HRC: Snow 169.10.

（72）1948年6月2日付けのスノーへの書簡についてのプットの注釈，HRC: Snow 134.8.

（73）スノーからプット宛書簡，1948年6月13日，HRC: Snow 134.6. この手紙に自ら注釈を付けた際，プットは彼とプライス＝ジョーンズが戦時中に同僚だったと説明した．

（74）スノーからピーター・デュ・サウトイ宛書簡，1949年1月25日，HRC: Snow 85.1.

（75）Leonard Russell, “Billiard-Room Talks,” *Sunday Times*, 6 March 1960, p. 18.

（76）スノーからフィリップ・A・スノー宛書簡，1948年12月22日，Philip A. Snow, *Stranger and Brother*, p. 100 に引用されている．

（77）スノーからフィリップ・A・スノー宛書簡，1949年8月19日，Philip A. Snow, *Stranger and Brother*, p. 101 に引用されている．

（78）スノーからプット宛書簡，1949年1月19日，HRC: Snow 134.6. *Sunday Times* におけるスノーの書評活動をさらに論じているものについては，Rabinovitz, *The Reactions against Experiment in the English Novel* を参照のこと．

（79）C. P. Snow, “Cult of the Atrocious,” *Sunday Times*, 16 October 1949（タイプ原稿は HRC: Snow 34.2）.

（80）Snow, “Valedictory,” p. 7.

（81）*Ibid.*

（82）スノーからスペンサー・カーティス・ブラウン宛書簡，1950年1月2日，HRC: Snow 85.2.

（83）“New Novels,” *Spectator*, 14 May 1954, p. 600; “Snow: Major Road Ahead!” *New Statesman and Nation*, 22 September 1956, pp. 350–352; Helen Gardner, “The World of C. P. Snow,” *New Statesman*, 29 March 1958, pp. 409–410.

（84）Gardner, “The World of C. P. Snow,” p. 410.

（85）Lionel Trilling, “The Novel Alive or Dead,” *Griffin*, February 1955, p. 9. *The Griffin* は

リーダーズ・サブスクリプション・ブック・クラブの出版物だった．この号はスノーの蔵書に一冊収められている．HRC: PN 3354 T754 HRC.

(86) スノーからハーヴィー・カーティス・ウェブスター宛書簡，1958年3月4日，HRC: Snow 205.4. スノーはバークレー校の客員教授についてのニュースを1958年9月19日付けのホフへの手紙で報告した．HRC: Snow 118.3.

(87) Philip A. Snow, *Stranger and Brother*, p. 130.

(88) スノーからマイケル・ミルゲイト宛書簡，1961年3月1日，Gryta, "Selected Letters of C. P. Snow," p. 214.

(89) スノーからプット宛書簡，1935年9月1日，Gryta, "Selected Letters of C. P. Snow," p. 81; Philip A. Snow, *Stranger and Brother*, p. 60.

(90) 最初の三巻はフェイバー・アンド・フェイバーから出版され，*The Masters* 以降，スノーはマクミランに切り替えた．合冊版は，11作の小説のすべての改訂版を著者の意図した順（出版順というよりも）に収録したもので，1972年にマクミランから三巻本で出版された．

(91) "New Novels," *New Statesman and Nation*, 1 May 1954, p. 573; "New Novels," *Spectator*, 14 May 1954, p. 600.

(92) Ian MacKillop, *F. R. Leavis: A Life in Criticism* (London: Allen and Lane, 1995), p. 315.

(93) スノーからポドレツ宛書簡，1960年3月9日，HRC: Snow 165.10.

(94) "Interview with C. P. Snow," *English Literature* 3 (July 1962), pp. 106-107.

(95) Trilling, "The Novel Alive or Dead," p. 11.

(96) Snow, "The Moral Un-neutrality of Science," 1960年の講演で，*Public Affairs*, p. 187に再掲された．コリーニは，「『公務』に収録された論文はすべて，この全面的な男性社会の口調を反映している．その社会は元気のよい有能な実力者たちから成っているが，彼らは権力を握ることに意識的で，自分の目ざとさを誇らしく思って得意になっているのだ」と述べている．Collini, Introduction to Snow, *The Two Cultures*, p. lxx, n. 47.

(97) Snow, *The Two Cultures*, p. 51, n. 20. デイヴィッド・エジャートンは，第二次世界大戦後の英国の科学の「男性化」について，*Warfare State: Britain, 1920-1970* (Cambridge University Press, 2006), pp. 172-180 で論じている．

(98) Cooper, *C. P. Snow*, p. 333 に引用されている．

(99) Shusterman, "C. P. Snow," p. 489 に引用されている．

(100) Anthony Sampson, *Anatomy of Britain* (London: Hodder and Stoughton, 1962).

(101) スノーの政治に対する別の見方については，John de la Mothe, *C. P. Snow and the Struggle of Modernity* (Austin: University of Texas, 1992), Chapter 6 を参照のこと．

(102) スノーからプット宛書簡，1945年8月5日，HRC: Snow 134.8.

(103) C. P. Snow, *The Two Cultures: and A Second Look* (Cambridge University Press, 1964), p. 89.

(104) C. P. Snow, "New Men for a New Era," *Sunday Times*, 24 August 1958, p. 12.

(105) C. P. Snow, "The Corridors of Power," *Listener*, 18 April 1957, p. 620.

(106) *Ibid.*

(107) *Ibid.*

(108) Christopher Booker, *et al.*, *Private Eye's Romantic England* (London: Weidenfeld & Nicolson, 1963), p. 30.

(109) Asa Briggs, *Victorian People: A Reassessment of Persons and Themes, 1851–1867*, rev. edn. (University of Chicago Press, 1972), p. 12 に引用されている．スノーの著作は，*Trollope* (London: Macmillan,1975) であった．

(110) 以下も参照のこと．Arthur Koestler, ed., “Suicide of a Nation?” *Encounter*, July 1963（第 5 章で論じられている）．改訂版は，*Suicide of a Nation? An Enquiry into the State of Britain Today* (London: Hutchinson, 1963) として出版された．Sampson, *Anatomy of Britain;* Harold Perkin, *The Rise of Professional Society* (London: Routledge, 1989)．米国におけるこのイデオロギーの反響については，Paul Forman, “The Primacy of Science in Modernity, of Technology in Postmodernity, and of Ideology in the History of Technology,” *History and Technology* 23 (March/June 2007), pp. 1–152, とくに pp. 50–51 のダニエル・ベルの論考を参照のこと．

(111) C. P. Snow, “Recent Thoughts on the Two Cultures,” Foundation Oration, Birkbeck College, London, 12 December 1961, British Library: WP 8944/39.

(112) Philip A. Snow, *Stranger and Brother*, p. 161.

(113) ロバート・コンクェストは，*The Dragons of Expectations: Reality and Delusion in the Course of History* (New York: Norton, 2005), pp. 145–148 において，スノーの立場に批判的評価を下している．

(114) C. P. Snow, “Liberal Communism: The Basic Dogma, the Scope for Freedom, the Danger in Optimism,” *Nation*, 9 December 1968, pp. 617–623.

(115) Kingsley Amis, *Lucky Jim* (London: Gollancz, 1954)．エイミスは1954年 2 月 8 日の書簡で，スノーに対し「宣伝」への感謝を述べた．HRC: Snow 51.14.

(116) Rabinovitz, *The Reaction against Experiment in the English Novel*, p. 117.

(117) スノーからホフ宛書簡，1960年10月14日，Gryta, “Selected Letters of C. P. Snow,” p. 198.

(118) スノーからホフ宛書簡，1960年11月1日，HRC: Snow 118.3.

(119) Snow, 引用元は，Roy Newquist, *Counterpoint* (New York: Rand McNally, 1964), p. 555. スノーは，ロシア人の友人たちとのやりとりを思い出して，関連する点を指摘した．「50年代の作家のうち，ある者は抵抗していたように思われますが，実践的社会主義の観点からすると，まったくそうしたことはしていませんでした．つまり，そのうちのある者がその用語――「些細な抵抗の文学」――を作り上げたのです」．Snow, *Variety of Men* (London: Macmillan, 1967), p. 233.

(120) C. P. Snow, “The Two Cultures,” *New Statesman and Nation*,” 6 October 1956, pp.413–414.

(121) ホモセクシュアリティと人文学のつながりについては，David Edgerton, “Science and the Nation: Towards New Histories of Twentieth Century Britain,” *Historical Research* 78 (February 2005), pp. 96–112, とくに pp. 97, 103 を参照のこと．

(122) それらはこの第 1 回の議論には欠落しているが，コリーニは，スノーが文学に

造詣の深い知識人を「生まれながらのラッダイト」と呼んでいる点，およびもっと一般的な科学的文化と文学的文化についての彼の概念が，1930年代のケンブリッジにおけるスノーの経験にさかのぼることに注目している．Collini's introduction to Snow, *The Two Cultures* (1993), pp. xxii–xxv.

(123) C. P. Snow, "Britain's Two Cultures: A Study of Education in a Scientific Age," *Sunday Times*, 10 March 1957, p. 12; "A Revolution in Education," *Sunday Times*, 17 March 1957, p. 5.

(124) Snow, "A Note," *The Search*, rev. edn. (New York: Scribner's, 1958), pp. v–vi.

(125) Snow, "The Men of Fission," p. 115.

(126) C. P. Snow, "Man in Society," *Observer*, 13 July 1958, p. 12.

(127) Snow, "Challenge to the Intellect," p. 2946.

(128) Snow, "The Age of Rutherford," p. 80.

(129) *Ibid.*

(130) C. P. Snow, "Act in Hope," *New Statesman*, 15 November 1958, p. 699.

(131) C. P. Snow, "Technological Humanism," *Nature*, 8 February 1958, p. 370.

(132) C. P. Snow, "The Irregular Right: Britain Without Rebels," *Nation*, 24 March 1956, pp. 238–239.

(133) Snow, *The Two Cultures*, p. 25.

(134) Snow, *The Two Cultures*, p. 7.

(135) *Ibid.*, p. 13.

(136) *Ibid.*, p. 17.

(137) 論争を追跡するには，Paul Boytinck, *C. P. Snow: A Reference Guide* (Boston: Hall, 1980) を参照のこと．D・グレアム・バーネットは，"A View from the Bridge: The Two Cultures Debate, Its Legacy, and the History of Science," *Daedalus* 128 (Spring 1999), pp. 193–218, とくに pp. 200–205 で，論争の各段階を手際よく概観している．

(138) スノーが前もって出版の取り決めをしていたことは，R・J・L・キングズフォードからスノー宛の1959年12月30日付けの書簡から推断される．HRC: Snow 75.1．ウォルター・アレンほかによる，"A Discussion of C. P. Snow's Views" と名づけられたフォーラムは，ラスキからスノー宛ての1959年5月8日付けの書簡で話題にされている．HRC: Snow 94.17.

(139) *New Statesman*, 6 June 1959, p. 806; John Beer, "Pools of Light in Darkness," *Cambridge Review*, 7 November 1959, p. 106; "A Great Debate," *Listener*, 3 September 1959, p. 344.

(140) Asa Briggs, "Matters of Moment: Art and Sciences in the Schools," 22 October 1959, BBC Written Archives Center (BBC WAC): MF "MAT," T331; de la Mothe, *C. P. Snow and the Struggle of Modernity*, p. 62.

(141) Jacob Bronowski and Bruce Mazlish, *The Western Intellectual Tradition: From Leonardo to Hegel* (London: Harper and Row, 1960), pp. vii–viii.

(142) Abdus Salam, "Technology and Pakistan's Attack on Poverty," HRC: Snow 177.8. スノーはソヴィエト連邦における『二つの文化』の成功について，ジャック・バルザンに1960年６月16日に報告した．HRC: Snow 56.1. 私はヨハナン・ペトロヴスキー＝

シュテルンのおかげで「物理学」と「抒情詩」についての特定の議論に注目することができた．

（143）アカデミック・アフタヌーン・アンド・フレッシュマン・ウィークのコーディネーターからコロンビア大学教職員宛書簡，1960年５月25日，HRC: Snow 56.1；アーヴィング・クリストルからスノー宛書簡，1960年４月４日，HRC: Snow 56.9；ジョン・F・ケネディの言葉は，Philip A. Snow, *Stranger and Brother*, p. 117 に引用されている．

（144）Burnett, "A View from the Bridge," pp. 193–218, とくに pp. 200–205 を参照のこと．

（145）Michael Yudkin, "Sir Charles Snow's Rede Lecture," 初出は *Cambridge Review* で，F. R. Leavis, *Two Cultures? The Significance of C. P. Snow* (London: Chatto and Windus, 1962), pp. 33–45 に再掲された．

（146）*Ibid.*, p. 43.

（147）Michael Polanyi, "The Two Cultures," *Encounter*, September 1959, pp. 61–64. ポランニーのさらなる議論については，第５章を参照のこと．

（148）Snow, "The 'Two-Cultures' Controversy: Afterthoughts."

（149）C. P. Snow, "The Imperatives of Educational Strategy." recorded 3 June 1959, broadcast 8 September 1959, BBC WAC: MF T491.

（150）Snow, "The 'Two-Cultures' Controversy: Afterthoughts," p. 64.

（151）*Ibid.*, pp. 66–67. これらの引用はG・H・バントックへの反応のなかに出てくるのだが，バントックは *Scrutiny* の元寄稿者で，スノーに対抗するためにロレンスを引き合いに出した人物である．リーヴィスはまだ自分の言い分を述べていなかったが，スノーがすでにロレンス――リーヴィスのお気に入りとして広く知られている――に対して真正面から狙いをつけていたという事実は，彼がすでにスノーの心のなかで異彩を放っていたことを示唆している．

（152）Snow, "Recent Thoughts on the Two Cultures."

（153）出版社との続いての話し合いにおいて，スノーは，*The Two Cultures: and A Second Look* (Cambridge University Press, 1964) を準備するかたわら，「議論全体の核に存在する本当に正しいこと，すなわち科学および産業革命と，人間の生という観点から見てこれが意味していることに，もっとずっと専心する」（強調は筆者による）ことを約束した．"Interview with Sir Charles Snow," 29 May 1963, Cambridge University Press: "Agreements," 5184.

（154）スノーからプラム宛書簡，1960年11月１日および1959年９月15日，CUL: Plumb papers, Box "C. P. Snow and Pam, 1946–1968," File "Snow 1946–1968."

（155）Memoranda, 20 & 22 April 1959, Cambridge University Press: Snow, 1959, 5184.

（156）米国での1959年の評判は，5年後の *The Two Cultures: and A Second Look* の宣伝材料において列挙されている．Ronald Mansbridge, March 1964, Cambridge University Press: Snow 1964, 5184. 米国の刊行物に郵送された書評見本の詳細については，マンズブリッジの1959年11月12日付けの宣伝の手紙から引用している．Cambridge University Press: Snow, 1959, 5184. 英国において献本を受け取った人物および刊行物は，1959年4月22日付けのメモに列挙されている．Cambridge University Press:

Snow, 1959, 5184.

(157) ピーター・E・T・デイヴィスからスノー宛書簡，1959年12月4日，およびR・J・L・キングズフォードからスノー宛書簡，1959年12月30日，HRC: Snow 75.1.

(158) Snow, *The Two Cultures: and A Second Look*, p. 54.

(159) Allen, *et al.*, "A Discussion of C. P. Snow's Views," pp. 67–73.

(160) Plumb, "Welfare or Release," pp. 68–70; G. H. Bantock, "A Scream of Horror," *Listener*, 17 September 1959, pp. 427–428; Polanyi, "The Two Cultures"; Yudkin, "Sir Charles Snow's Rede Lecture."

(161) Herbert Read, "Mood of the Month–X," *London Magazine*, August 1959, pp. 39–43（スノーは10月に反応を示し，それに対しリードは11月に返答した）．Kathleen Nott, "The Type to Which the Whole Creation Moves? Further Thoughts on the Snow Saga," *Encounter*, February 1962, pp. 87–88, pp. 94–97.

(162) Beer, "Pools of Light in the Darkness," p. 106.

## 2　F・R・リーヴィスと急進的リベラリズム

(1)　F. R. Leavis, *Two Cultures? The Significance of C. P. Snow* (London: Chatto and Windus, 1962).

(2)　例えば，Aldous Huxley, *Literature and Science* (London: Harper and Row, 1963); David K. Cornelius and Edwin St. Vincent, eds., *Cultures in Conflict: Perspectives on the Snow-Leavis Controversy* (Chicago: Scott Foresman and Co., 1964); および Paul Boytinck, *C. P. Snow: A Reference Guide* (Boston: Hall, 1980) における多数の引用を参照のこと．

(3)　F. R. Leavis, *English Literature in Our Time and the University* (London: Chatto and Windus, 1969), p. 3.

(4)　*Ibid.*, pp. 28, 40, 64–65.

(5)　ケンブリッジ大学における英文学の設置については，Ian MacKillop, *F. R. Leavis: A Life in Criticism* (London: Allen Lane, 1995), pp. 51–68 を参照のこと．もっと一般的な英国における文学研究の発展については，Chris Baldick, *The Social Mission of English Criticism, 1848–1932* (New York: Oxford University Press, 1983); Anne Samson, *F. R. Leavis* (University of Toronto Press, 1992) を参照のこと．アメリカの話については，Gerald Graff, *Professing Literature: An Institutional History* (University of Chicago Press, 1987) を参照のこと．

(6)　Baldick, *The Social Mission of English Criticism*, Chapter 3.

(7)　*Ibid.*, Chapter 4.

(8)　MacKillop, *F. R. Leavis*, p. 56. フォーブズは歴史家として仕事を始め，それから英文学に移った．マッキロップは彼の分野を「特異である．つまり，大雑把に言うと，スコットランドの城館風の建築でないときは，ロマン主義と文学批評である」と特徴づけた．MacKillop, *F. R. Leavis*, pp. 49, 158.

（9）　Baldick, *The Social Mission of English Criticism*, p. 134.

（10）　この段落は主として，Richard Storer, "Richards, Ivor Armstrong (1893–1979)," *Oxford Dictionary of National Biography* (Oxford University Press, 2004) から情報を得ている．ほかに Stefan Collini, "On Highest Authority: The Literary Critic and Other Aviators in Early Twentieth-Century Britain," in *Modernist Impulses in the Human Sciences, 1870–1930*, ed. Dorothy Ross (Baltimore: Johns Hopkins University Press, 1994), pp. 152–170; John Paul Russo, *I. A. Richards: His Life and Work* (Baltimore: Johns Hopkins University Press, 1989) も参照のこと．

（11）　I. A. Richards, *Principles of Literary Criticism* (London: Kegan Paul, 1924); Richards, *Science and Poetry* (London: Kegan Paul, 1926).

（12）　I. A. Richards, *Practical Criticism: A Study of Literary Judgment* (London: Harcourt Brace, 1929).

（13）　リチャーズの仕事のその後の軌跡については，Rodney Koeneke, *Empires of the Mind: I. A. Richards and Basic English in China, 1929–1979* (Stanford University Press, 2004) を参照のこと．ケンブリッジの英文学の独特の属性，およびその発展においてリーヴィスが果たした役割については，Stefan Collini, "Cambridge and the Study of English," *Cambridge Contributions*, ed. Sarah J. Omrod (Cambridge University Press, 1998), pp. 42–64 を参照のこと．

（14）　MacKillop, *F. R. Leavis*, p. 29. この段落はマッキロップの伝記から情報を得ている．

（15）　2006年10月30日の著者との私的なやりとり．ピアノは1972年にスーザン・ジェイムズが購入した．スキナーは音色のよい小さなドイツ製の楽器だったと思い起こしている．「リーヴィス」という名前は鍵盤の蓋に真鍮の文字で書かれていた．彼らはそれを1979年に売却した．

（16）　F. R. Leavis, "The Relationship of Journalism to Literature: Studied in the Rise and Earlier Development of the Press in England," 未刊行の PhD thesis, University of Cambridge (1924).

（17）　Q・D・リーヴィスにかんするこの資料は，MacKillop, *F. R. Leavis*, pp. 85–87, 100–101,104–108 から得たものである．

（18）　Q. D. Leavis, *Fiction and the Reading Public* (London: Chatto and Windus, 1932).

（19）　この時期のリーヴィス夫妻とそのサークルについてのさらなる情報は，Denys Thompson, ed., *The Leavises: Recollections and Impressions* (Cambridge University Press, 1984) を参照のこと．

（20）　MacKillop, *F. R. Leavis*, pp. 88–91.

（21）　F. R. Leavis, *New Bearings in English Poetry* (London: Chatto and Windus, 1932).

（22）　*Scrutiny* にかんしては，Francis Mulhern, *The Moment of "Scrutiny"* (London: New Left Books, 1979) を参照のこと．

（23）　MacKillop, *F. R. Leavis*, p. 409 に引用されている．

（24）　ケンブリッジのマイノリティ・プレスによって出版された *Mass Civilisation and Minority Culture* をのぞけば，これらの著作はすべてロンドンのチャット・アンド・ウィンダスから出版された．リーヴィスはまた存命中に評論集をさらに4冊出版

した．すなわち，*For Continuity* (Cambridge: Minority Press, 1933), *The Common Pursuit* (London: Chatto and Windus, 1952), *"Anna Karenina" and Other Essays* (London: Chatto and Windus, 1967), そしてQ・D・リーヴィスとの共著である *Lectures in America* (London: Chatto and Windus, 1969) である．G・シンはリーヴィスの死後，評論集を２冊編纂した．G. Singh, *The Critic as Anti-Philosopher: Essays and Papers* (Athens: University of Georgia Press, 1983); *Valuation in Criticism and Other Essays* (Cambridge University Press, 1986).

(25) リーヴィスの知的発展と批評的立場については，Collini, "Cambridge and the Study of English"; MacKillop, *F. R. Leavis*; Mulhern, *The Moment of "Scrutiny"* に加えて，Michael Bell, *F. R. Leavis* (London: Routledge, 1988); Bell, "F. R. Leavis," *The Cambridge History of Literary Criticism: Volume 7, Modernism and the New Criticism*, ed. A. Walton Litz, *et al.* (Cambridge University Press, 2000), pp. 389–422; Gary Day, *Re-reading Leavis: Culture and Literary Criticism* (New York: St. Martin's Press, 1996) を参照のこと．

(26) F. R. Leavis, *Mass Civilisation and Minority Culture* (Cambridge: Minority Press, 1930), p. 17.

(27) Leavis, *Two Cultures?*, p. 11.

(28) F. R. Leavis, *Nor Shall My Sword* (London: Chatto and Windus, 1972), p. 15.

(29) Leavis, *English Literature in Our Time and the University*, p. 2.

(30) F. R. Leavis, *"Anna Karenina" and Other Essays*, p. 175, " 'Lawrence Scholarship' and Lawrence," *Sewanee Review* 71 (January-March 1963), pp. 25–35 より再掲．故イアン・マッキロップは，この文章を論じたすばらしい論文を自分のウェブサイトに掲載した．残念なことに，現在はリンク切れである．

(31) 「生の哲学」というドイツ語の概念，およびリーヴィスの「生」の感覚とのその類似点については，Paul Forman, "The Primacy of Science in Modernity, of Technology in Postmodernity, and of Ideology in the History of Technology," *History and Technology* 23 (March/June 2007), pp. 1–152, とくに pp. 45–47 を参照のこと．リーヴィスとハイデガーの関係については，*F. R. Leavis* におけるベルの論考，および *The Cambridge History of Literary Criticism* における，ベルによるリーヴィスについての項目を参照のこと．

(32) テリー・イーグルトンはリーヴィスの場合について，「ある社会の言語の本質は，その社会での個人的および社会的生活の本質を何よりも雄弁に物語る指標だった．すなわち，文学を評価するのをやめた社会は，人間の文明の最良のものを創造し支えた衝動を致命的なことに閉め出した社会であったのだ」と，巧みに述べている．Eagleton, *Literary Theory: An Introduction* (Minneapolis, University of Minnesota Press, 1983), p. 32.

(33) F. R. Leavis, "The Pilgrim's Progress," in *"Anna Karenina" and Other Essays*, p. 41. 初出は John Bunyan, *The Pilgrim's Progress* (New York: New American Library, 1964) のあとがき．

(34) Leavis, *The Common Pursuit*, pp. 212–213. 初出は "Literary Criticism and Philosophy: A Reply," *Scrutiny* 6 (June 1937), pp. 59–70.

(35) F. R. Leavis, *Thought, Words and Creativity: Art and Thought in Literature* (New York:

Oxford University Press, 1976), p. 121（強調は原文による）.

(36)　John Ferns, *F. R. Leavis* (New York: Twayne, 2000), pp. 20–25 の論考を参照のこと.

(37)　このペシミズムについてのさらなる論考，およびその理由については，Mulhern, *The Moment of "Scrutiny"* を参照のこと.

(38)　Roy Porter, "The Two Cultures Revisited," *Cambridge Review*, November 1994, pp. 74–80 を参照のこと.

(39)　コリーニはリーヴィスがウェルズを退けたことについて，Snow, *The Two Cultures* (Cambridge University Press, 1993) , pp. xxiii–xxv で論じている.

(40)　Leavis, *Nor Shall My Sword*, p. 129.

(41)　有機的コミュニティについては，Leavis and Denys Thompson, *Culture and Environment: The Training of Critical Awareness* (London: Chatto and Windus, 1933) のとくに "The Organic Community" および "The Loss of the Organic Community" の章（章番号なし）を参照のこと．"Literature and Society," *Scrutiny* 12 (Winter 1943), pp. 2–11 における，セシル・シャープのアパラチア地方の文化の発見についてのリーヴィスの論考も参照のこと.

(42)　Leavis, *Mass Civilisation and Minority Culture*, p. 25.

(43)　T. S. Elliot, "The Metaphysical Poets," *Selected Essays* (New York: Harcourt Brace, 1932), p. 247. その論文は1921年のものである．「感受性の分裂」については以下を参照. Frank Kermode, *Romantic Image* (London: Routledge and Paul, 1957); F. W. Bateson, "Dissociation of Sensibility," *Essays in Critical Dissent* (London: Longman, 1972), pp. 142–152.

(44)　リーヴィスにとっての感受性の分裂については，"English Poetry in the Seventeenth Century," *Scrutiny* 4 (December 1935), pp. 236–256（"The Line of Wit" の題名で *Revaluation: Tradition and Development in English Poetry* (London: Chatto and Windus, 1936), Chapter 1 に再掲），および "Eliot's 'Axe to Grind' and the Nature of Great Criticism," *English Literature in Our Time and University*, Chapter 3 を参照のこと．このほか，Bell, *F. R. Leavis*, pp. 57–61 も参照のこと．このなかで彼は，「エリオットはダンに対する見方を改め，事実上正反対なものとし，「感受性の分裂」という言い回しをしないようになった」(p. 59) と記し，一方でまた，リーヴィスのその概念への関与も論じている (pp. 60–61).

(45)　F. R. Leavis, "English Poetry in the Eighteenth Century," *Scrutiny* 5 (June 1936), pp. 13–31, "The Augustan Tradition," *Revaluation*, Chapter 4 に再掲．引用は p. 96.

(46)　リーヴィスにとっての17世紀については，*Education and the University: A Sketch for an English School* (London: Chatto and Windus, 1943), Chapter 2, *English Literature in Our Time and the University*, Chapter 3, *Nor Shall My Sword,* Chapter 4; *The Living Principle: 'English' as a Discipline of Thought* (London: Chatto and Windus, 1975), Chapter 1 を参照のこと.

(47)　リーヴィスはこれらの考えを *The Living Principle* の第 1 章でとくに発展させているが，そこで彼は言語と現実のあいだの区分を「デカルトの二元性」と呼んだ．その用語は明瞭ではあるが，私は最後の時点で導入されたというだけのレッテルによ

って生涯にわたる思考を系統立ててしまわないよう，採用を自制している．

(48) Thomas Sprat, *History of the Royal Society* (1667) は，Leavis, *English Literature in Our Time and the University,* p. 94 に引用された．リーヴィスは王立協会について，“The Relationship of Journalism to Literature,” pp. 89–90, *Revaluation*, pp. 35, 96 および *Nor Shall My Sword*, p. 172 でも論じている．

(49) ミルトンについてのリーヴィスの文章については，*Revaluation* に再掲されている “Milton's Verse,” *Scrutiny* 2 (September 1933), pp. 123–136 とともに *The Common Pursuit* に再掲されている “In Defence of Milton,” *Scrutiny* 7 (June 1938), pp. 104–114 および “Mr. Eliot and Milton,” *Sewanee Review* 57 (Winter 1949), pp. 1–30 を参照のこと．

(50) ベルはリーヴィスの立場を，「ミルトンのやり方は語られた言葉の真髄から顔をそむけており，それゆえに「詩的である」という特別な領域を言語学的に強化することに貢献した」と説明している．*F. R. Leavis*, p. 59.

(51) Leavis, *Revaluation*, p. 48（強調は原文による）.

(52) *Ibid.*

(53) Leavis, *English Literature in Our time and the University*, p. 98.

(54) Leavis, *Revaluation*, p. 50.

(55) *Ibid.*, p. 53.

(56) リーヴィスのニュートン論については（分析するというよりも引き合いに出していることのほうが多いが），*English Literature in Our Time and the University*, Chapter 1; *Nor Shall My Sword*, Chapter 4; *The Living Principle*, Chapter 1 を参照のこと．リーヴィスのロック論については，*Nor Shall My Sword*, p. 127 を参照のこと．リーヴィスのドライデン論については，*English Literature in Our Time and the University*, Chapter 3 を参照のこと．

(57) リーヴィスの新古典主義時代論については，*Revaluation* のとくに Chapter 4 を参照のこと．

(58) リーヴィスのブレイク論については，*Revaluation*, pp. 103–105; *The Common Pursuit*, pp. 186–188; *Nor Shall My Sword*, pp. 11–37 を参照のこと．

(59) Leavis, “Literature and Society,” in *The Common Pursuit*, p. 192.

(60) Leavis, *Mass Civilisation and Minority Culture*, p. 12.

(61) Mulhern, *The Moment of “Scrutiny,”* pp. 7–9.

(62) Leavis, *Mass Civilisation and Minority Culture*, p. 5.

(63) William Gerhardi, “Sir Charles Snow, Dr. F. R. Leavis, and the Two Culture,” *Spectator*, 16 March 1962, pp. 329–331; John Wain, “21 Years with Dr. Leavis,” *Observer*, 27 October 1963. Eagleton, *Literary Theory*, pp. 30–43 および Samson, *F. R. Leavis*; G. Singh, *F. R. Leavis: A Literary Biography* (London: Duckworth, 1995); Mulhern, *The Moment of “Scrutiny.”*

(64) リーヴィスおよび *Scrutiny* のマルクス主義論にかんして，カギを握るテクスト（年代順）は，以下のとおりである．“ ‘Under Which King, Bezonian?’ ” *Scrutiny* 1 (December 1932), pp. 205–215; “Restatements for Critics,” *Scrutiny* 1 (March 1933), pp. 315–323; “Marxism and Cultural Continuity,” *For Continuity* (Cambridge: Minority Press,

1933), pp. 1–12; " 'The Marxian Analysis,' " *Scrutiny* 6 (September 1937) pp. 201–204; "Retrospect of a Decade," *Scrutiny* 9 (June 1940), pp. 70–72; "Literature and Society," *Scrutiny* 12 (Winter 1943), pp. 2–11; "Critic and Leviathan: Literary Criticism and Politics," *Politics and Letters* 1 (Winter-Spring 1948), pp. 58–61; " '*Scrutiny*': A Retrospect," 初出はケンブリッジ大学出版局による1963年の *Scrutiny* リプリント版，その後 *Valuation in Criticism and Other Essays* に再掲．リーヴィスとマルクス主義については，とくに Mulhern, *The Moment of "Scrutiny"* を参照のこと．

(65)　Perry Anderson, "Components of the National Culture," *New Left Review* 50 (July-August, 1968), pp. 3–57, *English Questions* (London: Verso, 1992), pp. 48–104 に再掲されている．引用は p. 100から．

(66)　Leavis, *Valuation in Criticism*, p. 221.

(67)　この立場の批判については，Anderson, "Components of the National Culture," in *English Questions*, pp. 96–103 を参照のこと．

(68)　保守党の原点とのあいだのこうした共鳴については，E. H. H. Green, *Thatcher* (London: Hodder Arnold, 2006), pp. 45, 192 ほか随所を参照のこと．

(69)　Leavis, *Two Cultures?*, pp. 26–27.

(70)　Leavis, " 'Under Which King, Bezonian?' " p. 213.

(71)　Leavis, *The Living Principle*, pp. 155–264.

(72)　Noel Annan, *Our Age: English Intellectuals between the World Wars—a Group Portrait* (New York: Random House, 1990), p. 315.

(73)　Leavis, *Two Cultures?*, p. 22.

(74)　ロイ・フラーは "The Critic and the Weekly," *New Statesman*, 14 July 1972, p. 56 においてリーヴィスのことを「リベラル」であると述べ，彼の経歴が描く軌跡は政治に無関心であることを論じた．イーグルトンは，*Literary Theory*, pp. 42–43 において，リーヴィスのリベラル・ヒューマニズムを論じ，それをエリオットの保守主義と区別している．

(75)　Raymond Williams, "Seeing a Man Running," in Denys Thompson, ed., *The Leavises*, p. 115.

(76)　Rupert Christiansen, "Footsteps from the Floor Above," *Spectator,* 8 July 1995, p. 33; Q・D・リーヴィスからデイヴィッド・ホルブルック宛書簡，1974年11月9日，Downing College: DCPP/LEA/4 Leavis, F. R. (7).

(77)　ケンブリッジのリチャードおよびジーン・グッダーの所持品のなかにあった，出所が不明の新聞記事の切り抜き（リチャードおよびジーン・グッダーに謝意を表する）．

(78)　John Stuart Mill, *Mill on Bentham and Coleridge,* introduction by F. R. Leavis (London: Chatto and Windus, 1950).

(79)　F. R. Leavis, introduction to Mill, *Mill on Bentham and Coleridge* (London: Chatto and Windus, 1950), pp. 16, 27.

(80)　*Ibid.*, p. 35.

(81)　*Ibid.*, p. 38; Lionel Trilling, *Matthew Arnold* (New York: Norton, 1939). コリーニが

*Arnold* (Oxford University Press, 1988), pp. 88–92 で論じたように，アーノルドの位置づけが難しいのは言うまでもない．

(82) Trilling, *The Liberal Imagination* (New York: Viking, 1950), p. ix.

(83) F. R. Leavis, “Saints of Rationalism,” *Listener*, 26 April 1951, p. 672.

(84) John Kenneth Galbraith, *The Affluent Society* (Boston: Houghton Mifflin, 1958); リーヴィスは，*English Literature in Our Time and the University*, pp. 31–32 でガルブレイスの長所を認めている．マイケル・ポランニーについては，Jessica Reinisch, “The Society for Freedom in Science, 1940–1963,” 未刊行の MSc thesis, University of London (2000) に負うところが大きい．リーヴィスがポランニーに寄せた関心についての論考は，第５章を参照のこと．

(85) Neil Roberts, “ ‘Leavisite’ Cambridge in the 1960s,” in *F. R. Leavis: Essays and Documents*, ed. Ian MacKillop and Richard Storer (Sheffield Academic Press, 1995), p. 266.

(86) Clive James, *May Week Was in June* (London: Cape, 1990), pp. 63–68; James Wood, “Don’t Mess with the Don,” *Guardian*, 21 July 1995.

(87) Williams, “Seeing a Man Running,” pp. 116–119.

(88) リーヴィスからホルブルック宛書簡，1968年12月12日，Downing College: DCPP/LEA/4 Leavis, F. R. (5).

(89) リーヴィスからシャイア［？］宛書簡，1973年１月15日，Emmanuel: ECA COL 9.59a.108.

(90) スノーからプット宛書簡，1935年２月１日，1935年２月27日，Harry Ransom Humanities Research Center (HRC): Snow 134.4. このうち二通目についてキャロライン・ノビレ・グリタは，“ ii ”を11月のことだと解釈して，11月のものとしている．“Selected Letters of C. P. Snow: A Critical Edition,” 未刊行の PhD dissertation, Pennsylvania State University (1988), pp. 78, 94.

(91) スノーからハリー・ホフ宛書簡，1951年11月15日，HRC: Snow 118.2（強調は原文による）．

(92) 最初の手紙はリーヴィスと *Times Literary Supplement* のあいだの確執にかんするもので，第二の手紙は *Scrutiny* の終刊に対するスノーの嘆きを伝えるものだった．リーヴィスの返信はスノーの文書とともに保管されている．リーヴィスからスノー宛書簡，1950年３月31日，1954年１月６日，HRC: Snow 132. 10.

(93) スノーはプラム宛ての1951年10月22日付けの書簡で，好意的な書評家とリーヴィスのあいだにつながりがあるのでは，と推測している．Cambridge University Library (CUL): Box “C. P. Snow and Pam: 1946 to 1968,” File “Snow 1946 to 1968.” リーヴィスの講演の２年前，スノーは「私は命ある限り，あの手の悪意，加えてリーヴィス的悪意とともに（？）生きることだろう．そのうちのいくつかが私をいそいそと暗殺することだろう」と書いた．スノーからプラム宛書簡，1960年４月22日，CUL: Box “C. P. Snow and Pam: 1946 to 1968,” File “Snow 1946 to 1968.”

(94) スノーからホフ宛書簡，1960年11月１日，HRC: Snow 118.3.

(95) C. P. Snow, “The Age of Rutherford,” *Atlantic Monthly*, November 1958, pp. 76–81; スノーからノーマン・ポドレツ宛書簡，1960年２月２日，HRC: Snow 165.10.

(96)　スノーからプラム宛書簡，1958年５月13日，CUL: Box "C. P. Snow and Pam: 1946 to 1968," File "Snow 1946 to 1968."

(97)　スノーからキングストン・アポン・ハル校長宛書簡，1962年２月12日，HRC: Snow 109.1.

(98)　Leo Salingar, *Cambridge Quarterly* 25 (1996), p. 401; Ivar Alastair Watson, " 'The Distance Runner's Perfect Heart': Dr. Leavis in Spain," *Cambridge Review*, November 1995, p. 72.

(99)　MacKillop, *F. R. Leavis*, pp. 312–314.

(100)　*Ibid.*, pp. 316–317. S. Gorley Putt, "Technique and Culture: Three Cambridge Portraits," *Essays and Studies* 14 (1961), p. 34; Angus Wilson, "If It's New and Modish, Is It Good?" *New York Times Book Review*, 2 July 1961, p. 1, "A Plea Against Fashion in Writing" として，*Moderna Sprak* 55 (1961), pp. 345–350に再掲されている．ウィルソンはその主張を，"Fourteen Points," *Encounter*, January 1962, pp. 10–12 でくりかえした．

(101)　Peter Greenham, MacKillop, *F. R. Leavis*, p. 5 に引用されている．

(102)　1961年７月に，リーヴィスはケンブリッジ大学英文学部の「権力の回廊」から自分が閉め出されていることを嘆いた．スノーはそのような言い回しを生み出すのに長けていたが，1957年にはすでにそれを登場させており，のちに小説の題名に採用した．リーヴィスからＤ・Ｆ・ポーコック宛書簡，1961年７月25日，Emmanuel College: ECA COL 9.59a.121.20; C. P. Snow, "The Corridors of Power," *Listener*, 18 April 1957, pp. 619–620.

(103)　Downing College: Governing Body Minutes, 27 October 1961, 106. 講演の話については，MacKillop, *F. R. Leavis*, Chapter 9 を参照のこと．

(104)　G. Singh, *F. R. Leavis: A Literary Biography*, p. 288; MacKillop, *F. R. Leavis*, p. 317.

(105)　Ｒ・Ｅ・キーンからリーヴィス宛書簡，1962年２月23日，BBC Written Archives Centre (BBC WAC). Caversham: F. R. Leavis, File I, 1940–1962. リーヴィスは1962年２月27日付の返信で許可を与えるのを断った．"Stormy Don's Swan Song Should Be a Fiery One," *Evening Standard*, 28 February 1962.

(106)　MacKillop, *F. R. Leavis*, p. 318. 講演の思い出を話してくれたデイヴィッド・ホルブルックに謝意を表したい．

(107)　Leavis, *Two Cultures?*, pp. 9–10. テクストは最初，"The Two Cultures? The Significance of C. P. Snow," *Spectator*, 9 March 1962, pp. 297–303 に掲載された．リーヴィス本人による原稿はハーヴァード大学に保管されている．Houghton Library, MS Eng 1218.

(108)　Leavis, *Two Cultures?*, pp. 11–12.

(109)　*Ibid.*, p. 12.

(110)　*Ibid.*, p. 13.

(111)　*Ibid.*, pp. 14–15.

(112)　プラムからスノー宛書簡，1962年３月５日，HRC: Snow 226.12.

(113)　とくに Gerhardi, "Sir Charles Snow, Dr. F. R. Leavis, and the Two Cultures," pp. 329–

333を参照のこと．スノーからプラム宛書簡，1962年3月7日，HRC: Snow 226.12.

(114) Lionel Trilling, "Science, Literature, and Culture: A Comment on the Leavis-Snow Controversy," *Commentary*, June 1962, pp. 463–464. トリリングがリーヴィスを批判したがらなかったことは，BBCに*Scrutiny*のリプリント版の書評を依頼された際に，自分に好意的な見方が可能だと思えない限りできないと断った点に明らかである．Memorandum, 8 April 1963, BBC WAC: F. R. Leavis, File II, 1963–1964.

(115) リーヴィスからJ・シュウォーツ宛書簡，1964年3月19日，Harvard University: Houghton Library, Autograph File L.

(116) 同様のテーマで次の講演を準備したのち，リーヴィスは，自分の議論の本質があいまいにならないようスノーに対する言及を熟慮して最小限に抑えたと説明した．リーヴィスからA・I・ドイル宛書簡，1965年9月9日，Downing College: DCPP/LEA/2 Leavis, F. R.

(117) Ten O'clock News, BBC Home Service, 1 March 1962, BBC WAC: Microfilm "Ten": T539–540.

(118) MacKillop, *F. R. Leavis*, p. 321; Graham Chainey, *A Literary History of Cambridge* (Cambridge: Pevensey, 1985), p. 216. チェイニーは，リーヴィスが予定よりも早く*Spectator*に権利を売却したというフィリップ・A・スノーの主張に，*Cambridge Review*, March 1988, p. 48への投書で反論している．マッキロップはリーヴィスが予定よりも早く講演を公表したとは考えておらず（p. 321），それはリーヴィスがBBCに講演を録音する許可を出さなかったことと首尾一貫している．

(119) The Spectator Limited, "Proposed Publication in the Spectator of the Text of a Lecture Delivered by F. R. Leavis at Downing College Cambridge on or about the 28th February 1962: Libel Report," p. 6, University of Reading: Chatto and Windus.

(120) MacKillop, *F. R. Leavis*, p. 321.

(121) Gerhardi, "Sir Charles Snow, Dr. F. R. Leavis, and the Two Cultures," p. 329.

(122) 3月16日の特集記事に加えて（上で引用したもの），*Spectator*は1962年3月23日のpp. 365–367，1962年3月30日のpp. 395–396，1962年4月6日のp. 442に投書を掲載した．Trilling, "Science, Literature and Culture," p. 463.

(123) J. D. Bernal, "Letters," *Spectator*, 23 March 1962, p. 365; Ian Parsons, "Letters," *Spectator*, 23 March 1962, p. 365.

(124) Edith Sitwell, "Sir Charles Snow, Dr. F. R. Leavis, and the Two Cultures," *Spectator*, 16 March 1962, p. 331; Robert Conquest, "Letters," *Spectator*, 30 March 1962, pp. 395–396.

(125) "The Two Cultures," *Spectator*, 30 March 1962, pp. 387–388.

(126) スノーからプラム宛書簡，1962年3月7日，HRC: Snow 226.12.

(127) スノーからレヴィン宛書簡，1962年3月13日，Harvard University: Houghton Library, Levin papers, MS Am 2461 (918), Storage 342, Box 18, "Snow, C. P."

(128) C. P. Snow, "On Magnanimity," *Harper's*, July 1962, pp. 37–41.

(129) プラムからスノー宛書簡，1962年3月5日，HRC: Snow 226.12.

(130) スノーからジェフェアズ宛書簡，1962年3月30日，HRC: Snow 226.13.

(131)　Anthony Storr, "Sir Charles Snow, Dr. F. R. Leavis, and the Two Cultures," *Spectator*, 16 March 1962, p. 332.

(132)　F. R. Leavis, "A Retrospect," *Scrutiny* 20 (Cambridge University Press, 1963), pp. 1-24（執筆は1962年8月）.

(133)　スノーからバローズ・ミッチェル宛書簡，1963年３月９日，HRC: Snow 1.5.

(134)　Steiner, 21 September 1962, Churchill College: Steiner papers, GSNR 1/5.

(135)　スノーからパーソンズ宛書簡，1962年７月27日，パメラ・ジョンソンからパーソンズ宛書簡，1962年８月４日，University of Reading: Chatto and Windus.

(136)　スノーからパーソンズ宛書簡，1962年８月７日，University of Reading: Chatto and Windus.

(137)　スノーからプラム宛書簡，1962年３月７日，HRC: Snow 226.12; スノーからミッチェル宛書簡，1962年３月19日，HRC: Snow 226.13. Philip A. Snow, *Stranger and Brother: A Portrait of C. P. Snow* (London: Macmillan, 1982), p. 130 も参照のこと.

(138)　Philip A. Snow, *A Time of Renewal: Clusters of Characters, C. P. Snow, and Coups* (London: Radcliffe Press, 1998), p. 171.

## 3　二つのカレッジの物語

(1)　C. P. Snow, *The Two Cultures and the Scientific Revolution* (Cambridge University Press, 1959), p. 48.

(2)　F. R. Leavis, *Two Cultures? The Significance of C. P. Snow* (London: Chatto and Windus, 1962), p. 29.

(3)　マイケル・ベルは，"F. R. Leavis," in *The Cambridge History of Literary Criticism, Vol. 7: Modernism and the New Criticism*, ed. A. Walton Litz, Louis Menand, and Lawrence Rainey (Cambridge University Press, 2000), p. 392 において，文学研究について関連する指摘をしている.

(4)　T. W. Heyck, "The Idea of a University in Britain, 1870-1970," *History of European Ideas* 8 (1987), p. 210.

(5)　*Ibid.*, p. 207.

(6)　*Ibid.*

(7)　*Ibid.*, p. 210.

(8)　David Edgerton, *Science, Technology, and the British Industrial "Decline," 1870-1970* (Cambridge University Press, 1996), p. 22.

(9)　*Scientific Manpower: Report of a Committee Appointed by the Lord President of the Council* (London: HMSO, 1946; cmnd. 6824).

(10)　*Ibid.*, p. 636.

(11)　P. M. S. Blackett, "Summary of Presidential Address to Association of Scientific Workers," 24 May 1947, ブラケットの文書とともに the Royal Society, London: Blackett

E.22に保管されている．

（12） *Higher Education, Appendix Two (A): Students and Their Education* (London: HMSO, 1963; cmnd. 2154-II), p. 17. 学年度は開始年で示されている——例えば，「1945」とは1945年～1946年という学年度のことである．

（13） 大学の発展にかんする記録を共有させてくれたT・W・ヘイクに感謝の意を表する．

（14） *Higher Education, Appendix Two (A)*, pp. 20, 18.

（15） Stefan Collini, "HiEdBiz," *London Review of Books*, 6 November 2003, p. 5.

（16） Harold Perkin, *Key Profession: The History of the Association of University Teachers* (New York: A. M. Kelley, 1969), p. 218.

（17） *Higher Education, Appendix Two (A)*, p. 22.

（18） 正確な数字を挙げると，1961年に理系の学生が937名，英文学の学生が369名だった．Robert Dean, "The Tripos of 1961," *Cambridge Review*, 28 October 1961, p. 57.

（19） *Higher Education, Appendix Two (A)*, p. 24. 労働者階級出身の学生数も同じく入学者の四分の一だった．Peter Clarke, *Hope and Glory: Britain 1900–1990* (London: Allen Lane, 1996), p. 288.

（20） David Edgerton, *Warfare State: Britain, 1920–1970* (Cambridge University Press, 2006), pp. 175–180. Edgerton, *Science, Technology, and the British Industrial "Decline,"* p. 22 も参照のこと．

（21） *Higher Education, Appendix Two (A)*, p. 26.

（22） 父親が肉体労働に従事している子どもの大学入学者に占める割合は，1パーセント以下だった．Clarke, *Hope and Glory*, p. 288.

（23） Edgerton, *Warfare State*.

（24） *The Scientific Civil Service: Reorganisation and Recruitment during the Reconstruction Period* (London: HMSO, 1945; cmnd. 6679). これには "Report of the Barlow Committee on Scientific Staff," April 1943 という付属文書が含まれている．Edgerton, *Warfare State*, Chapter 3, とくに p. 116 も参照のこと．

（25） Collini, "HiEdBiz," p. 5.

（26） Snow, *The Two Cultures*, pp. 35–36.

（27） *Ibid.*, p. 19.

（28） ハロルド・マクミランからスノー宛書簡，1961年1月26日，HRC: Snow 142.9.

（29） ライオネル・ロビンズからスノー宛書簡，1961年1月31日，HRC: Snow 172.8.

（30） Testimony of the National Union of Students, 11 October 1961, pp. 240–241; the National Froebel Foundation, 27 September 1961, p. 259; J. D. Cockcroft, 13 October 1961, pp. 287–288. 以上はすべて *Higher Education: Evidence, Part I, Vol. A* (London: HMSO, 1963; cmnd. 2154) に収録．このほかに，the testimony of Alexander Todd and Solly Zuckerman on behalf of the Advisory Council on Scientific Policy, 5 January 1962, pp. 437–439; the National Association of Head Teachers, 2 October 1961, p. 508, in *Higher Education: Evidence, Part I, Vol. B* (London: HMSO, 1963; cmnd. 2154).

（31） Clarke, *Hope and Glory*, p. 288; *Higher Education: Report of the Committee Appointed by the*

*Prime Minister under the Chairmanship of Lord Robbins, 1961–1963* (London: HMSO, 1963; cmnd. 2154), p. 268.

(32)　その称賛は，大蔵省の役人で委員会の実績評価担当者だったジョン・カーズウェルによるものである．Noel Annan, *Our Age: English Intellectuals between the World Wars—a Group Portrait* (New York: Random House, 1990), p. 371 に引用．

(33)　"Press Notice: Government Statement," 発行は Downing Street, 24 October 1963．これの写しが，ケンブリッジ大学ダウニング・カレッジ理事会の補足文書とともに保管されている．The supplementary papers of the Governing body, Downing College, Cambridge, October 1962-October 1964, D/M/P/9.

(34)　Clarke, *Hope and Glory*, p. 289.

(35)　Sheldon Rothblatt, *The Modern University and Its Discontent: The Fate of Newman's Legacies in Britain and America* (Cambridge University Press, 1997), p. 273.

(36)　Annan, *Our Age*, p. 373.

(37)　A. H. Halsey, *Decline of Donnish Dominion: The British Academic Professions in the Twentieth Century* (Oxford: Clarendon, 1992), p. 5.　Desmond King and Victoria Nash, "Continuity of Ideas and the Politics of Higher Education Expansion in Britain from Robbins to Dearing," *Twentieth Century British History* 12 (2001), p. 188.

(38)　Zouyue Wang, "The First World War, Academic Science, and the 'Two Cultures': Educational Reforms at the University of Cambridge," *Minerva* 33 (1995), pp. 107–127.

(39)　William Cooper, *Memoirs of a New Man* (London: Macmillan, 1966).

(40)　*Ibid.*, p. 60.

(41)　*Ibid.*, p. 59 ほか.

(42)　*Ibid.*, p. 74.

(43)　John Colville, *Footprints in Time* (London: Collins, 1976), pp. 256–258.

(44)　チャーチル・カレッジの由来，創設，皮肉な成り行きについては，未発表論文である Mark Goldie, "Churchill College: Origins and Contexts" に負うところがある．

(45)　"A 'Churchill' College," *Times*, 15 May 1958 に引用されている．

(46)　"Churchill College: Churchill's Appeal," *New York Herald Tribune*, 15 May 1958 に引用されている．

(47)　John Colville, "A Battle of Britain Still to Win," *Daily Telegraph*, 26 June 1958.

(48)　"Churchill Plan for Atom Age," *Daily Herald*, 15 May 1958; "Churchill College," Liverpool Daily Post, 15 May 1958; "Churchill College," *Birmingham Post and Gazette*, 15 May 1958.

(49)　Goldie, "Churchill College: Origins and Contexts," p. 7.

(50)　解説者たちはよくチャーチル・カレッジの運命をオックスフォードのセント・キャサリンズやナフィールドと結びつけているが，その通り，このカレッジは特異なケースではなかった．"Nuffield College," *Manchester Guardian Weekly*, 29 May 1958; "More Oxford," *Times Education Supplement*, 11 July 1958.

(51)　Churchill College Governing Body (CCGB) Archives: CCGB 310/1.

(52)　E. M. W. Tillyard, Letter, *Cambridge Review*, 24 May 1958, p. 585.

(53)　Goldie, "Churchill College: Origins and Contexts," p. 19. 1958年11月18日の評議会の討論の議事録は，チャーチル・カレッジの文書館に保管されている．Churchill College Archives: CCGB 316/1.

(54)　Noel Annan, Letter, *Cambridge Review*, 31 May 1958, pp. 607–608.

(55)　Churchill College: CCGB 316/1.

(56)　Goldie, "Churchill College: Origins and Contexts," p. 9.

(57)　"Cinderella Science Goes to the Ball . . . at Last," *Evening News*, 15 May 1958.

(58)　"Churchill College," *Cherwell*, 17 May 1958.

(59)　Richard C. Wald, "New Churchill College Slated to Open at Cambridge Oct. 1," *New York Herald Tribune*, 25 August 1960.

(60)　Churchill College: CCGB 316/1, p. 6.

(61)　Churchill College: CCGB 310/1.

(62)　例えば，Kenneth Rose, "Choosing Technology's Few," *Daily Telegraph*, 10 September 1958 を参照のこと．

(63)　Churchill College: CCGB 316/1, p. 8.

(64)　スノーからS・ゴーリー・プット宛書簡，1941年3月16日，Caroline Nobile Gryta, "Selected Letters of C. P. Snow: A Critical Edition," 未刊行の PhD dissertation, Pennsylvania State University (1988), p. 124.

(65)　スノーからモーリス・クランストン宛書簡，1955年12月9日，Gryta, "Selected Letters of C. P. Snow," p. 166.

(66)　チャーチルに大学院生として女性を受け入れる可能性が，教育方針小委員会（スノーはこの委員会の一員だった）で1958年6月21日および28日に取り上げられた．ウィンストン・チャーチルがめずらしく介入して，その考えを個人的に支持したが，自分たちの同僚や寄付をしてくれた人々の承認を得ることを第一に考える創立者たちは，あまりに急進的であるとして，受け入れなかった．"Churchill College: Admission of Women," CCGB 210/2.

(67)　C. P. Snow, "Miasma, Darkness, and Torpidity," *New Statesman*, 11 August 1961, pp. 186–187.

(68)　John Stuart Mill, "The Subjection of Women," in *Three Essays* (Oxford University Press, 1975).

(69)　スノーからマガリッジ宛書簡，"Appointment with Sir Charles Snow," 1961年8月18日．写しは Harry Ransom Humanities Research Center (HRC): Snow 8.1に保管されている（引用は p. 7）．

(70)　C. P. Snow, *The Masters* (London: Macmillan, 1951); *The Affair* (London: Macmillan, 1960).

(71)　Snow, *The Masters*, pp. 301, 300.

(72)　Snow, *The Affair*, p. 17.

(73)　それぞれの委員会の文書はチャーチル・カレッジの文書館に保管されている．CCGB 202，CCGB 205，CCGB 204，CCGB 315.

(74)　チャーチル・カレッジの学寮長と特別研究員のリストを見せてくれたマーク・ゴ

ールディに感謝の意を表する．

（75）John Beer, “Pools of Light in Darkness,” *Cambridge Review*, 7 November 1959, p. 106; Standing Executive Committee, 9 June 1958, Churchill College: CCGB 316/2. スノーは教育方針小委員会を設立したこの委員会に出席しており――彼には「具体化する」という言葉を使用する傾向があったことを考えると――委員会の職務を案出したのはおそらく彼だろう．

（76）スノーからハリー・レヴィン宛書簡，1960年1月1日，Harvard University: Houghton Library, Levin papers, MS Am 2461 (918), Storage 342, Box 18, “Snow, C. P.”

（77）スノーからJ・C・R・ハミルトン（会計責任者）宛書簡，1967年7月3日，1967年7月5日，HRC: Snow 74.8. 特別研究員選出委員会は，1967年7月12日にその考えを承認した．CCGB 130/1, Paragraph 335.

（78）「二つの文化」に対する関心は，新聞報道，委員会の仕事，そしてカレッジでの生活において浮上した．例えば，“Humaner Science,” *Sunday Times*, 18 May 1958; the minutes of the Educational Policy Sub-Committee of 21 June 1958, Churchill College: CCGB 204; the schoolmasters' conference on the place of the arts in a science college, 12 March 1966, Churchill College: CCAC 140/2/1. スノーは時折，教育方針小委員会に出席し，会議では明らかに発言者に選ばれたが，その日々の用務のなかでは，その問題に対し，かなりわずかな関心しか表明しなかった．

（79）スノーからプラム宛書簡，1959年9月21日，Cambridge University Library: Plumb Papers, File “Snow 1946 to 1968,” Box “C. P. Snow + Pam, 1946 to 1968.”

（80）スノーからレヴィン宛書簡，1959年12月23日，Harvard University: Houghton Library, Levin papers, MS Am 2461 (918), Storage 324, Box 18, “Snow, C. P.”

（81）スノーからプラム宛書簡，1961年3月20日，HRC: Snow 166.8.

（82）Minutes of the Fellowship Electors, 4 February 1960, Churchill College: CCGB 205/2.

（83）スノーからレヴィン宛書簡，1959年12月23日，Harvard University: Houghton Library, Levin papers, MS Am 2461 (918), Storage 324, Box 18, “Snow, C. P.”

（84）スノーからコッククロフト宛書簡，1960年2月3日，HRC: Snow 79.9. バルザンについての言及は，1年後に書かれた同様の文書からのものである．スノーからコッククロフト宛書簡，1961年3月3日，HRC: Snow 79.10.

（85）スノーからコッククロフト宛書簡，1961年3月3日，HRC: Snow 79.10.

（86）スノーからコッククロフト宛書簡，1961年3月3日，HRC: Snow 79.10; Churchill College Fellowship Electors, 18 April 1961, Churchill College: CCGB 130/1.75.

（87）コッククロフトから特別研究員選出委員会宛書簡，1961年5月26日，Churchill College: CCGB 130/1.

（88）スノーからレヴィン宛書簡，1959年12月23日，Harvard University: Houghton Library, Levin papers, MS Am 2461 (918), Storage 324, Box 18, “Snow, C. P.”

（89）レヴィンからスノー宛書簡，1959年12月28日，Harvard University: Houghton Library, Levin papers, MS Am 2461 (918), Storage 324, Box 18, “Snow, C. P.”

（90）スノーからレヴィン宛書簡，1960年1月1日，Harvard University: Houghton Library, Levin papers, MS Am 2461 (918), Storage 324, Box 18, “Snow, C. P.”

(91) レヴィンからスノー宛書簡，1960年1月6日，Harvard University: Houghton Library, Levin papers, MS Am 2461 (918), Storage 324, Box 18, "Snow, C. P."
(92) スノーからレヴィン宛書簡，1960年1月14日，HRC: Snow 133.15.
(93) レヴィンからスノー宛書簡，1960年1月21日，1960年11月15日，HRC: Snow 133.15. レヴィンは1963年2月14日の特別研究員選出委員会で，1964年から1965年にかけての特別研究員に選出された．Churchill College: CCGB 130/1. 彼は1967年の春に居を構えた．
(94) Christopher J. Knight, *Uncommon Readers: Denis Donoghue, Frank Kermode, George Steiner and the Tradition of the Common Reader* (University of Toronto Press, 2003).
(95) George Steiner, *Tolstoy or Dostoevsky: An Essay in the Old Criticism* (New York: Knopf, 1959).
(96) C. P. Snow, "Science, Politics, and the Novelist, or, The Fish and the Net," *Kenyon Review* 23 (Winter 1961), pp. 1–17.
(97) *Ibid.*, p. 6.
(98) *Ibid.*, p. 7.
(99) *Ibid.*, pp. 4, 16.
(100) *Ibid.*, p. 17.
(101) George Steiner, "The Master Builder," *Reporter*, 9 June 1960, pp. 41–43.
(102) *Ibid.*, p. 43.
(103) *Ibid.*, pp. 42, 43.
(104) *Ibid.*, p. 42.
(105) Appointments Committee, 30 May 1959, 14 July 1959, Churchill College: CCGB 130/1; Fellowship Electors, 14 December 1959, Churchill College: CCGB 130/1.19.
(106) スノーからコッククロフト宛書簡，1960年3月16日，HRC: Snow 79.9.
(107) スタイナーからスノー宛書簡，1960年2月11日，HRC: Snow 191.3; スノーからスタイナー宛書簡，1960年3月4日，HRC: Snow 191.3.
(108) スノーからスタイナー宛書簡，1960年3月4日，HRC: Snow 191.3.
(109) スノーからスタイナー宛書簡，1960年4月27日，HRC: Snow 191.3.
(110) スタイナーからスノー宛書簡，1960年2月29日，HRC: Snow 191.3. スタイナーはその論文とスノーの考えのつながりを，1961年1月21日付けの手紙でくりかえした．HRC: Snow 191.3. 論文は，"The Retreat from the Word," *Kenyon Review* 23 (Spring 1961), pp. 187–216 として発表された．
(111) スタイナーからスノー宛書簡，1962年9月5日，HRC: Snow 191.3.
(112) スタイナーからスノー宛書簡，1962年1月21日，HRC: Snow 191.3.
(113) スタイナーからスノー宛書簡，1964年9月15日，Churchill College: GSNR 1/5.
(114) スタイナーからスノー宛書簡，1965年6月25日，HRC: Snow 191.5.
(115) スタイナーからJ・R（ジャック）・ポール宛書簡，1966年2月20日，Churchill College: CCAC 140/2/1. バルザンは1963年から1964年にかけての肩書F特別研究員だった．レヴィンとホランダーは1967年に滞在した．
(116) スタイナーからスノー宛書簡，1966年5月23日，HRC: Snow 191.6.

（117）　スタイナーからスノー宛書簡，1968年5月27日，HRC: Snow 191.7.
（118）　スノーからプラム宛書簡，1962年3月7日，HRC: Snow 226.12.
（119）　*Ibid.*
（120）　*Ibid.*; スノーからバナール宛書簡，1962年3月7日，HRC: Snow 226.13; Plumb, "Letters," *Spectator*, 30 March 1962, p. 396; Bernal, "Letters," *Spectator*, 23 March 1962, p. 365.
（121）　スタイナー，1962年3月12日，Churchill College: GSNR 1/5.
（122）　スタイナーは執筆予定の論文について両親に1962年2月18日付けの手紙で知らせている．Churchill College: GSNR 1/5．論文は，"F. R. Leavis," *Encounter*, May 1962, pp. 37–45として出版され，*Language and Silence: Essays on Language, Literature, and the Inhuman* (New York: Athenaeum, 1967) に再掲された．
（123）　スノーからスタイナー宛書簡，1962年3月13日，HRC: Snow 226.12.
（124）　*Ibid.*
（125）　スタイナー，1962年3月5日，Churchill College: GSNR 1/5.
（126）　スタイナー，1962年3月17日，Churchill College: GSNR 1/5.
（127）　スタイナー，1962年9月21日，Churchill College: GSNR 1/5.
（128）　Steiner, "The Master Builder," pp. 41–43.
（129）　スタイナー，1962年9月21日，Churchill College: GSNR 1/5.
（130）　スタイナー，1962年3月27日，Churchill College: GSNR 1/5.
（131）　Fellowship Electors, 2 March 1960, Churchill College: CCGB 130/1.42; Ian MacKillop, *F. R. Leavis: A Life in Criticism* (London: Allen Lane, 1995), p. 304.
（132）　C. P. Snow, "Education and Sacrifice," *New Statesman*, 17 May 1963, pp. 746–750.
（133）　F. R. Leavis, *Nor Shall My Sword: Discourses on Pluralism, Compassion and Social Hope* (London: Chatto and Windus, 1972), pp. 28–29.
（134）　MacKillop, *F. R. Leavis*, p. 352.
（135）　"Churchill College Junior Research Fellowship Election 1964: Brian Vickers," Churchill College: CCGB 133/2/5.
（136）　Stanley French, *The History of Downing College Cambridge* (Downing College Association, 1978), p. 82.
（137）　*Ibid.*, pp.132, 135–136.
（138）　*Ibid.*, p. 138.
（139）　*Ibid.*, p. 140.
（140）　*Ibid.*
（141）　MacKillop, *F. R. Leavis,* p. 153.
（142）　*Ibid.*, p. 160.
（143）　F. R. Leavis, *Education and the University: A Sketch for an "English School"* (London: Chatto and Windus, 1943). Richard Storer, "*Education and the University*: Structure and Sources," in *F. R. Leavis: Essays and Documents*, ed. Ian MacKillop and Richard Storer (Sheffield Academic Press, 1995), Chapter 7 も参照のこと．
（144）　Leavis, *Education and the University*, pp. 22–23.

(145) *Ibid.*, p. 55.

(146) *Ibid.*, pp. 72, 71.

(147) "Readers and Citizens," *Times Literary Supplement*, 15 January 1944, p. 31.

(148) "The Idea of a University," *Times Educational Supplement*, 1 January 1944.

(149) リーヴィスからジェフリー・ウォルトン宛書簡，1947年2月4日，Downing College: DCPP/LEA/7 Leavis, F. R.

(150) Robin Williams, "Some Memories of F. R. Leavis and Other Downing Dons in the Early 1950s," Downing College: DCHR/1/2/FRL Leavis, F. R.; Governing Body Minutes, Downing College, Vol. 220, 6 June 1957, p. 418, Minute 7.

(151) ダウニング独自の試験に対し1950年代に異議が申し立てられたとき，リーヴィスはその試験を他のカレッジの試験と合体させようという試みを阻もうとして失敗した．"English as a Group Scholarship Subject," 20 January 1953, Downing College: D/M/P/1. 奨学金制度についてのさらなる記述は，MacKillop, *F. R. Leavis,* pp. 154–155を参照のこと．*Education and the University* 以前の教育にかんする主著は，デニス・トムスンとの共著である *Culture and Environment: The Training of Critical Awareness* (London: Chatto and Windus, 1933) だった．

(152) Leavis, *Education and the University*, pp. 45, 50–51.

(153) マッキロップが伝記で説明しているように，リーヴィスは古い試験答案をメモ用紙として使った．学生の小論文に対するこれらのコメントは，"Scrutiny: A Retrospect" の原稿の裏面から取ったものである．"Scrutiny: A Retrospect," held at Harvard University: Houghton Library, MS Eng 1218.2

(154) Neil Roberts, " 'Leavisite' Cambridge in the 1960s," in *F. R. Leavis: Essays and Documents*, ed. MacKillop and Storer, p. 278.

(155) Williams, "Some Memories of F. R. Leavis"; リーヴィスからデイヴィッド・マシューズ宛書簡，1951年6月19日，Emmanuel College, Cambridge (Emmanuel): ECA COL 9.59a.113.

(156) Williams, "Some Memories of F. R. Leavis." ウィリアムズはまた，彼と彼の教え子に対する英文学部の敵意という，リーヴィス自身が好んだ説明も付け加えている．

(157) リーヴィスからマシューズ宛書簡，1951年6月19日，Emmanuel: ECA COL 9.59a.113.

(158) 「私は大学の機能について，大学の人文学者よりもむしろ数学者や物理学者と話し合いたいと思う」．*English Literature in Our Time and the University* (London: Chatto and Windus, 1969), p. 40.

(159) "Admissions," 19 January 1961, Downing College: D/M/P/8.

(160) "Memorandum from Downing College," 6 November 1960, Downing College: D/M/P/8; Governing Body Minutes, Downing College, Vol. 220, 3 May 1957, p. 410, Minute 22 (e).

(161) "Memorandum from Downing College," 6 November 1960, Downing College: D/M/P/8.

(162) Tutorial Committee Minutes, 11 January 1958, the supplements to the Governing

Body Minutes, 1957–1958 とともに保管, Downing College: D/M/P/6.

(163)　Governing Body Minutes, Downing College, Vol. 220, 17 January 1959, pp. 475–476, Minute 22 (a); Governing Body Minutes, Downing College, Vol. 220, 16 January 1959, pp. 568–569, Minute 7 (b).

(164)　Governing Body Minutes, Downing College, Vol. 220, 12 February 1959, p. 680, Minute 8.

(165)　Tutorial Committee Minutes, 5 December 1959, the supplements to the Governing Body Minutes とともに保管, Downing College: D/M/P/7.

(166)　Richard Storer, "F. R. Leavis and the Idea of a University," *Cambridge Review*, November 1995, p. 98.

(167)　Leavis, *Two Cultures*, p. 30.

(168)　*Ibid.*, pp. 28–29.

(169)　*Ibid.*, p. 29.

(170)　任用は厳密に言えば教授会の領分ではなかったが，任用委員会は学部のメンバーで構成されていた．リーヴィスは結局同じことになると見ていた．そして，彼は正しく，1961年までの時点で，彼の教え子や友人はだれもそのプロセスを乗り切れなかった．リーヴィスからデイヴィッド・ホルブルック宛書簡，1961年9月7日，Downing College: DCPP/LEA/4 Leavis, F. R. (4).

(171)　リーヴィスからスタンリー・フレンチ宛書簡，1961年10月5日，Downing: DCHR/1/2/FRL Leavis, F. R.

(172)　MacKillop, *F. R. Leavis*, p. 282.

(173)　*Ibid.*, p. 311．1960年10月21日の議事録は，リーヴィスが理事会に，自分の引退後の英文学について呼びかけたことを記録している――これらの抑制のきいた議事録には珍しく，特定の特別研究員や科目の名を挙げている例である．Governing Body Minutes, Downing College, Vol. 221, 21 October 1960, p. 19, Minute 8.

(174)　リーヴィスからウォルトン宛書簡，1961年6月10日，Downing College: DCPP/LEA/7 Leavis, F. R.

(175)　リーヴィスからウォルトン宛書簡，1961年11月7日，Downing College: DCPP/LEA/7 Leavis, F. R. この時期のリーヴィスの関心事については，Dan Jacobson, *Time and Time Again* (New York: Atlantic Monthly Press, 1985), pp. 126–136 を参照のこと．

(176)　F. R. Leavis, " 'Believing In' the University," *The Critic as Anti-Philosopher* (Athens: University of Georgia Press, 1983), p. 172.

(177)　Governing Body Minutes, Downing College, Vol. 221, 5 October 1960, p. 159, Minute 4.

(178)　Supplements to Governing Body Minutes, 3 February 1956, Downing College: D/M/P/4.

(179)　Governing Body Minutes, Downing College, Vol. 220, 26 July 1957, p. 430, Minute 6. シャピラは公には1957年10月1日に特別研究員となり，続いて彼が最初に理事会に出席したのは1957年10月4日だった．しかしながら，マッキロップはシャピラが特別研究員になったのは1955年としている．MacKillop, *F. R. Leavis*, p. 294.

(180) Governing Body Minutes, Downing College, Vol. 221, 23 July 1962, p. 155, Minute 16. 継続的な関心は，G・D・クリンゴプロスおよびH・A・メイソンに向けられていた．ここでの興味の中心は，リーヴィスのダウニングとの協力関係の終結に通じる出来事にある．F・R・リーヴィス特別研究員トラストの起源と運命も含めた，長く込み入った引退の物語については，MacKillop, *F. R. Leavis*, Chapter 10 を参照のこと．

(181) Governing Body Minutes, Downing College, Vol. 221, 5 October 1962, pp. 159, 162, Minute 4, 14.

(182) MacKillop, *F. R. Leavis,* p. 347. この話は pp. 340–350に掲載されている．

(183) Governing Body Minutes, Downing College, Vol. 221, 8 May 1964, p. 280, Minute 7.

(184) *Ibid.*, Minute 8.

(185) *Ibid.*, 22 July 1964, p. 302, Minute 5.

(186) *Ibid.*, 2 October 1964, p. 309, Minute 4 (b). これは公的に告示されたことであるが，マッキロップは，リーヴィスは学寮長からヴィッカーズの任命を聞いてただちに辞職したと示唆している（p. 342）.

(187) *Ibid.*, 23 October 1964, p. 319, Minute 9 (b), (c), (g).

(188) *Ibid.*, 27 November 1964, p. 334, Minute 23.

(189) *Ibid.*, 19 February 1965, p. 354, Minute 7.

(190) リーヴィスからスノー宛書簡，1954年１月６日，HRC: Snow 132.10.

(191) リーヴィスからホルブルック宛書簡，1953年12月３日，Downing College: DCPP/LEA/4 Leavis, F. R. (1).

(192) F. R. Leavis, “A Retrospect,” in Vol. 20 of *Scrutiny: A Quarterly Review* (Cambridge University Press, 1963), pp. 1–24.

(193) リーヴィスからデイヴィッド・マシューズ宛書簡，1964年９月26日，Emmanuel: ECA COL 9.59.a.116.

## 4　英国社会史の形成

(1)　ピーター・ラスレットからスノー宛書簡，1963年５月18日，Harry Ransom Humanities Research Center (HRC): Snow 132.3.

(2)　John Locke, *Two Treatises of Government*, ed. Peter Laslett (Cambridge University Press, 1960).

(3)　「私は，それが目覚ましい成果であり，この種の研究全体を変えるだろうと思います」．スノーからラスレット宛書簡，1964年３月５日，HRC: Snow 132.3.

(4)　「「愛情によってつながったよく知っている人々」に囲まれた生活について語っている第１章のしめくくりの段落に驚きました．この表現は，感情にうったえる経験にあらかじめ判断を下しているように思われます」．スノーからラスレット宛書簡，1964年３月４日，HRC: Snow 132.3.

(5)　社会史の発展については以下の著作を参照のこと（年代順）．Adrian Wilson, ed., “A Critical Portrait of Social History,” *Rethinking Social History: English Society 1570–1920* (Manchester University Press, 1993), pp. 9–58; Miles Taylor, “The Beginnings of Modern British Social History?” *History Workshop Journal* 43 (Spring 1997), pp. 155–176; Jim Obelkevich, “New Developments in History in the 1950s and 1960s,” *Contemporary British History* 14 (Winter 2000), pp. 125–142, 1998年4月29日に歴史研究所で開催されたウィットネス・セミナーの原稿とともに刊行; William H. Sewell, Jr., “Whatever Happened to the ‘Social’ in Social History?” in *Schools of Thought: Twenty-Five Years of Interpretive Social Science*, ed. Joan W. Scott and Debra Keates (Princeton University Press, 2001), pp. 209–226; David Cannadine, “Historians in ‘The Liberal Hour’: Lawrence Stone and J. H. Plumb Re-Visited,” *Historical Research* 75 (August 2002), pp. 316–354; E. J. Hobsbawm, *Interesting Times: A Twentieth-Century Life* (London: Allen Lane, 2002) Chapter 17; John Brewer, “New Ways in History, or Talking About My Generation,” *Historein* 3 (2001), pp. 27–46. キャナダインは，“The Age of Todd, Plumb, and Snow: Christ’s, the ‘Two Cultures,’ and the ‘Corridors of Power,” in *Christ’s: A Cambridge College over Five Centuries*, ed. David Reynolds (London: Macmillan, 2005) において，社会史と「二つの文化」について論じている．

(6)　Stefan Collini, “The Literary Critic and the Village Labourer: ‘Culture’ in Twentieth-Century Britain,” *Transactions of the Royal Historical Society* 14 (2004), pp. 93–116, とくにpp. 112–116 を参照のこと．

(7)　Wilson, “A Critical Portrait of Social History”; Taylor, “The Beginnings of Modern British Social History?”

(8)　Hobsbawm, “Growth of an Audience,” *Times Literary Supplement*, 7 April 1966, p. 283; *Higher Education: Report of the Committee Appointed by the Prime Minister under the Chairmanship of Lord Robbins, 1961–1963* (London: HMSO, 1963; cmnd. 2154).

(9)　Cannadine, “The State of British History,” *Times Literary Supplement*, 10 October 1986, p. 1139.

(10)　歴史記述の歴史について，以下の文献を参照のこと．Georg G. Iggers, *New Directions in European Historiography* (Middletown, Conn.: Wesleyan University Press, 1975); Iggers, *Historiography in the Twentieth Century: From Scientific Objectivity to the Postmodern Challenge* (Hanover, NH: Wesleyan University Press, 1997); 米国では，Michael Kammen, ed., *The Past Before Us: Contemporary Historical Writing in the United States* (Ithaca: Cornell University Press, 1980); 英国では，Dennis Dworkin, *Cultural Marxism in Postwar Britain: History, the New Left, and the Origins of Cultural Studies* (Durham: Duke University Press, 1997), Chapter 1. テイラーは “The Beginnings of Modern British Social History?” において，非マルクス主義の系統の社会史を示している．ホブズボームは歴史家グループの歴史について，“The Historians’ Group of the Communist Party,” in *Rebels and Their Causes*, ed. Maurice Cornforth (London: Lawrence and Wishart, 1978), pp. 21–47 で詳述している．

(11)　Wilson, “A Critical Portrait of Social History”; Hobsbawm, “From Social History to the

History of Society," *Daedalus* 100 (Winter 1971), pp. 20–45, とくに pp. 21–22.

(12) Keith Thomas, "The Tools and the Job," *Times Literary Supplement*, 7 April 1966, p. 276. 1960年までにその分野が優勢な地位を占めていたという主張は，Lawrence Stone, *The Past and the Present Revisited* (London: Routledge, 1987), p. 12 から取ったものである．トマスはその後，自分の論文，および *Times Literary Supplement* のその号を，"History Revisited," *Times Literary Supplement*, 11 October 2006（"The Changing Shape of Historical Interpretation," in *Penultimate Adventures with Britannia: Personalities, Politics, and Culture in Britain*, ed. Wm. Roger Louis (London: I. B. Tauris, 2008), pp. 43–51 として再掲）で再考している．

(13) Brewer, "New Ways in History, or Talking About My Generation."

(14) John Neale, "History in the Scientific Age," *Nature* 199 (24 August 1963), pp. 735–737. トレヴェリアンの論文は，*Clio, a Muse: and Other Essays* (New York: Longman's, Green, and Company, 1931) に収録されている．

(15) Neale, "History in the Scientific Age," p. 736. トレヴェリアンについては，Cannadine, *G. M. Trevelyan: A Life in History* (London: Harper Collins, 1992) を参照のこと．

(16) ベリーの欽定講座担任教授への就任記念公開講義より．Iggers, *New Directions in European Historiography*, p. 4に引用されている．英国史の専門家になるにあたって自然科学を手本とすることについては，T. W. Heyck, *The Transformation of Intellectual Life in Victorian England* (New York: St. Martin's Press, 1982), Chapter 5を参照のこと．

(17) Stone, *The Past and the Present Revisited*, pp. 11, 15.

(18) "Introduction," *Past and Present* 1 (February 1952), p. iii.

(19) Thomas, "The Tools and the Job." ブルーアーは，"New Ways in History, or Taking About My Generation" において，この論文の衝撃を思い起こしている．

(20) Thomas, "The Tools and the Job," p. 276（強調は筆者による）．

(21) E. P. Thompson, "History From Below," *Times Literary Supplement*, 6 April 1966, pp. 279–280.

(22) トレヴァー＝ローパーは，Thomas, "The Tools and the Job," p. 276 に引用されている．エルトンは，*Recent Historians of Great Britain: Essays on the Post-1945 Generation*, ed. Walter Arnstein (Ames: Iowa State University Press, 1990), p. 7 に引用されている．

(23) Robbins, *et al.*, *Higher Education*, pp. 259, 279, 284.

(24) Snow, "The Two Cultures," *New Statesman and Nation*, 6 October 1956, pp. 413–414.

(25) *Ibid.*, p. 413.

(26) J. H. Plumb, ed., *Studies in Social History: A Tribute to G. M. Trevelyan* (New York: Longman's, Green, and Company, 1955); プラムが社会史の前途有望さについて述べているのは p. xiv. プラムについては，以下を参照のこと．Cannadine, " Sir John Plumb," *History Today* (February 2002), pp. 26–28; Cannadine, "John Harold Plumb," *Proceedings of the British Academy* 124 (2004), pp. 269–309; "Historians in 'The Liberal Hour'."

(27) J. H. Plumb, *Sir Robert Walpole: The Making of a Statesman* (London: Cresset, 1956).

(28) "The Age of Todd, Plumb, and Snow" において，キャナダインはプラムの初期の仕

事，とくに彼の博士論文である “Elections to the House of Commons in the Reign of William III,” 未刊行の PhD thesis, University of Cambridge (1936) に対するネーミアの影響力について論じている．

（29） プラムからスノー宛書簡，1956年 4 月19日，1956年 4 月28日，HRC: Snow 166. 6. この時期のネーミアに対する他の挑戦については，Herbert Butterfield, *George III and the Historians* (London: Collins, 1957) を参照のこと．

（30） スノーからプラム宛書簡，1956年 1 月 9 日，Cambridge University Library (CUL): Plumb paper, Box “C. P. Snow + Pam: 1946 to 1968,” File “Snow 1946 to 1968.”

（31） スノーからプラム宛書簡，1958年 6 月25日，CUL: Plumb papers, Box “C. P. Snow + Pam: 1946 to 1968,” File “Snow 1946 to 1968.”

（32） Snow, *The Two Cultures and the Scientific Revolution* (Cambridge University Press, 1959), p. 25.

（33） *Ibid.*, p. 26.

（34） *Ibid.*, p. 24.

（35） *Ibid.*, pp. 26, 24.

（36） *Ibid.*, pp. 21, 7.

（37） レイモンド・ウィリアムズからスノー宛書簡，1959年12月 3 日，HRC: Snow 210.1 ニューレフトについてのもっと正確な説明については，以下を参照のこと．Dworkin, *Cultural Marxism in Postwar Britain*; Michael Kenny, *The First New Left: British Intellectuals after Stalin* (London: Lawrence and Wishart, 1995).

（38） Snow, “Act in Hope,” *New Statesman*, 15 November 1958, p. 699（強調は原文による）.

（39） *Ibid.*

（40） スノーからポドレツ宛書簡，1960年 2 月 2 日，HRC: Snow 165.10.

（41） スノーからポドレツ宛書簡，1960年 3 月 9 日，HRC: Snow 165.10.

（42）「ウィリアムズとホガートは完璧にまじめな人物ですが，あなたもお気づきのように，彼らの考える社会主義の大部分は，F・R・リーヴィスの目を通して見たモリスとラスキンに由来しています．このことは，有用な妥当性がかなり小さいということを意味しています．（ウィリアムズの場合はもっと複雑です．彼はどうにかしてリーヴィス主義者であると同時にマルクス主義者であろうとしました．このせいで神経衰弱を患ってしまったのです）」．スノーからポドレツ宛書簡，1960年 2 月 2 日，HRC: Snow 165.10. スノーは結局，その記事を書かないことを決意した．スノーからポドレツ宛書簡，1961年 1 月24日，HRC: Snow 165.11.

（43） Leavis, *Two Cultures? The Significance of C. P. Snow* (London: Chatto and Windus, 1962), p. 16.

（44） *Ibid.*, p. 10.

（45） *Ibid.*, p. 24.

（46） *Ibid.*, p. 19.

（47） *Ibid.*, p. 26.

（48） プラムからスノー宛書簡，1962年 7 月 1 日，HRC: Snow 166.9.

（49） Plumb, “Letters,” *Spectator*, 30 March 1962, p. 396.

（50） スノーからポドレツ宛書簡，1962年5月25日，HRC: Snow 165.12.
（51） Snow, "The Two Cultures: A Second Look," *Times Literary Supplement*, 25 October 1963, pp. 839–844; 以降の引用は，『二つの文化』と合わせて *The Two Cultures: and A Second Look* (Cambridge University Press, 1964) として出版されたものによる．
（52） Snow, *The Two Cultures*, pp. 8–9.
（53） Snow, *The Two Cultures: and A Second Look*, p. 84.
（54） *Ibid.*, p. 70.
（55） *Ibid.*, p. 83.
（56） *Ibid.*, p. 84.
（57） Calouste Gulbenkian Foundation (London), Annual Report for 1964, Entry 43.
（58） スノーからジョージ・スタイナー宛書簡，1963年2月7日，HRC: Snow 191.4.
（59） スノーからラスレット宛書簡，1963年5月20日，HRC: Snow 132.3.
（60） *Ibid.*; ラスレットからスノー宛書簡，1963年5月27日，HRC: Snow 132.3.
（61） ラスレットからスノー宛書簡，1964年2月28日，HRC: Snow 132.3.
（62） スノーからラスレット宛書簡，1963年5月20日，HRC: Snow 132.3.
（63） スノーからラスレット宛書簡，1964年3月5日，HRC: Snow 132.3.
（64） ラスレットからスノー宛書簡，1964年6月4日，HRC: Snow 132.3.
（65） Peter Laslett, *The World We Have Lost* (London: Methuen, 1965). ラスレットは序文で，この本はケンブリッジ・グループの著作ではないが，この本をケンブリッジ・グループに帰属するものと考えるのは必然的なことだと述べた．例えば，1965年12月9日の *Times Literary Supplement* の書評（以下で論じている）を参照のこと．
（66） Peter Laslett, "Engels as Historian," *Encounter*, May 1958, pp. 85–86.
（67） Laslett, *The World We Have Lost*, p. 168.
（68） *Ibid.*, p. 82.
（69） *Ibid.*, p. 239.
（70） *Ibid.*, p. 3.
（71） *Ibid.*, pp. 126, 94, 45.
（72） "The Book of Numbers," *Times Literary Supplement*, 9 December 1965, pp. 1117–1118.
（73） *Ibid.*, p. 1117.
（74） *Ibid.*
（75） *Ibid.*, p. 1118.
（76） *The Times Literary Supplement Centenary Archive*, www.tls.psmedia.com/ で入手可能．トムスン特有の散文体だったことを考えれば驚くべきことではないが，E・A・リグレーはのちに，著者の正体がすぐに周知の事実となったことを思い起こした．
（77） E. P. Thompson, "Outside the Whale," in *Out of Apathy* (London: New Left Books, 1960), p. 157.
（78） E. P. Thompson, *The Making of the English Working Class* (London: Gollancz,1963), p. 445.
（79） E. P. Thompson, *Making History: Writings on Politics and Culture* (New York: New Press, 1994), p. 254.

（80）　F. R. Leavis, *Nor Shall My Sword: Discourses on Pluralism, Compassion and Social Hope* (London: Chatto and Windus, 1972), p.81; Leavis, *English Literature in Our Time and the University* (London: Chatto and Windus, 1969), pp. 170, 174.

（81）　Leavis, "Sociology and Literature," *Scrutiny* 13 (Spring 1945), p. 80.

（82）　*Ibid.*, pp. 74-81.

（83）　1970年および1971年にそれぞれヨーク大学で行なわれた講演である "Pluralism, Compassion and Social Hope" および "Elites, Oligarchies and an Educated Public" より．*Nor Shall My Sword* 所収．

（84）　Harold Perkin, *The Origins of Modern English Society, 1780-1880* (London: Routledge, 1969); Leavis, *Nor Shall My Sword*, pp. 193-195.

（85）　Q・D・リーヴィスからD・F・ポーコック宛書簡，1971年８月10日，Emmanuel College, Cambridge: ECA COL 9.59a.121.24.

（86）　F. R. Leavis, "Anna Karenina: Thought and Significance in a Great Creative Work." 初出は1965年の *Cambridge Quarterly* の第１号．のちに Leavis, *Anna Karenina and Other Essays* (London: Chatto and Windus, 1967) に再掲された．

（87）　Q. D. Leavis, *Fiction and the Reading Public* (London: Chatto and Windus, 1932). Ian MacKillop, *We Were That Cambridge: F. R. Leavis and the "Anthropologico-Literary" Group* (Austin: University of Texas,1993).

（88）　F. R. Leavis, "Literature and Society," *Scrutiny* 12 (Winter 1943), pp. 2-11, *The Common Pursuit* (London: Chatto and Windus, 1952), pp. 182-194 に再掲されている．

（89）　ロビンズ報告は，*English Literature in Our Time and the University*, *Nor Shall My Sword* および *The Living Principle* (London: Chatto and Windus, 1975) で，くりかえし話題となっている．

（90）　Stanislav Andreski, *Social Sciences as Sorcery* (London: Deutsch, 1972). Leavis, *The Living Principle*, Chapter 1 で論じられている．リーヴィスがアンドレスキーに注意を向けるようになったのは，アンドレスキーが *The African Predicament: A Study in the Pathology of Modernisation* (London: Michael Joseph, 1968) の出版社を探すのに苦労していたときで，その著書は，西側によく見られるような官僚制度を確立することでアフリカの飢餓に終止符を打とうという計画を批判したものである．Leavis, *Nor Shall My Sword*, pp. 190-191. リーヴィスとアンドレスキーの知的なつながりについては，第６章でさらに論じている．

（91）　Leavis, *Nor Shall My Sword*, p. 172.

（92）　Leavis, *The Common Pursuit*, p. 185（強調は筆者による）．「第三の領域」や「人間界」については，Dan Jacobson, *Time and Time Again* (New York: Atlantic Monthly Press, 1985), pp. 126-136，とくに pp. 126-127 を参照のこと．

（93）　Snow, "The Case of Leavis and the Serious Case," *Times Literary Supplement*, 9 July 1970, pp. 730-740.

（94）　Snow, "The Role of Personality in Science," University of Texas at Austin, 1970 (n.d.), British Library, National Sound Archive: Cassette 1CA0012643.

（95）　Snow, "Recent Thoughts on the Two Cultures," Foundation Oration, Birkbeck College,

London, 12 December 1961, British Library: WP 8944/39.

(96) 科学史のその後の発展が再びスノーの希望をくじいた点については，第7章を参照のこと．

## 5 国家「衰退」の高まり

(1) Perry Anderson, “Origins of the Present Crisis,” *New Left Review* 23 (January-February 1964), pp. 26–53.

(2) Martin Wiener, *English Culture and the Decline of the Industrial Spirit, 1850–1980* (Cambridge University Press, 1981); Correlli Barnett, *The Audit of War: The Illusion and Reality of Britain as a Great Nation* (London: Macmillan, 1986). この文献については，「はじめに」で詳細に論じている．

(3) Perry Anderson, “Dégringolade,” *London Review of Books*, 2 September 2004, p. 3.

(4) Jim Tomlinson, “Economic ‘Decline’ in Post-War Britain,” in *A Companion to Contemporary Britain, 1939–2000*, ed. Paul Addison and Harriet Jones (Oxford: Blackwell, 2005), p. 164. これらの論争の概観については，以下を参照のこと．Richard English and Michael Kenny, eds., *Rethinking British Decline* (London: Macmillan, 2000); Peter Clarke and Clive Trebilcock, eds., *Understanding Decline: Perceptions and Realities of British Economic Performance* (Cambridge University Press, 1997). 修正主義の歴史記述には，以下のものが含まれる（年代順）．D. N. McCloskey, *If You're So Smart: The Narrative of Economic Expertise* (University of Chicago Press, 1990), pp. 40–55; David Edgerton, *England and the Aeroplane: An Essay on a Militant and Technological Nation* (Basingstoke: Macmillan, 1991); Edgerton, *Science, Technology, and the British Industrial “Decline”, 1870–1970* (Cambridge University Press, 1996); Jim Tomlinson, “Inventing ‘Decline’: The Falling Behind of the British Economy in the Postwar Years,” *Economic History Review* 49 (1996), pp. 731–757; Tomlinson, *The Politics of Decline: Understanding Post-war Britain* (Harlow: Longman, 2001).

(5) 「経済的」および「文化的」という専門用語は，ここでは，これらの論争の顕著な典型の自我一体意識というよりも，むしろ，経済史および文化史の一般的な研究方法と関係している．だからウィーナは文化史家（経済的事実という現実をスタート地点としている人物）であり，一方，トムリンソンは経済史家（政治論議の結果として経済発展の解釈を扱う人物）なのである．

(6) 1960年代の「衰退」についての私の考えは，ダニエル・リッチェルの1930年代の「プランニング」の扱い方と関連している．Daniel Ritschel, *The Politics of Planning: The Debate on Economic Planning in Britain in the 1930s* (Oxford: Clarendon, 1997). リッチェルは，1890年代の「集産主義」，第一次世界大戦前の「国家的効率」，1920年代の「合理化」，両大戦中の「再建」をめぐる，関連する議論を指摘している（p. 12）．拙論 “ ‘Decline’ as a Weapon in Cultural Politics,” in *Penultimate Adventures with*

*Britannia: Personalities, Politics, and Culture in Britain*, ed. Wm. Roger Louis (London: I. B. Tauris, 2008), pp. 201–214 も参照のこと．

(7)　Becky Conekin, *'The Autobiography of a Nation': The 1951 Festival of Britain* (Manchester University Press, 2003). ロス・マッキビンは英国祭と戴冠式を以下の著作で関連づけている．Ross McKibbin, *Classes and Cultures: England 1918–1951* (New York: Oxford University Press, 1998), p. 535.

(8)　この段落の情報は，Kenneth Morgan, *The People's Peace: British History, 1945–1989* (New York: Oxford University Press, 1990) から得たものである．

(9)　Tomlinson, *The Politics of Decline*, とくに Chapter 2.

(10)　トムリンソンは，"Conservative Modernisation, 1960–64: Too Little, Too Late?" *Contemporary British History* 11 (Autumn 1997), p. 18 において，それは1959年から1960年に始まるとしている．

(11)　Andrew Shonfield, *British Economic Policy since the War* (Baltimore: Penguin, 1958); Michael Shanks, *The Stagnant Society: A Warning* (Baltimore: Penguin, 1961): Bryan Magee, *The New Radicalism* (New York: St. Martin's Press, 1962); Anthony Sampson, *Anatomy of Britain* (London: Hodder and Stoughton, 1962); Anderson, "Origins of the Present Crisis." この文献をめぐる歴史的な考察については，Tomlinson, *The Politics of Decline*, pp. 21–26; David Edgerton, *Warfare State: Britain, 1920–1970* (Cambridge University Press, 2006), Chapter 5 を参照のこと．

(12)　Christopher Booker, Richard Ingrams, William Rushton, *et al.*, *Private Eye's Romantic England: The Last Days of Macmillan* (London: Weidenfeld & Nicolson, 1963), p. 31. 衰退の世間受けがよいことは，この著作の副題から明らかであるが，副題はローマ帝国との比較を意図的に誘起している．

(13)　Tomlinson, *The Politics of Decline*, p. 21.

(14)　Arthur Koestler, "Introduction: The Lion and the Ostrich," *Encounter*, July 1963, p. 8. この号の内容にかんするさらなる議論，すなわち，その内容とこれらのテーマがこだましているこの時期の多くの作品とを結びつける議論については，Peter Mandler, *The English National Character: The History of an Idea from Edmund Burke to Tony Blair* (New Haven: Yale University Press, 2006), pp. 215–228 を参照のこと．

(15)　すべて *Encounter*, July 1963 に掲載された，Goronwy Rees, "Amateurs and Gentleman, or The Cult of Incompetence," pp. 20–25; Michael Shanks, "The Comforts of Stagnation," pp. 30–38; Austen Albu, "Taboo on Expertise," pp. 45–50 を，ケストラーに加えて参照のこと．

(16)　Henry Fairlie, "On the Comforts of Anger," pp. 9–13; Malcolm Muggeridge, "England, Whose England?" pp. 14–17（ともに *Encounter*, July 1963 に掲載）．

(17)　Koestler, "Postscript: The Manager and the Muses," *Encounter*, July 1963, pp. 115, 113.

(18)　Desmond King and Victoria Nash, "Continuity of Ideas and the Politics of Higher Education Expansion in Britain from Robbins to Dearing," *Twentieth Century British History* 12 (2001), pp. 185–207.

(19)　R. V. Jones, "In Search of Scientist—I," *Listener*, 23 September 1965, p. 447.

(20)　科学，科学技術，そして近代化の時代精神については，Dominic Sandbrook, *White Heat: A History of Britain in the Swinging Sixties* (London: Little, Brown, 2006), pp. 41-60 を参照のこと．

(21)　ブリストル・キャンペーンの文書は，Harry Ransom Humanities Research Center (HRC): Snow 205.10 に，スノーの文書とともに保管されている．続く引用は，ベンによる1961年３月付けの覚え書きからのもので，そのファイルに含まれている．

(22)　ベンからスノー宛書簡，1961年３月27日，HRC: Snow 205.10.

(23)　Dominic Sandbrook, *Never Had It So Good: A History of Britain from Suez to the Beatles* (London: Little, Brown, 2005), Chapter 17.

(24)　Morgan, *The People's Peace*, Chapter 6.

(25)　Harold Wilson, "Labour's Plan for Science," *Purpose in Politics* (London: Weidenfeld & Nicolson, 1964), pp. 14, 28.

(26)　*Ibid.*, p. 27.

(27)　*Let's Go with Labour for the New Britain: The Labour Party's Manifesto for the 1964 General Election* (London: Victoria House Printing Co., 1964).

(28)　*Ibid.*, pp. 3, 10, 5, ほか．

(29)　*Ibid.*, pp. 4, 24.

(30)　Tomlinson, "Conservative Modernisation, 1960-64: Too Little, Too Late?".

(31)　Edgerton, *England and the Aeroplane*; Frank Miller Turner, "Public Science in Britain, 1880-1919," *Isis* 71 (December 1980), pp. 589-608.

(32)　C. P. Snow, "The Irregular Right: Britain without Rebels," *Nation*, 24 March 1956, p. 239.

(33)　C. P. Snow, "The Men of Fission," *Holiday*, April 1958, pp. 95, 108-115.

(34)　C. P. Snow, "Britain's Two Cultures: A Study of Education in a Scientific Age," *Sunday Times*, 10 March 1957, p. 12.

(35)　Snow, *The Two Cultures and the Scientific Revolution* のほか，Snow, "Phase of Expansion," *Spectator*, 1 October 1954, p. 406; Snow, "New Minds for the New World," *New Statesman*, 8 September 1956, pp. 279-282; Snow, "Miasma, Darkness, and Torpidity," *New Statesman*, 11 August 1961, pp. 186-187; Snow, *Variety of Men* (London: Macmillan, 1967), p. 152.

(36)　C. P. Snow, "Industrial Dynamo," *New Statesman*, 16 June 1956, p. 703.

(37)　C. P. Snow, "The Corridors of Power," *Listener*, 18 April 1957, p. 620.

(38)　Snow, "The Men of Fission."

(39)　C. P. Snow, *Science and Government* (Cambridge, Mass.: Harvard University Press,1960).

(40)　C. P. Snow, *Corridors of Power* (London: Macmillan, 1964). これらの引用はオムニバス・エディションからのものである．Snow, *Strangers and Brothers* (New York: Scribner's 1972), vol. III. スノーはノーマン・ポドレツに，この小説と自分のゴドキン講演のつながりは意図的なものだと語った．スノーからポドレツ宛書簡，1960年３月９日，HRC: Snow 165.10.

(41)　スノーはCNDの代表からの支援要請を再三にわたって拒絶した．HRC: Snow

68.8–68.9.

(42) Snow, *Strangers and Brothers,* pp. 162–163.

(43) *Ibid.*, p. 263.

(44) *Ibid.*

(45) *Ibid.*, p. 265.

(46) Edward Shils, "The Charismatic Centre," *Spectator*, 6 November 1964, pp. 608–609.

(47) Morgan, *The People's Peace*, p. 232.

(48) J. D. Bernal, *The Social Function of Science* (London: Routledge, 1939); Gary Werskey, *The Visible College* (London: Allen Lane, 1978).

(49) ゲイツケル・グループの記録の写しは，P. M. S. Blackett at the Royal Society (London): Blackett E.24-E.34 に保管されている．「ゲイツケル・グループ」という語はブラケットのものである．Mary Jo Nye, *Blackett: Physics, War, and Politics in the Twentieth Century* (Cambridge, Mass., Harvard University Press, 2004), pp. 158–159 も参照のこと．

(50) Gaitskell Group, 17 July 1956, Royal Society: Blackett E.24.

(51) "The Labour Party and Science (Notes to start a discussion, 17 July 1956)," Royal Society: Blackett E.25.

(52) ブラムウェルからスノー宛書簡，1958年6月20日，HRC: Snow 65.10; ブラムウェルからブラケット宛書簡，1959年9月4日，Royal Society: Blackett E.29.

(53) Gaitskell Group, 27 June 1958, Royal Society: Blackett E.26.

(54) Senior Scientists Group, 26 September 1958, Royal Society: Blackett E.27.

(55) "Scientific and Technical Manpower," in "A Labour Government and Science: Papers for Mr. Gaitskell," p. 3, Royal Society: Blackett E.28.

(56) *Ibid.*, pp. 8–9.

(57) Gaitskell Group, 27 August 1959, Royal Society: Blackett E.28.

(58) Finding aid to Blackett papers, Royal Society, p. 218 より．"Progress Report on 'Labour and Science'," Royal Society: Blackett E.30 と題された文書により裏づけられている．

(59) Gaitskell Group, 27 June 1960, Royal Society: Blackett, E.30.

(60) Gaitskell Group, 5 June 1962, Royal Society: Blackett E. 32.

(61) "Science and the Labour Party," Royal Society: Blackett E.33.

(62) ブロノフスキーからブラムウェル宛書簡，1962年7月13日，Royal Society: Blackett E.32.

(63) ゲイツケル・グループからヒュー・ゲイツケル宛書簡，1962年11月1日，Royal Society: Blackett E.33.

(64) ゲイツケルからの書簡，1962年11月8日，Royal Society: Blackett E.33.

(65) ブラムウェルからブラケット宛書簡，1963年2月27日，Royal Society: Blackett E.33.

(66) 1961年6月23日の会合の議事録が典型的である――「ハロルド・ウィルソンは，今や労働党は科学志向だと強調した」．Gaitskell Group, 23 June 1961, Royal Society: Blackett E.31.

(67) ブラムウェルからブラケット宛書簡，1963年2月27日，Royal Society: Blackett E.33.

(68) Gaitskell Group, 24 June 1963, Royal Society: Blackett E. 34.

(69) *Ibid.*

(70) セシル・ゴードンからゲイツケル・グループ宛書簡，1958年9月18日，Royal Society: Blackett Papers.

(71) スノーからJ・H・プラム宛書簡，1959年9月15日，Cambridge University Library (CUL): Plumb papers, File: "Snow 1946 to 1968," Box "C. P. Snow + Pam, 1946 to 1968."

(72) ブラムウェルからスノー宛書簡，1962年7月10日，HRC: Snow 65.10. スノーからブラムウェル宛書簡，1962年7月12日，HRC: Snow 65.10.

(73) この箇所は，1961年4月18日に王立協会で行なわれたウィルソンの演説からのものである．Royal Society: Blackett E.40（強調は筆者による）.

(74) プラムからスノー宛書簡，1963年5月，HRC: Snow 166.10; スノーからバルザン宛書簡，1964年7月21日，Caroline Nobile Gryta, "Selected Letters of C. P. Snow: A Critical Edition," 未刊行のPhD dissertation, Pennsylvania State University (1988), pp. 310–311に引用されている．

(75) *Times Literary Supplement*, "Technology and Humanism," 29 July 1965, pp. 641–642.

(76) Philip A. Snow, *A Time of Renewal: Clusters of Characters, C. P. Snow, and Coups* (London: Radcliffe, 1998), pp. 86–88.

(77) Blackett, "The Case for a Ministry of Technology," Royal Society: Blackett E.49.

(78) Finding aid to the Blackett papers, Royal Society, p. 228. ブラケットの提案と実際の省との相違をめぐる討論については，Edgerton, *Warfare State*, Chapter 6を参照のこと．

(79) スノーからハリー・ミッチェル宛書簡，1965年5月26日，HRC: Snow 106.11.

(80) スノーからフランク・カズンズ宛書簡，1965年8月16日，HRC: Snow 106.12; スノーからカズンズ宛書簡，1965年1月12日，HRC: Snow 106.11.

(81) スノーからウィルソン宛書簡，1965年6月1日，HRC: Snow 106.11.

(82) HRC: Snow 106.14.

(83) スノーからカズンズ宛書簡，1965年5月28日，HRC: Snow 106.11. クロスマンにかんする逸話は，アラン・ワトキンズによるスノーの訃報記事より．Alan Watkins, "Laureate of Meritocracy," *Observer*, 6 July 1980.

(84) Richard Crossman, "Secret Decisions," *Encounter*, June 1960, pp. 86–90; Crossman, *The Diaries of a Cabinet Minister: Volume One, Minister of Housing, 1964–1966* (London: Hamish Hamilton and Jonathan Cape, 1975), p. 42. クロスマンはのちにスノーについての「深刻な疑念」を認めた（p. 117）．クロスマンとウィルソンはスノーの政治的行動に対して否定的だった．David Cannadine, "C. P. Snow, 'The Two Cultures,' and the 'Corridors of Power' Revisited," in *Yet More Adventures with Britannia*, ed. Wm. Roger Louis (London: I. B. Tauris, 2005), p. 110. John Halperin, *C. P. Snow: An Oral Biography, Together with a Conversation with Lady Snow (Pamela Hansford Johnson)* (New York: St. Martin's Press, 1983), p. 188におけるスノーの回想と比較のこと．当時内務大臣を務めたロイ・ジ

ェンキンズは，大臣で労働組合員のフランク・カズンズに対し，スノーのことを「嘘くさいサンチョ・パンサ」と語った．Roy Jenkins, *A Life at the Center: Memoirs of a Radical Reformer* (New York: Random House, 1991), p. 171.

(85)　プラムからスノー宛書簡，1963年5月，HRC: Snow 166.10. クロスマンは *The Diaries of a Cabinet Minister*, p. 42 において，スノーがウィルソンを感嘆させた会議を回想した．

(86)　HRC: Snow 225.1.

(87)　"Spectator's Notebook," *Spectator*, 19 February 1965, p. 225.

(88)　Christopher Hollis, "Snows of Tomorrow Year," *Spectator*, 26 February 1965, p. 254.

(89)　スノーからブライアン・バスティン宛書簡，1965年2月26日，HRC: Snow 225. 1.

(90)　パメラ・ハンズフォード・ジョンソンからハリー・レヴィン宛書簡，1965年8月17日，Harvard University: Houghton Library, Levin papers, MS Am 2461 (918), Storage 342, Box 18, "Snow, C. P."

(91)　John Stevenson, "When a Man is Sick of Power," *Daily Sketch*, 24 February 1966, p. 6 に引用．

(92)　Philip A. Snow, *A Time of Renewal*, p. 105.

(93)　Macmillan, "Modernization of Britain," 3 December 1962, Public Records Office (Kew): CAB 129/111. Tomlinson, "Conservative Modernisation, 1960–64," p. 18 に引用されている．

(94)　Tomlinson, "Conservative Modernisation, 1960–64," pp. 18–19, 33–34.

(95)　Booker, *et al.*, *Private Eye's Romantic England*, p. 56.

(96)　Quintin Hogg (Baron Hailsham of St. Marylebone), *A Sparrow's Flight* (London: Collins, 1990), pp. 330–331.

(97)　"Science and the Nature of Politics," *Nature*, 27 October 1962, p. 301.

(98)　Henry Fairlie, "On the Comforts of Anger," *Encounter*, July 1963, p. 10.

(99)　*Ibid.*, p. 11.

(100)　*Ibid.*

(101)　Quintin Hogg, *Science and Politics* (London: Faber and Faber, 1963).

(102)　*Ibid.*, p. 19.

(103)　*Ibid.*, p. 33.

(104)　Labour Party, *Let's Go with Labour for the New Britain*, p. 3.

(105)　*Ibid.*, p. 4.

(106)　John Jewkes, *Ordeal by Planning* (New York: Macmillan, 1948), Friedrich von Hayek, *The Road to Serfdom* (University of Chicago Press, 1944).

(107)　ポランニーの政治的な著作については，Jessica Reinisch, "The Society for Freedom in Science, 1940–1963," 未刊行の MSc thesis, University of London (2000), p. 19 を参照のこと．Mary Jo Nye, "Michael Polanyi (1891–1976)," *HYLE* 8 (2002), pp. 123–127 も参照のこと．

(108)　Karl Popper, *The Open Society and Its Enemies* (London: Routledge, 1945).

(109) Israel Shahak, "Letters," *Spectator*, 2 May 1969, p. 596.

(110) C. P. Snow, "Less Fun Than Machiavelli," *New Statesman*, 9 January 1970, p. 50. スノーは，政治の複雑なシステムがいかに機能するのか説明すると称している本の書評を行なっている最中で，それゆえに自分が個人的にプランニングを好んでいることを説明するために手を止めたのである．

(111) Michael Polanyi, "The Two Cultures," *Knowing and Being: Essays*, ed. Marjorie Grene (London: Routledge, 1969), pp. 40-46. この論文の初出は，*Encounter*, September 1959, pp. 61-64 である．

(112) *Ibid.*, p. 46.

(113) F. R. Leavis, *Nor Shall My Sword; Discourses on Pluralism, Compassion and Social Hope* (London: Chatto and Windus, 1972); Leavis, *The Living Principle: "English" as a Discipline of Thought* (London: Chatto and Windus, 1975).

(114) Leavis, *The Living Principle*, p. 39.

(115) *Ibid.*, p. 13.

(116) F. R. Leavis, "Literary Criticism and Philosophy: A Reply," *Scrutiny* 6 (June 1937), pp. 59-70, *The Common Pursuit* (London: Chatto and Windus, 1952) に再掲されている．

(117) F. R. Leavis, *Thought, Words and Creativity: Art and Thought in Lawrence* (New York: Oxford University Press, 1976).

(118) リーヴィスは，その語を *Nor Shall My Sword* で用い，*The Living Principle* では大々的に頼った．

(119) Leavis, *The Living Principle*, p. 97.

(120) Frances Stonor Saunders, *Who Paid the Piper? The CIA and the Cultural Cold War* (London: Granta Books, 1999).

(121) リーヴィスからA・I・ドイル宛書簡，1965年9月9日，Downing College: DCPP/LEA/2 Leavis, F. R.

(122) E. H. H. Green, *Thatcher* (London: Hodder Arnold, 2006), pp. 41-46, 191-193.

(123) リーヴィスからD・F・ポーコック宛書簡，1961年7月25日，Emmanuel College (Emmanuel): ECA COL 9.59a.121.20.

(124) Ian MacKillop, *F. R. Leavis: A Life in Criticism* (London: Allen Lane, 1995), p. 374. この会合は，リチャードおよびジーン・グッダーの自宅で開催された．私に思い出を聞かせてくれたグッダー夫妻に感謝を申し上げる．

(125) G. Singh, *F. R. Leavis: A Literary Biography* (London: Duckworth, 1995), p. 193.

(126) F. R. Leavis, *English Literature in Our Time and the University* (London: Chatto and Windus, 1969), p. 30.

(127) Leavis, *English Literature in Our Time and the University*, p. 30.

(128) リーヴィスからデイヴィッド・ホルブルック宛書簡，1968年12月12日，Downing College DCPP/LEA/4 Leavis, F. R. (5).

(129) Leavis, *Nor Shall My Sword*.

(130) Leavis, *English Literature in Our Time and the University*, Chapter 6; *Nor Shall My Sword*, Chapters 4, 5, 7.

（131） Leavis, *English Literature in Our Time and the University*, p. 183.
（132） *Ibid.*, p. 35.
（133） Leavis, " 'English', Unrest, and Continuity," in *Nor Shal My Sword*, p. 133.

## 6　ポスト植民地主義の進展

（1） C. P. Snow, *The Two Cultures and the Scientific Revolution* (Cambridge University Press, 1959), p. 43.
（2） F. R. Leavis, *Two Cultures? The Significance of C. P. Snow* (London: Chatto and Windus, 1962), p. 26.
（3） J. H. Plumb, "Letters," *Spectator*, 30 March 1962, p. 396; E. P. Thompson, *The Making of the English Working Class* (London: Gollancz, 1963), p. 13. トムスンは p. 445でリーヴィスを是認した．彼らが相互に抱いていた共感の念と討論における歴史の位置づけにかんしては，第4章を参照のこと．トムスンは2年後に関連する事柄を論じ，その際，英国とフランスで18世紀後半まで続いた「同じ道徳経済学の何か」が「今日，アジアおよびアフリカのある部分において持ちこたえている」ことを指摘した．Thompson, "The Peculiarities of the English," *Socialist Register, 1965*, ed. Ralph Miliband and John Saville (New York: Monthly Review Press, 1965), p. 354.
（4） この章は，これらの政策がコロニアルおよびポストコロニアルの世界において暗示しようとしていること――この本の範囲に収まらないテーマであり，こうした分野の専門家によって検討されるのが最善である――というよりも，むしろ，英国知識人のあいだに見られるこれらの相対立するイデオロギー的な立場について検討している．
（5） 近代化理論については，Nils Gilman, *Mandarins of the Future: Modernization Theory in Cold War America* (Baltimore: Johns Hopkins University Press, 2003) を参照のこと．
（6） Lionel Trilling, "Science, Literature, and Culture: A Comment on the Leavis-Snow Controversy," *Commentary*, June 1962, pp. 461–477.
（7） C. P. Snow," The Two Cultures: A Second Look," *Times Literary Supplement*, 25 October 1963, pp. 839–844, *The Two Cultures: and A Second Look* (Cambridge University Press, 1964) として出版．
（8） William F. Buckley, Jr., "The Voice of Sir Charles," *National Review*, 22 May 1962, p. 358. この段落における引用はすべて，この論文からのものである．
（9） Malcolm Muggeridge, "Appointment with Sir Charles Snow." 1961年8月18日放送のインタビューで，タイプライター原稿が以下に保管されている．Harry Ransom Humanities Research Center (HRC): Snow 8.1.
（10） "The Plough and the Stars," *Times*, 26 April 1961, p. 15.
（11） Lionel Trilling, "The Novel Alive or Dead," *Griffin*, February 1955, pp. 4–13; Norman Podhoretz, "England, My England," *New Yorker*, 10 May 1958, pp. 143–146.

(12) これらの関係の深まりは，彼らの書簡を通して明らかとなっている．Snow/Trilling in HRC: Snow 197.21, Snow/Podhoretz in HRC: Snow 165.10-165.13, Snow/Barzun in HRC: Snow 56.1-56.7. ポドレツの回想録には，この時期のニューヨークにおける文学的教養，新保守主義の出現と軌跡，そして彼のライオネルおよびダイアナ・トリリングとの関係についての説明がある．Podhoretz, *Making It* (New York: Random House, 1967), Podhoretz, *Breaking Ranks* (New York: Harper and Row, 1979); Podhoretz, *Ex-Friends* (New York: Free Press, 1999).

(13) ポドレツからスノー宛書簡，1962年５月22日，HRC: Snow 165.12.

(14) *Ibid.*; スノーからポドレツ宛書簡，1980年３月13日，HRC: Snow 165.13. スノーとポドレツの関係のたどった道筋については，スノーの晩年に復活した手紙のやりとりも含めて，第７章を参照のこと．トリリングが大いに狼狽したことには，最善の努力を尽くしたにもかかわらず，彼とリーヴィスとの関係も同様に損なわれた．Richard Hoggart, *A Measured Life: The Times and Places of an Orphaned Intellectual* (New Brunswick: Transaction, 1994), p. 291.

(15) Trilling, "Science, Literature and Culture," p. 462.

(16) *Ibid.*, pp. 463-464.

(17) *Ibid.*, p. 476.

(18) *Ibid.*, p. 477.

(19) *Ibid.*, pp. 476-477. トリリングの主張に対する同時代の批評で，スノーが私的に奨励し，公的に引用したものについては，Martin Green, "Lionel Trilling and the Two Cultures," *Essays in Criticism* 13 (1963), pp. 375-385 を参照のこと．グリーンは，『二つの文化』に触発されて，成人してから科学を学びはじめ，その後1960年にスノーとコンタクトを取った．スノーは最初は一定の距離を置いていたが，リーヴィスとの論争中，グリーンは彼の忠実な見方となることで信頼を勝ち得た．HRC: Snow 109.1-109.3.

(20) Trilling, "Science, Literature and Culture," p. 462.

(21) *Ibid.*, p. 469.

(22) *Ibid.*, p. 470.

(23) *Ibid.*, p. 471.

(24) Trilling, "The Novel Alive or Dead," p. 9.

(25) *Ibid.*, p. 10.

(26) Snow, *The Two Cultures: and A Second Look*, p. 97.

(27) *Ibid.*

(28) Snow, *The Two Cultures*, p. 46.

(29) この表面的には帝国期以後のリベラルなプログラムに見えるものの，植民地的および軍事的起源については，Priya Satia, "Developing Iraq: Britain, India, and the Redemption of Empire and Technology in the First World War," *Past and Present* 197 (November 2007), pp. 211-255 を参照のこと．加えて，直線状の歴史解釈にスノーが傾倒したこと——近代化理論の支持者にも共通する傾倒——を考えると，このプログラムが大きな相違点がある前提をふまえていることに注意を向けてみるのは興

味深いことである．サティアは，「メソポタミアを開発することは復興であって転換ではなかった．現代世界において伝統的な役割を再び果たすために，近代テクノロジーを利用して修復することであった」（p. 231）と述べている．

（30） Snow, *The Two Cultures: and A Second Look*, pp, 81, 83.

（31） スノーからヴァレンティーナ・イヴァシェヴァ宛書簡，1961年5月15日，HRC: Snow 123.7.

（32） C. P. Snow, *The Affair* (London: Macmillan, 1960), p. 327.

（33） *Ibid.*

（34） スノーからハロルド・マクミラン宛書簡，1961年1月26日，HRC: Snow 142.9.

（35） HRC: Snow 199.11.

（36） スノーからヴァシリー・アジャーエフ宛書簡，1961年8月11日，HRC: Snow 55.7; アジャーエフからスノー宛書簡，1962年5月4日，HRC: Snow 55.7.

（37） "Tribute to Lord Snow," *Soviet News* (London), 15 October 1965.

（38） スノーからアラン・マクリーン宛書簡，1967年11月29日，HRC: Snow 143.9.

（39） マクリーンからスノー宛書簡，1967年12月5日，HRC: Snow 143.9.

（40） マクミランからスノー宛書簡，1967年12月15日，HRC: Snow 142.10.

（41） スノーからマクリーン宛書簡，1968年1月4日，HRC: Snow 143.9.

（42） イヴァシェヴァからスノー宛書簡，1968年3月25日，HRC: Snow 123.11.

（43） John Wain, "An Open Letter to My Russian Hosts," *Observer*, 7 August 1960, p. 13; スノーは次の号で応酬した．

（44） Ronald Bryden, "With a Difference," *Spectator*, 15 December1961, p. 908.

（45） Bernard Levin, "My Concern Is Not the Play But What Is Behind It," *Daily Mail*, 7 September 1962, p. 3; *Times*, 1 August 1963, p. 8. この事件は，Paul Boytinck, *C. P. Snow: A Reference Guide* (Boston: Hall, 1980), B581 でくわしく述べられている．

（46） C. P. Snow, "Liberal Communism: The Basic Dogma, the Scope for Freedom, the Danger in Optimism," *Nation*, 9 December 1968, pp. 617–623, Georgi Dzhagarov, *The Public Prosecutor: A Play*, trans. Marguerite Alexieva, adapted for the stage by C. P. Snow and Pamela Hansford Johnson (London: Owen, 1969) にスノーがつけた序文に再掲されている．ソヴィエト連邦における文化的雪解け，および東欧における修正社会主義については，Tony Judt, *Postwar* (New York; Penguin, 2005), pp. 422–449 を参照のこと．

（47） Snow, "Liberal Communism," p. 619.

（48） 冷戦をめぐる歴史記述は膨大に存在するが，英国に関連する諸問題や文学を概観した有用なものについては，Harriet Jones, "The Impact of the Cold War," in *A Companion to Contemporary Britain, 1939–2000*, ed. Paul Addison and Harriet Jones (Oxford: Blackwell, 2005), pp. 23–41 を参照のこと．

（49） この観点――冷戦と東西対立ではなく，植民地主義と南北対立を軸とするもの――は，この時期のフランスにおいても顕著だった．Joseph Morgan Hodge, *Triumph of the Expert: Agrarian Doctrines of Development and the Legacies of British Colonialism* (Athens: Ohio University Press, 2007), p. 209. トニー・ジャットはこの時期のヨーロ

ッパの出来事をワシントンの関心事をもとに解釈するというアメリカ人学者の傾向に注目し，警告を発している．Judt, *Postwar*, pp. 281–282.

(50) 冷戦の場合のように，脱植民地化をめぐる歴史記述も莫大である．ビル・シュワルツは解説的な概論および文献を改題した論文を執筆している．Bill Schwarz, "The End of Empire," in *A Companion to Contemporary Britain, 1939–2000*, ed. Paul Addison and Harriet Jones, pp. 482–498. Wm. Roger Louis, *The End of British Imperialism: The Scramble for Empire, Suez, and Decolonization* (London: I. B. Tauris, 2006) も参照のこと．

(51) Snow, *The Two Cultures*, pp. 38–48.

(52) Hodge, *Triumph of the Expert*, p. 267. 植民地の「発展」にかんするこれ以前の概念については，Satia, "Developing Iraq," とくに pp. 213–215, 254–255を参照のこと．

(53) C. P. Snow, "The Moral Un-neutrality of Science" (1969), *Public Affairs* (New York: Scribner's, 1971) に再掲されている．

(54) Snow, *The Two Cultures: and A Second Look*, p. 78.

(55) *Ibid.*, p. 89; Snow, "The Cold War and the West," *Partisan Review*, Winter 1962, p. 82.

(56) Hodge, *Triumph of the Expert*, p 267.

(57) H. G. Wells, *The Open Conspiracy: Blue Prints for a World Revolution* (London: Gollancz, 1928), とくに pp. 113–114. スノーは1930年代にケンブリッジの英文学の優等卒業試験がウェルズを無視しているのに異議を唱え，1960年代には再びウェルズを取り上げ高く評価した．Stefan Collini, "Introduction," in *The Two Cultures* (Cambridge University Press, 1993), pp. xxiii-xxv, および Snow, *Variety of Men* (London: Macmillan, 1967), pp. 63–85 を参照のこと．

(58) J. D. Bernal, *World Without War* (London: Routledge and Paul, 1958); Peter Worsley, "Imperial Retreat," in *Out of Apathy*, ed. E. P. Thompson (London: New Left Books, 1960), pp. 139–140.

(59) Mary Jo Nye, *Blackett: Physics, War and Politics in the Twentieth Century* (Cambridge, Mass.: Harvard University Press, 2004).

(60) P. M. S. Blackett, "Technology and World Advancement," *Advancement of Science*, September 1957, pp. 3–11. *Listener* (5 September 1957), *Discovery* (September 1957), *Nature* (7 September 1957), *Science and Culture* (October 1957), および *Bulletin of the Atomic Scientists* (November 1957) に再掲された．また，*Economist* (7 September 1957), *Observer* (8 September 1957) ほかにおいて論じられた．

(61) ジャワハルラール・ネルー記念講演は1968年に行なわれ，"Science and Technology in an Unequal World," *Jawaharlal Memorial Lectures, 1967–1972* (Bombay: Bharatiya Vidya Bhavan, 1973) として出版された．ガンジー記念講演は1969年に行なわれ，*Reflections on Science and Technology in Developing Countries* (Nairobi: East African Publishing House, 1969) として出版された．リード講演は1969年にケンブリッジで行なわれ，*The Gap Widens* (Cambridge University Press, 1970) として出版された．

(62) W. W. Rostow, *The Stages of Economic Growth: A Non-Communist Manifesto* (Cambridge University Press, 1960).

(63) ギルマンは，ロストウのマルクス主義との戦いは単純な敵対よりももっと複雑だ

ったと強調している．Gilman, *Mandarins of the Future*, pp. 199–202. 米国における近代化理論については，Howard Bricks, *Age of Contradiction: American Thought and Culture in the 1960s* (Ithaca: Cornell University Press, 1998), pp. 44–65 も参照のこと．ホッジは *Triumph of the Expert* において，英国と米国の計画を分離し，代わりに戦後の英国のケースが適合する帝国史を再生させている．「発展」のパラダイムの興亡については，そのテーマにかんする包括的な歴史記述への引用も含めて，Barbara Weinstein, "Developing Inequality," *American Historical Review* 113 (February 2008), pp. 3–9 を参照のこと．

(64) Hodge, *Triumph of the Expert*, p. 266.

(65) ICTP は1997年にアブダス・サラム国際理論物理学センターと改称された．サラムについては，彼とスノーの関係も含めて，Alexis de Greiff, "The International Centre for Theoretical Physics, 1960–1979: Ideology and Practice in a United Nations Institution for Scientific Cooperation and Third World Development," 未刊行の PhD thesis, University of London (2001); T. W. B. Kibble, "Salam, Muhammad Abdus (1926–1996)," *Oxford Dictionary of National Biography* (Oxford University Press, 2004) を参照のこと．

(66) Salam, "Technology and Pakistan's Attack on Poverty," the All Pakistan Science Conference (Dhaka, 1961) での講演，HRC: Snow 177.8.

(67) Snow, *The Two Cultures*, p. 45.

(68) Snow, Speech to the House of Lords, 18 June 1968, *Parliamentary Debates*, Lords, 5th ser., vol. 293 (11 June 1968–28 June 1968), cols. 539–548.

(69) 後期植民地時代の発展の計画と植民地独立後の時代の発展の計画のあいだの連続性——人事的なものも思想的なものも——については，Hodge, *Triumph of the Expert*, pp. 254–276 を参照のこと．ジェイムズ・ヴァーノンは，*Hunger: A Modern History* (Cambridge, Mass.: Harvard University Press, 2007), pp. 272–273 で関連する点を力説している．

(70) Leavis, *Two Cultures?*, p. 25（強調は筆者による）．

(71) Snow, *The Two Cultures*, p. 47（強調は原文による）．F. R. Leavis, *Nor Shall My Sword: Discourses on Pluralism, Compassion and Social Hope* (London: Chatto and Windus, 1972); John Osborne, *Look Back in Anger: A Play in Three Acts* (London: Faber and Faber, 1957), David Edgar, "Stalking Out," *London Review of Books*, 20 July 2006, p. 10 に引用されている．

(72) リード講演においてスノーは「この国や米国出身の科学教師と，やはり必要な……英語の教師」を募った．*The Two Cultures*, p. 46. リーヴィスは "Pluralism, Compassion and Social Hope," *Nor Shall My Sword*, quotation p. 186 で，それに対する反応を示した．二人の1970年の議論についてのさらなる論考は，第7章を参照のこと．

(73) Snow, *The Two Cultures: and A Second Look*, p. 89. Leavis, *Nor Shall My Sword*, pp. 190–191.

(74) C. H. Waddington, "Humanists and Scientists: A Last Comment on C. P. Snow,"

*Encounter*, January 1960, p. 72. デイヴィッド・リースマンは “The Whole Man,” *Encounter*, August 1959, pp. 70–71 において，スノーが主張した発展の特徴に賛同している．

(75) Plumb, “Letters,” p. 396.

(76) Leavis, *Nor Shall My Sword*, p. 179.

(77) *Ibid.*, pp. 179–181.

(78) *Ibid.*, pp. 169, 190–191.

(79) Aurelio Peccei, William L. Oltmans, ed., *On Growth: The Crisis of Exploding Population and Resource Depletion* (New York: G. P. Putnam's Sons, 1974), p. 474 に引用されている．

(80) Hodge, *Triumph of the Expert*, p. 270. Holger Nehring, “The Growth of Social Movement,” in *A Companion to Contemporary Britain, 1939–2000*, ed. Paul Addison and Harriet Jones, pp. 395–397 も参照のこと．

(81) Weinstein, “Developing Inequality,” pp. 3–4.

(82) Neil Roberts, “ ‘Leavisite’ Cambridge in the 1960s,” in *F. R. Leavis: Essays and Documents*, ed. Ian MacKillop and Richard Storer (Sheffield Academic Press, 1995), p. 268.

(83) バイアーズ卿からスノー宛書簡，1969年2月12日．スノーからバイアーズ卿宛書簡，1969年2月14日，HRC: Snow 224.7.

(84) E. F. Schumacher, *Small is Beautiful: Economics as if People Mattered* (New York: Harper and Row, 1973), pp. 80–82. シューマッハーおよび英国における環境保護主義の知的な起源の一要素については，Meredith Veldman, *Fantasy, the Bomb, and the Greening of Britain: Romantic Protest, 1945–1980* (Cambridge University Press, 1994) を参照のこと．「近代化」に対する批判の出現およびアメリカにおける進化論については，Brick, *Age of Contradiction,* pp. 58–65; Weinstein, “Developing Inequality,” pp. 3–9 を参照のこと．ギルマンは，近代化理論の運命およびそれを支える仮説の過渡期は1965年から1975年にかけてだとしている．彼の言によると，「1970年代前半には，事実上あらゆる方面から攻撃されているかのようだった」という．Gilman, *Mandarins of the Future*, p. 205. とくに成長に対する転換については，p. 251を参照のこと．ここで焦点を当てているのは，科学，科学技術，そして発展についての考えが大都市圏においてどう変化したかであるが，現場における出来事は，進化論が前提としていること，および請け合っていることに対する独自の異議申し立てにつながった．例えば，J. S. Hogendorn and K. M. Scott, “The East African Groundnut Scheme: Lessons of a Large-Scale Agricultural Failure,” *African Economic History* (1981), pp. 81–115 を参照のこと．杜撰な計画による大失敗については，Hodge, *Triumph of the Expert*, pp. 209–214 でも論じられている．

(85) Keith Tribe, “Bauer, Peter Thomas, Baron Bauer (1915–2002),” *Oxford Dictionary of National Biography* (Oxford University Press, 2006); P. T. Bauer, *Dissent on Development: Studies and Debates in Development Economics* (London: Weidenfeld & Nicolson, 1971).

(86) F. R. Leavis, *Thought, Words and Creativity: Art and Thought in Lawrence* (New York: Oxford University Press, 1976), p. 147.

(87) Stanislav Andreski, *The African Predicament: A Study in the Pathology of Modernisation*

(London: Michael Joseph, 1968). Leavis, *Nor Shall My Sword*, p. 191 で称賛されている.

(88) Andreski, *Social Sciences as Sorcery* (London: Deutsch, 1972); Leavis, *The Living Principle: "English" as a Discipline of Thought* (London: Chatto and Windus, 1975), pp. 25–26.

(89) Leavis, *Two Cultures?*, p. 25（強調は筆者による）.

(90) Snow, "The State of Siege," in *Public Affairs*, pp. 199–221.

(91) 提案されたセクションは「立つべき位置」というタイトルになる予定だった．スノーからマクリーン宛書簡，1970年10月28日，HRC: Snow 143.14. スノーは短いエピローグは実際に付け加えているが，それは彼の絶望を証明するものとなった．彼は未来に目を向け，自分は「長期にわたる苦難の時期，広範囲に広がるというよりもむしろ散発的に起こる飢饉，大戦争よりもむしろ暴動」が起こるのではと心配しており，「より悪い事態を避けるには，これまでに人々が自分たちには可能だと示してきたよりももっと洞察力と意志が必要だろう」(p. 224) と語った．彼は最後のところで次世代に希望を託したが，その次世代の人々は――『二つの文化』で描かれた科学者の姿とほとんど見分けがつかないような描写をされている――彼の説明によれば，人種や国家という偏見は乗り越えているものの，まず乗り越えることが不可能な経済的政治的障害に直面しているのだ．

(92) W. L. Webb, "New Year's New Reading II," *Guardian*, 13 January 1972.

(93) Richard Hoggart, "Persuaded into Words," *Guardian*, 26 August 1976.

## 7　能力主義期の衰微

(1) F. R. Leavis, " 'Literarism' versus 'Scientism': The Misconception and the Menace," *Times Literary Supplement*, 23 April 1970, pp. 441–444, *Nor Shall My Sword: Discourses on Pluralism, Compassion and Social Hope* (London: Chatto and Windus, 1972), pp. 137–160 に再掲されている．

(2) クルック――彼自身，時折，リーヴィスの嘲笑の対象となった――は，公平無私というわけではなく，リーヴィスに対抗するのに使うように *Times Literary Supplement* の「科学」特別号を，スノーに提供した．スノーからジョージ・スタイナー宛書簡，1970年3月26日，HRC: Snow 191.8; クルックからスノー宛書簡，1970年5月6日，HRC: Snow 196.14. Derwent May, *Critical Times: The History of the Times Literary Supplement* (London: Harper Collins, 2001), pp. 364–365 も参照のこと．

(3) スノーは，例えばハリー・レヴィン宛の1966年10月11日の書簡（HRC: Snow 133.16）などにおいて，しばしば，リーヴィスに応酬するのを自制するのが賢いことだったのかと思いをめぐらした．彼がリーヴィスをこの点で取り押さえたのは正しかった．リーヴィスは，「ディケンズが偉大な天才であって，永久に古典と見なされることは確かだ．だが，その才能は偉大な娯楽作家の才能であり，大体のところ，彼は創造的芸術家としてこの説明が示す以上の深遠な責任を追っていたわけではない」と述べていたのだ．*The Great Tradition* (London: Chatto and Windus, 1948),

p. 19.

(4) C. P. Snow, "The Case of Leavis and the Serious Case," *Times Literary Supplement*, 9 July 1970, pp. 737–740, *Public Affairs* (New York: Scribner's 1971), pp. 81–97に再掲されている.

(5) Arthur Marwick, *The Sixties: Cultural Revolution in Britain, France, Italy, and the United States, c.1958–c.1974* (Oxford University Press, 1998); Dominic Sandbrook, *Never Had It So Good: A History of Britain from Suez to the Beatles* (London: Little, Brown, 2005); Sandbrook, *White Heat: A History of Britain in the Swinging Sixties* (London: Little, Brown, 2006). アメリカでのことについては，マーウィックの関連する節のほか，Howard Brick, *Age of Contradiction: American Thought and Culture in the 1960s* (Ithaca: Cornell University Press, 1998) を参照のこと.

(6) 歴史的因果関係についてのこの二部モデルは，Daniel Headrick, *Tools of Empire: Technology and European Imperialism in the Nineteenth Century* (New York: Oxford University Press, 1981) から取ったものである.

(7) この社会的，政治的，および知的変化を正確に概説することで，私はジョン・ギロリーおよびデイヴィッド・A・ホリンガーによる示唆に富んだ洞察を推し進めている．ギロリーによれば，「批評の圧倒的に保守的な政治的志向が1960年代に入っても続いた一方で，その志向は，おおむね外的要因（『60年代』によって呼び起こされるあらゆるもの）により，10年のあいだに完全に逆になった．人文主義者の大学教師の政治的志向は，右派から左派へと大きく変化し，同時に，科学者の大学教師は，ある程度，非政治化した（もしくは，ある領域では，右派へと駆りたてられた）．長い中断ののち…… 70年代および80年代に文化批評が再出現したおかげで，学部間の対立を一新して再び左派と右派の戦いにすることが可能になったが，二つの文化が所属する政党は逆になった」. Guillory, "The Sokal Affair and the History of Criticism," *Critical Inquiry* 28 (Winter 2002), p. 503. ホリンガーは，「スノーは痛いところを突いていたのであり，ちょうど文芸批評家が正統派のモダニズムについての自分たち自身の疑念をめぐって，自分たちのあいだで考え込んでいたときに，そうしたのだ……この文学者集団のある者が，身を退いて新しいグループを形成し，数年後にミシェル・フーコーとポストモダニズムという表紙の下から，それ自体が隠れファシストであるとして科学を攻撃し，文学は民主主義と平等と人間の品位を示すものだと主張するために出てきた，と言えるかもしれない」と述べている. Hollinger, "Science as a Weapon in *Kulturkämpfe* in the United States During and After World War II," *Isis* 86 (September 1995), p. 449.

(8) C. P. Snow, "The Moral Un-neutrality of Science," *Public Affairs* (New York: Scribner's, 1971), p. 187. 初出は1960年の米国科学振興協会における講演.

(9) 民族と階級については，C. P. Snow, "New Minds for the New World," *New Statesman*, 8 September 1956, pp. 279–282; Snow, "The Age of Rutherford," *Atlantic Monthly*, November 1958, pp. 76–81 を参照のこと．家庭生活についての主張は，"The Moral Un-neutrality of Science," pp. 187–188 が出典である．第二次世界大戦前，戦中，戦後の英国の科学界の女性については，David Edgerton, *Warfare State: Britain, 1920–*

*1970* (Cambridge University Press, 2006), pp. 172–180 を参照のこと．

（10）　Snow, “The Moral Un-neutrality of Science,” p. 192.

（11）　Gary Werskey, *The Visible College: The Collective Biography of British Scientific Socialists of the 1930s* (London: Allen Lane, 1978); J. G. Crowther, *The Social Relations of Science* (New York: Macmillan, 1941). Werskey, “The Marxist Critique of Capitalist Science: A History in Three Movements?”, www.human-nature.com/science-as-culture/werskey.html も参照のこと．

（12）　科学と国家と政治的右翼のつながりについては，David Edgerton, *England and the Aeroplane: An Essay on a Militant and Technological Nation* (Basingstoke: Macmillan, 1991); Edgerton, *Warfare State*; S. Waqar H. Zaidi, “Barnes Wallis and the ‘Strength of England’,” *Technology and Culture* 49 (2008), pp. 62–88 を参照のこと．

（13）　Harold Perkin, *The Rise of Professional Society: England since 1880* (London: Routledge, 1989), Chapter 9. この点において，スノーの小説の主人公であるルイス・エリオットが科学ではなく法律を通して社会的および職業的ランクを上げていくというのは興味深い．エリオットがスノーの分身であるという事実は，スノーが実は自分自身の上昇を，とくに科学というよりも，むしろ，一般的に専門職に就いたおかげだと考えていた可能性を示唆している．

（14）　教育にかんするスノーの立場をはっきり表明しているのは，リーヴィスの講演と同じ場所で彼が翌年行なったダウニング・カレッジのリッチモンド講演だった．“Education and Sacrifice,” *New Statesman*, 17 May 1963, pp. 746–750.

（15）　女性の才能を育てたいというスノーの欲望は真摯なもので，彼がヒュー・ゲイツケルのためにまとめられた政策論に匿名で貢献した際にも，表われていた．“A Labour Government and Science: Papers for Mr. Gaitskell,” 31 July 1959, Royal Society: Blackett E.28.

（16）　S・ゴーリー・プットが自由党から出馬した際，スノーは，彼は労働党の候補者として立候補すべきだったと不満をもらした．プットは，スノー自身が自由主義者であることから，これを奇妙だと考えたが，スノーの考えでは，自由主義者であることと労働党に投票することは矛盾していなかった――実際，これが生涯を通じて彼がたどった道のりだった．スノーからプット宛書簡，1945年８月５日，HRC: Snow 134.8.

（17）　HRC: Snow 68.8–68.9.

（18）　ウィリアムズからスノー宛書簡，1959年12月３日，HRC: Snow 210.1. 第４章も参照のこと．

（19）　C. P. Snow, *Corridors of Power* (London: Macmillan, 1964).

（20）　C. P. Snow, *Last Things* (London: Macmillan, 1970), *Strangers and Brothers* (New York Scribner’s 1972), vol. III, p. 807に再掲されている．スノーの経験は（エリオットの経験のように）典型的なものだった．Perkin, *The Rise of Professional Society*, pp. 267–268. スノーの音声はテキサス州オースティンにあるハリー・ランサム人文科学研究センターおよびロンドンのナショナル・サウンド・アーカイヴで聴くことができる．

(21) スノーからハリー・ホフ宛書簡，1960年11月1日，HRC: Snow 118.3.
(22) Snow, *Last Things*, p. 693.
(23) C. P. Snow, *The Sleep of Reason* (London: Macmillan, 1968).
(24) David Shusterman, "C. P. Snow," *Dictionary of Literary Biography, Vol. 15: British Novelists, 1930–1959; Part 2: M-Z*, ed. Bernard Oldsey (Detroit: Gale, 1983), pp. 484–485.
(25) Pamela Hansford Johnson, *On Iniquity: Some Personal Reflections Arising out of the Moors Murder Trial* (New York: Scribner's 1967), p. 11.
(26) *Ibid.*, p. 26.
(27) *Ibid.*, pp. 34, 37, 129, 45.
(28) *Ibid.*, pp. 50–51.
(29) *Ibid.*, pp. 29, 87–88, 118–119. ジョンソンはキリスト教信者だった．スノーは宗教を信じていなかった．
(30) Snow, *Last Things*; Snow, *The Malcontents* (London: Macmillan, 1972).
(31) Snow, *Last Things*, p. 792.
(32) Snow, "Science, Politics, and the Novelist," *Kenyon Review* 23 (Winter 1961), p. 15.
(33) David Wootton, "Liberalism," *The Oxford Companion to Twentieth-Century British Politics*, ed. John Ramsden (Oxford University Press, 2002), pp. 380–381. スノーが自作の小説を通じてこれらの問題の探求にかかわったことは，William Cooper, "C. P. Snow," in *British Writers*, ed. Ian Scott-Kilvert (New York: Scribner's, 1984), vol. VII, p. 333 に引用されている．
(34) 第3章を参照のこと．
(35) Arthur Koestler, ed., *Suicide of a Nation? An Enquiry into the State of Britain Today* (London: Hutchinson, 1963).
(36) Becky Conekin, Frank Mort, and Chris Waters, eds., *Moments of Modernity: Reconstructing Britain, 1945–1964* (London: Rivers Oram, 1999), pp. 14–15 ほか．
(37) 「私たちは，もちろん，18歳までの子どもたちの非常に小さな割合を教える．そして，その教えている子どもたちのさらにずっと小さな割合を，大学レベルまで教えるのだ．少人数のエリートを訓練するという昔ながらのパターンは，やや曲げられてはしまったものの，決して壊れてはいないのだ」．Snow, *The Two Cultures*, p. 32. 彼のリッチモンド講演 "Education and Sacrifice," p. 747 も参照のこと．
(38) 第5章を参照のこと．
(39) スノーによる J. B. S. Haldane, *The Man with Two Memories* (London: Merlin Press, 1976) の書評，HRC: Snow 34.2 にタイプライター原稿．
(40) Snow, "The Brain Drain," House of Lords, 20 December 1966. アナンからスノー宛書簡，1966年12月21日，スノーからアナン宛書簡，1966年12月29日，HRC: Snow 224.3.
(41) スノーからT・J・ピット（労働党の研究担当）宛書簡，1966年10月4日，HRC: Snow 131.4.
(42) C. P. Snow, "In the Communities of the Elite," *Times Literary Supplement*, 15 October 1971, pp. 1249–1250.

（43） Wm. Roger Louis, ed., *Yet More Adventures with Britannia: Personalities, Politics, and Culture in Britain* (London: I. B. Tauris, 2005).

（44） HRC: Snow 74.10.

（45） HRC: Snow, Boxes 33–34, 随所．例えば，Peter Kellner and Lord Crowther-Hunt, *The Civil Servants* (London: Macmillan, 1980) および Brian Sedgemore, *The Secret Constitution* (London: Hodder and Stoughton, 1980) の書評において，彼は中国の官吏を擁護した．HRC: Snow 33.3.

（46） スノーからロビンズ宛書簡，1970年８月４日，1970年７月９日のロビンズからの書簡への返信，HRC: Snow 172.8.

（47） Snow, "Two Addresses by Lord C. P. Snow," Pace University, 26–27 April 1977, HRC: Snow 35.6; "The Two Cultures and Medicine," November 1978, HRC: Snow 35.7.

（48） 例えば，*The French Right*, ed. J. S. McClellan (London: Cape, 1970) の書評において．HRC: Snow 35.5 にタイプライター原稿．

（49） George Gale, "Saying the Unsayable," *Spectator*, 25 July 1970, pp. 65–66 より再構成．

（50） スノーによる序文，Arnold Rogrow, *The Jew in a Gentile World* (New York: Macmillan, 1961), pp. xv–xvii.

（51） Denis Brogan, "Inequality and Mr. Short," *Spectator*, 18 April 1969, p. 505, 投書は1969年５月２日から1969年６月14日まで続いた．

（52） Gale, "Saying the Unsayable," p. 66. フィリップ・A・スノーは，*Stranger and Brother: A Portrait of C. P. Snow* (London: Macmillan, 1982), pp. 174–175 において，この事件を取り上げている．

（53） スノーと労働党の問題は，この章で論じている総合制公教育に対する党の計画から生じた．左翼と彼の違いは，第４章で検討した，ニューレフトに反対して彼が行なったキャンペーンで明らかとなった．労働者階級に対する彼の不満は，John Julius Norwich, *Venice: The Rise to Empire* (London: Allen Lane, 1977), vol. I に対する彼の書評で表面化したのだが，スノーはその書評で，同時代の英国の労使関係を，ヴェネツィアの兵器工場の労働者が国家と国民に対して抱いていた忠誠心と比較して非難した（HRC: Snow 34.7）．スノーは同性愛者に対して冷淡ということはなかったが，自分たちの作品を彼のいわゆる「ゲイ解放運動の広報部」と見なしていると思われた作家たちにはいらだちを示し，そして同時代の文化に対する広範囲にわたる不満を訴えるにあたっては，責められるべきは「寛大な社会」であると示唆した．Brian Finney, *Christopher Isherwood* (New York: Oxford University Press, 1979) の書評．HRC: Snow 33.3 にタイプライター原稿．

（54） プラムからスノー宛書簡，1970年８月25日，HRC: Snow 166.13. 社会の「構造」に対して不満を述べるという単純素朴さは，『最後のもの』に出てくる会話のテーマでもある．

（55） スノーからエイミス宛書簡，1967年７月５日，HRC: Snow 51.14; Snow, "Two Addresses by Lord C. P. Snow"; Norman Podhoretz, *Breaking Ranks* の書評，*Financial Times*, 16 February 1980（以下で論じる）．

（56） Roy Lowe, "Education," in *A Companion to Contemporary Britain, 1939–2000*, ed. Paul

Addison and Harriet Jones (Oxford: Blackwell, 2005), p. 288.

(57) スノーからシャーリー・ウィリアムズ宛書簡, 1976年10月7日, HRC: Snow 210.1. ウィリアムズの返信は, 1976年10月25日, HRC: Snow 210.1. 以下の引用は10月7日付のスノーの書簡による.

(58) John de la Mothe, *C. P. Snow and the Struggle of Modernity* (Athens: University of Texas, 1992) は, スノーが次第に政策に失望していった点を論じている.

(59) アーヴィング・クリストルは1980年代に彼を批判する者たちによってその用語が作り出されたのだと示唆しているが, 彼はそれが適語だと考え, その後それを使用した. Kristol, *Neoconservatism: The Autobiography of an Idea* (New York: Free Press, 1995). その運動の歴史記述はまだ充実しておらず, ほとんどの説明は関係者ないしはジャーナリストによるものである. 洞察力に富んだ説明をひとつ挙げると, Joseph Dorman, *Arguing the World* (New York: First Run/Icarus Films, 1997) がある. Peter Steinfels, *The Neoconservatives: The Men Who Are Changing American Politics* (New York: Simon and Schuster, 1979); John Ehrman, *The Rise of Neoconservatism: Intellectuals and Foreign Affairs, 1945–1994* (New Haven: Yale University Press, 1995); Godfrey Hodgson, *The World Turned Right Side Up: A History of the Conservative Ascendancy in America* (Boston: Houghton Mifflin, 1996) も参照のこと. 新右翼を十分検討してはいないものの, アメリカの保守主義についての主要な研究は, George Nash, *The Conservative Intellectual Movement in America, since 1945* (New York: Basic Books, 1976) である.

(60) Brick, *Age of Contradiction*, p. 176.

(61) 第4章を参照のこと.

(62) Lionel Trilling, "Science, Literature, and Culture: A Comment on the Leavis-Snow Controversy," *Commentary*, June 1962, pp. 461–467（第6章で論じたもの).

(63) ポドレツからスノー宛書簡, 1962年5月22日, HRC: Snow 165.12.

(64) スノーによる Melvin Lasky, *Utopia and Revolution* (London: Macmillan, 1977) の書評, HRC: Snow 34.7 にタイプライター原稿.

(65) スノーからポドレツ宛書簡, 1978年11月13日, HRC: Snow 165.13.

(66) スノーによる Podhoretz の書評, *Financial Times*, 16 February 1980.

(67) Alan Watkins, "Laureate of Meritocracy," *Observer*, 6 July 1980.

(68) Dennis Dworkin, *Cultural Marxism in Postwar Britain: History, the New Left, and the Origins of Cultural Studies* (Durham: Duke University Press, 1997); Michael Kenny, *The First New Left: British Intellectuals after Stalin* (London: Lawrence and Wishart, 1995).

(69) この変更については, Dworkin, *Cultural Marxism in Postwar Britain* を参照のこと. リーヴィスの批評, 思想, 実践の保守的な側面については, Anne Samson, *F. R. Leavis* (University of Toronto Press, 1992); Francis Mulhern, *The Moment of "Scrutiny"* (London: New Left Books, 1979) を参照のこと.

(70) 彼のコーネルとハーヴァードでの講演は, Q・D・リーヴィスの講演とともに, *Lectures in America* (London: Chatto and Windus, 1969) として, クラーク講演は *English Literature in Our Time and the University* (London: Chatto and Windus, 1969) として, 出版された.

(71)　Ian MacKillop, *F. R. Leavis: A Life in Criticism* (London: Allen Lane, 1995), pp. 88–91. 法律上の詳細については，A. D. Harvey, "Leavis, *Ulysses*, and the Home Office," *Cambridge Review*, October 1993, pp. 123–128 を参照のこと．

(72)　「彼は，その偉大な同時代人たちがだれ一人として持ちえなかった真の秘密兵器を持っていた——学問的民主主義に対する本能である．彼はトレヴァー・ナン，サイモン・グレイ，ジョン・クリーズのような青年たちを対等な相手，もしくは対等になる可能性を持つ相手として扱った」．John Ezard, "The Max Miller of the Lecture Circuit," *Guardian*, 18 April 1978.

(73)　リーヴィスからハーディング宛書簡，1963年11月27日，Emmanuel College, Cambridge (Emmanuel): ECA COL 9.59a.129.

(74)　「学生たちの反乱」に対抗してヨーク大学副学長をリーヴィスが支持したことについては，1968年12月12日付けのリーヴィスからホルブルック宛書簡を参照のこと．Downing College: DCPP/LEA/4 Leavis, F. R. (5).

(75)　Raymond Williams, "A Refusal to be Resigned," *Guardian*, 18 December 1969; Norman Podhoretz, "F. R. Leavis, A Revaluation," *The Bloody Crossroads: Where Literature and Politics Meet* (New York: Simon and Schuster, 1986); Leavis, *Nor Shall My Sword*, 随所.

(76)　このリストはリーヴィスのターゲットの確認の第一歩にすぎないが，*Nor Shall My Sword* ではターゲットのすべてが取り上げられている．

(77)　Fred Inglis, *Raymond Williams* (London: Routledge, 1995), pp. 182–183.

(78)　Williams, Inglis, *Raymond Williams*, p. 183 に引用されている．

(79)　Leavis, "The State of English" (letter), *Times Literary Supplement*, 3 March 1972.

(80)　Perry Anderson, "Components of the National Culture," *New Left Review* 50 (July-August 1968), pp. 3–57, *English Questions* (London: Verso, 1992), pp. 48–104 に再掲されている．

(81)　Anderson, *English Questions*, p. 103.

(82)　*Ibid.*, p. 96.

(83)　Raymond Williams, *Culture and Society, 1780–1950* (London: Chatto and Windus, 1958); *The Long Revolution* (London: Chatto and Windus, 1961).

(84)　この点については，Mulhern, *The Moment of "Scrutiny"* も参照のこと．

(85)　Neil Roberts, " 'Leavisite' Cambridge in the 1960s," in *F. R. Leavis: Essays and Documents*, ed. Ian MacKillop and Richard Storer (Sheffield Academic Press, 1995), p. 268.

(86)　F. R. Leavis, *Two Cultures? The Significance of C. P. Snow* (London: Chatto and Windus, 1962), p. 21.

(87)　F. R. Leavis, *Thought, Words and Creativity: Art and Thought in Literature* (New York: Oxford University Press, 1976).

(88)　*Ibid.*, pp. 141–142.

(89)　*Ibid.*, p. 142（強調は筆者による）．

(90)　*Ibid.*

(91)　マイケル・ベルはこの展開のタイミングと理由について次のように説明している．「60年代の終わりまでに，マルクス主義の分析がますます支配的になったこと，フ

ェミニストと民族的マイノリティの著作が影響力を持ったこと，そして文学的影響力と創作がグローバル化したことのすべてのせいで，リーヴィスの方法と関心が旧式で偏狭に思われるようになった」．Bell, "F. R. Leavis," in *The Cambridge History of Literary Criticism: Volume 7: Modernism and the New Criticism*, ed. A. Walton Litz, *et al.* (Cambridge University Press, 2000), p. 420.

(92) Malcolm Bradbury, "The Tip of Life," *New Statesman*, 1 October 1976, p. 453.

(93) *Ibid.*

(94) *Ibid.*; Terry Eagleton, *Literary Theory: An Introduction* (Minneapolis: University of Minnesota Press, 1983), p. 31. リーヴィスの影響が持続していることについては，Dworkin, *Cultural Marxism in Postwar Britain*, Chapter 3; Gary Day, *Re-reading Leavis: Culture and Literary Criticism* (New York: St. Martin's Press, 1996); Bill Reading, *The University in Ruins* (Cambridge, Mass.: Harvard University Press, 1996) を参照のこと．

(95) この歴史的転換については，Guillory, "The Sokal Affair and the History of Criticism"; Hollinger, "Science as a Weapon in *Kulturkämpfe* in the United States During and After World War II," を参照のこと．より長い視野に立ち，(ギロリーやホリンガーと同じく) 主としてアメリカの物語に焦点を当てたものとしては，Gerald Graff, *Professing Literature: An Institutional History* (University of Chicago Press, 1987) を参照のこと．

(96) リーヴィスからD・F・ポーコック宛書簡，1965年5月7日，Emmanuel: ECA COL 9.59a.121.22.

(97) "The Hidden Network of Leavisites," *Observer*, 11 March 1962. ケンブリッジの英文学部でリーヴィスの同僚の一人であったグレアム・ハフは，しぶしぶながら次のように同意した．「今までになく大学の数が増えている．英文学科は花盛りだ．リーヴィス博士の弟子は，イングランドのみならず世界中の，メルボルンからニューヨークにいたるまでの大学の大半で傑出した地位についている．だが世界はそういうものだ」．Hough, "The Ordered Carnival," *New Statesman*, 5 December 1969, pp. 817-818. リーヴィスのネットワークにそって学生たちがたどった道のりについての簡潔ではあるが魅力的な例については，Roberts, " 'Leavisite' Cambridge in the 1960s," p. 271 を参照のこと．

(98) マッキロップは，リーヴィスの新しい環境への不適合を，MacKillop, *F. R. Leavis*, Chapter 11 で指摘している．

(99) リーヴィスからデニス・ハーディング宛書簡，1967年10月8日，Emmanuel: ECA COL 9.59a.83.

(100) Brian MacArthur, "The Outsider," *Guardian*, 13 June 1966.

(101) Inglis, in *New Society*, 16 November 1967, p. 700.

(102) "The Politics of Why Leavis Quit," *Sunday Times*, 1 November 1964.

(103) Noel Annan, *Our Age: English Intellectuals Between the World Wars — a Group Portrait* (New York: Random House, 1990), p. 322; Ezard, "The Max Miller of the Lecture Circuit."

(104) Annan, *Our Age*, p. 322.

(105) Boris Ford, "Round and about the *Pelican Guide to English Literature*," in *The Leavises:*

*Recollections and Impressions*, ed. Denys Thompson (Cambridge University Press, 1984), p. 110.

(106) ケンブリッジの英文学の発展におけるリーヴィスの役割については，Stefan Collini, “Cambridge and the Study of English,” in *Cambridge Contributions*, ed. Sarah J. Omrod (Cambridge University Press, 1998), pp. 42–64 を参照のこと．

(107) Q. D. Leavis, *Fiction and the Reading Public* (London: Chatto and Windus, 1932); F. R. Leavis and Denys Thompson, *Culture and Environment: The Training of Critical Awareness* (London: Chatto and Windus, 1933).

(108) カルチュラル・スタディーズへのリーヴィスの影響は，1995年の彼の生誕100年を記念する回顧特集で，しきりに強調された．例えば，Malcolm Bradbury, “Whatever Happened to F. R. Leavis?” *Sunday Times*, 9 July 1995; Gary Day, “A Pariah in the Republic of Letters,” *Times Higher Education Supplement*, 4 August 1995, p. 21.

(109) Richard Hoggart, *The Uses of Literacy: Aspects of Working-Class Life with Special Reference to Publications and Entertainments* (London: Chatto and Windus, 1957).

(110) Terry Eagleton, “The Hippest,” *London Review of Books*, 7 March 1996, p. 3. CCCS の起源，創設，方針については，Dworkin, *Cultural Marxism in Postwar Britain*, Chapter 3 を参照のこと．

(111) Theodor Adorno and Max Horkheimer, *Dialektik der Aufklärung: Philosophische Fragmente* (Amsterdam: Querido, 1947); Martin Jay, *The Dialectical Imagination: A History of the Frankfurt School and the Institute of Social Research, 1923–1950* (Boston: Little, Brown, 1973).

(112) Werskey, “The Marxist Critique of Capitalist Science” を参照のこと．

(113) こうした発展の例には以下も含まれる．Thomas Kuhn, *The Structure of Scientific Revolutions* (University of Chicago Press, 1962); Robert Young and Mikulas Teich, eds., *Changing Perspectives in the History of Science: Essays in Honor of Joseph Needham* (London: Heinemann Educational, 1973). クーンの論文に対する批評の歴史については，Steve Fuller, *Thomas Kuhn: A Philosophical History for Our Times* (University of Chicago Press, 2000) を参照のこと．エディンバラ学派の主要メンバーにはデイヴィッド・ブルアとバリー・バーンズがいる．初期の主要な研究に，Barnes, *T. S. Kuhn and Social Science* (London: Macmillan, 1982); Bloor, *Wittgenstein: A Social Theory of Knowledge* (New York: Columbia University Press, 1983) がある．ヤングおよび20世紀の英国における科学研究については，Werskey, “The Marxist Critique of Capitalist Science” を参照のこと．

(114) 年代順に例を挙げると以下のようになる．Paul Forman, “Weimer Culture, Causality, and Quantum Theory, 1918–1927,” *Historical Studies in the Physical Sciences* 3 (1971), pp. 1–116; Betty Jo Teeter Dobbs, *The Foundations of Newton's Alchemy: or, “The Hunting of the Greene Lyon”* (New York: Cambridge University Press, 1975); Spencer Weart, *Scientists in Power* (Cambridge, Mass.: Harvard University Press, 1979); Stephen Jay Gould, *The Mismeasure of Man* (New York: Norton, 1981); Donald MacKenzie, *Statistics in Britain, 1865–1930: The Social Construction of Scientific Knowledge* (Edinburgh University Press, 1981); Stephen Kern, *The Culture of Time and Space, 1880–1914* (Cambridge, Mass.:

Harvard University Press, 1983).

(115) Simon Schaffer, "Godly Men and Mechanical Philosophers: Souls and Spirits in Restoration Natural Philosophy," *Science in Context* 1 (1987), pp. 55–85; Steven Shapin, "The House of Experiment in Seventeenth-Century England," *Isis* 79 (September 1988), pp. 373–404; Shapin, " 'The Mind Is Its Own Place': Science and Solitude in Seventeenth-Century England," *Science in Context* 4 (1990), pp. 191–218; Shapin, *A Social History of Truth: Civility and Science in Seventeenth-Century England* (University of Chicago Press, 1994); Theodore Porter, *Trust in Numbers: The Pursuit of Objectivity in Science and Public Life* (Princeton University Press, 1995); Andrew Warwick, *Masters of Theory: Cambridge and the Rise of Mathematical Physics* (University of Chicago Press, 2003).

(116) Steven Shapin and Simon Schaffer, *Leviathan and the Air-Pump: Hobbes, Boyle, and the Experimental Life* (Princeton University Press, 1985); Stephen Toulmin, *Cosmopolis: The Hidden Agenda of Modernity* (New York: Free Press, 1990); Bruno Latour, *Pandora's Hope: Essays on the Reality of Science Studies* (Cambridge, Mass.: Harvard University Press, 1999).

(117) 「共同創造という，より重要な人間の成果が存在する．それはより基本的な人間の精神の作品であり（そして精神以上のものだ），それがなければ科学の体系の樹立に成功するなど可能にならなかったであろうというものだ．つまり，言語を含む人間界の創造である」．Leavis, *Two Cultures?*, p. 27.

(118) Leavis, *Nor Shall My Sword*; Leavis, *The Living Principle: 'English' as a Discipline of Thought* (London: Chatto and Windus, 1975); Leavis, *Thought, Words, and Creativity* (1976).

(119) C. P. Snow, *The Affair* (London: Macmillan, 1960), p. 315; Leavis, *The Living Principle*, p. 34 ほか．

(120) Day, *Re-reading Leavis*.

(121) スノーは最初『ラッキー・ジム』を称賛し，1967年にはまだエイミスに対して友好的だったが，彼の侮蔑はひそかに周囲をひるませていた――この帰結が，エイミスを風刺的に描き出したレスター・インスという登場人物である．

(122) 生涯にわたって労働党に投票し，ついには労働党の推薦で一代貴族になったスノーが，労働党と保守党にほとんど差異を認めていなかったという主張は，驚くべきものに聞こえるかもしれないが，彼はまさにそのこと（および米国とソヴィエト連邦の類似点）を，マルコム・マガリッジとのインタビューのなかで主張した．"Appointment with Sir Charles Snow," 18 August 1961, HRC: Snow 8.1.

(123) スノーによる Ralph Glasser, *Leisure: Penalty or Prize?* (London: Macmillan, 1970) の書評，HRC: Snow 34.1 にタイプライター原稿．

(124) Snow, "The Case of Leavis and the Serious Case," p. 739.

(125) Leavis, "Pluralism, Compassion and Social Hope," in *Nor Shall My Sword*, p. 169.

(126) *Ibid.*

(127) スノーからI・S・クーパー宛書簡，1975年9月9日，Caroline Nobile Gryta, "Selected Letters of C. P. Snow: A Critical Edition," 未刊行の PhD dissertation, Pennsylvania State University (1988), p. 372 に引用．

(128) David Wootton, "Liberalism," *The Oxford Companion to Twentieth-Century British Politics*,

ed. John Ramsden (Oxford University Press, 2002), pp. 380–381.

(129)　Sheldon Wolin, *Tocqueville between Two Worlds: The Making of a Political and Theoretical Life* (Princeton University Press, 2001), p. 9（強調は筆者による）．グレッグ・ダウンズに謝意を表したい．

(130)　Walter Bagehot, *The English Constitution* (1867), ed. Paul Smith (Cambridge University Press, 2001); とくに，xx–xxvii ページの服従にかんするスミスの議論を参照のこと．

(131)　このような三つの動き，および20世紀英国の社会運動をめぐる研究成果の概論については，Holger Nehring, "The Growth of Social Movements," in *A Companion to Contemporary Britain, 1939–2000*, ed. Paul Addison and Harriet Jones (Oxford: Blackwell, 2005), pp. 389–406 を参照のこと．同著において，ジャネット・フィンクが，社会的不平等とそれに取り組もうという努力について分析している．Janet Fink, "Welfare, Poverty and Social Inequalities," pp. 263–280.

(132)　E・J・ホブズボームおよびS・M・アマデイが関連する変化を確認している．ホブズボームは「市場の統治権」が台頭し，そこでは「消費者が市民に取って代わり」，「個人の好み」が「共通のもしくは集団の利益」という考えの後継者となっていると論じている．アマデイはホブズボームを引き合いに出しながら，「市民権というなじみ深い言語」から，その代わりとしての「消費者の選択」の強調へという変化を位置づけている．ホブズボームもアマデイも私も皆，部分的には責任の拡散によって特徴づけられる，20世紀後半の幅広い文化的変化について論じている．Hobsbawm, "Democracy Can Be Bad for You," *New Statesman*, 5 March 2001, p. 26; Amadae, *Rationalizing Capitalist Democracy: The Cold War Origins of Rational Choice Liberalism* (University of Chicago Press, 2003), p. 4. この変化の原因についてのさらなる考察については，Nils Gilman, *Mandarins of the Future: Modernization Theory in Cold War America* (Baltimore: Johns Hopkins University Press, 2003), pp. 244–249 を参照のこと．

(133)　C. P. Snow, "The Pursuit of Money," *Sunday Times*, 23 January 1949.

(134)　Philip A. Snow, *Stranger and Brother*, p. 121.

(135)　ヤン・グロスは関連する物語がその当時流布していたと説明している．「この時期の出所の怪しい物語に，正反対の方角へ向かう二つの貨物列車に乗り，ソヴィエトとドイツの国境ですれ違うユダヤ人たちが出てくる．それぞれの列車の乗客は，まさに自分たちがやってきた方へと向かうもう一つの列車の乗客は気がおかしいに違いないと，身ぶり手ぶりを激しく駆使して伝えようとするのだ」．Jan Gross, *Revolution from Abroad: The Soviet Conquest of Poland's Western Ukraine and Western Belorussia* (Princeton University Press, 2002), p. 207. ベン・フロマーに謝意を表したい．

## おわりに

(1)　C. P. Snow, *The Two Cultures*, introduction by Stefan Collini (Cambridge University Press, 1993).

(2) Philip A. Snow, *Stranger and Brother: A Portrait of C. P. Snow* (London: Macmillan, 1982), p. 143; *A Time of Renewal: Clusters of Characters, C. P. Snow, and Coups* (London: Radcliffe Press, 1998), p. 75; Pamela Hansford Johnson, *Important to Me* (New York: Scribner's, 1974), pp. 217-221; C. P. Snow, *Last Things* (London: Macmillan, 1970).

(3) スノーは記録的な数の名誉学位を集めたいと願った．彼は結局，存命中に30学位を集めた（さらに死後に一つ授与された）．P. Snow, *Stranger and Brother*, pp. 193-194. デイヴィッド・キャナダインは，リーヴィスの講演は短期的にはほとんど害を与えなかったと示唆している．David Cannadine, "C. P. Snow, 'The Two Cultures,' and the 'Corridors of Power' Revisited," *Yet More Adventures with Britannia*, ed. Wm. Roger Louis (London: I. B. Tauris, 2005), p. 108.

(4) P. Snow, *Stranger and Brother*, pp. 173, 169, 177.

(5) P. Snow, *A Time of Renewal*, p. 198; Q・D・リーヴィスの死亡記事は，ハリー・ランサム人文科学研究センターのジョンソンの文書コレクションに収められている．HRC: Snow, Addition to His Papers, 7.4.

(6) F. R. and Q. D. Leavis, *Lectures in America* (London: Chatto and Windus, 1969).

(7) この例は，1994年５月30日の英文学優等卒業試験に出題されたものである．「異なる視点を持った二人の文芸批評家（例えば，フェミニスト，リーヴィス派，マルクス主義者）のやり取りを書き，問題22に挙げた文章の一つもしくは両方を論ぜよ」．リチャード・ストラーは以下の魅力的な論考において，亡霊としてのリーヴィスについて論じた．Richard Storer, "The After-life of Leavis," Loughborough University, 20 April 2002.

(8) 出所不詳の新聞記事の切り抜き，Emmanuel College, Cambridge: ECA COL 9.59a.132.

(9) Dominic Sandbrook, *White Heat: A History of Britain in the Swinging Sixties* (London: Little, Brown, 2006), p. 49; David Edgerton, *Warfare State: Britain, 1920-1970* (Cambridge University Press, 2006), p. 204.

(10) Anthony Sampson, *Anatomy of Britain* (London: Hodder and Stoughton, 1962); Arthur Koestler, ed., *Suicide of a Nation? An Enquiry into the State of Britain Today* (London: Hutchinson, 1963); Martin Wiener, *English Culture and the Decline of the Industrial Spirit* (Cambridge University Press, 1981; 2nd edn., 2004).

(11) D. N. McCloskey, *If You're So Smart: The Narrative of Economic Expertise* (University of Chicago Press, 1990), pp. 40-55; David Edgerton, "The Prophet Militant and Industrial: The Peculiarities of Correlli Barnett," *Twentieth Century British History* 2 (1991), pp. 360-379; Jim Tomlinson, "Inventing 'Decline': The Falling Behind of the British Economy in the Postwar Years," *Economic History Review* 49 (1996), pp. 731-757 も参照のこと．

(12) Michiko Kakutani, "Seduction and Reduction on a British Campus," *New York Times*, 5 June 2001; Mark S. Roulston, "Two Cultures" (letter), *Independent*, 3 May 2002; M. Lythgoe, "The New Two Cultures," Radio 4, 18 April 2007; W. Rüegg, ed., *Meeting the Challenges of the Future: A Discussion between 'The Two Cultures'* (Florence; Leo S. Olschki, 2003); Wai Chee Dimock and Priscilla Wald, "Literature and Science: Cultural Forms,

Conceptual Exchanges," *American Literature* 74 (December 2002), pp. 704–715; Lennard J. Davis and David B. Morris, "Biocultures Manifesto," *New Literary History* 38 (2007), pp. 411–418; Ullica Segerstrale, ed., *Beyond the Science Wars: The Missing Discourse about Science and Society* (Albany: SUNY Press, 2000), pp. 15–28, 102–105, 185–187; Elizabeth Spiller, *Science, Reading, and Renaissance Literature: The Art of Making Knowledge, 1580–1670* (Cambridge University Press, 2004).